教育部职业院校文秘类专业教学指导委员会规划教材

秘书语文基础

（第2版）

主　编　熊　畅　孙益民
副主编　徐乐军　孙汝建
　　　　彭秀海　刘　彬
参编人员
周　炫　方莉玫　尹喜艳

重庆大学出版社

内容提要

本书分为语法、修辞、逻辑、写作基础、常用文体写作等五个部分，第1~4部分主要介绍秘书文案常用的语文基础，包括秘书写作的常用词汇、短语和句子、修辞手法、词项、命题、归纳逻辑、观察、立意和选材、谋篇布局、表达与修改等理论；第5部分主要介绍散文、消息、通讯和广告文案四种常用文体的写作方法。书中每一部分、每一单元均由案例导入，并列出培养的能力目标和必备知识点，用以指导教学。部分单元后还附有知识链接内容，以拓展学生的知识面。

本书虽然主要为高职高专文秘、行政管理等专业学生而编写，但是也可以用作高职高专其他文科类专业的通识课教材，还可以充当文秘工作者的参考资料。

图书在版编目(CIP)数据

秘书语文基础 / 熊畅，孙益民主编.—2版.—重庆：重庆大学出版社，2015.6(2022.1重印)

教育部职业院校文秘类专业教学指导委员会规划教材

ISBN 978-7-5624-8412-7

Ⅰ.①秘… Ⅱ.①熊…②孙… Ⅲ.①汉语—高等职业教育—教材 Ⅳ.①H1

中国版本图书馆CIP数据核字(2014)第151780号

教育部职业院校文秘类专业教学指导委员会规划教材

秘书语文基础

(第2版)

主　编　熊　畅　孙益民

策划编辑：贾　曼　雷少波　唐启秀

责任编辑：李桂英　邬小梅　　版式设计：唐启秀

责任校对：贾　梅　　　　　　责任印制：张　策

*

重庆大学出版社出版发行

出版人：饶帮华

社址：重庆市沙坪坝区大学城西路21号

邮编：401331

电话：(023) 88617190　88617185(中小学)

传真：(023) 88617186　88617166

网址：http://www.cqup.com.cn

邮箱：fxk@cqup.com.cn（营销中心）

全国新华书店经销

POD：重庆俊蒲印务有限公司

*

开本：787mm×1092mm　1/16　印张：20　字数：426千

2015年6月第2版　　2022年1月第3次印刷

ISBN 978-7-5624-8412-7　定价：48.00元

总序

2005年12月，教育部发文成立了“教育部高职高专文秘类专业教学指导委员会”。2012年12月该委员会届满，教育部又发文成立了“教育部职业院校文秘类专业教学指导委员会”（以下简称“职业院校文秘教指委”）。我先后担任这两个委员会的主任委员，组织、参与并见证了文秘专业教材建设的发展历程。从“高职高专文秘教指委”到“职业院校文秘教指委”，都非常重视文秘专业的教材建设。“高职高专文秘教指委”时期，我们在委员会内部先是成立了专业建设组、师资培训组、实训基地建设组，后来由于工作需要，将其扩容为专业建设分委员会、师资培训分委员会、实训基地建设分委员会。在历次委员会会议、文秘专业骨干教师培训、文秘专家库学术活动、教育部课题“文秘专业规范研制”、文秘专业精品课程建设、文秘专业课题立项、文秘技能大赛等活动中，始终贯穿文秘专业教材建设这条主线。在认真调查、反复论证的基础上，我们决定组织编写教育部高职高专文秘类专业教学指导委员会“十二五”规划教材34种，由笔者任总主编。经过网上公开招标，由国家一级出版社重庆大学出版社出版。

2009年8月24—27日，由本委员会主办、重庆大学出版社承办的系列教材主编会议在重庆大学召开。与会者就高职高专文秘专业课程设置、教学目标以及教材编写的指导思想、编写原则、编写体例、编写队伍组成等问题进行了认真而热烈的讨论，并达成以下共识：

1）根据我国高职高专文秘类专业各方向的培养目标、专业设置、课程建设的发展规律与发展趋势以及国家秘书职业资格证书的考证要求、用人单位对文秘专业人才的需求，构建编写大纲、选择编写内容、设置编写栏目。

2）教材编写以文秘类专业学生应具备的基本素质、基础知识、基本职业能力、核心职业能力为依据。

3)教材针对高职本科职业院校文秘类专业以及一线秘书的社会需求,注重不同层次职业教育的衔接。

4)教材内容以“够用为度,适用为则,实用为标”为原则,给课堂教学留有发挥空间,突出主要知识点,实训举一反三,紧扣文秘岗位实际,用例典型,表达流畅。

5)教材由两个板块组成:秘书职业技术、职业技能训练课程板块教材18种;秘书职业基础、文化素质课程板块教材16种。

6)保证教材内容的稳定性和适度前沿性。

7)教材采用立体开发的方式出版,除了纸质教材外,还配套教学资源包。会后,本套系列教材主编积极组织,遴选副主编和参编者,形成实力较强的编写队伍,并以每本教材为单位,分别组织研讨和开展教材编写工作。

经过近一年多的组织编写工作,丛书绝大多数品种于2010年9月出版。出版近4年来,全套教材在全国一百余所院校使用,在文秘专业教育以及高职文化素质教育领域产生广泛影响。2012年12月,“教育部高职高专文秘类专业教学指导委员会”更名为“教育部职业院校文秘类专业教学指导委员会”,服务对象由原来的高职高专文秘专业扩展到全国中高职院校和本科职业院校文秘专业。委员会一以贯之高度重视与重庆大学出版社合作出版的这套文秘系列教材,双方商定,在适当的时机,对34种初版教材中影响较大的品种进行修订。

2013年11月1—3日,本委员会与重庆大学出版社在苏州联合举办“全国职业院校文秘类专业目录修订暨重庆大学出版社文秘专业系列教材修订会”。在广泛吸收意见的基础上,笔者作为该套教材的总主编提出了修订原则,重庆大学出版社社文分社贾曼副社长就初版教材的修订提出了具体要求,与会代表就初版教材的修订提出了具体建议。会议根据初版教材的学术质量、社会影响和发行情况,决定对以下27种教材进行修订。

针对我国职业教育进行新一轮改革的具体要求,在坚持初版编写基本原则的情况下,提出了此次修订的新要求:1)对2010年初版教材内容老化的部分进行系统更新;2)系列教材要考虑与中高职院校本科职业院校的衔接;3)修订版教材要与教育部新确定的课程名称相一致;4)为了使教材的受众更加明确,将此次修订的27种教材(其中国家“十二五”规划教材5种)分为两个系列:“教育部职业院校文秘类专业教学指导委员会规划教材”和“高等院校文化素质教育系列教材”。

具体书目如下:

教育部职业院校文秘类专业教学指导委员会规划教材(国家“十二五”规划教材3种)

档案管理实务(第2版)(国家“十二五”规划教材)

商务秘书实务(第2版)(国家“十二五”规划教材)

商务写作与实训(第2版)

秘书理论与实务(第2版)

秘书职业概论(第2版)

秘书心理与行为(第2版)

秘书写作实务(第2版)(国家"十二五"规划教材)

企业管理基础(第2版)

秘书岗位综合实训(第2版)

秘书语文基础(第2版)

秘书信息工作实务(第2版)

会议策划与组织(第2版)

办公室事务管理实务(第2版)

市场营销理论与实务(第2版)

人力资源管理理论与实务(第2版)

社会调查实务(第2版)

新闻写作(第2版)

办公自动化教程(第2版)

高等院校文化素质教育系列教材(国家"十二五"规划教材2种)

职业礼仪(国家"十二五"规划教材)

毕业设计(论文)写作指导(第2版)(国家"十二五"规划教材)

公共关系实务(第2版)

口语交际与人际沟通(第2版)

形体塑造与艺术修养(第2版)

规范汉字与书法艺术(第2版)

实用美学(第2版)

文学艺术鉴赏(第2版)

文化产业管理概论

以上27种教材的主编、副主编、参编者也作了适度调整,教材名称与教育部公布的文秘类专业目录和公共基础课程名称相一致。该套教材的使用对象为中高职院校和本科职业院校文秘专业或其他专业公共基础课教材,与教材相配套的教学资源在"中国文秘教育网"(本委员会网站)发布,供教学参考。

2014年6月,国务院召开"全国职业教育工作会议",国家主席习近平、国务院总理李克强对我国职业教育提出新的发展战略,教育部具体部署了我国职业教育改革的工作重点。把职业教育改革发展的新思路融进本套系列教材的编写,是这套新版系列教材始终追求的目标。

本套系列教材是编写者长期探索的成果结晶,也凝聚着初版教材编写者、使用者、出版者的智慧和心血。这套系列教材的参编者由200多位专家学者以及有丰富教学经验的一线教师组成,他们来自150多所学校,在本套教材出版之际,对各校和编写者给予的支持表示诚挚的谢意。同时,重庆大学出版社从领导到该项目负责人,对教材的编写与出版给予了高度重视和大力支持,特别是邱慧、贾曼两位老师几年来为教材辛苦奔走、精心策划、辛勤付出,其敬业精神令我们感动。

在教材使用过程中,我们欢迎广大师生进一步提出修改意见,使之不断完善。

教育部职业院校文秘类专业教学指导委员会主任委员
华侨大学文学院院长、教授、硕士研究生导师　孙汝建

2014年7月4日

修订前言

语言文学素养是秘书的基本功底之一。一个秘书，如果连领导的工作意图都领会不准，连国家的方针政策都把握不全，连常用的文书材料都理解不透，连常见的办公文稿都撰写不好，是不可能胜任秘书岗位的。良好的听、说、读、写能力是做好秘书工作的前提，而这些能力的培养只能从掌握扎实的语文基础知识入手。尤其是在现代信息化社会，除了常规文件、文档等纸质媒体外，秘书们还面临着大量的短信、博客、微博、QQ 聊天、飞信、微信等不同形式的电子信息。如何发送有价值的信息，如何有效利用有价值的信息，如何创作一篇拿得出手的好文章，如何发出一篇点击率高的文章，都要求秘书人员具备扎实的语文功底。

《秘书语文基础》自 2010 年 8 月出版以来，受到了众多师生的关注和厚爱，也提出了不少中肯的意见和建议。借重庆大学出版社组织再版的机会，编写组在听取多方意见的基础上对教材作了修订。《秘书语文基础》(修订版)将会以崭新的面貌再次与广大师生见面。

本书的参编人员长期工作在教学第一线，大多数还具有在领导岗位或秘书岗位长期工作的经历；不仅具备扎实的秘书专业语文教学理论功底，而且具有丰富的教学实践经验；对秘书语文教学的重点、难点把握准确，能够顺应形势的需求，以新理念和新思路开展修订工作，使本教材以新的姿态再次进入高职高专的文秘专业课堂，相信它能带来一股清新的空气。

本书的编写理念与上一版大体相同。主要依据国家对高职高专文秘专业各方向的培养目标、专业建设、课程建设的发展规律与趋势，国家职业岗位技术(秘书职业资格证书)的要求，按照工学结合、理论够用为度、突出实训的原则构建编写大纲、选择编写内容、设置编写栏目。书名也尽量与教育部公布的课程名目相对接，保持教材的规范性、科学性和准确性。

本书的编写风格与上一版稍有不同：以新型高职教学理念与教学方法为指导，创设具体、真切的秘书文案适用情境；每个学习单元按照“案例引入→任务指导→相关知识→实训练习”的逻辑顺序展开，力求将课堂讲授和书面知识还原为工作情境及其实施过程，从而更加有效地引导学生者理解和掌握秘书工作中的语言文字处理能力。

在编写内容上，本着必需、够用的编写原则，本书选取了语法、修辞、逻辑、写作基础、常用文体写作等五个部分的内容，并根据实际情况作了适当的调整，使之更适合高职高专文秘、行政管理等文科类专业学生的学习。语法部分系统介绍了词汇、短语、单句和复句等基础知识；修辞部分着重介绍了歧解、伸缩、婉曲等32种修辞格的特色及方法，深入分析了常见的修辞障碍；逻辑部分系统介绍了词项、命题、推理、逻辑规律和论证方法等基础知识；写作基础部分先后介绍了观察、立意和选材、谋篇布局、表达与修改等内容；常用文体部分分别介绍了散文、消息、通讯、广告文案四种文体的写作常识和要求。

在本书的修订出版过程中，由于编写工作需要，主编和副主编人员也作了适当调整：主编为熊畅、孙益民；副主编为徐乐军、孙汝建、彭秀海、刘彬。熊畅、孙益民负责改版整体结构框架和具体编写体例和要求。孙益民负责第一部分，孙汝建、尹喜艳负责第二部分，彭秀海、徐乐军负责第三部分，熊畅、周炫、方莉玫负责第四部分，刘彬老师负责第五部分的编撰工作，最后由熊畅、刘彬进行统稿。

尽管我们对本书的编撰和修订付出了较多努力，但由于作者的水平有限，加上时间仓促，书中错漏和不妥之处在所难免，恳请专家、同行和读者批评指正。

《秘书语文基础》教材编写修订组

2014年5月15日

目录

CONTESTS

第一部分　语　法

【案例导入】

某县农业局先后举办了三期技术培训班。该农业局的年度工作总结中有这么一句话："为了全面推广利用棉籽、菜籽饼喂猪，并进一步提高使用效果，××县农业局举办了三期技术培训班。"这句话有没有不妥的地方？如果有，你打算怎样修改？

【能力目标】

能运用现代汉语语法体系分析句子；能发现并纠正常见的语法失误。

【知识点】

语法单位与句法成分；各类词的语法特点及类别；短语的结构类、功能类以及复杂短语的层次分析；句子的一般成分和特殊成分；单句的结构类型、语气类别及常见的语法失误；复句的类型、多重复句的层次分析及常见的语法失误。

第一单元　语法概说

【案例导入】

某职业技术学院召开了迎新会，院长、副院长和各系（部、处、室）主要负责人出席了会议。会后，学院办公室撰写了会议纪要。该会议纪要中有这么一句话："院长、副院长和其他学院领导出席了这届迎新会。"这句话有没有不妥的地方？如果有，你打算怎样修改？

【能力目标】

能举例说明语法的本质和性质；能列表说明四级语法单位的特点、功能以及它们之间的关系；能列表说明八大句法成分之间成对发生的语法关系；能判别句子中各语言结构所充当的句法成分，并能用适当的符号将其标示出来。

【知识点】

语法的概念与性质；语法单位之间的关系；句法成分之间成对发生的语法关系；学

习语法的意义。

一、语法的含义

语言中的每一个词都是由语素构成的,有的词由一个语素直接构成,有的词则由两个或者两个以上的语素组合而成。假如有人让我们用“吃”“虎”“狼”和“老-(前缀语素)”这四个语素来组词,我们能够组合出哪几个词来呢?当然,我们能组合出“吃”“狼”和“老虎”三个词。其中,“吃”和“狼”这两个词是由一个语素直接构成的,“老虎”一词则是由前缀语素“老-”和词根语素“虎”组合而成的。

在上面四个语素当中,词缀语素“老-”为什么不能分别跟“吃”或者“狼”组合成词而只能跟“虎”组合成词呢?具体原因不是在较短时间内就能够探讨清楚的。不过,我们由此可以隐隐地感觉到:虽然词是由语素构成的,但是,并非任意两个语素拼合在一起就可以构成词,语素构成词时要受到某些规则或者规律的制约。这些规则或者规律就属于语法的范畴。

人们所说的每一句话都是由一个一个的词组合而成的,有的句子由一个词构成,例如,“吃!”;有的句子则由多个词组合而成,例如,“我吃过午饭了。”假如有人让我们将“吃”“狼”和“老虎”三个词组合成句子,并且要求每一个句子都要包含这三个词,我们可以得到“吃老虎狼”“吃狼老虎”“狼吃老虎”“狼老虎吃”“老虎吃狼”和“老虎狼吃”六种组合方式,其中,只有“老虎吃狼”和“狼吃老虎”这两种组合方式能够表达一定的意义,合乎人们说话的习惯,可以用来交际交流。其他四种组合方式为何是无效组合呢?具体原因也不是在较短时间内可以探讨清楚的,不过,我们也由此可以隐隐地感觉到:虽然句子是由词组合而成的,但是,并非任意两个词拼合在一起就可以构成句子,词组合成句子(或短语)时也要受到某些规则或者规律的制约。这些规则或者规律也属于语法的范畴。

我们运用语言说话或写文章时都要遵循一定的规则或者规律,只有符合规律的话语才能正常地发挥交际功能,否则,就会造成交际障碍。这就如同建筑工人建造房子,只有将砖瓦、木料、水泥和钢材等建筑材料按照一定的力学原理和结构规律结合起来,才能建造出牢固而美观的房子,否则,房子就会倾斜,甚至会倒塌。

总之,语法是一种用语言组词造句的规则。

二、语法的性质

(一)抽象性

人们用于交流的每一句话都是合乎特定的句子结构规则的,我们如果掌握了某一特定的句子结构规则,就可以依据交际需要创造出无数个合乎这一结构规则的句子来。不过,特定的句子结构规则是我们无法直接感知到的。例如,“我把羊拦住了”这个句子虽然合乎特定的句子结构规则,但是,我们一眼看不出这一结构规则。

“我把羊拦住了”这个句子的结构规则到底是什么呢?我们不妨先模仿它造出几个类似的句子:

①风把门吹开了。

②云把月亮遮住了。

③弟弟把自行车骑走了。

④雨把衣服淋湿了。

⑤警察把小偷抓住了。

每个句子的意思虽然各不相同,但是它们都蕴含了同一种结构规则:“施事名词(或代词)+把+受事名词(或代词)+及物动词+补语+了。”语法上把合乎这一结构规则的句子称为“把”字句。“把”字句的结构规则就是从许许多多具体的“把”字句中抽象、概括出来的。由此看来,语法具有抽象性。

(二)稳固性

世界上的一切事物无时无刻不在发展变化着,语言也不例外。任何语言都是由语音、词汇和语法三个要素有机构成的,语言的发展变化具体体现在这三个要素上面。一般来说,在语言发展变化的过程中,变得较快的是词汇,其次是语音,再次是语法。虽然现代汉语语法与古代汉语语法有许多不同之处,但这些差异在整个语法体系中只占一小部分,而且这些变化不是在短期内完成的,而是几百甚至几千几万年缓慢变化的结果。现代汉语的基本语法构造与古代汉语大体一致,例如,主语在谓语的前边,动词在宾语的前边。由此看来,语法具有一定的稳固性。

语法的稳固性还表现在它对外语语法的免疫力。一种语言跟外语接触的过程中,常常受到外语的影响,这种影响也是词汇最明显。例如,改革开放以来,汉语吸收了不少外来词,但语法基本上不受影响。新中国成立前,上海等几个沿海城市曾出现了一种“洋泾浜英语”,这是汉语和英语的混合语,其词语多半来自英语,语法规则基本上来自汉语。

(三)民族性

世界上有成千上万种语言,各种语言之间既有共性也有个性。语言的个性差异不但体现在语音和词汇上,也体现在语法上。例如:

①汉语:我今天如果有时间就和你一块去。

英语:If I had time today,I would go with you.

②汉语:我明天如果有时间就和你一块去。

英语:If I should have time tomorrow,I would go with you.

③汉语:我昨天如果有时间就和你一块去了。

英语:If I had had time yesterday,I would have gone with you.

上面三个汉语句子的意义差别是由充当状语的时间名词体现出来的,谓语动词“有”和“去”没有发生任何变化。三个英语句子的意义差别则是由谓语动词“have”和“go”的形态变化体现出来的。有人就此打过一个比方:英语的语法就像一条基本上在地面上流动着的明河,让人一目了然;汉语的语法则像一条基本上在地底下流动着的暗河,让人感觉不到。

总之,任何一种民族语言(或者同一种语言的不同方言)都有自己独特的语法体系,即具有一定的民族性。我们使用现代汉语共同语时,要意识到共同语与方言之间存在的语法差异,不要运用共同语的词和方言的语法规则说出一些意思不明的句子;我们使用外语时,要意识到汉语和外语之间存在的语法差异,不要运用外语的词和汉语的语法规则说出一些连外国人也听不懂的句子。

三、语法单位

语法单位实际上就是语言的结构单位,它是语音、语义的结合体。只有语音形式而没有语义的单位只是语音单位,不是语法单位。

语法主要有语素、词、短语和句子四级单位。

语素是最小的语法单位,是用于构词的备用单位。有的语素必须和别的语素组合在一起才能构成词,例如,“民”既可以和“人”组合成“人民”,也可以和“主”组合成“民主”;有的语素则既可以单独成词,也可以和别的语素组合成词,例如,“人”既可以单独构成名词“人”,也可以和“们”组合成“人们”。

词是最小的、能独立运用的语法单位,是构成短语或者句子的备用单位。一个词如果被附上了一定的语气和语调,就变成了一个句子,例如,祈使句“滚!”就是由动词“滚”直接构成的。

短语是词与词按一定的语法规则组合而成的语法单位,是构成句子的备用单位。一个短语如果被附上了一定的语气和语调,也变成了一个句子,例如,“我们上课。”就是由主谓短语“我们上课”直接构成的。

句子是能够表达一个相对完整的意思的语法单位,是语言的基本运用单位。

四级语法单位之间的关系见表1.1。

表1.1

语法单位	是否是最小的语法单位	能否自由运用	有无句调	作用与性质
语素	是	不能	无	构词备用单位
词	是	能	无	构成短语或句子的备用单位
短语	不是	能	无	构成句子的备用单位
句子	不是	能	有	交际交流的基本运用单位

四、句法成分

句法成分是短语和句子的构成成分。短语和句子都是由较小的语言单位按照一定的语法关系逐层组装起来,从而形成一定的结构类型。按照构成语言结构的两个成分之间的语法关系,可以定出不同的句法成分。现代汉语主要有八大句法成分。

(一)主语和谓语

汉语句子多数是由主语和谓语两个成分构成的。主语和谓语之间具有陈述关系。主语在前面，是说话人所要陈述的对象；谓语在后面，是对主语的陈述。分析短语或句子的句法成分时，一般在主语下边标“═══”，在谓语下边标“——”。例如：

全体同学都做完了语法作业。

（二）动语和宾语

谓语部分如果带上了宾语，谓语动词便可相应地称为动语。动语和宾语之间具有支配或关涉关系。动语在前面，表示动作行为，用来支配或关涉后面的宾语；宾语在后面，表示人、物或事情，是动语所支配、关涉的对象。分析短语或句子的句法成分时，一般在动语下边标“⇀”，在宾语下边标“﹏”。例如：

做作业

（三）定语、状语、补语和中心语

主语、谓语和宾语通常是一个由修饰语和中心语组成的偏正短语。修饰语和中心语之间具有修饰、限制的关系，修饰语在前面，用来描写或限制中心语，中心语在后面，是修饰语描写或限制的对象。

由于整个偏正短语的功能有名词性和谓词（动词、形容词）性的两种，因此，修饰语可以分为定语和状语两种。定语是名词性偏正短语的修饰语，状语是谓词性偏正短语的修饰语。

谓语动词或者形容词的后面有时还带有补语，此时的谓语动词或者形容词便是补语中心语，它和补语之间具有补充说明的关系。

分析短语或句子的句法成分时，一般用“（ ）”表示定语，用“[ ]”表示状语，用“〈 〉”表示补语，用“。”表示中心语。例如：

（全体）同学

（语法）作业

[都]做

做〈完〉

从前面的叙述中可以发现，每个句法成分总是跟另一句法成分相依存，发生一定的语法关系。汉语八大句法成分之间的关系见表 1.2。

表 1.2

句法成分	句法成分	成对发生的关系	举 例
主语	谓语	陈述关系（主谓关系）	精力充沛
动语	宾语	支配或关涉关系（动宾关系）	学习语法
定语	中心语	修饰、限制关系（定中关系）	（汉语）语法
状语	中心语	修饰、限制关系（状中关系）	[刻苦]学习
中心语	补语	补充说明关系（中补关系）	玩得〈开心〉

五、学习语法的意义

语法是约定俗成的,是客观存在的。婴幼儿开始学讲话的时候就自然地、无意识地掌握了语法,并且能够自如地运用语言进行交际,不过,这种对语法的认识还停留在感性认识阶段。感性的语法知识并不完全可靠,因为人们常常会说出一些不符合习惯的话来,即使是写文章,也经常会写出一些成分残缺、搭配不当或者结构杂糅的句子。如果一句话的语法失误比较明显,人们仅凭对语法的感性认识就能够感觉出来;相反,如果比较隐晦,人们就很难发现它的语法失误之处了。

语法规则不是语言学家制定的,而是他们从大量的、具体的语言结构中归纳、抽象出来的。归纳、抽象出来的语法规则既可以影响语言本身的发展,又可以进一步促进人们对语言的运用。因此,对于语法,我们不能停留在感性认识阶段,而要把它提高到理性认识阶段。只有这样,我们才能自如地运用语法知识来提高自己对语言的敏感程度,才能自觉地注意语法规范,从而提高鉴别正确与错误的能力,提高驾驭语言的能力。此外,如果懂得系统的语法,我们学习其他语言或者方言时就可以自觉地进行语法比较,从而更快地掌握外语或者方言。

语法指导语言实践的作用是毋庸置疑的,不过,我们不能把语法看成是万能的东西,不要以为只要读一两本语法书就可以把文章写好。要写好文章,光有语法知识是不够的。只有把语法知识跟实际的阅读与写作结合起来,才会有理想的效果。

【自测题】

一、填空题

1. 语法主要有__________、__________、__________和__________四级单位。

2. 现代汉语有__________、__________、__________、__________、__________、__________、__________和__________八大句法成分。

3. 在"社会主义新农村。"这一句子中,"社会主义"充当的句法成分是__________,"新农村"充当的句法成分是__________;在"新农村"这一短语中,"新"充当的句法成分是__________,"农村"充当的句法成分是__________。

4. 在"他一直没有找到合适的工作。"这一句子中,"一直"充当的句法成分是______,"没有"充当的句法成分是________,"合适的工作"充当的句法成分是__________。

二、判断题(正确的打"√",错误的打"×")

1. 语法不是语法学家们在科学研究的基础上制定并约定俗成的。 (　　)

2. 语法具有稳固性,这只是说语法发展变化的速度较慢,并不意味着语法是一成不变的。 (　　)

3. 汉语的句法成分通常是成对出现的,两者之间相互依存,发生一定的语法关系,例如,主语和谓语成对出现,发生陈述关系。 (　　)

4. 句子一定比短语大,短语一定比词大,词一定比语素大。 (　　)

5. 一个人学话的时候就无意识地学会了语法，我们即使不学习语法也能够说话，写文章，因此，我们没有必要专门学习语法。 （ ）

三、单选题（在本题每一小题的备选答案中，只有一个答案是正确的，请把你认为正确答案的题号填入题干的括号内）

1. 陕北方言将普通话的“同意不同意”说成“同意啊不”。这体现了语法的（ ）

A. 民族性　　B. 稳固性　　C. 抽象性

2. 一位初学英语的中国学生将“这间教室里有四个学生”表达为“This classroom have four student”。这种现象体现了语法的（ ）

A. 稳固性　　B. 抽象性　　C. 民族性

3. 在“他已经学会了骑马”这一短语中，“会”充当的句法成分是（ ）

A. 谓语　　B. 补语　　C. 宾语　　D. 状语

4. 在“我们受到了热情接待”这一短语中，“热情接待”充当的句法成分是（ ）

A. 谓语　　B. 状语　　C. 宾语　　D. 补语

5. “狼！”这一语言结构属于语法单位中的（ ）

A. 语素　　B. 词　　C. 短语　　D. 句子

四、分析说明题

“你写什么？”这句话表示“你想写的是什么？”我们也可以说：“都八点钟了，你还睡什么？”，也可以说：“大什么？一点也不大。”粗略地看，“睡什么”和“大什么”都不合逻辑，但又都是习惯的说法。这些语言现象对我们认识语法的本质有何启示？

第二单元 词 类

【案例导入】

某单位的年终总结中有这么一句话：“我们的二个调查组分别到基层进行了二次调研活动。”这句话有没有不妥的地方？如果有，你打算怎样修改？

【能力目标】

能准确地说明现代汉语各类实词与虚词的主要语法特点；能熟练地判别句子中各个词的类别及其所起的语法作用；能正确地辨别兼类词、同形同音词及词类的活用现象。

【知识点】

各类实词的语法特点和类别；各类虚词的语法特点和类别；兼类词；词类的活用现象；词类和词性的联系与区别。

一种语言中成千上万个词可以依据不同的目的、按照不同的标准分为不同的类别。

例如,为了编辑方言词典,可以根据词的意义分为天文、地理、动物和植物等类别。为了研究词汇,既可以根据音节的多少分为单音节词和多音节词;也可以根据词的内部结构分为单纯词和合成词;还可以根据来源的不同分为外来词、方言词、古语词和新生词等。语法上区分词类的目的在于说明语句的结构和各类词的用法,其分类依据有功能、形态和意义。以功能为主要依据,参考词的意义与形态,可以把现代汉语的词划分为实词与虚词两大类。

一、实词

实词是能够单独充当句法成分、有词汇意义和语法意义的词。如果考察更为具体的功能,可以将实词细分为名词、动词、形容词、区别词、数词、量词、代词、副词、拟声词和叹词十类。

(一)名词

1. 主要类别

(1)一般名词(表示人或事物的名称)。

书、笔、花、树、牛、马、肉、水、人、狼、蛇、刀

商店、面粉、孔子、长江、枪支、马匹、思想、礼貌

(2)时间名词。

春节、中秋、开端、目前、刚才、今天、现在、将来

(3)处所名词。

教室、食堂、天坛、杭州、美国、亚洲、里屋、边疆

(4)方位名词。

东、南、上、左、前、后、里、外、中、内、间、旁

之北、之上、之前、之间、以下、以南、以后、以外

上边、左边、东边、旁边、西面、外面、前头、里头

2. 语法特点

(1)经常用作主语和宾语。例如:“思想先进”“有思想”。

(2)一般能受数量短语的修饰。例如:“一本书”“一批枪支”。

(3)不能受副词的修饰。例如,不能说“很商店”“不长江”。

(4)能用在介词后边构成介宾短语。例如:“在商店(碰面)”“被蛇(咬了一口)”。

(二)动词

1. 主要类别

(1)动作行为动词。

打、甩、走、瞧、游泳、树立、提出、改变、复印

(2)心理活动动词。

爱、恨、怕、喜欢、羡慕、希望、讨厌、担心、怀疑

(3)存现动词。

有、在、存在、发生、发展、演变、生长、死亡、消失

(4)判断动词。

是

(5)能愿动词。

能、会、要、应、肯、敢、可以、应该、能够、愿意

(6)趋向动词。

上、下、进、出、回、开、过、起、来、去

上来、进来、回来、起来、下去、出去、进去、开去

2. 语法特点

(1)经常用作谓语或谓语中心。例如:“水开了”“她正在休息”。

(2)大部分动词能带宾语。例如:“打篮球”“改变态度”。

(3)能受副词“不”或“没有”的修饰。例如:“不复印”“没有消失”。

(4)后边经常带“着”“了”“过”等动态助词或者“起来”“下去”等趋向动词,表示动态。例如,“走着”是进行态,“跑了”是完成态,“怀疑过”是经验态,“打起来”是开始态,“发展下去”是继续态。

(5)部分动词可以重叠,表示尝试态(即表示动作轻微或时间短暂)。单音节动词重叠之后,第二个音节读轻声,例如:“试试(shì shi)”“走走(zǒu zou)”;双音节动词按“ABAB”的方式重叠,例如:“斟酌斟酌”“研究研究”。

(三)形容词

1. 主要类别

(1)性质形容词。

大、广、红、圆、酸、晚、坏、近、斜、直、陡、辣

结实、含蓄、直观、主动、封建、反感、紧张、认真

(2)状态形容词。

雪白、笔直、漆黑、嫩绿、蔚蓝、煞白、贼亮、鲜红

2. 语法特点

(1)一般能作谓语或谓语中心。例如:“耳朵大”“身体结实”。

(2)一般能作定语。例如:“坏消息”“蔚蓝的天空”。

(3)能受副词“不”和“很”的修饰。例如“不反感”“很主动”。

(4)部分形容词可以重叠。重叠的形容词用来修饰动词的时候,表示程度的加强,例如:“高高地举了起来”“狠狠地打了一顿”;用来修饰名词的时候,不但没有加重、强调的意味,反而表示一种轻微的程度,例如:“圆圆的脸蛋”“短短的头发”。单音节形容词重叠以后,第二个音节不读轻声。部分双音节性质形容词可按“AABB”的方式重叠,例如:“结结实实”“认认真真”;部分双音节状态形容词可按“ABAB”的方式重叠,例如:“雪白雪白”“蔚蓝蔚蓝”。

(四)区别词

1. 主要作用 区别词表示事物的属性,有区别事物的作用。属性往往有对立性质,因

而区别词往往是成对或成组的。例如：

公—母　男—女　雌—雄　荤—素　单—双

公—私　金—银　阴—阳　正—副

中式—西式　民办—公办　民用—公用　有限—无限

高等—中等—低等　大型—中型—小型—微型

2. 语法特点

(1)能直接修饰名词，作定语。例如“金戒指”“高等教育”。

(2)后边能带“的”，构成“的”字短语。例如：“男的”“民办的”。

(3)不能受副词“不”“很”修饰；否定时，在前边加“非”字即可。例如：“非正式”“非国有”。

(五)数词

1. 主要类别

(1)基数词。

一、二、三、四、五、六、七、八、九、零、半、两(系数词)

十、百、千、万、亿、兆(位数词)

(2)序数词。

头、第一、第二、第三、第四、第五、第六、第七、第八、第九

甲、乙、丙、丁、戊、己、庚、辛、壬、癸

子、丑、寅、卯、辰、巳、午、未、申、酉、戌、亥

2. 语法特点　和量词组合成数量短语以后，才能充当句法成分。数量短语通常用作定语、状语或补语。例如：“三本书”“一把抓住”“试了两次”。

3. 数字的使用规则

(1)应当使用阿拉伯数字的情况。

①公历世纪、年代、年、月、日和时刻。例如：

公元前11世纪、20世纪30年代、公元前456年

公元2015年5月1日、7点35分、10时3刻

②记数和计量(正负整数、分数、小数、约数、百分比等)。例如：

108、1/4、3.14、98%、25∶19、380 V、-45 ℃、北纬28°15′

③编号，如引文标注中的版次、卷次、页码。例如：

《中国语文》2009年第6期

(2)应当使用汉字数字的情况。

①数字作为语素构成的词，作为词构成的短语，作为缩略语的构成成分。例如：

二倍体、三叉戟、第三国际、五四运动、高二三班

五讲四美、坐地日行八万里，巡天遥看一千河

②邻近的两个数字并列连用表示概数。例如：

五六天、两三个、十六七岁、十之八九、一百五六十人

③夏历和民国以前的历史纪年。例如：

九月九日、大年三十、道光二十九年

（六）量词

1. 主要类别

（1）物量词。

①专用的：

个、张、位、本、件、条、匹、头、篇、句、辆（个体量词）

双、对、副、堆、批、群、帮、串、伙、套、把（集体量词）

点（点儿）、些（不定量词）

尺、寸、两、分、亩、磅、吨、元、平方米（度量衡量词）

②借用的：

杯、口、桶、车、碗、瓶、袋、床、盆、叶、碟（借自名词）

封、捆、卷、发、贴、挑、挺、扇（借自动词）

（2）动量词。

①专用的：

次、回、趟、遍、下、遭、顿、番、阵

②借用的：

笔、眼、刀、口、枪、脚、棒、拳、天、年（借自名词）

笑（笑一笑）、看（看一看）、摸（摸一摸）、写（写一写）（借自动词）

此外，还有一种复合量词：

人次、架次、千米小时、秒立方米、人千米

复合量词大都是科技术语，表示复合的单位，经常用在动词后边。例如：

高速列车的速度是 280 千米小时

敌机每天出动千余架次

旅客周转量达 340 亿人千米

2. 语法特点

（1）一般用在数词后边，同数词一起构成数量短语，作定语、状语、补语等。

（2）单音节量词大都可以重叠，重叠后单独充当定语、状语、主语、谓语。作定语和主语时，表示“每一”；作状语时，表示“逐一”；作谓语时，表示“多”。例如：

条条大路通罗马（作定语）

个个拍手叫好（作主语）

步步高升（作状语）

爆竹声声（作谓语）

（3）量词和数词组合成数量短语以后，也可以重叠起来使用，例如：“一箱一箱”“两个两个”。数词是“一”时，还可以省略后面那个“一”或者省去量词，例如：“一箱箱”“一个个”“对评委们提出的问题，一一作了回答”。这种重叠形式作主语时，表示“每一”；作定

语时,表示“多”;作状语时,表示“逐一”或“分组”。例如:

一个个精神抖擞(作主语)

一挺挺机枪(作定语)

一桶桶往车上装(作状语,表示“逐一”)

两个两个地走(作状语,表示“分组”)

(4)数量短语修饰名词时,一般放在名词前边,不过,在下列情况下,通常放在名词后边:

①被说明的词语比较复杂。例如:“大小房间一百多间”。

②量词本身比较复杂,例如:“每天出动飞机四十架次”。

③数目比较复杂。例如:“每月消耗原材料三十吨至四十吨不等”。

此外,记账或者列举的时候,数量短语也可放在名词的后边。例如:“鸡蛋四个”。

3. **名词与量词的配合情况** 名词与量词常见的配合方式见表1.3。

表1.3

名词	量词	名词	量词
办法	个、套	碑	块、个、座
报社	家、个	被面	条、床、幅
报纸	张、份	比赛	场、项
笔	枝、支、管	电线	条、段、截、卷
鞭炮	个、挂、串	电影	个、场、部
标语	条、幅	钉子	个、颗、枚
布	块、幅、匹	饭	顿、餐、份、桌、口
布告	张、个	房子	所、间、栋、幢
布景	堂、套、台	风	阵、场、股
草	棵、株、根、墩、丛、片	膏药	张、块、贴
唱片	张、套	歌	首、支、个
钞票	张、沓、叠	工厂	个、家、座
船	只、条、艘、个	工作	件、项、个
窗户	扇、个	故事	个、段、篇
窗帘	块	花儿	朵、枝、瓣、束、簇
凳子	张、个、条	画	张、幅、轴、套
地图	张、幅、本、册	人	个、帮、伙、口
火箭	支、枚	伤疤	块、条、道

续表

名 词	量 词	名 词	量 词
家具	件、样、套、堂	书	本、册、部、卷
交易	笔、宗	树	棵、株、行
镜子	面、块、个	水	滴、汪、滩
筷子	枝、支、根、双、把	塑像	个、座、尊
礼物	件、份	头发	根、绺、撮
理由	个、条、点	图章	个、颗、方
旅馆	家、个、座	土	把、撮、层
毛线	根、支、团、股	文件	个、份、叠
命令	道、条、个	西瓜	个、块、牙
葡萄	粒、颗、串、架、棵	席子	领、张、卷
墙	垛、堵、道	戏	出、台、个、场
亲戚	个、门、家、处	线	条、根、股、支、轴、子、团、桄
香	盘、支、根、子	医院	所、家、个、座
香烟	支、根、盒、包、条、筒	仪器	台、件、架
相片	张、帧、幅	意见	个、条、点
消息	个、条、则	邮票	张、枚、套
小说	篇、本、部	鱼	条、尾
牙齿	颗、个、排、口	渔网	个、副、张
牙膏	支、管	雨	阵、场、滴
牙刷	把、支	云	朵、块、片、团
烟	股、缕	杂志	本、份、期、卷
眼泪	滴、串、行、把	纸	张、片、刀、沓
药	副、服、剂、味、丸、片、粒	制度	条、项、个
衣服	件、身、套	珠子	粒、颗、串、挂
字	个、行、笔	子弹	粒、颗、发

（摘自吕叔湘主编的《现代汉语八百词》）。

（七）代词

1. 主要类别

（1）人称代词，用来代替人或事物。常见的人称代词见表1.4。

表1.4

人称	定指的		不定指的
	单数	复数	
第一人称(自称)	我、咱	我们、咱们	
第二人称(对称)	你、您	你们	
第三人称(他称)	他(她、它)	他们(她们、它们)	人家、大家(大伙儿) 别人(旁人)、彼此
反身称	自己	自个儿	

(2)指示代词,用来指示或区别人、事物、情况。常见的指示代词见表1.5。

表1.5

所指示的对象	近指	远指
人、事物	这	那
处所	这里、这儿	那里、那儿
时间	这会儿	那会儿
性质、方式、程度	这么、这样、这么样	那么、那样、那么样

此外,还有几个特殊的指示代词:每、各、某、另、凡、本、该、别的、其他、其余。

(3)疑问代词,用来表示疑点,提出问题。常见的疑问代词见表1.6。

表1.6

疑问对象	疑问代词
人、事物	谁、什么、哪
处所	哪儿、哪里
时间	几时、哪会儿、多会儿
性质、状态、方式、行动	怎么、怎样、怎么样
数量	几、多少
程度	多、多么

2. **语法特点**　代词在语法上没有共同的、突出的特点,下面着重介绍部分代词的语法特点或用法。

(1)人称代词。

①我们、咱们。"我们"多用于书面语,既可以指代说话人和听话人双方,也可以仅指代说话人一方。"咱们"多用于口语,一定指代说话人和听话人双方,有助于缩短对话双方的心理距离。当"我们"和"咱们"对举时,"我们"只指代说话人一方,"咱们"则指代说话人和听话人双方。例如:

“我们走了，咱们再见吧！”

“咱们一起走吧！”——“我们还有事，你们先走吧。”

②他（她、它）、他们（她们、它们）。第三人称代词除指代不包含说话双方的第三方外，还可以指代事物。书面上为了分清人的性别和事物，指称男性时用“他”，指称女性时用“她”，指称事物时用“它”。“他”“她”和“它”实际上是一个词的三种不同写法。“他们”并不专指男性，既可以指代有男有女的一群人，也可以同时指代人和事物。

③自己。“自己”可以放在名词或代词的后边，强调某人本人或某物本身。例如：“阿Q常常安慰他自己。”“这种机器自己有控制机构，会自动停机。”

当句子的主语为施事，宾语或宾语的修饰成分又与该主语相同时，一般用“自己”来指代。例如：“雷鸣常常严格要求自己。”“他总是把别人的困难当作自己的困难。”

有时“自己”可以泛指任何人。例如：“自己的事情自己做。”可以用来表示亲近的意思。例如：“大家都是自己人，何必大动干戈呢？”可以用来表示“不依靠外力”“亲自”的意思，作状语。例如：“羊群常常于傍晚时分自己回羊圈。”“你又想自己去一趟吗？”

（2）指示代词。

①每、各。“每”和“各”都是分指，指代全体中的任何一个。“每”侧重于表示由个体组成的全体，常常和“都”配合使用，如“每个人都有机会获奖”；“各”侧重于表示个体，如“各位久等了”。

“各”既可以直接放在表示机关、组织的名词前边，如“各处（室）”，也可以直接指代人，如“各回答三个问题”。

②某、另。“某”和“另”都用来指代没有明确说出的人或事物。“某”既可以指代不确定的人或事物，也可以指代知道但不愿意说、无须说或说不出来的人或事物，如“故事发生在南方的某个小镇”。“另”是旁指，指代某些之外的人或事物，如“另一套试题的难度还大些”。

“某”既可以和量词直接组合，如“某个人”，又可以叠用，如“某某公司”，还可以用在姓氏后指具体的人，如“李某”“张某某”“王某人”。“另”只能和数量短语组合，如“另一套方案”“另一位同学”。

3. 代词的活用现象

（1）人称代词。“你”可以泛指任何人，如“困难像弹簧，你硬它就软，你软它就强。”“我们”可以代替“我”或“你们”，如“我们明天再讲解一篇类似的文章”中的“我们”实际上是“我”的意思，“希望我们每位同学都如期毕业”中的“我们”实际上是“你们”的意思。这些地方使用“我们”，缩短了说话人和听话人之间的心理距离，显得非常亲切。“我”和“你”对举时，不指代具体的对象，如“你不让我，我不让你，都开满了花赶趟儿。”有时，人称代词只起加重语气的作用，并不指代人或事物，如“甩他个稀巴烂！”

（2）指示代词。“这、那”“这样、那样”可以连起来使用，不确指某人某事，只起概括作用，表示强调一切的意思，如“不要总是问这问那的。”“这样也不行，那样也不行，你到底要怎么办？”

(3)疑问代词。疑问代词既可以指代任何人或事物,说明在所说的范围内没有例外,如“谁都比不上他”“什么苦我都吃过”“我哪儿也不去”;也可以指代不能肯定的人或事物,包括不知道、说不出或不想说出的人或事物,如“这篇文章的结尾部分似乎还要补充点什么”“该去哪儿玩玩了”。当疑问代词指代任何人或事物时,必须重读,还常常和“都”“也”相呼应。

(八)副词

1. 主要类别

(1)程度副词。

很、最、极、挺、太、怪、更、好、较、最、顶、越

非常、十分、极其、特别、尤其、格外、稍微、几乎

(2)范围副词。

都、总、也、只、共、单、光、就、仅

一齐、一概、总共、全都、仅仅、统统

(3)时间副词和频率副词。

才、就、又、再、刚、总、老、常、还、重、将、要

立刻、正在、曾经、偶尔、暂且、常常、刚刚、渐渐

(4)肯定副词和否定副词。

必、准、必须、必定、必然、当然、的确

不、没、未、别、莫、勿、没有、不必、不曾

(5)情状副词。

亲自、相互、肆意、竭力、相继、陆续、全力、悄悄

赶紧、特意、猛然、擅自、百般、逐渐、轻易、暗暗

(6)语气副词。

岂、就、可、难道、究竟、偏偏、索然、简直

也许、大约、幸亏、反正、居然、何尝、恰恰

(7)处所副词。

处处、到处、四处、随处

(8)关联副词。

也、才、就、又、都、还、越、却

2. 语法特点

(1)除了“很”“极”等副词可以作补语外,一般的副词只能作状语。

(2)绝大多数副词不能单说,不能回答问题。据研究,在486个常用副词中,有65个可以单说,占13.4%。可以单说的副词有两种情况:一是副词本身可以单说,如“别”“差点儿”“有点儿”“的确”“难免”;二是副词后面带上语气词才可以单说,如“何苦呢”“随后呢”“大约嘛”。

(3)部分副词兼有关联作用,可以把动词、形容词或者短语、句子组合在一起。有单用

的，如“想说就说”“想清楚再说”“哭也没用”“说了又说”；有前后配合使用的，如“又哭又笑”“非去不可”“越说越来劲”“不打不相识”；也有和连词配合使用的，如“只有……才”“如果……就”“不但……还”“不论……都”“即使……也”。

3. 使用副词时应注意的问题

（1）同一类副词可能在用法上有差别。例如：

“常常”和“往往”都表示某种情况或者动作行为经常出现或发生，有时可以互换，例如，既可以说“星期天，他常常去钓鱼”，也可以说“星期天，他往往去钓鱼”，但是，“常常”强调的是事情或动作行为的经常性和频繁性，“往往”强调的是按经验情况总是这样，能用“常常”的地方不一定都可以换成“往往”，如“据说她常常来看戏”。

（2）同一个副词可以表示多种意思。例如：

“就”可以表示短期内即将发生，如“我马上就来了”；可以表示事情早已发生，如“她读大一时就通过了大学英语四级考试”；可以表示两件事相承接，如“吃完饭就去做作业”；可以表示态度坚决，如“我就不信邪”；可以表示范围小，如“我就剩一个亲人了”。

（九）拟声词

拟声词又叫象声词，是用语音来模拟事物或自然界声音的词。

1. 主要类别

（1）单纯拟声词。

吧、嗖、呼、轰、当、咣、哐、嘎、咪、喵

咕咚、扑通、咯吱、咕噜、扑哧、当啷、唰啦

（2）合成拟声词。

叮当、叮咚、噼啪、乒乓、嘀嗒、叽喳

噼里啪啦、乒丁乓当、丁零当啷

2. 语法特点

（1）一般不能独立成句，经常充当句子中的独立成分。例如：

扑通扑通，小狗在水里挣扎了很久也上不来。

叽叽喳喳，鸟儿在枝头闹得正欢。

（2）有时也可以充当一般的句法成分。例如：

泉水叮咚。（作谓语）

溪水哗哗地流着。（作状语）

外面传来了噼里啪啦的鞭炮声。（作定语）

电冰箱经常发出嗡嗡的声音，这两天嗡得更厉害了。（前面一个作定语，后面一个作谓语中心）

（3）单纯拟声词的中间不能停顿，后边可以加上“一声”；合成拟声词的中间可以停顿，后边不能加上“一声”。

（4）拟声词大都可以重叠。单纯拟声词的重叠方式是“AA”和“ABAB”，如“当当”“呼呼”“嘎嘎”“喵喵”“咕咚咕咚”“扑通扑通”“咕噜咕噜”“扑哧扑哧”；合成拟声词的重叠方

式有“AABB”“ABAB”“AAB”和“ABB”,如“叮叮当当”“叮当叮当”“叮叮当”“叮当当”。

(十)叹词

叹词是说话时表示喜悦、赞美、愤怒、悲痛、忧伤、惊讶等感情色彩的声音的词和表示呼唤、应答的声音的词。

1.主要类别

(1)表情叹词(用于表达个人感情,不用于对话),如:

啊 ā(阴平,表示惊讶、赞叹)

啊 ǎ(上声,表示出乎意料)

啊 à(去声,表示原来如此或者表示恐怖、剧痛)

欸 ě/ěi/ǎi(上声,表示不同意,不满)

唉 èi/ài(去声,表示伤感,叹息)

嗨、嘿 hēi/hāi(阴平,表示惊叹)

哎呀 āiyā(阴平,表示惊讶)

哎哟 āiyō/āiyōu/āiyāo(阴平,表示惊愕、疼痛)

嗨 hài/hèi(去声,表示由于太糟糕而不满)

吓 hē、嚯 huō(阴平,表示惊叹)

吓 hè、嚯 huò(去声,表示由于不该如此而不满)

嗯 m̌/ň/ňg(上声,表示惊愕,出乎意料,不以为然)

呕 ōu/āo(阴平,表示惊讶)

呕 óu/áo(阳平,表示惊讶,原来如此)

呕 òu/ào(去声,表示领悟、醒悟)

咦 yí(阳平,表示惊讶自己怎么才想到)

哟 yō/yōu/yāo(阴平,表示突然想到或惊讶突然出现)

呸 pēi(阴平,表示鄙弃)

(2)表意叹词(用于对话或对别人施加影响)

啊 ā(阴平,表示要求对方听从或同意)

啊 á(阳平,表示由于听不清或不理解而追问)

啊 à(去声,表示自己听见了)

欸 ê̄/yī/āi(阴平,表示突然想起什么要说给对方听)

欸 ề/èi/ài(去声,表示应答,答应、同意)

嗨 hāi/hēi(阴平,表示不礼貌地打招呼或者表示要求对方注意)

哼 hm̀/hèng(去声,表示威胁,禁止,申斥,不满意)

嗯 ḿ/ń/ńg(阳平,表示不理解、听不清而追问)

嗯 ǹ/ǹg(去声,表示应答,或者表示听见了)

呕 ōu(阴平,表示向远处招呼)

喂 wēi/wāi(阴平,表示招呼声,且多用于打电话时)

嘘 shī/xī(阴平,表示让别人不出声)

2. 语法特点

(1)绝大多数情况下,不充当一般的句法成分,常常用作感叹语(即独立成分),也可以单独成句。例如:

咦,你怎么不提前通知我一下呢!(感叹语)

“你想清楚了吗?”“嗯。”(感叹句)

(2)极少数情况下,可以充当一般的句法成分。例如:

他嗯了一声,就立刻出门了。(用作谓语)

他轻蔑地说了声“呸”。(用作宾语)

二、虚词

虚词是不能单独充当句法成分、没有词汇意义、只有语法意义的词。如果考察更为具体的功能,可以将虚词细分为介词、连词、助词和语气词四类。

(一)介词

1. 主要类别

(1)时空介词:自、从、往、向、在、到、由、至、自从、及至

(2)方式介词:按、照、依、沿、顺、按照、通过、根据、沿着

(3)对象介词:对、跟、和、同、与、比、给、较、对于、较之

(4)施受介词:把、被、叫、让、给、拿

(5)关涉介词(只出现在主语的前面):关于、至于

2. 语法特点

(1)经常附着在实词(主要是名词)或短语的前边,组成介词短语。介词短语的主要功能是作状语,如“向雷锋学习”“对敌人开炮”;有时也可以作定语,作定语时后边要用助词“的”,如“对于简牍的价值”。

(2)“在”“向”“于”“到”“给”“自”等介词可以直接附着在动词或其他实词的后边,构成一个整体,相当于一个动词,如“走向胜利”“习惯于这样做”“好在她最终赢下了那场比赛”。

(3)不能单独充当谓语,即使带上名词也不能作谓语,如“我们向雷锋”不成句。

(4)不能重叠,不能带动态助词“着”“了”“过”。“沿着”“为了”“通过”等介词中的“着”“了”“过”不是助词,只是构词语素。

(二)连词

1. 主要类别 根据连词所连接的语言结构之间的语义关系可以分为以下十类:

(1)并列关系:和、跟、同、与、及、以及

(2)承接关系:接着、而后、既而、然后

(3)解说关系:例如、譬如、比方、就是、即、总之

(4)选择关系:或、或者、还是、与其、宁可、要么

(5)递进关系:不但、不仅、而且、并且、况且、何况、反而

(6)转折关系:但、但是、可是、然而、不过、只是

(7)条件关系:只要、只有、无论、不论、除非、任凭

(8)假设关系:如果、假如、要是、万一、倘若、即使

(9)因果关系:因为、由于、所以、因此、于是、既然、以致

(10)目的关系:以、以便、借以、以免、免得、以防

2. 语法特点

(1)每一个连词必定连接一定的成分,表示一定的关系,如“爸爸和妈妈”中的“和”表示并列关系,“伟大而且崇高”中的“而且”表示递进关系。

(2)连词在句子中只起连接作用,不起修饰作用。

(3)某些表示同一种语义关系的连词,用法上有区别。例如,同为并列连词,“和”“跟”“同”有较浓的口语色彩;“与”带一些文言色彩,常用于比较郑重的场合。在“……及其他”这一结构中只能用“及”,不能用“和”“同”“跟”“与”。

(三)助词

1. 主要类别及其用法

(1)结构助词。结构助词虽然只有一个,但书面上有“的”“地”和“得”三种写法。“的”附在词或短语后边,表示它前边的词或短语是定语,如“艳丽的朝霞”“最令我难忘的一件事”;“地”附在词或短语后边,表示它前边的词或短语是状语,如“飞快地跑”“严肃认真地对待”;“得”附在动词或形容词后边,表示它后边的词或短语是补语,如“想得美”“大得出奇”。

(2)动态助词。动态助词有“了”“着”“过”“来着”“的”“看”等。“了”附在动词或形容词后边,表完成态,意为动作已完成或性状已实现,如“我看了两本小说”“这支粉笔短了一截”;“着”附在动词或形容词后边,表进行态,意为动作在进行或性状在持续,如“她趴在桌子上写着什么”“那个座位一直空着”;“过”附在动词或形容词后边,表经验态,意为曾经发生这样的动作或曾经具有这样的性状,如“我去过北京”“他们也曾年轻过”;“来着”用在句末,表完成态,意为不久前发生过的事情,且偏重于肯定该动作行为,如“你刚才说什么来着”“你昨天上午干什么来着”;“的”插在动宾短语中间,表完成态,意为过去发生的事情,且偏重于强调动作的时间、处所、方式、施事等,如“老王发的言”“我前年进的城”;“看”附在重叠式动词或动补短语后边,表尝试态,意为尝试,如“想想看”“分析分析看”“眼睛睁大一点儿看”。

(3)比况助词。比况助词主要有“似的”“般”“一般”“一样”等,附在实词或短语后边,构成表示比喻的比况短语,充当定语、状语、谓语和补语。例如:

那是一个黑瘦的、乞丐似的男子。(作定语)

小东西石头似的站在那儿。(作状语)

他整天木偶似的。(作谓语)

他被雨淋得落汤鸡似的。(作补语)

（4）数序助词。数序助词主要有“第”“初”“把”“来”“多”“们”“等”等。“第”和“初”表示序数，附在基数字前边，其中，“初”一般只用于“一”至“十”的前边，表示农历“一日”至“十日”；“把”表示概数，附在“百”“千”“万”后边，意为说话人认为数量少，如“万把人”“千把块”“百把斤”；“来”表示概数，用在数词和量词之间时，其数词限于十或末位为十的多位数，如可以说“一百二十来斤”，一般不说“一百来斤”，用在度量衡量词后边时，其数词可以是个位数或多位数，但后面必须有相关的形容词或名词，如“两丈来高”；“多”表示概数，用在数词和量词之间时，其数词必须是十位以上的整数，不能有个位数，如可以说“三十多斤”，不可以说“十三多斤”，用在数量短语之后时，其数词必须有个位数，如可以说“十三斤多”，不可以说“三十斤多”；“们”用在指人的名词后面，表示不计量的多数，如“兄弟们”“朋友们”；“等”“等等”和“什么的”表示列举未尽，其中，“等”还可以表示列举已尽，如“中、英、法、西、俄、阿拉伯等六种文字”。

（5）其他助词。主要介绍“所”“给”和“连”三个助词。“所”经常附在及物动词前边，构成名词性“所”字短语，表示动作的受事，如“所见”“所感”，有时还经常和“被”“为”配合使用，构成“被……所”“为……所”的格式，表示被动，如“不被形而上学所羁绊”“早已为实践所证明”。“给”经常用在句子的谓语动词的前边，表示加强语气，口语色彩较浓，如“电视机被弟弟给拧坏了。”“语法作业我都给做完了。”“我把语法作业都给做完了。”。“连”用在词或短语前边，经常和“也”“都”配合使用，表示强调，隐含“甚而至于”的意思，如“连三岁的小孩也懂得这个道理。”“你连我都不请吗？”“人家小孩连一眼也不看。”

2. 语法特点

（1）没有独立性，必须依附于别的成分。

（2）意义最虚。

（3）除“所”“初”“第”等少数助词外，大部分助词读轻声。

（四）语气词

1. 主要类别

（1）陈述语气。

的、了、吗、吧、呢、啊、着、嘛、呗

罢了（而已）、也罢、也好、啦、嘞、喽、着呢

（2）疑问语气。

吗（么）、呢、吧、啊

（3）祈使语气。

吧、了、啊

（4）感叹语气。

啊

2. 语法特点

（1）一般用在句子末尾，表语气；也可以用在分句末尾，表停顿。

(2)两个语气词连用时,经常合成一个音节,如"了"与"啊"合成"啦","了"与"呕"合成"喽"。

(3)一般都读轻声。

3. 主要用法

(1)单用。汉语共同语最基本的语气词只有"的""了""吗""呢""吧"和"啊"六个。根据在句子中出现的先后次序,六个语气词可以分为三组,其主要用法见表1.7。

表1.7

组　别	语气词	语法意义	主要语气类别	例　句
甲组	的	表示确实如此	陈述语气	我不会辜负你的。
乙组	了	表示已发生了变化, 在祈使句中成句煞尾	陈述语气 祈使语气	我昨晚梦见你了。 别说话了。
丙组	吗	表示疑问	疑问语气	你去过美国吗?
	呢	指明事实不容置疑, 表疑问	陈述语气 疑问语气	你才自私呢。 我该怎么办呢?
	吧	表示揣度或商量语气	陈述语气 疑问语气 祈使语气	还行吧。 立春了吧? 回家吧!
	啊	使语气舒缓,增加感情色彩	感叹语气 疑问语气 祈使语气 陈述语气	真好看哪! 什么时候去呀? 快跑哇! 她不在家啊。

(2)连用。语气词连用时,甲组排在前面,丙组排在最后面。连用的几个语气词表示不同的语法意义,最后一个语气词的语法意义在全句中起决定性作用。具体的连用方式有四种:一是甲、乙两组连用,如"她也够可怜的了。"二是甲、丙两组连用,如"她会变坏的呢。""谁说我不管的啊?"。三是乙、丙两组连用,如"他的病治好了吗?""你刚才去哪儿了呢?"。四是甲、乙、丙三组连用,如"你别再疯疯癫癫的了啊?"。

4. 语气词"啊"的音变情况　语气词"啊"经常受前面音节的尾音的影响而改变读音,具体音变情况见表1.8。

表1.8

前字韵母或韵尾	实际发音	汉字写法	例　句
ɑ、o、e、ê	ɑ 或 ɑ→iɑ	啊、呀	快写啊(呀)!
i、ü	ɑ→iɑ	呀	鸡呀! 鱼呀!
u、ɑo、ou	ɑ→uɑ	哇	雾哇! 猫哇! 狗哇!
-n	ɑ→nɑ	哪	我的心肝哪!

续表

前字韵母或韵尾	实际发音	汉字写法	例 句
-ng	a→nga	啊	真香啊！
(zh、ch、sh、r)i、er	a→ra	啊	给我张纸啊！女儿啊！
(z、c、s)i	a→[z]a	啊	孩子啊！

三、词的兼类与活用

(一)词的兼类

1. 兼类词的特点

(1)经常具备两个或两个以上词类的语法功能。需要注意的是，在具体的语句中，兼类词并不同时具备两个或两个以上词类的语法功能。实际情况是，它在某一语句中具有甲类词的语法功能而不具备乙类词的语法功能，在另一场合中具备乙类词的语法功能而不具备甲类词的语法功能。例如，“领导”一词在“领导来了”中具有名词的语法功能，在“由他来领导”中具有动词的语法功能。

(2)语音完全相同，词义有联系。需要注意的是，词义有联系、写法相同、语音不同的词不是兼类词，而是一组写法相同的词，如“天气凉了”中的“凉”读 liáng，是形容词，“凉了一杯水”中的“凉”读 liàng，是动词；另如“春雨如膏”中的“膏”读 gāo，是名词，“在轴上膏点儿油”中的“膏”读 gào，是动词。语音相同、写法相同、词义无任何联系的词不是兼类词，而是一组同形同音词，如“打格子”中的“打”表示画的意思，是动词，“打这儿往西，再走三里地就到了”中的“打”表示从的意思，是介词；又如“有的放矢”中的“矢”表示箭的意思，是名词，“矢口否认”的“矢”表示发誓的意思，是动词。

2. 常见的兼类词

(1)兼属动词与名词。

病、锈、圈、梦、锁、漆、梨、锯

通知、指示、代表、总结、工作、决定、建议

报告、教育、计划、命令、号召、贡献、导演

(2)兼属名词与形容词。

左、科学、标准、经济、道德、困难、理想、典型

秘密、形象、危险、矛盾、精神、系统、文明

(3)兼属形容词与动词。

破、忙、松、丰富、明确、端正、明白、努力

团结、繁荣、充实、巩固、便宜、健全、坚定

(4)兼属动词与介词。

在、比、朝、给、拿、往、用、通过、经过

(5)兼属名词与介词。

根据、依据

(6)兼属介词与连词。

和、跟、同、与、由于、因为、为了

(7)兼属动词与副词。

没有

(8)兼属名词、动词和形容词。

麻烦、方便、便宜

(二)词类活用

为了修辞上的需要,甲类词在特定的情况下偶尔具有乙类词的语法功能,这种现象就是词类活用。例如:

这一切等等,确是十分堂·吉诃德的了。(“堂·吉诃德”本是名词,这里活用为形容词)

他们总算夫妻了一场。(“夫妻”本是名词,这里活用为动词)

四、词性与词类

词性和词类是有密切联系的一对概念。词性是词的语法属性,词类是词的语法类别。词性着眼于个体,讨论的对象是类属相同的一个一个的词;词类着眼于整体,讨论的对象是词性相同的一类一类的词。

【自测题】

一、填空题

1. 语法上区分词类的依据主要有词的__________、__________和__________。

2. 以功能为主要依据,参考词的意义与形态,现代汉语所有的词可以归为__________和__________两大类。

3. 实词是指能够单独充当句法成分,有__________和__________的词;虚词是指不能单独充当句法成分,没有__________,只有__________的词。

4. 如果考查更为具体的语法功能,现代汉语的实词可以细分为__________、__________、__________、__________、__________、__________、__________、__________、__________和__________十类,将虚词细分为__________、__________、__________和__________四类。

5. 否定名词时,一般在它的前面加“不”;否定区别词时,一般在它的前面加“__________”。

6. “你虽然批评了我,但我一点也不怨恨你,而且还很乐意接受你的批评。”从词义与词性的角度看,加点词“批评”是__________词。

二、判断题(正确的打“√”,错误的打“×”)

1. 音义结合的最小的语言单位是词。 ( )

2. “咱们”与“我们”这两个词虽然都表第一人称单数,但它们的用法并不完全相同。 ( )

3. 虚词虽然没有词汇意义,但是有语法意义。 ( )

4. “外科医生”这个短语中,加点词作定语,属于形容词。 ( )

5. 实词虽然有词汇意义与语法意义,但是不能单独充当句法成分。 ( )

6. 双音节动词的重叠形式是“ABAB”式,如“斟酌斟酌”。 ( )

7. 双音节形容词的重叠形式是“AABB”式,如“整整齐齐”。 ( )

8. “男、女、老、少”这四个词中,前两个属于区别词,后两个属于形容词。 ( )

9. “金、银、铜、铁、锡”这五个词都是区别词。 ( )

10. “这件事领导还没有研究呢。”这句话中,加点词“呢”表疑问语气。 ( )

三、单选题(在本题每一小题的备选答案中,只有一个答案是正确的,请把你认为正确答案的题号填入题干的括号内)

1. “小明没有听懂,但他却没有再问。”对句子中加点词词性的判断,正确的一项是( )

A. 副词　B. 介词　C. 连词　D. 助词

2. “小明没有听懂,但他没有再问。”对句子中加点词词性的判断,正确的一项是( )

A. 连词　B. 介词　C. 助词　D. 副词

3. “他正在做作业,你现在别去打搅他。”对句子中加点词词性的判断,正确的一项是( )

A. 名词 副词　B. 副词 名词　C. 动词 副词　D. 副词 副词

4. “火车刚刚开走,你刚才到哪儿去了?”对句子中加点词词性的判断,正确的一项是( )

A. 动词 副词　B. 名词 副词　C. 副词 名词　D. 副词 副词

5. 下列四组词中,全部属于区别词的一组是( )

A. 中型 聪明　B. 桂林 高等　C. 初等 优秀　D. 公办 定期

6. 下列四组词语中,全部属于区别词的一组是( )

A. 民办 活期　B. 鸡毛 中等　C. 大型 勇敢　D. 微型 漂亮

7. “我已经喝醉了。”对句子中加点词词性的判断,正确的一项是( )

A. 助词兼语气词　B. 助词　C. 语气词　D. 以上答案都不是

8. “我上三年级了。”对句子中加点词词性的判断,正确的一项是( )

A. 助词兼语气词　B. 语气词　C. 助词　D. 以上答案都不是

9. 张三家的鹅有十来斤重,李四家的鹅有十斤来重;仔细一算,( )。

A. 两家的鹅一样重　B. 李四家的鹅重些

C. 张三家的鹅重些　　D. 无法判别两家的鹅的轻重

10. 张三家有十多亩地,李四家有十亩多地;仔细一算,(　)。

A. 两家的地一样多　　B. 李四家的地多些

C. 无法判别两家的地的多少　　D. 张三家的地多些

第三单元　短　语

【案例导入】

某市决定在劳动节前夕表彰一批劳动模范。经过个人申请、民主评议、公司推荐、实地考察等环节,最终从10个公司中遴选出28位劳模。该市具体负责表彰事宜的某职能部门精心制订了实施方案。其中一项内容是这样写的:“表彰对象:十个公司的劳模”。根据该实施方案,某办事员第一次只买回了十个荣誉证书,少买了18个。导致该办事员买少了荣誉证书的直接原因是什么?你打算怎样修改该实施方案的这项内容?

【能力目标】

能熟练地判别句子中各个短语的结构类型和功能类别;能运用层次分析法正确地分析结构较为复杂的短语;能运用层次分析法或替换法正确地辨析多义短语的多个意思。

【知识点】

短语的含义与类别;短语的结构类型与功能类别;复杂短语的层次分析;多义短语。

一、短语的含义与类别

短语是词与词组合而成的用来构成句子的备用单位。并非任意一组字或词都是短语,一个短语必定同时合乎以下四个条件:一是包含两个或两个以上的词。不应把合成词当成短语,也不应把包含两个音节的短语当成词,如“大米”“大腿”都是双音节合成词,“大树”“大手”都是包含两个音节的短语。二是词与词在语法上能够逐层搭配。如果不借助合适的语法手段,有些词是无法直接组合成短语的,如“爸爸车”和“车爸爸”都不是短语,因为“爸爸”和“车”不能直接搭配在一起。三是词与词在语义上能够逐层贯通。有时,一组词虽然在语法上能够搭配,貌似短语,但是如果仔细推究其意义,就会发现某些词无法贯通,这样的一组词实际上也不是短语,如“报晓的公鸡是集合的信号”中的“公鸡”和“信号”在语义上说不通,不能说“公鸡是信号”。四是没有句调。短语和句子在结构上是没有什么不同的,其区别在于有无句调。一个短语(或词)只要带上一定的句调就不再是语言的备用单位,而是语言的运用单位——句子,如“买一条鱼”是短语,“买一条鱼!”则是句子。总之,短语是由两个或两个以上的词构成的、语法结构上能逐层搭配、语义上能逐层贯通而又没有句调的一组词。

按照不同的目的,依据不同的标准,短语可以分出不同的类别。依据构成成分的凝固程度,可以分为固定短语和临时短语(非固定短语):固定短语是结构具有凝固性、意义具有完整性的短语,如现代汉语中的成语和惯用语;临时短语则是固定短语之外的所有短语。依据单独成句的能力的大小,可以分为自由短语和黏着短语:自由短语是加上句调就能成句或者回答问题的短语;黏着短语是加上句调也不能单独成句的短语。依据层次的多少,可以分为简单短语和复杂短语:简单短语是只有一个结构层次的短语;复杂短语是包含两个或两个以上结构层次的短语。依据直接成分间结构关系的不同,可以分为主谓短语、动宾短语、偏正短语(包括定中短语和状中短语)、中补短语和联合短语等基本结构类型,此外,还有连谓短语、兼语短语、同位短语、方位短语、介词短语、量词短语和助词短语(包括“的”字短语、比况短语和“所”字短语)等特殊结构类型。依据语法功能的不同,可以分为名词性短语、谓词性短语(包括动词性短语和形容词性短语)、修饰性短语和多功能性短语等类别。下面将着重介绍短语的结构类型和功能类别。

二、短语的结构类型

(一)基本结构类型

1. **主谓短语** 由主语和谓语两个直接成分组成。主语在前边,是说话人所要陈述的对象,指出要说的是谁或者什么;谓语在后边,是对主语的陈述,说明主语怎么样或者是什么。主语和谓语之间有陈述和被陈述的关系。例如:

市场稳定(名词+形容词)　　他作报告(代词+动宾短语)

小张上海人(名词+名词)　　今天星期六(名词+名词)

2. **动宾短语** 由动语(及物动词)和宾语两个直接成分组成。动语在前边,举出一种动作或行为;宾语在后边,是这种动作或行为支配、关涉的对象。动语和宾语之间有支配、关涉和被支配、被关涉的关系。例如:

布置任务(动词+名词)　　是好朋友(动词+定中短语)

吃了一斤(动词+量词短语)　　来客人了(动词+名词)

3. **偏正短语** 由修饰语和中心语两个直接成分组成。修饰语在前边,修饰或限定后边的中心语;中心语在后边,是修饰语修饰或限定的对象。修饰语和中心语之间有修饰、限制和被修饰、被限制的关系。偏正短语又可以细分为两种:

(1)定中短语。由定语和名词性中心语两个直接成分组成,有时,两者之间还要使用结构助词“的”。例如:

(他)的著作(代词+名词)　　(关键)时刻(形容词+名词)

(重型)机械(区别词+名词)　　(十吨)钢材(量词短语+名词)

(2)状中短语。由状语和谓词性中心语两个直接成分组成,有时,两者之间还要使用结构助词“地”。例如:

[马上]行动(副词+动词)　　[热烈]欢迎(形容词+动词)

[十分]热烈(副词+形容词)　　[高兴地]说(形容词+动词)

4. 中补短语　由中心语和补语两个直接成分组成，两者之间有补充说明和被补充说明的关系，有时，补语前边还要使用结构助词“得”。例如：

说得〈清楚〉(动词+形容词)　　去了〈一趟〉(动词+数量短语)

冷得〈发抖〉(形容词+动词)　　高兴〈极〉了(形容词+副词)

5. 联合短语　由两个或两个以上语法地位平等、不分轻重主次的直接成分组成，各直接成分之间有联合关系，可以细分为并列、递进、选择等关系。各直接成分的词性一般相同，而且其语法功能与整个短语一致。例如：

老师和学生(名词+名词，并列)　　今天或明天(名词+名词，选择)

继承并发扬(动词+动词，递进)　　伟大而崇高(形容词+形容词，递进)

(二)特殊结构类型

1. 连谓短语　由两个或两个以上的谓词性直接成分组成。各直接成分之间没有语音停顿，没有主谓、动宾、偏正、中补和联合等结构关系。如果在整个连谓短语的前边加上主语，各直接成分分别可以跟该主语构成主谓关系。分析连谓短语的构成成分时，一般在各谓词性直接成分之间标“ ⋮ ”。例如：

举手⋮表决(动词+动词)　　拿笔⋮写字(动宾短语+动宾短语)

看着⋮着急(动词+形容词)　　站着⋮不动(动词+状中短语)

2. 兼语短语　由一个动宾短语和一个主谓短语组成。动宾短语在前边，主谓短语在后边，动宾短语的宾语兼作主谓短语的主语。分析兼语短语的构成成分时，一般用“≅”表示兼语。例如：

使他相信(动词+代词+动词)　　请您指导(动词+代词+动词)

有人反对(动词+名词+动词)　　派我迎接(动词+代词+动词)

3. 同位短语　由同指一个事物或同作一个句法成分的两个词或短语组成。两个直接成分的内容相互补充，相互复指，因此又叫复指短语。其作用是使语义更加明确、丰富，或者加重语义。同位短语两个直接成分之间不用虚词联系。例如：

秘书同志(名词+名词)　　首都北京(名词+名词)

春秋两季(名词+数量短语)　　他这个人(代词+定中短语)

4. 方位短语　由方位名词直接附在其他实词或短语后边而组成，其语法功能跟时间名词、处所名词基本相同。例如：

教师里(其他名词+方位名词)　　四十岁左右(数量短语+方位名词)

会议结束以后(主谓短语+方位名词)　完成任务之前(动宾短语+方位名词)

方位短语常常跟介词一起组成介词短语。例如：“在任务完成之前”“到会议结束以后”。

5. 量词短语　由数词(或指示代词)和量词两个直接成分组成。包括数量短语和指量短语。

（1）数量短语，由数词和量词组成。例如：

五十个　　三十辆

（2）指量短语，由指示代词和量词组成。例如：

这位　　那次

6. **介词短语**　由介词直接附在实词或短语前边组成。例如：

在池塘边（介词+方位短语）　　从四十岁（介词+数量短语）

向科学（介词+名词）　　通过锻炼（介词+动词）

介词短语的主要语法功能是作状语，其次是作定语，少数可以作宾语和补语。例如：

[为实现四化]而努力工作（作状语）

（与群众的）联系（作定语）

第一次见到她是在溜冰场上（作宾语）

暴涨〈至 4 600 点〉（作补语）

7. **助词短语**　由助词直接附在实词或短语上组成，包括“的”字短语、比况短语和“所”字短语。

（1）“的”字短语。由结构助词“的”直接附在实词或短语上组成，其语法功能相当于名词。例如：

大的（形容词+的）　　吃的（动词+的）

二十岁的（数量短语+的）　　穿马褂的（动宾短语+的）

在句子中，部分定中短语可以省略中心语而成为“的”字短语，例如，在“我的钢笔没墨水了，借你的（钢笔）用一下。”不过，定中短语要省略中心语成为“的”字短语，必须遵循一定的规律：

①“名词或名词性短语+的+名词”式定中短语。

中心语如果泛指人或具体的物品，可以省略。例如：

毕业班的学生来了没有？（“学生”可以省略）

他的手机没电了，我的手机还有两格电。（后面的“手机”可以省略）

中心语如果指人的称谓或抽象事物，不能省略。例如：

我的上司比你的上司随和一些。（后面的“上司”不可省略）

你们班级的活动很多，我们班级的活动较少。（后面的“活动”不可省略）

②“形容词或形容词性短语+的+名词”式定中短语。

如果定语是限制性或分类性的，中心语可以省略。例如：

两个西瓜，大的西瓜十五斤，小的西瓜九斤。（后面两个“西瓜”一般要省略）

奶奶一共养育了八个女儿，最大的女儿二十岁时，最小的女儿才两岁。（后面两个“女儿”一般要省略）

如果定语是修饰性的，中心语不能省略。例如：

嘹亮的歌声响彻大地。（“歌声”不能省略）

热烈的掌声经久不息。(“掌声”不能省略)

③“动词或动词性短语+的+名词”式定中短语。

中心语如果可以充当前边动词的施事或者受事,可以省略;否则,不能省略。例如:

参观的人都离开了。(“人”可以省略,因为可以说“人参观”)

报考文秘专业的考生特别多。(“考生”可以省略,因为可以说“考生报考文秘专业”)

邀请的专家还没有到场。(“专家”可以省略,因为可以说“邀请专家”)

演讲的时间快到了。(“时间”不能省略,因为,既不能说“演讲时间”,也不能说“时间演讲”)

(2)比况短语。由比况助词直接附在实词或短语上组成,表示比喻或推测,其语法功能相当于形容词,常常作定语和状语,也可以作补语。例如:

花园似的学校(“花园似的”作定语)

触电一样哆嗦了一下(“触电一样”作状语)

眼睛肿得水蜜桃似的(“水蜜桃似的”作补语)

(3)“所”字短语。由助词“所”直接附在及物动词前边组成,指称动作所支配、关涉的对象,其语法功能相当于一个名词,例如,“所见”“所闻”“所想”。

在句子中,“所”字短语一般要借助结构助词“的”组成“的”字短语,或者借助“的”字修饰名词组成定中短语。例如:

我所说的并不针对任何人。(“所说的”是“的”字短语)

这次会议所起的作用相当大。(“所起的作用”是定中短语)

三、短语的功能类别

短语有两方面的语法功能:一是做句法成分,所有的短语都可以充当一个更大的短语的直接成分;二是带上句调直接成为句子,自由短语带上句调能够独立成句,黏着短语即使带上句调也不能独立成句。短语的语法功能类别是由它跟别的词语组合时能充当什么句法成分、相当于哪类词决定的。

(一)名词性短语

名词性短语的语法功能与名词相当,经常充当主语和宾语。它包括定中短语、以名词(也可以是代词)或名词性短语为联合项的联合短语、量词短语(物量词)、同位短语、方位短语、“的”字短语和“所”字短语。例如:

当行政秘书的理想终于实现了。(定中短语作主语)

她喜欢吃蔬菜和水果。(联合短语作宾语)

这位是你什么人呀?(量词短语作主语)

雷锋同志永远活在我们的心中。(同位短语作主语)

教室里鸦雀无声。(方位短语作主语)

这辆汽车是秘书长的。(“的”字短语作宾语)

答非所问。（“所”字短语作宾语）

名词性短语一般不能充当谓语。极少数名词性短语，如“大舌头”“四条腿”等，可以对主语进行描写或说明，从而充当谓语，如“小张大舌头”“一条板凳四条腿儿”。

（二）谓词性短语

1. **动词性短语** 其语法功能与动词相当，经常充当谓语。它包括以动词为中心语的状中短语、以动词或动词性短语为联合项的联合短语、以动词为中心语的中补短语、动宾短语、连谓短语和兼语短语。例如：

我不去了。（状中短语作谓语）

你说得对。（中补短语作谓语）

小李写完了个人年终总结。（动宾短语作谓语）

代表们进会议室开会。（连谓短语作谓语）

总经理派秘书去上海参加会议。（兼语短语和连谓短语一同作谓语）

2. **形容词性短语** 其语法功能与形容词相当，经常充当谓语、定语。它包括以形容词为中心语的状中短语、以形容词为联合项的联合短语和以形容词为中心语的中补短语。例如：

他的工作积极性非常高。（状中短语作谓语）

刚当上科长的小王兴奋得手舞足蹈。（中补短语作谓语）

勤劳勇敢的中国人阔步走向新时代。（联合短语作定语）

（三）修饰性短语

修饰性短语不能充当主语和谓语，经常充当状语和定语，主要包括比况短语、介词短语、方位短语和联合短语。例如：

鹅毛般的大雪下了整整一天。（比况短语作定语）

我一般在图书馆看书。（介词短语作状语）

屋子里的灰尘太厚了。（方位短语作定语）

他没日没夜地跑运输。（联合短语作状语）

（四）多功能短语

主谓短语不宜归入上面各类，因为它除了带上句调就可独立成句以外，还可以充当多种句法成分。例如：

山里的孩子要考上大学，真的很难。（作主语）

张经理表情严肃。（作谓语）

我觉得你适合当秘书。（作宾语）

庐山是老百姓避暑的好地方。（作定语）

他态度坚决地说：“我一定提前完成任务！”（作状语）

面试的时候，她紧张得全身发抖。（作补语）

需要注意的是，由于短语的结构类型与功能类别的分类标准是不同的，因此，一个短语既属于某一结构类型，又属于某一功能类别。短语的结构类型与功能类别之间的对应关系见表1.9。

表1.9

功能类别		结构类型	例 子
名词性短语		定中短语	民间故事;面试的机会
		联合短语	农夫和蛇;最大的与最小的
		同位短语	周恩来总理;我们大家
		量词短语	三个;这只
		“的”字短语	迟到的;戴眼镜的
		“所”字短语	所见;所引用
谓词性短语	动词性短语	状中短语	在北京见到过;拼命地追赶
		联合短语	继承并发扬;吹拉弹唱
		动宾短语	学习知识;锻炼能力
		中补短语	干得出色;跑出来
		连谓短语	有权利反对;脱鞋进屋
		兼语短语	使我高兴;有人拒绝
	形容词性短语	状中短语	非常积极;很好
		联合短语	勇敢顽强;伟大而且崇高
		中补短语	对极了;小得可怜
修饰性短语		比况短语	猴子似的;箭一般
		介词短语	从上海;关于诗歌
		方位短语	改革开放以来;水面上
		联合短语	无时无刻;苦口婆心
多功能短语		主谓短语	态度坚决;表情严肃

四、层次分析法

由三个或三个以上的成分构成、不止一个结构层次的短语是复杂短语。复杂短语的各成分不是一个接一个地线性排列起来的,而是一层套一层地叠置起来的。例如,“撰写工作总结”这一短语虽然由“撰写”“工作”和“总结”三个成分构成,但其结构方式不是“撰写+工作+总结”,也就是说,它们并不都是整个短语的直接成分。该短语的结构方式应当是“撰写+(工作+总结)”,也就是说,整个短语的直接成分是“撰写”与“工作总结”,其中,“工作总结”又是由“工作”与“总结”这两个直接成分构成的。

一般运用层次分析法逐层地把复杂短语的结构成分、结构关系和结构层次一一显示出来。层次分析法又叫直接成分分析法(Immediate constituent analysis),目的在于揭示隐藏在语言结构线性排列背后的固有的层次结构关系。其方法是逐层找出各层次的直接成分,并进一步说明直接成分之间的结构关系。

（一）步骤

第一步，把握短语的整体意义，如果短语中含有独立成分，就在其正下方标上“…”。

第二步，先用方框将整个短语框起来，再找出该短语的两个直接成分并判别它们之间的结构关系（联合短语和连谓短语可能会有两个以上的直接成分），然后用相应的符号在直接成分交界处的下方标示其结构关系，最后用汉字在各直接成分的正下方标注其结构关系。

常用的符号有：“‖”（标在主语和谓语的交界处的下方）、“｜”（标在动语和宾语的交界处的下方）、“）”（标在定语和中心语的交界处的下方）、“］”（标在状语和中心语的交界处的下方）、“〈”（标在中心语和补语的交界处的下方）、“+”（标在联合短语各联合项的交界处的下方）、“=”（标在同位短语两个复指成分的交界处的下方）、“⋮”（标在连谓短语各谓语的交界处的下方）、“宾/主”（标在兼语短语中兼语的正下方）。例如：

我 们 学 习 汉 语 语 法
主 ‖ 谓

第三步，如果某一直接成分仍旧是短语，就按照第二步的方法继续分析。例如：

我 们 学 习 汉 语 语 法
主 ‖ 谓
动 ｜ 宾

第四步，依此类推，层层切分下去，一直切分到最终的直接成分是实词为止。例如：

我 们 学 习 汉 语 语 法
主 ‖ 谓
动 ｜ 宾
定 ） 中

（二）原则

从理论上讲，一个由“n”个实词组成的短语，其层次切分法有“n-1”种。到底哪一种切分有效呢？一般说来，有效的切分必须依次符合以下三条原则：

一是每次切分出来的两个直接成分都有意义，要么是实词，要么是短语。例如，“一辆新车”可以切分为：

一 辆 新 车
定 ） 中
量词短语 定）中

不能切分为：

一 辆 新 车
定 ）中

因为“一辆新”不是短语，没有任何意义。

二是每次切分出来的两个直接成分在语法上能够重新搭配起来。例如，“刚买的书包”可以切分为：

刚 买 的 书 包
定) 中
状] 中

不能切分为:

刚 买 的 书 包
状] 中

“买的书包”虽然有意义,但它是名词性短语,不能被副词“刚”修饰。

三是每次切分出来的两个直接成分在意义上能够贯通,并且符合切分之前的原意。例如,“大红花”可以切分为:

大 红 花
定) 中
定) 中

不能切分为:

大 红 花
定) 中

“大红”和“花”虽然都有意义,在语法上也能够搭配,但搭配起来表示的是某种红色的花,这与该短语的原意不符,因为“大红花”的原意是比较大的红色花朵。

(三)分析实例

1. 复杂的主谓短语

我 国 选 手 在 比 赛 中 取 得 了 史 无 前 例 的 成 就
主 ‖ 谓
定) 中 | 状] 中
定) 中 | 介词短语 | 动 | 宾
方位短语 | 定) 中

2. 复杂的动宾短语

分 析 研 究 一 下 材 料
动 | 宾
中 < 补
联 + 合 | 量词短语

3. 复杂的偏正短语(定中短语和状中短语)

革 命 战 争 年 代 的 火 热 斗 争 生 活
定) 中
定) 中 | 定) 中
定) 中 | 定) 中

朝着四个现代化的宏伟目标前进

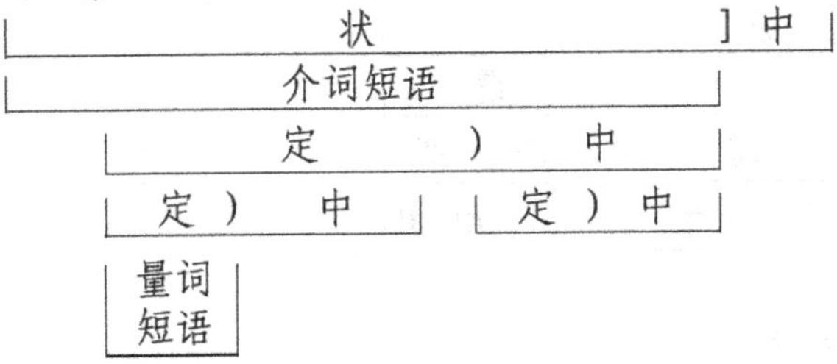

4. **复杂的中补短语**

走在乡间熟悉的路上

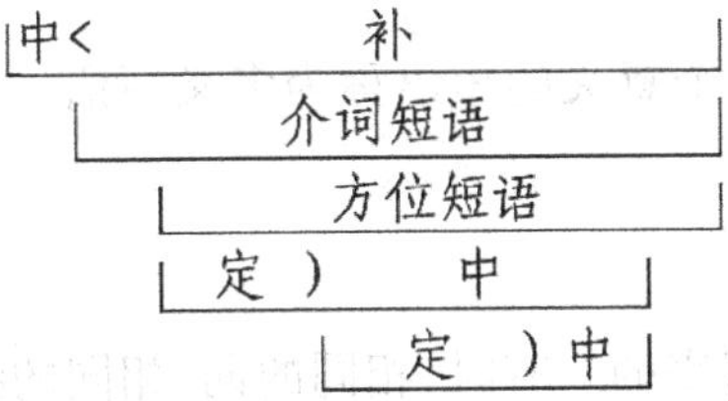

5. **复杂的联合短语**

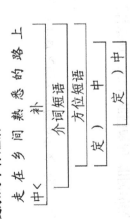

浓浓的长长的眉毛和一双不大不小的眼睛

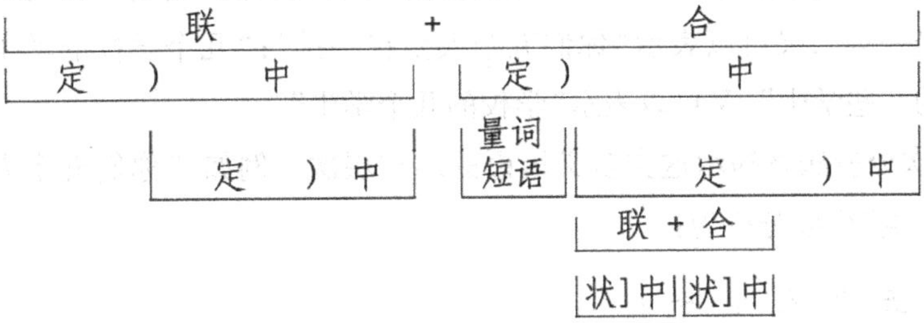

6. **兼语短语**

请小张和小李说相声

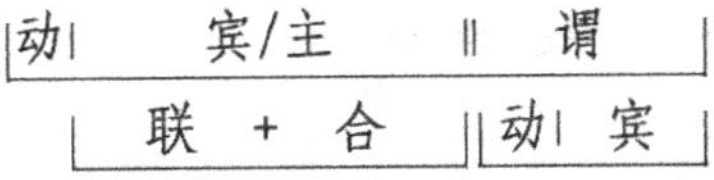

7. **连谓短语**

他打电话请张秘书帮他把忘在弟弟那里的棉外套取回来

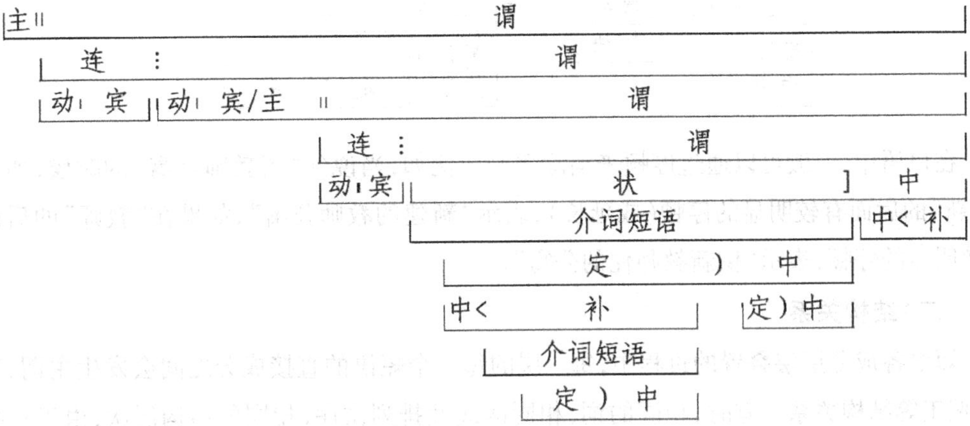

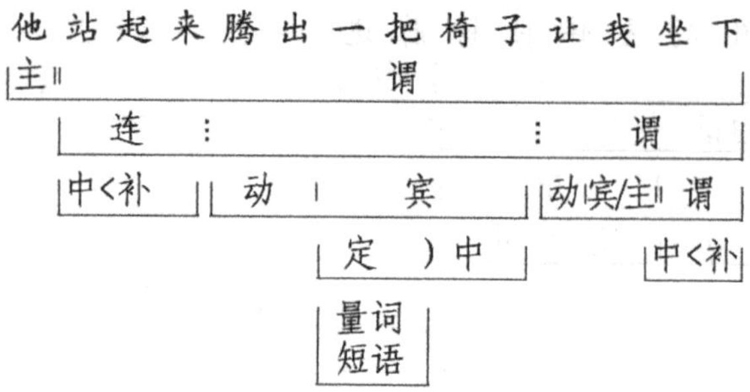

五、多义短语

只有一个意义的短语称为单义短语,不止一个意义的短语称为多义短语。从语法的角度看,产生多义短语的因素主要有以下三个:

(一)结构层次

复杂短语是各构成成分一层套一层地叠置起来的。有时,相同的词,相同的线性排列次序(语序),由于内部的结构层次不同,意思也就不同。例如,“新教师公寓”既可以表示“新建的教师公寓”,又可以表示“供新教师住的公寓”;“你们五个人坐一排”既可以表示“你们每五个人坐一排”,又可以表示“你们五个人坐在一排”;“几个学校的学生”既可以表示“几个学校的一些学生”,又可以表示“学校的几个学生”。

可以运用层次分析法来揭示这类多义短语的结构层次。例如,“你们五个人坐一排”和“几个学校的学生”可以分析为:

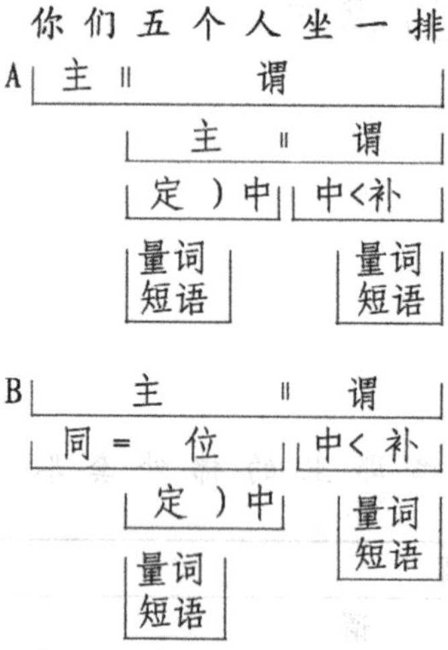

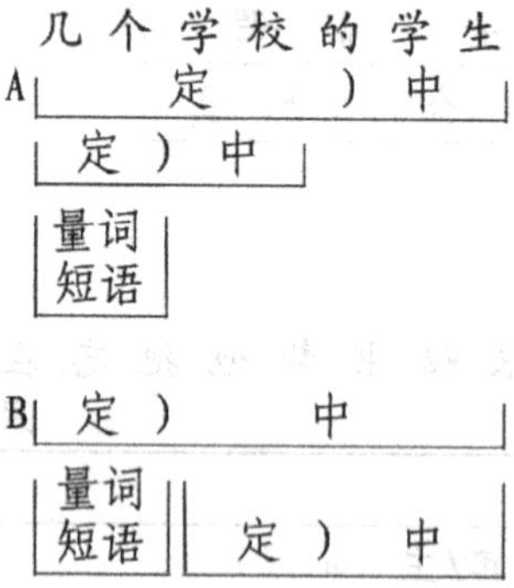

在口语中,一般可以通过停顿来消除多义。例如,当说到“新教师公寓”的时候,如果在“新”的后面有较明显的停顿(或延长),表示“新建的教师公寓”,如果在“教师”的后面有较明显的停顿,表示“供新教师住的公寓”。

(二)结构关系

短语各成分层层叠置的过程中,每一层的每一个短语的直接成分之间会发生主谓、动宾、偏正等结构关系。有时,相同的词,相同的线性排列次序,相同的结构层次,由于直接成分之间的结构关系不同，意思也就不同。例如，“补充材料”的“补充”与“材料”之间既可以是定中关系，表示某类事物（起补充作用的材料），又可以是动宾关系，表示一种动作行为（补充一些材料）。一般说来，兼名词和及物动词语法功能的兼类词带上名词就可以造成这类多义短语，例如“学习文件”“进口设备”“研究资料”“参考数据”等。

此外，由及物动词作谓语的主谓短语加“的”以后再跟一个名词发生结构关系时，如果此及物动词能够支配此名词，则也有可能造成结构关系不同的多义短语。例如，“首长坐的红旗牌轿车”中“首长坐的”与“红旗牌轿车”之间既可以是偏正关系，表示某一辆（或类）红旗牌轿车，也可以分析为主谓关系，相当于“首长坐的是红旗牌轿车”。又如“奶奶买的鸭蛋”“王老师画的国画”“妈妈做的棉鞋”等。

也可以运用层次分析法来揭示这类多义短语的结构层次。例如，“首长坐的红旗牌轿车”和“补充材料”分别可以分析为：

```
  首 长 坐 的 红 旗 牌 轿 车
A|     定    )      中      |
 |主 ‖谓|  |  定   )  中   |        补 充 材 料
                                   A|定 ) 中 |

B|     主     ‖     谓      |
 |主 ‖谓|  |  定   )  中   |      B|动 | 宾 |
```

在口语中，一般可以通过重音来消除多义。例如，当说到“首长坐的红旗牌轿车”时，如果将“首长坐的”念成重音，表示某一辆（或类）红旗牌轿车，如果将“红旗牌轿车”念成重音，表示“首长坐的是红旗牌轿车”。

上述两个因素常常结合在一起而形成多义短语，例如：

```
  咬 死 了 猎 人 的 狗
A|       定        ) 中|
 |  动  |  宾   |
 |中<补|

B|  动  |    宾     |
 |中<补|  |  定  ) 中|
```

当然，造成这种多义短语的第一因素是结构层次，不是结构关系。在这种多义短语中，结构关系的不同是由于结构层次的不同引起的。

（三）语义关系

相同的词，相同的线性排列次序，相同的结构层次，相同的结构关系，意思也有可能不同。这种多义短语是由隐藏在结构关系背后的语义关系造成的。例如：“鸡不吃了”虽然只能分析为主谓短语，但它既可以理解为“鸡不吃食了”，也可以理解为“某人不吃鸡了”。按前一种意思理解，“鸡”和“吃”之间是施事和动作的关系，与“它不吃了”类同；按后一种意思理解，“鸡”和“吃”之间是受事和动作的关系，与“菜不吃了”类同。“在火车上写标语”虽然只能分析为状中短语，但它既可以理解为“把标语写在火车的车厢上”，又可以理解为“坐在火车上往纸上写标语”。按前一种理解,“在火车上”表示标语所在的位置,类同于“在纸上写标语”;按后一种理解,“在火车上”表示进行“写标语”这一活动所在的场所,类同于“在火车上看书”。“这是刘德华的唱片”虽然只能分析为主谓短语,但它既可以理解为“这是属于刘德华的唱片”,又可以理解为“这是刘德华所唱的唱片”。

层次分析法无法分化这类由单纯的语义关系造成的多义短语,它们的语义关系需要靠变换分析来揭示。例如,可以将表示处置意义的“把”字句“把会场布置好了”变换为受事主语句“会场布置好了”。

【自测题】

一、填空题

1.“上车”的意义不等于“车上”,这说明__________是现代汉语的语法手段。

2.“吃鱼”的意义不等于“吃的鱼”,这说明__________是现代汉语的语法手段。

3. 学生说:“我们老师待我们可好啦!”从短语的结构类型看,句中加点短语属于__________短语。

4. 老师说:“学生学习成绩不好,我们老师也有责任。”从短语的结构类型看,句中加点短语属于__________短语。

5. 并非任意一组字或词都是短语,一个短语必定同时合乎四个要求,这四个要求分别是__________、__________、__________和__________。

6. 短语(固定短语除外)具有三个基本要素,这三个基本要素分别是__________、__________和__________。

二、判断题(正确的打“√”,错误的打“×”)

1.“进门脱鞋”这个短语是连谓短语。 ( )

2.“获得丰收”是动宾短语,“拿得痛快”是中补短语。 ( )

3.“群众的支持”是定中短语,“相互支持”是状中短语。 ( )

4.“财政困难”是单义短语,“反对的是他们”是多义短语。 ( )

5. 现代汉语完全没有“形态变化”这一语法手段。 ( )

6. 多义短语一旦进入句子,大部分能消除多义。例如“击溃过敌人的主力部队”是多义短语,当它进入“我们击溃过敌人的主力部队。”这一句子后,其多义被消除了。 ( )

7. 副词、时间名词、介词短语充当状语时,通常不用结构助词“地”,如“很漂亮”“马上回来”“明天去”“在操场上玩”;形容词充当状语时,一般要使用“地”,如“激动地说”“兴奋地回答”。 ( )

8.“面试的时候,她紧张得全身发抖。”这一句子的补语是由主谓短语充当的。 ( )

9.“今天国庆节”这个短语是联合短语。 ( )

10.“一位小偷的辩护律师”这一短语的两个直接成分分别是“一位小偷”和“辩护律师”。 ( )

三、单选题(在本题每一小题的备选答案中,只有一个答案是正确的,请把你认为正确答案的题号填入题干的括号内)

1. 下列四组语言结构中,属于短语的一项是(　　)

A. 动静　　B. 报晓的公鸡　　C. 电脑提　　D. 绝对正确!

2. 下列四个短语中,不属于连谓短语的一项是(　　)

A. 唱歌跳舞　　B. 举手表决　　C. 倒水喝　　D. 进门脱鞋

3. 下列四组短语中,不属于动宾短语的一项是(　　)

A. 喜欢吹牛　　B. 请你来　　C. 希望你来　　D. 获得丰收

4. 下列四个短语中,不属于兼语短语的一项是(　　)

A. 请我去　　B. 使人激动　　C. 希望你成功　　D. 派你参加

5. 下列四组短语中,全是同位短语的一组是(　　)

A. 我们渔民　野生动物　　B. 春秋两季　粮食丰收

C. 雷锋同志　今天星期一　　D. 首都北京　你们几位

6. 下列短语属于介词短语的是(　　)

A. 依照你的意见　　B. 沿路边的树　　C. 对面的房子　　D. 来自南方的小伙子

7. 下列短语属于述补短语的是(　　)

A. 听懂　　B. 罚款　　C. 讲情　　D. 很好

8. 下列短语属于偏正短语的是(　　)

A. 看清　　B. 能去　　C. 湿透　　D. 刺一下

9. 下列短语属于名词性短语的是(　　)

A. 新鲜有趣　　B. 文笔不错　　C. 你的到来　　D. 汹涌澎湃

10. 下列短语属于动词性短语的是(　　)

A. 沿河的房子　　B. 新买的钢琴　　C. 孩子的顽皮　　D. 又蹦又跳

第四单元　单　句

【案例导入】

某省通报表彰了一批民营企业。该篇通报的开头是这样写的:“近几年来,我省民营经济迅猛发展,促进全省县域经济发展、扩大出口、增加税收、促进就业等方面发挥了重要作用……。”这句话在语法上有没有不妥的地方?如果有,你打算怎样修改?

【能力目标】

能准确地判别出句子中的各类特殊成分(独立语);能根据实际需要熟练地造出合乎

语法规则的各种结构类型及各种语气的单句;能根据实际需要正确地使用省略句和倒装句;能熟练而正确地识别并纠正单句中各类语法失误现象。

【知识点】

特殊的句法成分;单句的含义及分类情况;陈述句、疑问句、祈使句和感叹句的类别、特点及功能;各种句型的结构特点;省略句和倒装句;常见的语法失误的类别以及纠正各类语法失误的原则与方法。

一、单句概说

(一)单句的含义

单句是由一个短语或实词带上一定的句调而构成的语言运用单位。单句的结构成分是句法成分,如主语、谓语、宾语等,由词或短语充当。说话的时候,每个句子都有一定的句调,表示不同的语气。单句与单句之间有一个比较大的停顿,书面上每个句子的末尾用句号、问号和感叹号来表示停顿和不同的语气。例如:

那件事大家都知道了。

人都到哪里去了?

我好不容易才见到你呀!

出来见见哪!

(二)特殊的句法成分

第一单元已经学习了汉语的八大句法成分,这里只学习独立于汉语句子结构之外的特殊成分——独立语。

分析句子的结构层次时,一般在其正下方标注“…”。

独立语有三个比较明显的特点:一是具有相对独立性,有些独立语一旦独立出来就是一个句子;二是结构上不跟别的句法成分发生直接的搭配关系,和别的句法成分之间一般有较长的语音停顿,书面上一般用逗号或感叹号表示;三是位置灵活,有的在句前、句中、句后三个位置,有的在其中的两个位置。

独立语按其性质和作用可以分为四类:

1. **插入语** 插入语是指插在句中帮助句子表达某种附加意思的独立语。插入语的情况比较复杂,一般可以归纳为以下四种:

(1)提醒性插入语。这种插入语的作用是引起读者或听者的注意。常用的提醒性插入语有“你瞧”“请看”“你想”“你说”“大家知道”等。例如:

你想,在那种情况下,我还能说些什么呢?

我这身体,大家知道,再熬十个通宵也不怕啊!

(2)按注性插入语。这种插入语对正文起注释、补充作用或帮助正文表达某种语气。常用的按注性插入语有“看样子”“依我看”“说老实话”“不瞒你说”“充其量”“少说一点”“包括……”“即……”等。例如:

他呀，这几年发啦，少说一点，也有五六十万。

其间耳闻目睹的所谓国家大事，算起来也很不少。

(3)引述性插入语。这种插入语表示消息的来源。常用的有“听说”“据说”“相传”“据……消息(电)”等。例如：

听说，杭州西湖上的雷峰塔快要倒了。

在南宋，据说，有许多书是用活字印刷的。

(4)关联性插入语。这种插入语用在上下文之间表示某种关系。常用的有“总之”“反之”“再说”“换句话说”“这就是说”等。例如：

形象思维的活动，在于使所有滞重的物质长上翅膀；反之，也可以使流动的物质凝固起来。

他妻子是我女儿，换句话讲，我是他的岳母。

2. **呼应语** 呼应语是用来称呼对方或答应对方的特殊成分，有引起注意、表示态度或感情色彩的作用。例如：

孔乙己，你脸上又添新伤疤了。

为了明天的战斗，同志，不要哭泣，泪干了，眼睛会更亮。

井冈山的翠竹，你是革命的竹子。(把翠竹当作人来呼唤)

怒吼吧，黄河！

值得注意的是，有些呼应语有点像主语，其实不然，因为这种句子还可以补出一个主语，如“怒吼吧，黄河！”中的“黄河”不是主语，“怒吼吧”的前边还可以补出一个主语“你”。

3. **感叹语** 感叹语是表示强烈感情和语气的独立语。充当感叹语的主要是叹词，不过表示肯定、否定的独立语也包括在内，只是这种感叹语同时有关联的作用。例如：

哎呀，老孙，想不到是你来了。(表示惊讶)

啊，多么令人兴奋的欣欣向荣的景象啊！(表示赞美)

唉，太沉不住气了，为什么不等靠近些！(表示悔恨)

哼，你竟然做出这种事来。(表示气愤)

秘书乐了：“对对，是你妈，你姓田，你妈也姓田，一直住在娘家把你养大。对不对？”(表示肯定)

值得注意的是，感叹语不同于感叹句，叹词之后用逗号，是感叹语；叹词之后用感叹号，是感叹句。

4. **拟声语** 拟声语是模拟自然界声响的独立语，也包括人下意识发出的呼吸声、鼾声。例如：

砰，砰，我正在擦枪的时候，响起了敲门声。

然后呢，嗵，嗵，嗵，屋里的地面也跟着颤起来。

值得注意的是，拟声语虽然都是由拟声词充当的，但是拟声词如果在句子中充当了句法成分，就不是拟声语了，如前一例若变成“我正在擦枪的时候，响起了砰砰的敲门声”，

“砰砰”就是定语，不再是独立语。

（三）单句的分类

单句主要可以从语气和结构两个角度来分类。从语气的角度来看，任何句子都有语气，句子最常用的语气有四种：陈述语气、疑问语气、感叹语气和祈使语气。相应地，单句从语气角度可以分为陈述句、疑问句、感叹句和祈使句。这样分出来的句子叫作句类。从结构的角度来看，单句可以分为主谓句和非主谓句。

一个句子从不同的角度或标准来看，可以属于不同的类，例如，“出来见见哪！”这个句子从语气的角度来看是祈使句，从结构的角度来看是非主谓句。

二、句类

（一）陈述句

陈述句是告诉别人一件事情的句子。它带有平直而略降的句调，书面上句末用句号表述停顿和语气，如“华威先生猛地跳起来了。”

1. 陈述句的语气词 陈述句可以不带语气词，如“你应该这样做。”也可以带语气词，常见的语气词有“的、了、嘛、罢了、啊、呢”等，不同的语气词所表示的语气意义是有差异的。例如：

我们胜利了。（“了”表示情况有了变化）

我们一定会胜利的。（“的”表示的确如此）

你应该这样做嘛。（“嘛”表示句子的内容显而易见）

大家千万要注意身体啊。（“啊”表示说话的态度，带有提醒的意思）

我只是提醒他一下罢了。（“罢了”表示不过如此，把事情往小处说）

小明的钢琴弹得好，她还会拉小提琴呢。（“呢”表示事情不同一般，带有夸张意味）

2. 陈述句的类别

（1）肯定式的陈述。指对事物作出肯定判断的句子。例如：

孔子是鲁国人。

母亲和宏儿睡着了。

这相片照得很清楚。

（2）否定式的陈述。指对事物作出否定判断的句子。否定句一般都是在肯定句的基础上加否定副词构成的。否定副词一般加在谓语中心语的前边或补语的前边。例如：

孔子不是鲁国人。

母亲和宏儿没有睡着。

这相片照得不是很清楚。

有些含有否定副词的句子并不一定是否定句。例如：

没来开会的人很多。

他不知疲倦地工作着。

有些句子虽然谓语中心语的前边出现了否定副词，但句子表达的仍旧是肯定的意思，这样的句子仍然是肯定句。例如：

没有出国之前。（与“出国之前”的意思一样）

小心别感冒。（与“小心感冒”的意思一样）

大街上好不热闹。（与“大街上好热闹”的意思一样）

你难免不出错。（与“你难免出错”的意思一样）

以上句式都是约定俗成的，数量有限，不能类推。

肯定句里面用上两个表示否定的词语，变成了双重否定，表示的是肯定的意思，一般是为了加强语气。例如：

没有人不知道他是一个演讲高手。

他的发言不是没有根据的。

反问句里面用上一个否定词，相当于双重否定，因为反问句相当于一个否定词。

难道你不打算发言吗？

（3）强调式的陈述。指加上表示强调的副词“是”（重读）而构成的句子。一般说来，需要强调哪一个成分，便在它的前边添加“是”。例如：

是他昨天到城里买了一本书。（强调的是“他”，不是别人）

他是昨天到城里买了一本书。（强调的是“昨天”，不是其他时间）

他昨天是到城里买了一本书。（强调的是“到城里”，不是其他地方）

他昨天到城里是买了一本书。（强调的是“买了一本书”，不是干别的事）

（二）疑问句

疑问句是具有疑问语调——表示提问的句子。表示疑问的语气词主要是“呢”“吗”。没有疑问语气词的疑问句的句调一般是升高的；反之，句调是下降的，书面上一般用问号表示。根据结构形式和疑问点的不同，可以把疑问句分为四类：

1. **是非问**　结构跟陈述句基本相同，常用的语气词有“吗”“吧”“啊”，不能用“呢”。它的疑问点是整个句子，只要求作肯定或否定的回答。例如：

你主张采取这个方案吗？

你明天能来吧？

下雨了啊？

2. **特指问**　用疑问代词（如“谁”“什么”“怎么”等）或由疑问代词构成的短语（如“为什么”“什么事”“做什么”等）来表示疑问点，要求对方就疑问点作出答复。常用的语气词有“呢”“啊”，不能用“吗”。例如：

你什么时候动身？

你们处长现在在哪里？

什么是泥石流呢？

明天早晨什么时候出发啊？

值得注意的是,有些问句虽然没有疑问代词指名疑问点,但实质上跟带有疑问代词的疑问句一样,规定了要求对方回答的内容,所以也是特指问。例如:

我的会议记录本呢?(相当于“我的会议记录本在哪儿?”)

他要是不同意呢?(相当于“如果他不同意,该怎么办呢?”)

另外,句子中的疑问词语并不一定都表示疑问。例如:

这件事,谁也不知道。(“谁”泛指任何人,不表示疑问点)

哪里有压迫,哪里就有反抗。(“哪里”泛指任何地方,不表示疑问点)

3. **选择问** 并列几个项目,让对方选一项来回答,疑问点在并列项上。常用的语气词有“呢”“啊”,不用“吗”“吧”。例如:

努力提高呢,还是努力普及呢?

打篮球,还是打排球?

我们今天去北京还是明天去北京啊?

4. **正反问** 由谓语的肯定形式和否定形式构成,询问一件事的正反两面,要求对方要么回答正面,要么回答反面。常用的语气词有“呢”“啊”。例如:

你愿不愿意去啊?

你见过大海没有?

客人吃不吃晚饭呢?

他不会来了,对不对?

以上四种是有疑而问的疑问句,还有无疑而问的疑问句,一般称为反问句。例如:

敢于这样做的人,难道不是一个英雄吗?(无疑而问的是非问)

这么晚了,怎么还不收工?(无疑而问的特指问)

你是来帮我呢,还是来拆台呢?(无疑而问的选择问)

他们这一招你说高明不高明?(无疑而问的正反问)

反问句多用是非问和特指问,较少使用选择问和正反问。

(三)祈使句

祈使句是要求对方做某事或不做某事的句子。它的句调为降调,书面上常用句号和感叹号表示。按照祈使内容的不同,可以分为两类:

1. **表示命令、禁止的祈使句** 这类祈使句语气坚决、带有强制性,句调急降而短促,常见的是非主谓句,一般不带语气词。例如:

赶快过来!(表示命令)

把他带走!(表示命令)

不许出声!(表示禁止)

不得随地吐痰。(表示禁止)

2. **表示请求、劝阻的祈使句** 这类祈使句语气比较委婉、不带强制性,句调比较平缓。下面这些因素有助于句调变得平缓:使用动词的重叠形式,动词后面带有表示量少的补语,句首使用敬词“请”,句末带有语气词。例如:

让我先说吧！（表示请求）

您还是先到里面去休息一下吧。（表示请求）

你快去打听打听！

请坐！

不用来了，会议已经结束了。（表示劝阻）

别客气，自己人嘛！（表示劝阻）

（四）感叹句

感叹句是抒发强烈感情的句子。它的句调是先升后降，书面上用感叹号表示，常见的句末语气词是“啊”。

1. 直接由叹词构成的感叹句 有的叹词所表达的感情比较明显，例如，“哦”表示醒悟，“呸”表示鄙视，“哼”表示恨斥，“哎呀”表示惊叹，“啊”表示慨叹。有些叹词表示什么感情，则要结合前言后语才能确定。例如：

哎哟！救命哟！（表示痛楚）

哎哟！这么说来，就得三年功夫！（表示惊讶）

哈哈！真香啊！（表示喜悦）

哈哈！太幼稚了！（表示讥笑）

2. 句子末尾使用感叹语气词的感叹句

这是多么触目惊心的数字啊！

大颗的泪珠儿啊，慢点流吧！

3. 使用“多”“多么”“好”“真”等词的感叹句

多么卑鄙的用心！

好大的雨呀！

这地方真不错！

三、句型

（一）汉语单句类型系统

句型系统是有层次的。汉语的句子，首先可以根据结构复杂与否分为单句和复句。根据是否由主谓短语构成，单句可以分为主谓句和非主谓句。主谓句是由主谓短语带上句调构成的。根据谓语性质的不同，单句可以分为名词谓语句、动词谓语句、形容词谓语句和主谓谓语句。动词谓语句又可以分为动词句、动宾句、双宾句、连谓句、兼语句、“把”字句、“被”字句、存现句等。非主谓句是由实词或者非主谓短语带上句调构成的。根据实词或非主谓短语语法功能的不同，非主谓句可以分为名词非主谓语句、动词非主谓句和形容词非主谓句等。

汉语单句类型系统见表 1.10。

表 1.10

一级句型	二级句型		例　句
主谓句	名词谓语句		十月一日国庆节。路啊,人生的一大课题。
	动词谓语句	动词句	他来了。会议开始了。
		动宾句	西斜的阳光照着整条街道。他喜欢看小说。
		双宾句	小王给了我两张电影票。他问我什么时候动身。
		存现句	草地上坐着一群小孩。他家来了一只猫。
		连谓句	我们有理由不去。母亲听了这个消息很高兴。
		兼语句	大伙儿劝丁四找点正事做。我叫他下来。
		“把”字句	他已经把门关好了。他几乎把全国都跑遍了。
		“被”字句	他的脚被狗咬伤了。秘密被发现了。
	形容词谓语句		水太凉了。院子里空空的。
	主谓谓语句		这本小说我看过。搞接待他很在行。
非主谓句	名词非主谓句		小王!多么壮丽的山河啊!
	动词非主谓句		站住!出太阳了。
	形容词非主谓句		好极了!非常漂亮!
	叹词句		喂!哦!
	拟声词句及其他		嘭。(明天就动身吗?)当然。

(二)特定句式

1. 主谓谓语句　主谓谓语句是由主谓短语充当谓语的句子。这种句子的主语后面一般会有语音停顿,书面上常用逗号标示。为了区别,一般把全句的主语、谓语分别叫作大主语、大谓语,把由主谓短语充当的大谓语的主语、谓语分别叫作小主语、小谓语。

从大主语和大谓语的联系来看,主谓谓语句主要有三种情况:

(1)大小主语之间具有领属关系或者具有整体与部分的语义联系。例如:

小李性格好。(小主语“性格”属于大主语“小李”)

我们班一半是北方人。(小主语“一半”是大主语“我们班”的一部分)

(2)大小主语之间没有上述领属关系或者整体与部分的语义联系,对小谓语中的动词来说,大主语具有施事、受事、工具等语义联系。例如:

他普通话说得不错。(大主语“他”是动词“说”的施事)

这件事我们的领导完全不知道。(大主语“这件事”是动词“知道”的受事)

这支笔我只用过两次。(大主语“这支笔”是动词“用”的工具)

(3)大主语与大谓语具有表达上的整体联系,大谓语从某个角度对大主语进行说明。例如:

这件事中国人的经验太多了。

无线电,我是个外行。

2. **“把”字句** “把”字句是在谓语动词前边用介词“把”引出受事并对受事加以处置的一种主动句。由于其表达功能主要是处置，这种句式又叫处置句。“把”字句的结构特点可以从以下三个方面加以考察：

（1）“把”字后面的名词所代表的事物一般是已定的、已知的，要么见于上文，要么可以意会。这样一来，名词的前面常常有指示代词“这”“那”或其他限制性定语。例如：

他把那一张凳子搬走了。

把蓝颜色的凳子搬走了。

（2）“把”字后面的动词的前后总有一些别的成分，一般不用单个的动词，尤其不能用单个的单音节动词，至少也得使用动词的重叠形式，否则，动词的处置性就体现不出来，句子也不能煞尾。例如：

他把房子买了。

他把书放在书架上。

他把书往书架上放。

把书翻翻。

不过，动补式合成词可以单独用在“把”字句里面。例如：

把牢底坐穿。

小心把车撞倒。

不要把事情闹大。

（3）多数“把”字句的动词后面只带补语，不带宾语，因为宾语已经提前了。少数“把”字句的动词后面可以带宾语，从而构成“把+名词1+动词+名词2 的格式。”例如：

他摔了一跤，把头擦破了一点儿皮。（“皮”属于“头”）

他们把我当成自己人。（“我”是处置的对象，“自己人”是处置的结果）

不要把今天的事告诉她。（“事”和“她”原本是双宾语）

出去的时候，一定要把门上好锁。（“门”表示处所，“锁”表示工具）

3. **“被”字句** 被动句是在谓语动词前边用介词“被（给、叫、让）”引出施事或单用“被”的被动句。

（1）“被”字句的结构形式。

①介词“被（给、叫、让）”引出施事，组成介词短语，用在动词的前边。例如：

夜空被焰火照得光彩夺目。

他被上级调走了。

②介词“被”不引出施事，直接用在动词的前边。例如：

庄稼被冲得一塌糊涂。

他昨天被双规了。

③介词“被”和“所”构成“被……所”的格式，口语里有“让（叫）……给”的格式。例如：

一切困难都将被全国人民所战胜。

他让人家给撵走了。

(2)“被”字句的结构特点。

①“被+名词”这一介词短语的后边要求使用包含有完结意义的动词或动词短语。例如:

敌人被我们消灭了。

田野被敌人炸得遍体鳞伤。

②“被+名词”这一介词短语的前边带有时间名词或能愿动词,或者动词后边带有动态助词时,动词可以是不包含完结意义的双音节动词。例如:

这一点必将被历史证明。

这句话可能被人误解。

闻一多先生1946年被国民党反动派杀害。

你的要求被公司批准了。

③多数“被”字句的动词后面不带宾语,因为宾语已经提前作了受事主语。少数“被”字句的动词后面可以带宾语。例如:

阿Q被人揪住了辫子。(“辫子”隶属于“阿Q”)

他被大家选为小组长。(“小组长”是“他”被“选”的结果)

窗户被工人们刷上了绿漆。(“窗户”表示处所)

4. **连谓句** 连谓句是由连谓短语充当谓语的句子。这是一种复杂的句式,每个谓语都可以连着主语单说,并构成主谓关系,几个谓语之间不能停顿,不用关联词语。

几个谓语之间的意义关系有多种类型,常见的有:

(1)表示先后相继发生的动作。例如:

他拿起烟管默默地吸烟了。

我进去看看。

(2)后一谓语表示前一谓语的目的。例如:

领导表扬先进树立榜样。

鸡伸出脖子去啄。

(3)前一谓语表示后一谓语的方式。例如:

他低着头沉思往事。

宏儿没有见过我,远远地对面站着只是看。

(4)前一谓语是后一谓语的条件。例如:

他有能力完成任务。

小二黑有资格谈恋爱。

(5)从正反两个方面说明同一件事。例如:

他俩站着不动。

他怎么在这个时候丢下活儿不干呀?

5. **兼语句** 兼语句是由兼语短语充当谓语的句子。这种句式的特点是:有一个名词性的成分既作前一动词的宾语又兼作后一动词的主语，这个名词性的成分叫作兼语；兼语后边可以有语音停顿，前一动词的后边不能有语音停顿。

兼语句的常见类型有：

（1）前一动词是含有使令义的及物动词，后一动词是前一动词的结果或目的。常见的用在前面的动词有：使、叫、让；请、求、请求、邀请、要、要求、央求；派、打发、差使、命令；托、委托、嘱咐、托付、叮嘱、吩咐、招呼；劝、劝阻、禁止、防止、妨碍；催、催促、促使、逼迫、强制、勉强；组织、发动、鼓舞、激励；许、准、准许、容许、任、听任；接、送、欢迎；引起、吸引、惹、惹得、逗、逗得、引逗等。例如：

突然的变故使他改变了原来的计划。

很多人求他帮忙。

上级命令部队立即行动。

大夫嘱咐他每天按时吃药。

她劝我嫁人。

你不能勉强人家同意。

我建议明天由我做裁判，组织木子和春喜重新比赛。

假洋鬼子不准阿Q革命。

明天你送客人上火车。

像这样的小分队，一般不会引起人们的注意。

（2）前一动词是表示赞许或责怪的及物动词，后一动词表示赞许或责怪的原因。常见的用在前面的动词有：亏、感谢；很、怪、怨、笑、骂、夸、称赞、指责、批评、可怜、讨厌；祝、愿、念、恭喜、恭贺、庆祝等。例如：

亏了这位姑娘救了你的命。

我感谢你告诉我一个好消息。

我恨她不守信用。

他埋怨我没给他办成这件事。

恭喜你交了好运。

我和你四婶念你一辈子好。

（3）前一动词用“有”“轮”等表示有或存在等。例如：

他有个妹妹在北京上大学。

有人找你。

轮到你发言了。

有的兼语句，包含两个及以上的兼语。例如：

你派小王通知娟子明天住院。（包含“小王”和“娟子”两个兼语）

没有人请我通知你开会。（包含“人”“我”和“你”三个兼语）

6. **双宾句** 双宾句是谓语中心后边连用两个宾语的句子。两个宾语之间没有直接的结构关系，分别和谓语动词发生动宾关系。离动词近的宾语一般指人，叫作间接宾语，也

叫近宾语;离动词远的宾语一般指物,叫作直接宾语,也叫远宾语。例如:

小王给我两张电影票。

他告诉我今天停电。

汉语中能带双宾语的动词不多,常见的是表示“给予”和“取得”的动词。具体地说,有以下四类:

一是表示“给予”义的动词,如给、给予、送、寄、赔、还、教、卖、嫁、赠、奖、授予、告诉等。例如:

你给了我很多帮助。

王老师教过我们语文。

我送春生两幅油画。

二是表示“取得”义的动词,如取、拿、买、受、接受、赚、赢、占、讨、偷、骗、收等。例如:

我拿了他三百元钱。

他赢了我两百分。

那个家伙骗了我一千元钱。

三是既可以表示“给予”义又可以表示“取得”义的动词,如租、借、换等。例如:

我租了他们家两间房子。

小贩换了我十元零钱。

四是表示“等同”义的动词,如叫、当、骂等。例如:

大家叫她祥林嫂。

别人骂你小气鬼。

邻居都当他是好人。

虽说双宾句的指人宾语一般在前,指物宾语一般在后,但是当动词为“复”“致”,指物宾语为“信”“函”“电”时,两种宾语的语序可以调换。这种用法常见于新闻标题。例如:

党和国家领导人致电越南党政领导。

我国驻联合国代表致函安理会主席。

7. **存现句** 存现句是表示事物存在、出现或消失的句子。其基本格式是:某处(某时)存在着(出现了/消失了)某人某物。例如:

教室里进来了两个陌生男子。(表出现)

河边停泊着两条渔船。(表存在)

监狱里逃走了两个犯人。(表消失)

存现句具有三个特点:

(1)主语具有时空性。存现句的主语一般是由表示时间或空间的名词或名词性短语充当的,它们分别表示人或事物存现的时间或处所。

存现总是特定时间或空间里发生的现象,表示时间和空间的名词或名词性短语往往可以同时出现在句首。分析这种句子的结构层次时,一般把表示空间的词语分析为主语,把表示时间的词语分析为状语。例如:

火车站刚才发生了一起斗殴。

如果表示时间、空间的词语的前边附有介词，可以将它们一起分析为状语，如果没有其他主语，句子便是非主谓句型的存现句。例如：

在斜对面的豆腐店里确乎终日坐着一个杨二嫂。

（2）动词具有存现性。表示存在的及物动词有三种情况：一是直接表示存在，如“有”“是”；二是既表存在又表存在的方式，常常带动态助词“着”；三是动词带“满”与“了”，表示普遍存在。例如：

李庄有个赛半仙。

墙上是一张年画。

两边挂着主席的半身像。

桌子上摆满了文具。

表示出现或消失的及物动词，常见的有两类：一是位移性的，即动词具有位移的意义；二是原点性的，即动词不涉及空间变化。例如：

山那边来了三个人。（位移性的出现）

鸟语林飞走了一只孔雀。（位移性的消失）

脑海里浮现出一幅万马奔腾的图景。（原点性的出现）

村里去年死了两个老人。（原点性的消失）

（3）宾语往往是施事，且不确指某人某物。存现句的宾语的前边，常常使用“一个”“几个”之类的量词短语作定语，不能使用“这个”“那个”这样的表示确指的定语。例如：

黑影里站着四五十个人。

槐树下睡着一条大花狗。

四、倒装句和省略句

（一）倒装句

句型都有一定的格式，集中体现在句法成分的位置上。句法成分所在的位置有经常的、一般的，也有非经常的、特殊的。由前一种情况形成的句子叫常式句，由后一种情况形成的句子叫倒装句。倒装了的成分可以恢复原位而句子的意思基本不变，句法成分不变，结构关系也不变。倒装成分之间一般有语音停顿，书面上用逗号隔开。

汉语中常见的倒装句有以下几种：

1. **主谓倒装句** 主语在前，谓语在后，这是正常的、一般的语序。有时也会颠倒过来，谓语在前，主语在后。这种倒装句常见于疑问句、祈使句和感叹句中。例如：

最近还好吗，你？（疑问句）

赶快行动起来呀，你们！（祈使句）

多么迷人哪，西湖！（感叹句）

在口语中，主谓倒装句是说话人一时心急而把句子最重要的成分（谓语）先说出来，再补说主语的结果；在书面语中，有时为了强调谓语而有意采用这种句式。例如：

多么广大辽阔,我亲爱的祖国!

2. **动宾倒装句** 这种句式的数量较少。一般说来,谓语动词是想、相信、猜想、记得、料想、认为、以为、知道、晓得、觉得、担心、希望等表示心理活动的动词时,动语和宾语才可以倒装。这类动词在语法功能上有一个显著的特点,即可以带句子形式(包括复句形式)的宾语,因此,能倒装在动语(动词)前边的宾语往往是句子形式。例如:

情况不会像你预想的那样发展下去,我想。

那个地方不大,他晓得。

“雷峰夕照”的真实景象我也见过,并不见佳,我以为。

不过,要注意动宾倒装句和主语为受事的主谓谓语句的区别。动宾倒装句的动词表示心理活动,而且前置宾语的后边有较长的语音停顿,书面上一般要用逗号隔开。主语为受事的主谓谓语句则不同,受事主语后边的语音停顿不太长,书面上一般不用逗号隔开,小谓语也不限于表示心理活动的动词。例如:

这件事我知道。(小谓语“知道”表心理活动)

这部电影我看过。(小谓语“看”不表心理活动)

一句话他都不说。(小谓语“说”不表心理活动)

3. **定中倒装句和状中倒装句** 定语、状语在中心语的前边,这是正常的、一般的语序,但有时也会放到中心语的后边,这就形成了定中倒装句和状中倒装句。例如:

屋子里摆满了各种鲜花,红色的,白色的,黄色的。

许多外国朋友来到桂林游览,从伦敦,从纽约,从巴黎,从世界各地。

定中倒装句的定语和状中倒装句的状语大都是联合短语,这往往是为了突出它们,或者是为了使语句显得简洁而特意调整语序。

(二)省略句

在一定的语言环境中,为了突出重点或者为了使话语更简练,省去句子的一个或几个在通常情况下应该出现的成分不说,从而形成省略句。

1. 省略句的特点

(1)依赖于特定的语言环境。省略句一旦离开特定的语言环境,其表意就不完整,不明确。反之,不依赖特定的语言环境就能把意思表达清楚的句子,不应当算作省略句,例如,“出太阳了。”“下雪了。”等句子虽无主语,但不是省略句。

(2)被省略的成分不但可以补出来,而且只有一种补充方式。不要以为能补上某些成分的句子都是省略句,例如“下雪了”虽然可以在前边补上主语“天”,但不是省略句,因为还可以补上“昨天”“北京”等主语。

2. 省略句的类型

(1)对话省。当面说话尤其是对话时,借助语言环境可以省略句子的某些成分。例如:

她问:“他们几个呢?(量词短语“几个”的后边省略了中心语“人”)

水生说:“还在区上,爹呢?”(“还”的前边省略了主语“他们几个人”,“爹”的后边省略了谓语“在哪里”）

“睡了。”（“睡”的前边省略了主语“爹”）

“小华呢？”（“小华”的后边省略了谓语“在哪里”）

“和他爷爷收了半天虾篓，早就睡了。”（“和”与“早”的前边均省略了主语“小华”）（孙犁《荷花淀》）

（2）上下文省。在书面语中，有些句法成分因上文已经有了或者下文就要出现，也往往省略。例如：

我们是爱国主义者，也是国际主义者。（后一分句承前省略了主语“我们”）

看到人家卖茧子，老人感到心里发痒。（前一分句承后省略了主语“老人”）

五、单句语法失误

语法失误是某些属于个人的、偶发性的不符合语法规范的现象。语法规范是指标准的共同语语法（包括口语和书面语），是相对于方言语法和个人运用语言的习惯方式来说的。语法规范是建立在符合逻辑事理和群众习惯的基础上的；不符合事理而符合群众习惯的说法也是规范的，例如“晒太阳”“看医生”“打扫卫生”“救火”等。

有语法失误的句子一般称为病句。病句不能完整、准确地表情达意。

（一）检查语法失误的步骤与方法

1. 步骤 首先，分析句子的结构层次。这是检查句法失误的主要步骤。单句的结构层次分析与复杂短语的结构层次分析是一样的，由大到小逐层分析。

其次，根据结构层次分析的结果，检查句子的结构是否完整、搭配是否得当、词语的位置摆放得对不对。

2. 方法 检查语法失误，最直接的方法是凭借语感，像用词不当、重复多余等比较明显的语法失误容易被发现，但有些失误比较隐蔽，必须运用理性的方法才能发现。常用的方法有下列四种：

（1）紧缩法。紧缩法是把句子的主干成分找出来，先看主干是否残缺，彼此搭配是否得当，再看非主干成分如何。例如：

在建设事业迅猛发展的新形势下，对建筑材料行业提出了更高的要求。

该句一压缩就成了“……提出了要求”。很明显，这句话缺少了应有的主语，什么“提出了更高的要求”，就没有说清楚。如果删去“在……下”，句子就完整、通顺了。

（2）分说法。分说法是把有联合关系的短语拆开来，由合说变为分说。例如：

计算机在10分钟以内可以阅读完30种文字的2 000种医学杂志和90 000篇论文。

该句的宾语部分“30种文字的2 000种医学杂志和90 000篇论文”不但含有联合短语，而且有两种意思：一是总共30种文字的2 000种医学杂志和90 000篇论文，二是30种文字的2 000种医学杂志，另外还有90 000篇论文。可见，该句是一个歧义句。第一种意思应当是作者的本意。如果在“30种文字”的前边加上“总共”，联合短语“2 000种医学杂志和90 000篇论文”就都成了定语“30种文字”的限定对象。整个句子的意思也就单一化了。

(3)类比法。有些语法失误非常隐蔽,很难看出失误的地方。这时,可以拿一些类似的短语或句子来进行比较。如果类似的句子或短语说不通,那么原句也就说不通。例如:

歌声突然变得格外亲切而且动人多了。

这句话到底有没有失误呢?可以类比一下:

A. 十分整齐、干净多了。

B. 特别香甜可口多了。

C. 分外明亮,而且清洁多了。

前面两个句子中的“十分”与“特别”都跟其后边的“多了”重复,可见他们都是病句;第三句则不同,是两个分句,状语“分外”只能修饰“明亮”,不与“多了”重复,可见,这是一个合格的句子。通过类比,可以看出“格外”与“多了”重复。如果去掉“格外”或者“多了”,这个句子就合格了。

(4)变换法。变换法就是改变语序,改换词、短语,改变句式的方法。这种方法可以用来检查歧义、结构混乱等失误。例如:

这种管子要不要换,在领导和群众中广泛地引起了讨论。

这个句子的失误之处在于将定语“广泛”错放在状语的位置上了(动词“引起”的前面应是状语)。“引起”是一种事情使另一种事情出现,谈不上“广泛”;“广泛”应当移到“讨论”的前边,表示“讨论”的涉及面广,范围大,“地”相应地改为“的”。

以上四种方法,各有用途,也各有局限,应当根据实际情况灵活、熟练地运用它们。至于发现了句法失误后该怎样去纠正,我们将在具体分析中加以说明。

(二)纠正语法失误的原则

1. 符合原意 纠正语法失误的最基本的原则是从句子的原意出发,不改变句子的原意。例如:

夜深人静,想起今天一连串发生的事情,我怎么也睡不着。

这个句子的失误之处在于将定语“一连串”错放在状语的位置上了(动词“发生”的前面应是状语)。纠正这一病句时,如果修改为“夜深人静,想起今天的事情,我怎么也睡不着”,虽然不再有语法失误,但是违背了原意,因此,这种修改方式是不妥当的。

值得注意的是,我们所说的语法失误是指用词造句方面的失误,不包括思想观点和科学知识方面的错误,因为这两个方面的错误不属于语法的范畴。

2. 对症下药 纠正句法失误要纠正到点子上,不能胡乱改动,更不能大动手术。例如:

从大量的统计资料看,吸烟能导致癌症是无可疑问的。

这个句子的失误之处是“无可疑问”。“可”是能愿动词,后边只能接动词或动词性短语,不能接名词或名词性短语。“疑问”是名词,用得不恰当。最简单的修改办法是将“疑问”改为“怀疑”。有人将“无可”改为“毫无”，也有人将“无可疑问”改为“肯定的”或“不能否定的”，他们虽然把句子改通顺了，但没有改到点子上。

3. **考虑全面** 有些句子的失误之处比较复杂，或者句子内部有牵连，改动一处，往往又会影响到另一处。因此，修改完以后，应当通盘考虑一下，看看是否还有失误之处。例如：

三张小方桌拼在一起，作为会议桌，接待客人和供开会之用。

“作为……之用”本是一种习惯性的说法，但这个句子中的“作为”只能管到“会议桌”，不能管到“之用”，无法构成“作为……之用”的句子结构。这是造句时顾此失彼而产生的错误，修改时应避免犯同类错误。最简单的修改方法是将“供”移到“接待”的前边，构成“供……之用”的习惯性说法。

4. **防止出现新的失误** 修改语法失误时，要防止出现新的失误。例如：

这个车间还恢复建立了干部巡回检查制，定期到各班组检查制度执行情况。

这个句子的失误之处在于将“恢复”与“建立”这两个意思差别较大的词组成了联合短语。“恢复”是指还原被破坏的东西，“建立”是指产生原来没有的东西。两者并列支配“干部巡回检查制”，表意不明。有人将这句话改为“这个车间还恢复并健全了干部巡回检查制，定期到各班组检查制度执行情况”，虽然对症下药，改得简单，但将“健全”写成了“建全”，出现了别字。

（三）常见的句法失误

1. **成分残缺** 成分残缺的句子缺少必要的句法成分，或者某句法成分的结构不完整。常用的修改方法是“增添法”，即在原句上增加表意上或结构上必要的词语。

（1）主语残缺。

报馆案是我到南京后两三个星期了解的，被一群兵们捣毁。

由于游泳技术的提高，为广泛深入地开展群众性游泳活动提供了条件。

第一个句子的后一个分句的主语应该是“报馆”，不是“报馆案”，不能承前省略。第二个句子并不是真正缺少主语，而是误将主语放在介词短语之中了，只要将介词“由于”去掉就可以将主语“游泳技术的提高”凸显出来了。

（2）谓语残缺。

南堡人民经过一个冬天的苦战，一道4米高、20米宽、700米长的拦河大坝，巍然屹立在天目山边。

这些杂交高粱产量高，而且比外国进口的杂交高粱更高的抵抗病虫害的能力，因此，受到了当地农民的欢迎，其推广面积越来越大。

第一个句子的结构是：主语1+状语，主语2+谓语2，可见，前一分句没有出现被状语“经过一个冬天的苦战”修饰的中心语，即谓语1残缺。修改时，应当把“经过”移到句首，用“经过南堡人民一个冬天的苦战”作状语，让“一道4米高、20米宽、700米长的拦河大坝”作主语。第二个句子的第二个分句缺少谓语动词，应当在“更高的”的前边加上“具有”一词。

(3)宾语残缺。

省委、省政府认真总结了造成这种落后状态的经验教训,从指导思想上,明确树立起依靠科学技术,加快解决这一突出矛盾。

这个句子中的动词“树立”要带名词性宾语,可是缺少了宾语中心,应当在句末把宾语中心“思想”补出来,同时,把“从指导思想上”删去,以免重复。

(4)定语、状语缺少或者不完整。

当前和今后一个相当时间内,每年进入劳动年龄的人口数很大,安排城镇青壮年劳动力就业是一项相当繁重的任务。

这个带形的草原,是基密尔大岭山洪冲成的一条不十分规则的河流,叫基密尔河……年深日久,冲击成厚厚的土层……淤成了一片大大小小的沼泽地,遍生芦苇、乌拉草。

第一个句子用“相当”作定语是不恰当的,必须加一个“长”,使“相当长(的)”作定语。第二个句子的“是”的前边缺少必不可少的“本来”或“原来”之类的状语,否则就会出现“草原是河流”这一主语与宾语搭配不当的句子结构。

2. 成分多余

(1)主语有多余成分。

我们二年级的同学,在上课的时候,一般来说,我们都能认真听讲,遵守课堂纪律。

这个句子的后一个“我们”是多余的主语,应当删去。

(2)谓语有多余成分。

检察机关的反腐利剑砍折并斩断了他的罪恶双手,把他贪污的巨款没收了。

这个句子的谓语中心“砍折并斩断”意思重复,应当删去“砍折并”。

(3)宾语有多余成分。

全国人民决心以实际行动热烈庆祝中华人民共和国成立六十周年国庆节的到来。

这个句子的宾语中心“的到来”是多余的,因为“庆祝……国庆节”的意思已经完整,加上“的到来”反而与谓语中心“庆祝”不搭配。

(4)定语多余。

他参加工作后,坚持上业余夜校,刻苦钻研医务技术,补习文化。

“夜校”本来就是业余的,定语“业余”应当删去。

(5)状语多余。

目前财政困难,有些问题短期内不可能很快解决。

“短期内不可能解决”和“短期内不可能很快解决”的意思是一样的,因此,“短期内”和“很快”用在一起共同修饰谓语动词“解决”,造成了重复,应当删去其中一个。

(6)补语多余。

从此,原来这个平静的家庭里,就不时发生出使人不安的怪事来。

谓语动词“发生”就是出现,因此,补语“出”与“来”都是多余的,应当删去。

3. 搭配不当 纠正这种语法失误的常用方法是“调换法”，即将原句中某些不恰当的词语去掉后再换上所需要的词语。

搭配不当有两种情况：

(1)直接成分搭配不当。

①主谓搭配不当

敌人死了的、半死不活的都躺在血泊里乱喊乱叫。

“死了的”敌人不会喊叫，应当把“死了的”改为“没死的”。

②动宾搭配不当

你们不要保持这种错误的思想。

谓语动词“保持”与宾语中心“思想”不能搭配，应当将“保持”改为“坚持”。

③介宾搭配不当

向理想奋斗

介词“向”的宾语一般是较具体的事物，应当改为“为”。

④修饰语与中心语搭配不当

我们有双聪明能干的手，什么都能创造出来。

“聪明”不能修饰“手”，要么去掉“聪明”，要么把“聪明”换成“勤劳”。

(2)非直接成分照应不周。

饺子是我国人民吃年夜饭的风俗。

耳旁呼呼的风，轻轻地刮着。

第一句的主语与宾语照应不周，因为“风俗”是一种行为习惯，不是一种东西。修改时应当在“饺子”的前边加上“吃”。第二句的定语“呼呼”与状语“轻轻”语义矛盾，修改时应当删去“呼呼”。

4. 语序不当

(1)定语和中心语的位置颠倒。

由于纺织工人努力提高产品质量，我国棉布的出口深受各国顾客的欢迎。

“棉布的出口”与“深受……欢迎”不能搭配，实际上，深受欢迎的是“出口的棉布”，定语与中心语的位置颠倒了。

(2)把定语错放在状语的位置上。

丰富的实践，使他广阔地接触了社会生活。

“接触”无所谓“广阔”，“社会生活”才讲“广阔”，可见，“广阔”本应是“社会生活”的定语，这个句子错误地将它放到动词“接触”前边的状语位置。修改时，应当将“广阔地”移到“社会生活”的前边，并把“地”改为“的”。

(3)把状语错放在定语的位置上。

在社会主义建设中，应该发挥广大知识分子充分的作用。

“充分”虽然有“足够”的意思，可作定语，但不能修饰“作用”；它还有“尽量”的意思，可作状语。修改时，应当将“充分”移到动词“发挥”的前边作状语。

(4)多层定语语序不当。

一只小李的鸡被汽车压死了。

这个句子的主语部分有多个定语。多层定语的排列次序比较复杂,从离中心语最远的词语算起,多层定语的一般次序是:表领属关系的词语→表时间、处所的词语→指示代词或量词短语→动词性词语和主谓短语→形容词性词语→表质量、属性或范围的名词,例如“他的一件刚买的新羊皮夹克也拿来了”。

“一只”与“小李”都是主语中心“鸡”的定语,但数量短语“一只”和中心语“鸡”的关系比表示领属的“小李”密切,因此,修改时应当把“一只”移到“鸡”的前边。

(5)多层状语语序不当。

为了争取高速度,我们必须狠抓科学技术的现代化,把国民经济用先进的科学技术搞上去。

这句话第二个分句的谓语动词“搞”的前边有两个由介词短语充当的状语。多层状语的语序问题也比较复杂,哪种在前,哪种在后,取决于谓语内部的逻辑关系和表意的需要。大致次序是:条件→时间→处所→语气→范围→否定→程度→情态→对象。

“把国民经济”是表示对象的状语,跟中心语“搞”的关系最为密切,修改时应当将其移到“搞”的前边。

5. 句式杂糅

(1)两种结构形式混杂。

同一内容往往可以采用不同的说法。如果说话、写作时拿不定主意,既想用这种说法,又想用那种说法,就可能把两种说法都用上,糅到一起,导致两句混杂。例如:

以农业为基础这个思想,经过社会主义建设的多年实践,无可争辩地证实了这个思想的正确。

这个句子有两种改法:一是改为“以农业为基础这个思想,经过社会主义建设的多年实践,充分证明是正确的。”这时,主语“以农业为基础这个思想”是“证明”的受事;二是改为“社会主义建设的多年实践,无可争辩地证实了以农业为基础这个思想的正确性。”这时,主语“社会主义建设的多年实践”是“证实”的施事。

(2)前后牵连。

如果把前一句的后半句用作后一句的开头,硬把前后两个句子连成一句,就会导致前后牵连。例如:

我们听到一个中学生奋不顾身同罪犯搏斗的英勇事迹对我们教育很大。

这句话实际上包含两个分句:一是“我们听到一个中学生奋不顾身同罪犯搏斗的英勇事迹。”二是“一个中学生奋不顾身同罪犯搏斗的英勇事迹对我们教育很大。”这两个分句已经纠缠到了一起。修改时应当将它们分解开来。可以改为“我们听到一个中学生奋不顾身同罪犯搏斗的英勇事迹,这件事对我们教育很大。”也可以改为“我们听到一个中学生奋不顾身同罪犯搏斗的英勇事迹,受到很大的教育。”

【自测题】

一、填空题

1.“村里昨天走了两位战士。”这句话的主语是________。

2.“昨天村里走了两位战士。”这句话的主语是________。

3. 如果要把“快回去睡!”这一祈使句的语气变委婉一点,我们可以把它改为______、________或________。

4. 从语气的角度来看,任何句子都有语气,汉语句子最常用的语气有四种,分别是________、________、________和________。

5. 存现句具有三个特点,这三个特点分别是________、________和________。

二、判断题(正确的打“√”,错误的打“×”)

1.“这孩子真叫人操心。”这个句子是兼语句。 ( )

2.“叽叽喳喳的鸟叫声把我吵醒了。”这句话的加点部分充当的是定语。 ( )

3. 从不同的角度或标准来看,一个句子可以属于不同的类,例如,“哪儿出了故障?”这个句子从语气的角度来看是疑问句,从结构的角度来看是主谓句。 ( )

4.“起来吧,饥寒交迫的奴隶!”这句话的加点部分充当的是主语。 ( )

5. 陈述句中的语气词表示特定的语气意义。例如,“你可不能骄傲啊。”这句话中的语气词“啊”表示句子的内容是显而易见的。 ( )

6.“毕业了没有,你”这一句子是主谓倒装句。 ( )

7.“你所要的小聪明我早就见识过了。”这句话是主谓谓语句。 ( )

8.“他们的阴谋是不会得逞的,我觉得。”这句话是动宾倒装句。 ( )

9.“老师问清了原因,沉思了少许,慢慢地踱到我身旁。”这句话没什么语病。 ( )

10.“打雷了!”这句话是一个省略了主语的省略句。 ( )

三、单选题(在本题每一小题的备选答案中,只有一个答案是正确的,请把你认为正确答案的题号填入题干的括号内)

1. 下列疑问句属正反问的是( )

A. 你去不去? B. 你去还是不去?

C. 你明白什么了? D. 你什么也没明白吗?

2. 下列四个祈使句中,语气最委婉的一个是( )

A. 亲爱的,别走吧,留下来陪陪我。 B. 亲爱的,别走,留下来陪我。

C. 亲爱的,不要走,留下来陪我。 D. 亲爱的,请别走了,留下来陪我。

3. 下列四个句子中,不属于主谓谓语句的一个是( )

A. 李庭长表情严肃。 B. 她夸我长得帅。

C. 语文教学,爸爸很有经验。 D. 他一个人也不认识。

4. 下列四个句子中,不属于存现句的一个是( )

A. 天上显出一道彩虹。 B. 店里坐了三个人。

C. 树上的爱情鸟飞走了。　D. 树上停着一只爱情鸟。

5. 下列句子带插入语的是(　　)

A. 你这个人太糊涂了。　B. 小李洋他去哪儿了?

C. 小张他们走了。　D. 小王你去哪儿?

6. 下列句子属于主谓谓语句的是(　　)

A. 你去不去我不管。　B. 他,不清楚去哪儿了。

C. 他已经走了我知道。　D. 她表演得太精彩了。

7. 下列句子属于连谓句的是(　　)

A. 他们接到命令撤退了。　B. 领导上分配我搞放映工作。

C. 老师督促大家好好学习。　D. 他停了下来,嘴里哼着歌。

8. 下列句子属于兼语句的是(　　)

A. 我相信他会来。　B. 他召集中层干部开会。

C. 他清楚我不懂外语。　D. 我反对他当班长。

9. 下列疑问句属于是非问的是(　　)

A. 老张病没有?　B. 老张是不是病了?

C. 老张病了?　D. 老张什么病?

10. 下列疑问句属于选择疑问句的是(　　)

A. 你明白什么没有?　B. 你到底明白不?

C. 你明白没明白什么?　D. 你明白还是没明白?

第五单元　复　句

【案例导入】

某部门向国务院报告旅客快车脱轨的事故。该报告中有这么一个复句:“这次事故是全国开展‘安全月’活动中发生在旅客列车上的一次严重事故,不但在政治上造成了极坏的影响,而且使国家和人民生命财产蒙受巨大的损失。”这句话在语法上有没有不妥的地方?如果有,你打算怎样修改?

【能力目标】

能熟练而准确地辨别单句与复句(包括紧缩复句);能熟练而正确地判别复句中分句之间的关系;能运用画线法正确地分析多重复句的结构层次;能根据实际需要熟练地造出合乎语法规范的各类复句;能熟练而正确地识别并纠正复句中常见的语法失误现象。

【知识点】

复句的含义以及它与单句的区别；复句的类型；多重复句的层次分析；紧缩复句的特点及类别；复句中常见的语法失误现象。

一、复句概说

（一）复句的含义

复句是由两个或两个以上在意义上有密切联系、在结构上互不作成分的单句形式组成的句子。组成复句的各个单句形式叫分句。分句可以是主谓结构，也可以是非主谓结构。例如：

油蛉在这里低唱，蟋蟀在这里弹琴。

一个破庙，几尊灰头灰脑的菩萨。

这两个句子逗号前边的部分并不充当逗号后边部分的某个句法成分，逗号后边的部分也不充当逗号前边部分的句法成分，逗号的前后在结构上是相对独立的。当然，不能将句子中间的逗号改为句号，因为它们在意义上具有某种联系：第一个句子逗号前后的内容都是用来描写百草园的声响的，第二个句子逗号前后的内容都是用来描写同一空间的景物的。逗号前边或者后边都不能单独将意思完整地表达出来，只有将它们合起来才能表达一个相对完整的意思，因此，用一个完整的句调贯穿它们，中间虽然稍有语音停顿，但仍然是一个句子。其中，第一个句子中的分句是主谓结构，第二个句子中的分句是非主谓结构。

（二）单句与复句的区分

可以从句子结构、语音停顿和关联词语三个方面区分单句与复句。

1. **从句子结构上区分**　只包含一个结构体的句子是单句，包含两个或两个以上结构体的句子是复句。例如：

它是古希腊时期的作品，描写的是古希腊时期的喜剧作家阿里斯托芬的想象雕像。

他能够虚心听取大家的意见，认真改进工作。

这两个句子均由两个分句组成，每一个分句均是主谓结构，而且，它们的第二个分句都承前省略了主语。

2. **从语音停顿上区分**　复句内部有停顿，一般用逗号、分号表示，复句句末的停顿用句号、问号和叹号表示。单句在书面上一般不用标点符号表示句中停顿，只在句末使用句号、问号和叹号。因此，可以把语音停顿作为区分单句与复句的一个标志。例如

他家门前有两座大山挡住了他家的出路。

他家门前有两座大山，挡住了他家的出路。

第一个句子内部没有语音停顿，是一个兼语句；第二个句子内部有语音停顿，逗号后边承前省略了主语“两座大山”，因此，它是复句。

然而，不能一概而论，不要以为书面上没有标点符号表示句中停顿的句子一定是单

句,有这种停顿的句子一定是复句。例如:

钟不敲不响。

敌人进了直罗镇,真如同钻进了口袋。

第一个句子虽然在书面上没有用逗号表示句中语音停顿,但包含"钟不敲"和"钟不响"两个主谓结构,因此,它是复句。第二个句子虽然在书面上用逗号表示句中语音停顿,但表示的是主语与谓语之间的语音停顿,整个句子才是一个主谓结构,因此,它是单句。

3. 从关联词上区分 复句中分句之间的关联词是分句之间结构层次关系的一种语法标记。识别这种语法标记,对区分复句和单句有一定的帮助。例如:

阿明躺下睡着了。

阿明一躺下就睡着了。

阿明只要躺下就会睡着。

这三个句子都表达了一连串动作,基本意思相同。第一个句子中间没有使用关联词,结构紧凑,是连谓句。第二个句子中间使用了关联词"一……就……",结构松散,是表示顺承关系的紧缩复句。第三个句子中间使用了关联词"只要……就",结构松散,是表示条件关系的紧缩复句。

然而,不能一概而论,不要以为含有关联词语的句子一定是复句,没有包含关联词语的句子一定是单句。例如:

只有我才有一声没一声地应付着她。

自己动手,丰衣足食。

第一个句子虽然有关联词"只有……才……",但这一关联词关联的不是两个分句,而是主语和谓语两个句法成分,因此,它是单句;第二个句子虽然没有关联词,但包含两个有联系的结构体,因此,它是复句。

总之,在区分单句与复句时,应当将上述三个标准有机地结合起来,不要顾此失彼。

二、复句的类型

根据分句之间的意义联系,可以将复句分为联合复句和偏正复句两大类:联合复句的各分句的意义平等,无主次之分;偏正复句的各分句的意义有主次之分。偏正复句中表示主要意义的分句叫正句,表示次要意义的分句叫偏句。多数情况下,偏句在前,主句在后。

(一)联合复句

根据各分句的意义联系情况,可以将联合分句分为以下五种类型:

1. 并列复句 并列复句的几个分句分别叙述有关联的几件事、几种情况或同一事物的几个方面,或论述密切相关的事理。分句之间或者是平列关系,或者是对举关系。平列关系就是分句间表示的几件事情或几个方面并存;对举关系就是前后分句的意义相反相对,表示两种情况或两件事情对比对立,也就是通过肯定和否定两个方面的对照来说明情况或表达所要肯定的意思。例如：

知识是积累起来的，经验也是积累起来的。（平列关系）

衡量人的尺度，不在职位的高下，而在成就的大小。（对举关系）

常用的关联词见表 1.11。

表 1.11

平列	合用	既……又(也)……、又……又……、有时……有时……、一方面……一方面……、一边……一边……、一会儿……一会儿……
	单用	也、又、同时、同样、另外
对举	合用	不是……而是……、是……不是……
	单用	而、而是

2. 顺承复句 顺承复句的几个分句按时间、空间或逻辑事理上的顺序说出连续的动作或相关的情况，分句之间有先后相承的关系。例如：

将军做了一个往下按的手势，人们顿时安顿了下来。

她进入这个世界，便奉献给这个世界以真诚。

常用的关联词见表 1.12。

表 1.12

合用	首先……然后……、刚……就……、一……就……
单用	就、又、再、于是、然后、后来、接着、跟着、继而、终于

值得注意的是，顺承复句容易与并列复句相混淆，要善于区分它们。顺承复句的几个分句常按一定的时间、空间或逻辑次序排列，一般不能变动分句的次序；并列复句的几个分句是平行或相对的，没有时空上的先后次序，变动分句的排列次序，并不影响整个句子的意义。

3. 解说复句 解说复句的几个分句之间有解释或说明、总分的关系。有后面分句解释前面分句的，有先总说后分述的，也有先分述后总说的。解说复句一般不用关联词，主要依靠分句的次序和意义来体现。例如：

我们的祖先在历史的黎明时便幻想出一个神话式的人物，叫大禹。（后面分句解释前面分句）

文艺批评有两个标准，一个是政治标准，一个是艺术标准。（先总说后分述）

或者把老虎打死，或者被老虎吃掉，两者必居其一。（先分述后总说）

4. 选择复句 选择复句的几个分句分别说出几件事情或几种情况，表示要在它们之中作出选择。选择复句又可以分为两类：一是未定选择复句，即分别说出几种可能的情况或几件事情，让人从中选择；二是已定选择复句，即分别说出选定和舍弃的情况或事情。例如：

你是卖茧子呢？还是自己做丝。（未定选择，任选）

不在沉默中爆发,就在沉默中灭亡。(未定选择,限选)

与其临渊羡鱼,不如退而结网。(已定选择,先舍后取)

我们宁要少而精,也不要多而杂。(已定选择,先取后舍)

常用的关联词见表1.13。

表1.13

未定选择	任选	合用	或者……或者……、是……还是……
		单用	或者、或是、或、还是
	限选	合用	不是……就是……、要么……要么……
已定选择	先舍后取	合用	与其……不如……
		单用	还不如、倒不如
	先取后舍	合用	宁可……也不……

5. **递进复句** 递进复句的几个分句中后面分句的意思比前面分句的意思更进一层,一般由少到多,由小到大,由轻到重,由浅到深,由易到难。递进复句又可以分为两类:一是一般递进复句,即几个分句都表示肯定,层层推进;二是衬托递进复句,即前一分句表示否定,起衬托作用,后一分句表示肯定,从反面把意思推进一层。例如:

脑力劳动是劳动,而且是很艰苦的劳动。(一般递进)

金泽洙尚且输给了孔令辉,何况吴尚垠呢?(衬托递进)

常用的关联词见表1.14。

表1.14

一般递进	合用	不但(不仅)……而且(还、也)……、不但……反而……
	单用	而且、并且、何况、况且、甚至、更、还、甚至于、更何况
衬托递进	合用	尚且……何况……、别说……连……
	单用	尚且、何况、反而

(二)偏正复句

根据偏句和正句之间的意义关系,偏正复句可以分为以下几种类型:

1. **转折复句** 转折复句的几个分句中后面分句并不顺着前面分句的意思说下去,而是转了个弯,或说出明显相反相对的意思,或对前面分句的内容进行修改补充等。根据前后分句意思相反、相对程度的强弱,转折复句可以分为三类:一是重转复句,即各分句之间的意思是先让步后转折,相反意味很重,一般要合用关联词;二是轻转复句,即各分句之间的意思或者存在着对立,或者稍有抵触,转折的意味比重转复句轻些,目的不完全在于显示这种对立或抵触,而在于正句对偏句所述的事或理进行修正、补充、引申,一般单用启下或承上关联词;三是弱转复句,即各分句之间意义上的相对性不那么明显,转折语气较弱,只用承上关联词。例如:

尽管瓦尔德内尔奋力搏杀，但是孔令辉还是战胜了他。（重转）

麻雀虽小，五脏俱全。（轻转）

两个人依旧来往，只是贴心话比从前少了。（弱转）

常用的关联词见表1.15。

表1.15

重转	合用	虽然（虽说、尽管、固然）……但是（可是、然而、但、却）……
轻转	单用	虽然、但是、但、然而、可是、可、却
弱转	单用	只是、不过、倒

2. **条件复句** 条件复句的偏句提出条件，正句说明在满足这种条件的情况下所产生的结果。根据条件的不同，条件复句可以分为三类：一是充足条件复句，即偏句是正句的充足条件，正句表示在具备这种条件下就能产生相应的结果，不排斥其他条件，语气和缓；二是必要条件，即偏句是正句的必要条件，缺少了这个条件就不能产生正句提出的结果，语气坚定；三是倚变条件复句，即表示有了某一条件，就会产生相应的结果，而且条件越充分，结果越明显。无条件复句，即偏句提出各种条件，正句说明无论在哪种条件下都会产生某一相同结果。例如：

你只要把敌人拖住，就算完成了任务。（充足条件）

只有双方都有诚意，谈判才能取得进展。（必要条件）

氧气越充足，燃烧越充分。（倚变条件）

不管付出多大的代价，也要把阵地夺回来。（无条件）

常用的关联词见表1.16。

表1.16

充足条件	合用	只要（只需、一旦）……就（都、便、总）……
	单用	便、就
必要条件	合用	只有（唯有、除非）……才（否则、不）……
	单用	才，要不然
倚变条件	合用	越……越
无条件	合用	无论（不论、不管、任凭）……都（总是、也、还）……

3. **假设复句** 假设复句的偏句提出假设，正句表示假设实现后所产生的结果。假设复句可以分为两类：一是一致关系复句，即假设如果成立，结果就能出现；二是相背关系复句，即偏句先退一步说，把假设当事实承认下来，正句则说出不因假设实现而改变的结论。例如：

没有一个人民的军队，便没有人民的一切。（一致关系）

纵然是龙潭虎穴,我们也要去闯一闯。(相背关系)

常用的关联词见表1.17。

表1.17

一致关系	合用	如果(假如、倘若、要是、万一)……就(那么、那、便、则)……
	单用	那、那么、就、便、则、的话
相背关系	合用	即使(就是、纵然、哪怕)……也(还)……、再……也……
	单用	也、还

4. **因果复句** 因果复句的偏句说出原因或理由,正句表示结果。根据偏句与正句之间逻辑关系的不同,因果复句可以分为两类:一是说明性因果复句,即偏句与正句用平实的语言说明两种事物之间存在的因果关系;二是推论性因果复句,即运用逻辑推理推断出偏句与正句所表达的两种情况之间存在的因果关系,既可以由果推因,也可以由因推果。例如:

由于大雪封山,以致车队难以通行。(说明性因果关系)

我们既然拿来了,就不带回去了。(推论性因果关系,由因推果)

小芳今天高兴,八成她考了个满分。(推论性因果关系,由果推因)

常用的关联词见表1.18。

表1.18

说明性	合用	因为(由于)……所以(于是、因此)……、之所以……是因为……
	单用	因为、由于、是因为、是由于、所以、因此、因而、以致、致使
推论性	合用	既然……那么(就、又、便、则、可见)……
	单用	既然、既、就、可见

5. **目的复句** 目的复句的偏句表示一种行为,正句表示这种行为的目的、动机。根据正句所强调的目的的不同,目的复句可以分为两类:一是追求式目的复句,即正句表示希望达到某种目的;二是避免式目的复句,即正句表示要避免发生某种情况。例如:

毛竹年年绿,为的是等待亲人。(追求式目的)

你最好带上件防身的东西,以防坏人打你的主意。(避免式目的)

常用的关联词见表1.19。

表1.19

追求式	单用	以、以便、以求、用以、借以、好让、为的是
避免式	单用	以免、免得、省得、以防

三、多重复句的层次分析

（一）多重复句的概念

多重复句是由三个或三个以上的分句组成的具有两个或两个以上结构层次的复句。具有两个结构层次的复句叫二重复句，具有三个结构层次的复句叫三重复句，以此类推。例如：

267号牢房是朝北的，只有在夏季里，太阳快下去的时候，才把栅栏的影子斜射在墙上一会儿。

他们的品质是那样的纯洁和高尚，他们的性格是那样的淳朴与谦逊，他们的胸怀是那样的美丽和宽广。

我爱热闹，也爱冷静；爱群居，也爱独处。

第一个句子只有两个分句，无法构成多重复句；第二个句子虽然有三个分句，但它们处在同一个结构层次上，也无法构成多重复句；第三个句子不但包含四个分句，而且它们处在两个结构层次上，因而是多重复句。

（二）多重复句的层次分析

一般采用画线法分析多重复句的结构层次。其步骤如下：

第一步：通读全句，确定构成该复句的分句的数量，并按先后顺序在每一个分句的前面标上序号。例如：

①一个人不管天生多么聪明，②如果没有后天的勤奋刻苦，③那么他就不可能取得什么成就。

第二步，用单竖线“｜”将整个复句一分为二（如果三个分句并列于一个结构层次上，就应当一分为三，依此类推），判别前后两部分之间的结构关系或逻辑关系，并用汉字在单竖线的正上方标注这种关系。判别画线位置正确与否的方法是：检查竖线前后两部分的结构，它们要么是一个分句，要么是由几个分句构成的复句。例如：

①一个人不管天生多么聪明，｜（条件）②如果没有后天的勤奋刻苦，③那么他就不可能取得什么成就。

第三步，如果“｜”前面或者后面仍旧是复句，则用双竖线“‖”将其一分为二，判别前后两部分之间的结构关系或逻辑关系，并用汉字在双竖线的正上方标注这种关系。例如：

①一个人不管天生多么聪明，｜（条件）②如果没有后天的勤奋刻苦，‖（假设）③那么他就不可能取得什么成就。

第四步，以此类推，层层切分下去，一直切分到分句为止。

(三)多重复句层次分析举例

1. 二重复句

(1)①因为我们是为人民服务的，|(因果)②所以，我们如果有缺点，‖(假设)③就不怕别人批评指出。

(2)①如果有事实，‖(假设)②我们是欢迎的；|(并列)③如无事实，‖(假设)④则空话是不能长久骗人的。

2. 三重复句

(1)①北京是美丽的，我知道，|(因果)②因为我不但是北京人，‖(递进)③而且到过欧美，|||(顺承)④看见过西方的许多名城。

(2)①如果不发展农业，|(假设)②不但影响最大多数人的生活，|||(并列)③影响工农联盟和人民的团结，‖(递进)④而且也不能迅速地发展工业。

3. 四重复句

(1)①成绩能够鼓舞人，‖(并列)②同时会使人骄傲；|(并列)③错误使人倒霉，||||(并列)④使人着急，|||(因果)⑤是个敌人，‖(并列)⑥同时也是我们很好的教员。

(2)①我们无论认识什么事物，‖(条件)②都必须全面地去看，|||(并列)③不但要看到它的正面，||||(递进)④而且要看到它的反面，|(条件)⑤否则，就不能有比较完全的和正确的认识。

四、紧缩复句

(一)紧缩复句的概念

紧缩复句是以单句的结构形式表达复句的内容的特殊句式。其特点有三：一是包含两个或两个以上的结构体(分句)；二是分句之间没有语音停顿，书面上没有用逗号隔开；三是经常缩减了部分词语。

(二)紧缩复句的类别

1. 无标志紧缩复句 这种紧缩复句的各分句直接粘在一起，不借助关联词语。例如：

人欢马叫。(并列)

雨过天晴。(顺承)

明天你去呀我去？(选择)

人逢喜事精神爽。(因果)

面善心不善。(转折)

2. 有标志紧缩复句 这种紧缩复句的各分句借助关联词语粘在一起。紧缩复句的关联词语大都是起关联作用的副词，也有少数疑问代词。

紧缩复句的关联词见表1.20。

表 1.20

类别	关联词	关系	例句
成对的关联词	不……不……	假设	咱们不见不散。
	非……不……	条件	我非去不可。
	不……也……	假设	这种小毛病不医也会好。
	再……也……	假设	困难再大也不怕。
	一……就……	顺承或条件	她一到就报了名。我一喝酒就过敏。
	越……越……	条件	这孩子越夸越骄傲。
	谁……谁……	条件或假设	这孩子谁见谁爱。
	什么……什么……	条件或假设	这地方想要什么有什么。
	哪里……哪里……	条件或假设	你想去哪里去哪里。
	多少……多少……	条件或假设	他有多少浪费多少。
单个关联词	才	条件	无私才能无畏。
	就	条件	我从来想说什么就说什么。
		假设或条件	你请我就来。
		条件或因果	有手你就要工作。
	又	转折	想看又不敢看。
		并列	说了又说。
		假设	说了又怎么样。
	也	假设	天塌下来也不怕。
		顺承	想想也有几分高兴。
		假设或条件	想起他也会感动。
		转折	条件不好也干出了成绩。
	总	条件	有事没事总想跟小芹说话。
	都	条件	在哪儿你都要好好工作。
	因为	因果	他因为下雨不能来。

五、复句语法失误

复句的语法失误主要体现在三个方面：一是分句与分句之间在意义上的关系问题，二是复句的层次性问题，三是分句与分句在词语上的关联问题。

（一）分句之间缺乏密切联系

构成复句的几个分句在意义上应当有密切的联系，否则就不能构成复句。例如：

我们需要总结一下几个月来的学习经验，因为我们的学习目的是明确的。

我们班在这次校运动会上取得了总分第一的优良成绩，因此，今后要更好地开展各项体育活动。

这两个复句虽然用了表示因果关系的连词,但是,两个分句之间并不存在因果关系。

(二)结构混乱,层次不清

复句,特别是多重复句,结构繁复,关系多样,含义丰富。如果不注意前后分句的内在联系,往往会出现结构混乱、层次不清的毛病。例如:

他过去工作上困难比较多,所以请你多多帮助,因为过去没有搞过这项工作,来这里以前又没有经过训练。

近两年来,他的科研成果的水平又有新的提高,其中有两项不但达到了国际先进水平,而且填补了国内这方面的空白。

第一个复句有四个分句,第三、四分句与第二分句之间不存在因果关系,与第一分句才存在因果关系,分句的次序应当调整为:"他因为过去没有搞过这项工作,来这里以前又没有经过训练,所以工作上困难比较多,请你多多帮助。"第二个复句有三个分句,第二、三分句之间的递进关系被颠倒了,应该把次序调整一下,使意思由轻到重,构成递进关系,即调整为:"其中有两项不但填补了国内这方面的空白,而且达到了国际先进水平。"

(三)关联词使用不当

关联词是复句中分句关系的语法标志。一个复句用不用关联词,是单用还是成对合用,用在什么位置,都有一定的规则。运用关联词方面常见的错误有:

1. **关联词搭配不当** 成对合用的关联词,不能随意拆换,否则会使关联词搭配不当,影响意思的准确表达。例如:

只要经常锻炼身体,才会增强体质。

同"只要"配合使用的一般是"就",不是"才",应当将第二分句中的"才"改为"就"。

2. **缺少必要的关联词** 本来应该使用关联词的却没有使用,或者本来应该成对合用的却只用了其中的一个,都会导致分句之间的关系不清楚,意思不明确。例如:

如果能够掌握各种类型的调查报告的特点,有助于在调查研究过程中抓住中心,突出重点。

这个假设复句缺少了跟"如果"相呼应的关联词,应当在"有助于"的前边加上"就"。

3. **错用关联词** 本来应该使用某一个关联词却用了另外一个,就会导致关联词跟分句之间的关系不一致。例如:

尽管你的帮助多么微薄,但在他的心上,却像千斤重的砝码。

"尽管"表示转折关系,它后边跟的词语不能有选择性,和它相对应的是指示代词"那么""这么"等,因此,这个复句要么改为:"尽管你的帮助这么微薄,但在他的心上,却像千斤重的砝码。"要么改为:"不管你的帮助多么微薄,在他的心上,都像千斤重的砝码。"

4. **滥用关联词** 本来不应该使用关联词却用了,句子就会显得啰唆生硬,甚至不能准确表达语意。例如:

他小学毕业,就回乡参加生产,所以很能干,也吃得苦。

这个复句的分句之间没有因果关系，第三分句前边的“所以”应当去掉。

5. 关联词位置不正确 关联词在复句中的位置是有规定的，位置不对，句子就会不通顺。前后分句的主语相同时，前一分句的连词一般放在主语的后边；前后分句的主语不同时，前一分句的连词一般放在主语的前边。至于后一分句，不论前后分句的主语是否相同，连词一般都放在主语的前边，关联副词放在主语的后边。例如：

农民一方面向化肥厂提出合理的要求和建议，另一方面化肥厂积极改进技术，提高质量，保证化肥的供应。

前一分句的主语是“农民”，后一分句的主语是“化肥厂”，前后主语不相同，因此，前一分句的关联词“一方面”应当放在主语“农民”的前边。

【知识链接】

如何判别复句和句群？

有时，一个语言表述单位被处理为复句或句群，既由说话人通过标句点号（即句号、叹号或者问号）来认定，具有主观性，又在语言单位中通过特定格式来加以规约，具有客观性。

比较：

我能去吗？或者，我妻子能去吗？

到底我能去呢，还是我妻子能去？

这两例都表示选择关系，但前者是句群，后者是复句。前一例，说话人主观上认定为句群，用两个问号标示出了两个问句，同时，采用了选择问句群的特定格式：“A 吗？或者 B 吗？”后一例，说话人主观上认定为复句，只用了一个问号，同时采用了选择问复句的特定格式：“到底 A 呢，还是 B？”在这种情况下，判别复句和句群不仅可以利用标句点号，而且可以从格式上找到根据。

有时，一个语言表述单位被处理为复句或句群，只是由说话人通过标句点号来认定，具有明显的主观性。如：

你可以去。你妻子也可以去！

你可以去，你妻子也可以去。

这两例都表示并列关系，但前者是句群，后者是复句。前一例，说话人主观上认定为句群，于是，书面上在两个单句的后边分别用了句号和感叹号。后一例，说话人主观上认定为复句，于是用一个句号统管两个分句，而在两个分句之间用逗号。在这种情况下，对于书面语来说，判别复句和句群只好根据标句点号来认定。（摘自邢福义的《汉语语法三百问》，商务印书馆，2002 年；略有改动）

【自测题】

一、填空题

1. 根据分句之间的意义联系，可以将复句分为__________复句和__________复句两大类。

2. 紧缩复句的特点有三个,分别是＿＿＿＿、＿＿＿＿和＿＿＿＿。

3. 可以从＿＿＿＿、＿＿＿＿和＿＿＿＿三个方面来区分单句和复句。

4. “在我们这方面还认识到,事关重要的不是一个国家内部的政治哲学,而是它对世界其他部分和对我们的政策。”这一句子是一个＿＿＿＿复句。

5. “一切又都挽留不在手里,不是已经过去,就是正在过去或者将要过去。”这一句子是＿＿＿＿复句。

6. “清晨,我照例匆匆闯出家门,胡乱地夹着外衣,拎着书包,跑着赶路去上班。”这一句子是＿＿＿＿重复句;“如果没有氧,光有氢,或者没有氢,光有氧,都不能搞成水。”这一句子是＿＿＿＿重复句。

7. “只有读书人,才懂得书的重大价值,但是,书籍不仅对那些不懂书的人毫无用处,而且对那些不懂得读书方法的人,也没有多大的用处。”这一句子是一个由＿＿＿＿个分句构成的＿＿＿＿重复句。

8. “成功的基础是奋斗,奋斗的收获是成功,所以,天下唯有不知艰难而奋斗的人,才能走上成功的高峰。”这一句子是一个由＿＿＿＿个分句构成的＿＿＿＿重复句。

二、判断题(正确的打“√”,错误的打“×”)

1. “为了弟弟,我们做出了很大的牺牲。”这句话是单句。 (　　)

2. “只有社会主义,才能救中国。”这句话是单句。 (　　)

3. “除非亲眼见到,他就会相信。”这一复句的关联词使用不当,要么将“除非”改为“如果”,要么将“就”改为“才”。 (　　)

4. “中国人民站起来了,天安门也站起来了。”这一复句是顺承复句。 (　　)

5. “侦察员摸清了敌人的火力部署,就向连队首长作了汇报。”这一句子是因果复句。 (　　)

6. “时间就是生命,时间就是速度,时间就是力量。”这个句子是一重复句。 (　　)

7. “我虽然尽了最大的努力去帮助他,可他还是没有成功。”这句话是一个病句,应当将关联词“虽然”移到主语“我”的前边。 (　　)

8. “由于我对困难估计不足,因此在困难面前感到束手无策。”这句话是一个病句,应当将关联词“由于”移到主语“我”的后边。 (　　)

9. “大家如果不认真学好语文,就不会有较高的思想水平。”这个句子是一个合格的假设复句。 (　　)

10. “他坐下来看书。”这一句子是一个内含顺承关系的紧缩复句。 (　　)

三、单选题(在本题每一小题的备选答案中,只有一个答案是正确的,请把你认为正确答案的题号填入题干的括号内)

1. 下列四个句子中,属于单句的是(　　)

A. 你瞧不起我,我瞧不起你,是一种很坏的作风。

B. 那里四面是山,环绕着一潭春水。

C. 小张越干活儿越带劲儿。

D. 他走过去，关上门。

2. 下列四个复句中，不属于选择复句的一个是（　　）

A. 或者把老虎打死，或者被老虎吃掉，二者必居其一。

B. 你是卖茧子呢，还是自己作丝？

C. 伯夷与叔齐宁可饿死，也不食周粟。

D. 不在沉默中爆发，就在沉默中灭亡。

3. 下列四个句子中，属于紧缩句的是（　　）

A. 你叫他来一趟。　　B. 你不说我也知道。

C. 他走过去开门。　　D. 他笑着说了我几句。

4. 下列四个句子中，不属于并列复句的是（　　）

A. 她回答得那么流利自然，又记得那么正确。

B. 我们赞美英勇的斗争和艰苦的劳动，也赞美由此而获得的幸福生活。

C. 他机警地向四周扫视了一下，把手一挥，命令大家快进屋去。

D. 这儿有密密的松树和参天的白杨，还有静静的溪流。

5. 下列四个句子中，不属于递进复句的是（　　）

A. 到八九岁时就不但能挑能背，还会种地了。

B. 孙中山的一生中，曾经无数次地向资本主义国家呼吁过援助，结果一切落空，反而遭到了无穷的痛击。

C. 这么冷的天气，大人尚且受不住，何况是孩子？

D. 她曾经是个柔弱的女孩子，然而岁月的风刀使她的性格变得刚毅。

6. 下列四个句子中，不属于解说复句的是（　　）

A. 愿为事业献青春，献了青春献终身，献了终身献儿孙。

B. 软件出版部研制出两项电脑技术新成果：一是电脑视听语言自学系统，一是 GMS-2000 文字处理机。

C. 对自己，“学而不厌”，对人家，“诲人不倦”，我们应取这种态度。

D. 我们正处于这样一个历史阶段，即我们相信两国的关系能提高到一个新的高度。

7. 下列四个句子中，不属于条件复句的是（　　）

A. 你认为有必要的话，我就设法去办。

B. 多读多写，作文就会进步。

C. 能看懂印度文学原著，才谈得上对中印文学作真正的比较研究。

D. 你走不了的，除非你再也不想回到这里。

8. 下列四个句子中，不属于目的复句的是（　　）

A. 我把发动机重新检查了一遍，以免中途发生故障。

B. 他优柔寡断，以致错失良机。

C. 你最好请一个人与你一起去，以防遭遇不测。

D. 麻烦你把这本书捎给他,省得我再跑一趟。

9. 下列四个句子中,不属于因果复句的是(　　)

A. 你既然知道做错了,就应当赶快纠正。

B. 敌人把最后的兵力也抛出来了,可见他们的力量基本上已被我们消灭了。

C. 她是应该来的,只是没有时间。

D. 他事先没有充分调查研究,以致作出了错误的结论。

10. 下列四个句子中,不属于多重复句的是(　　)

A. 山峦清朗,湖水明净;日里披着阳光,夜里罩着星辰。

B. 张将军虽然做了囚笼中的老虎,却也不想屈从“至高无上”者,所以他苦海无边。

C. 无论天气怎么不好,道路怎么泥泞,红军总是坚持地走下去。

D. 火箭从乳白色的巨大水柱中飞窜而出,拖着橘红色的火焰,飞向湛蓝的天际,然后准确地溅落在预定的海域。

第二部分　修　辞

第一单元　修辞与修辞学

【案例导入】

20 世纪 90 年代中期，修辞与文化国际学术讨论会在江阴召开，会议期间，中国修辞学会副秘书长孙汝建教授率会议代表到华西村考察。华西村党委书记吴仁宝致欢迎词。他说：“欢迎中外修辞学家的到来！我不懂修辞，我猜想，修辞就是要求人把话说好，说得别人爱听，是吗？”你说，吴仁宝讲得对吗？

【能力目标】

了解现代修辞学基本理论，恰当运用修辞技巧，使语言表达准确、鲜明、生动。

【知识点】

修辞与语言、言语、语体、语境、文化、心理的关系；常见修辞格的运用；选词炼句的技巧；避免语病的出现。

一、修辞的含义

“修辞”既是一个动词，也是一个名词。作为动词的“修辞”是指修辞活动或修辞过程，作为名词的“修辞”是指修辞规律或修辞学。

修辞活动或修辞过程，是指人们在特定的言语环境中根据题旨情境，运用有声语言对言语作品进行加工的活动过程，也就是说话和写作时对语言要素进行选择、加工以提高表达效果的活动过程。

修辞规律是指运用语言规则把话语说得通顺或说得生动形象的方法和技巧，把话说通顺属于消极修辞，把话说得生动形象属于积极修辞。

修辞学是研究修辞规律的学科。传统修辞学的研究对象是选词、炼句和辞格，现代修辞学在传统修辞学的基础上，研究范围有所拓展，它不仅研究选词、炼句和辞格，还研究篇章修辞，研究修辞与语言、言语、语体、语境、文化、心理、信息、审美等的关系，它的理论和方法是从与修辞学相关的边缘学科中汲取的。现代修辞学可以分为表达修辞学和接受修辞学(阐释修辞学)、积极修辞学和消极修辞学、心理修辞学、文化修辞学、信息修辞学、审美修辞学等分支学科。

二、修辞与语言

语言又称民族语言,相对于无声语言而言称为有声语言,相对于人工语言而言称为自然语言。有一首歌,歌名叫《爱我中华》,歌词中有:“五十六个星座,五十六枝花,五十六族兄弟姐妹是一家,五十六种语言,汇成一句话,爱我中华爱我中华爱我中华。”这首由乔羽作词,徐沛东作曲的歌是1991年召开的第四届中国少数民族运动会的会歌,谱曲时广泛采用广西、云南等地少数民族的音调。这首脍炙人口的歌曾多次在中央电视台的春节联欢晚会上演唱,还被编入初中生音乐教材,并且名列31首被“嫦娥一号”搭载的歌曲之中。乔羽《爱我中华》歌词的瑕疵在于“五十六种语言汇成一句话”。我国有56个民族,有多少种语言呢?有三种说法:73种、80种、100种左右。总之,不是56种。除回族、满族已全部转用汉语外,其他53个民族都有自己的语言。有些民族内部不同支系还使用着不同的语言。我国不同民族的语言分别属于汉藏语系、阿尔泰语系、南岛语系、南亚语系和印欧语系这五个语系。

语言就像一张纸,纸有两面。语言这张纸也有两面,一面是语音,另一面是语义。语言是语音和语义相结合的符号规则系统,是语音和语义的结合体。语言这张纸不论怎样剪裁,不论剪裁成多少种单位,它始终是语音和语义的结合体。语素、词、词组、句子、句群这五级语言单位,就是语言学家从语言这张纸上剪裁出来的由小到大的单位,它们始终是语音和语义的结合体。

语言是一种符号,属于听觉符号。世界上的符号大体分为:①视觉符号,如交通上用的红绿灯、记载语言的工具文字;②听觉符号,如语言、军号;③触觉符号,如盲文;④嗅觉符号,如气味。语言是由各种规则组成的符号系统。语言的内部有语音、词汇、语义、语法四个要素。这四个内部要素有各自的规则,如语音规则、词汇规则、语义规则、语法规则。这些规则组成了语言的符号系统,修辞不属于语言系统的内部要素。

文字是由字形、字音、字义组成的记录语言的书写符号系统。语言不同于文字:①语言属于听觉符号,文字属于视觉符号;②语言是第一性的,文字是第二性的,即语言产生在先,文字产生在后;③语言是用来记录思想的,文字是用来记录语言的,因此,语言是思想的符号,文字是语言的符号,也可以说,文字是思想的符号的符号。一个民族肯定有自己的语言,但不一定有自己的文字。在我国,汉字不但是汉族的文字,也是全国各个少数民族通用的文字,是在国际活动中代表中国的法定文字。55个少数民族中,除回族、满族已不使用自己民族的文字而直接使用汉字外,还有29个民族有与自己的语言相一致的文字。因为有的民族不只是使用一种以上的文字,如傣语使用4种文字来记录,景颇语使用2种文字记录,29个民族共使用54种文字。文字的形、音、义可以作为修辞手段来运用,形成特定的修辞效果。

三、修辞与言语

言语是对语言规则的具体运用。如果说语言是棋谱，那么，言语就是运用棋谱下棋。言语包括言语活动、言语作品、言语能力。

言语活动又称言语过程。如我对小张说:“你好!”小张听到了笑了笑。这个交际过程包括五个阶段:想说——说出——传播——接受——理解。在这五个阶段中，下列五个因素分别起作用:心理——生理——物理——生理——心理。即，想说阶段是心理因素起作用，说出阶段是生理因素起作用，传播阶段是物理因素起作用，接受阶段是生理因素起作用，理解阶段是心理因素起作用。用言语链可以描述为:想说(心理)——说出(生理)——传播(物理)——接受(生理)——理解(心理)。研究言语活动或言语过程，就需要涉及心理学、生理学、物理学的相关知识。

言语作品就是说出来或写出来的话语和篇章。话语是口头言语作品，篇章是书面言语作品。

言语能力是指听、说、读、写、译的能力。听、说涉及口头语言，读、写涉及书面语言;说、写属于表达，听、读属于接受;译有口译、笔译、互译。互译分为母语与外语的互译、母语中的文白互译。

修辞属于言语活动过程的一部分，修辞的对象包括:①外部言语。即说出的话语或写出的篇章。②内部言语。即在“腹稿”中思考的话语，可以称为潜话语修辞。目前的修辞学只研究前者不研究后者，也就是说，目前的修辞学只研究外部言语的修辞问题，尚未研究内部言语的修辞。其实内部言语也有修辞过程，它会随着脑科学的发展而发展。内部言语也是言语作品，未进入人际之间的交际，它是个体的内部交际，它通过修辞活动或修辞过程可以形成外部言语作品，然后再对外部言语作品反复推敲，把相对定型的言语作品也就是修辞作品呈现在听话人或读者面前，这就是修辞活动或修辞过程。修辞可以定义为人们在特定的言语环境中根据题旨情境，运用有声语言对言语作品进行调适产生修辞作品的活动过程。

四、修辞与语体

修辞作品总是以特定的语体形式出现。修辞作品可以是口头语体，也可以是书面语体，书面语体分为政论语体、文艺语体、科学语体、事务语体。

有人把口语看作是说出来的言语，把书面语看成是用文字写出来的言语，这种看法是不全面的。口语与书面语是两种不同的语体。

口头语体是在“面谈”交际情境下形成的，它又可以分为谈话语体和讲演语体。谈话语体是人们相互交谈的一种语体，讲演语体是个人独自讲话的一种语体。

口头语体的特点是:使用活在人们口头上的词语，包括方言词、俚俗词、歇后语、谚语等。词语丰富多彩、通俗易懂。在句法上，以短句、不完全句最为常见，较少使用关联词语。在修辞格上，多用比喻、夸张、反问、设问等修辞方法。表达往往具有跳跃性，充分利用语音、词汇、语法系统中的种种表情成分作为表达的辅助手段,具有广泛性、生动性、多变性、简略性的特点。但是,谈话语体与讲演语体也有差别:谈话语体由于是相互交谈,因此对语境的依赖性较强,多用省略语。在语音上往往夹有非语言成分,音素允许有脱落现象。讲演语体由于是个人讲话,对语境的依赖不强,在语音上要求清晰而标准。

书面语体的特点是:书面语体是适应交际的需要,在口头语的基础上经过加工而形成的。它较多使用书面化的词语,包括古语词、成语、外来词、术语等。在句法上,较多地使用长句、完整句和关联词语;在语音上,尽可能避免非语言成分。书面语体具有体系化、严密性的特点。

口头语体和书面语体既有联系又有区别。

口头语体和书面语体的联系表现在:书面语体是在口头语体的基础上发展起来的,在某些语言材料的运用上往往有交叉现象。例如口头语体用短句,书面语体也并不都用长句;某些科学术语常见于科技语体,也常见于从事该专业的人的口头上。

口头语体和书面语体的区别是:书面语体对所有语言材料加工的程度比口头语深,力求规范,排斥多余部分和不必要的重复部分。

五、修辞与语用

语用是对语言的理解与运用,研究语言理解与运用的学科就是语用学。语用学是用于研究特定语境中的特定话语的学科,特别是研究在不同的语言交际环境下如何理解语言和运用语言。

语用学这个术语,最早是由美国逻辑学家莫里斯在1938年出版的《符号理论基础》一书中使用。莫里斯研究符号理论,提出把符号学分为三个部分:语形学(即句法学),研究符号与符号之间的关系;语义学,研究符号与所指之间的关系;语用学,研究符号与使用者之间的关系。语用学作为一门新兴学科得到确认,是以1977年在荷兰正式出版《语用学》杂志为标志。

语用学研究的内容分为小语用、中语用、大语用。

小语用是与句法有关的语用问题。包括主题、述题、焦点、表达重心、语气和口气、评议以及与语用有关的句式变化、语序变化等问题。

中语用包括言语行为、语境、指示、预设、语用含义、会话含义、合作原则和礼貌原则、话语结构等。这是目前国内语用学界基本公认的语用学研究对象。

大语用被莱文森称为广义语用学。包括社会语言学、心理语言学、文化语言学、神经语言学等许多学科或分支下的内容。

语用学主要研究语言使用者与语言的关系。已经形成语用原则(如合作原则和礼貌原则)、言语行为理论、信息结构等方面的理论。传统修辞学主要研究词语的锤炼、句式的选择和修辞格的运用。可以说,语用学从交际的角度研究遵循哪些大的原则方可以使语言的使用达到更好的效果。而修辞学则多从语言表达的角度出发,讨论采取哪些具体的手段方可以使语言更加优美、更加有说服力,它研究的是具体的手段。

语用学与修辞学都是研究语言运用,但是两者是有区别的:第一,研究目的不同。语用学注重解释性,目的在于分析语言运用的原则,建立意义解释理论,寻找语言运用的规律;修辞学注重规范性和实用性,注重研究修辞手段与技巧。第二,研究方法不同。语用学注重理论解释和推理分析;修辞学注重运用归纳的方法,如修辞格的确立、语言变异的表现方式等。第三,研究对象不同。语用学以言语行为、会话结构、预设、含义、指示语、信息结构等为具体研究对象;修辞学以辞格、句子、词语的交际特色、语体风格等为具体研究对象。第四,研究的角度不同。修辞学和语用学都是研究语言运用的,但修辞学只从编码的角度来研究,语用学则既从编码的角度,也从解码的角度来研究。

六、修辞与语境

语言规则的运用离不开语言运用的环境。语言运用的环境又称语境、言语环境、语言环境。语境可以分为大语境和小语境,大语境包括语言运用的时代、社会、文化背景,小语境包括具体运用语言的时间、地点、场合、交际双方、话题、具体情境。语境还可以分为主观语境和客观语境,主观语境是指交际双方,也就是表达者和接受者。客观语境是指语言运用的时代、社会、文化背景,以及语言运用的具体时间、地点、场合、话题、情景。“把生产搞上去,把人口降下来”是宣传计划生育的标语,有人把它刷在火葬场的围墙上就会产生不同的效果。“文革”时期,西部山区经济很困难,山民不识字,用化肥袋做短裤,屁股后面写着“净重 25 公斤”,前面写着“有效期两年”,同样的话语在不同的言语环境中意思就发生了变化。

修辞活动离不开题旨情境,题旨就是话语的主旨,修辞活动是围绕题旨来展开的。修辞活动是在特定的言语环境中进行的,言语环境包括具体的交际情境因素。

七、修辞与文化

什么是文化? 一棵小树苗,长在荒郊野外,它不是文化,但当把它移栽到自己家的庭院里时,它便成为了一种文化。前者具有天然性,后者具有人为性,所以,天然性和人为性是区分文化和非文化的第一标准。那么,具有人为性的是否都是文化呢? 不全是。感冒了打个喷嚏,是自然的人为,它不是文化。开会的地点改变了出个通知,这是故意的人为,出通知的行为和通知本身都是文化。因此,自然的人为和故意的人为是区分文化和非文化的第二标准。文化可以定义为“带有故意人为的过程与结果”。文化有先进和落后之分,有雅俗之分,有高下之分。“先进的”“雅的”“高的”文化就是“文明”。我们平时常说“文化是物质文明和精神文明的总和”,也说“文化是物质文明、精神文明和制度文明的总和”。其实,文化还包括非文明的文化。国内外关于文化的定义相当多,有 200 多种,分类也相当的繁杂。文化有不同的形态,有物质的、精神的、制度的、社会方式的、民族的、习俗的、语言的、文字的、思想观念的、科学的、技术的、正式的、非正式的、文学的、艺术的,等等。文化又有大、中、小之分,大体上来说,大文化是物质文明,中文化是精神文明,小文化是文学艺术。

修辞活动要借助于语言工具来进行,语言是一种文化,又是传播文化的工具,修辞活动中对话语的反复推敲,渗透着文化的创造者——人的各种因素,也渗透了语言本身的文化因素以及语言运用所依赖的言语环境所包含的文化因素。

不同的文化背景的人对语言有不同的解读。普通话说“两个人抬了一只猪”,有的方言却说“两只人抬了一位猪”。巴金的小说《家》写道:“鸣凤长着一副瓜子脸”。南方人说,鸣凤很漂亮。北方人说鸣凤不漂亮。因为那时南方人常嗑西瓜子,而北方人常嗑葵花子。南方人认为鸣凤长着一副西瓜子脸,当然漂亮。北方人说鸣凤长着一副葵花瓜子脸,有什么漂亮的?“批评与自我批评”,在西方有人翻译成“你骂我,我骂你,最后自己骂自己”。

此外,修辞与心理、信息、审美有着密切的联系。修辞活动的主体是运用语言的社会人,人的心理因素会支配和制约修辞活动;修辞作品所传递的信息必须符合适度原则;修辞活动中人的审美情趣会反映在修辞作品中。

【自测题】

一、解释下列概念

语言、言语、语体、语境、文化、符号、语用

二、论述题

1. 修辞和修辞学。

2. 修辞与语言、言语、语体、语境、文化、心理、信息、审美等的关系。

3. 口头语体和书面语体的联系和区别。

4. 语言和文字的关系。

5. 修辞常常采用哪些方法?

第二单元 常用修辞格

【案例导入】

香港一般茶室为了提高经济效益,往往在可可茶旁边放上鸡蛋,侍者在茶客要可可茶时总要问一句“要不要鸡蛋?”某心理学家建议侍者,不要问“要不要鸡蛋?”而应该问“要几个鸡蛋?”改变问话方式以后,该茶室的鸡蛋销售量剧增。很显然,这当中有修辞技巧问题。

【能力目标】

了解一些常用的修辞格并学会使用;熟练掌握修辞技巧,使语言在运用过程中更加鲜明、生动。

【知识点】

歧解、伸缩、婉曲、讳饰、衬跌、衬托、对比、夸张、讽喻、比喻、象征、比拟、借代、倒反、双关、拈连、顶针、回文、回环、对偶、排比、层递、反复、转品、飞白、释语、节缩、镶嵌、拆字、叠字、炼字等修辞格。

一、歧解 伸缩 婉曲 讳饰

（一）歧解

一个俱乐部贴出了关于“怎样使婚姻幸福?”讨论会的海报。海报上有一句话:“你和你丈夫之间有什么共同之处?”在这句话下面,有人加了一个批句:“我们俩都是同一天结婚的。”“共同之处”有多种理解,但在上下文中却有特定的含义。而戏谑者故意用“同一天结婚”来反讥。这种修辞方法叫歧解。

传统修辞学中有一种辞格,惯称“曲解”,它是指在写文章或说话时,对某些词语的意思有意地进行歪曲解释。除了“曲解”外,还有大量的“误解”现象存在,而传统修辞学未能将“误解”拈出,所以用“歧解”来取代,并将它分为“曲解”和“误解”两种。曲解是有意的,误解是无意的。

曲解是对某些语句的意思有意地加以歧解。如,有一次朱熹去会他的朋友盛温如,盛温如正提着一只篮子准备上街。他们互相打招呼后,朱熹问道:“你上哪儿去?”“去买东西。”朱熹又问:“难道不能买南北?”盛温如说:“东方属木,西方属金,凡属木类、金类,这个篮子就装得,南方属火,北方属水,火类、水类,这个篮子就装不得。所以只买东西,不能买南北。”“东西”一词有两种解释:一为方位,一为物体。朱熹在这里故意歧解“东西”为方位,引出了“难道不能买南北”的发问,而盛温如顺手牵羊,就“东西”的“方位”义加以阐发,自圆其说,妙趣横生。又如,林肯在学校读书的时候,有一次考试,老师问他:“林肯,你是愿意考一道难题呢,还是考两道容易的题呢?”“考一道难题吧。”“好吧,那请你回答蛋是怎么来的?”老师说。“鸡生的呗!”林肯答道。“鸡又是从哪里来的呢?”“老师,这已是第二个问题了。”林肯说。“蛋是怎么来的”和“鸡又是从哪里来的”,本是一道题中的两个相关联的小问题,林肯故意加以曲解,故意避免回答“鸡又是从哪里来的”这样的问题。

误解是指无意之中形成的歧解。如:有一个人跑到警察局报告他的家被盗了,警官问他:“您亲眼看见那个小偷了吗?”“看见了,当时我正在屋里睡觉。”“那个人有什么特征?”他想了一会儿,回答说:“那个人左耳上叮着一只可怕的大绿头苍蝇。”报案人不理解“特征”的含义,误解了“特征”一词,将非本质的东西当作本质的东西来叙述。又如:督学到学校巡视,与学生交谈间随口问道:“你知道阿房宫是谁烧的吗?”学生一脸惶恐,连声说:“不是我烧的。”校长虽不解“阿房宫”是怎么回事,但很平静地说:“鄙校学生一向诚实,既然他说不是他烧的,就一定不是他烧的。”盛怒之下,督学写了一封信给教育局局长,禀明原委,局长即刻复函说:“烧掉就算了,再拨经费重建阿房宫。”“学生”“校长”和“局长”都不理解“阿房宫”为何物,小品用误解法巧妙地讽刺和抨击了腐朽的封建教育制度。

曲解和误解都可以产生歧解的表达效果,但在具体的言语活动中,曲解和误解是可以套用的。如,有个轿夫不会说客套话,有一次他和另外几个轿夫把一位秀才抬上山后,轿夫问道:“相公,‘令尊’是什么意思。”秀才捉弄他说:“这‘令尊’二字么,是称呼人家儿子的。”说完偷偷地掩嘴而笑。轿夫信以为真,就同秀才讲起客套话来:“相公家里有几个‘令尊’呢?”秀才气得脸也发了白,但又不好发作,只好说:我家里没有‘令尊’。”轿夫以为他真的没有儿子,很替他难过,便恳切地安慰道:“相公没有‘令尊’,千万不要伤心,我家有四个儿子,挑一个去做‘令尊’吧。”秀才曲解“令尊”以戏轿夫,而轿夫误解了“令尊”,产生了一连串的笑话。

歧解是利用了言语的歧义性,言语的歧义性是歧解的基础。构成歧解的方式有以下几种:

一是利用同音词构成歧解,如:

从前有一位先生,想考一考学生,他问学生:“郑成功这个人熟悉吗?”许多学生一时答不出来,只有一个学生说:“先生,郑成功这个人我不熟悉,郑成功的母亲我熟悉,她是失败,失败是成功之母。”学生听了都张嘴大笑起来。

这两个“成功”是同音词,词义相异,作者正是利用了这一特点,故意曲解“成功”一词,达到幽默诙谐的效果。

二是利用多义词构成歧解,如:

妈妈叫儿子到食品商店去买两斤鸡蛋,再三嘱咐:“要认真挑选,不要坏的。”不一会儿,儿子把鸡蛋买回来了,妈妈一看,吃惊地问:“怎么都打破了?”儿子说:“我怕有坏的,一个个都打开看了,没有坏的。”

“不坏”在这里有两种理解:妈妈理解的“不坏”是指“不变质”和“不破损”;儿子理解的“不坏”仅仅是“不变质”,而忽略了“不破损”,结果将蛋一个个打破了。

三是利用句法关系的不确定性构成歧解,如:

(1)修饰关系。如“几个营的干部都来到前沿”。在语义表达上,由于表达的不严密可产生两种理解:第一,“几个”修饰“营”,可以理解成“来自几个营的干部(不一定是营级)来到前沿”。第二,“几个”修饰“营的干部”,可以理解成“几个营级干部来到前沿”。

(2)动宾关系。如“处分了你的班长”。如果“处分”和“你”构成动宾关系,就可以理解成“处分了你的那个班长”;若“处分”和“你的班长”构成动宾关系,则可以理解成“受处分的是你的班长”。

(3)并列关系。如:“小李和小张的朋友”。该句话有两种理解:A. 小李和一位朋友,这位朋友是小张的朋友。B. 这位朋友既是小李的朋友,又是小张的朋友。

(4)介宾关系。如“关于鲁迅的著作”。“关于”所涉及的范围如果是“鲁迅”,则可理解为“关于鲁迅生平事迹、思想等方面的著作”;如果“关于”涉及的范围是“鲁迅的著作”,则可理解为“关于鲁迅自己写的著作”或“关于鲁迅自己拥有的著作”。

(5)施受关系。如“反对的是他”。“他”作施事,表示“他反对”;“他”作受事,则表示“他被反对。”

四是利用句读构成歧解，如：

有一位秀才应聘到财主家做私塾先生，秀才深知财主的吝啬，立契时写道：“无鸡鸭也可无鱼肉也可素菜一碟足矣。”东家听后大为高兴，即刻在契约上签了字，秀才几天后应聘，见招待甚差，便持契约找财主论理：“契约上明明写着‘无鸡，鸭也可；无鱼，肉也可，素菜一碟足矣。’怎么不按契约行事呢？”

秀才在立契约时，故意使用白文，即不加标点，并口头断句，让财主在契约上签字后，再作另一种断句，以戏弄财主。

五是利用特定语境构成歧解，如：

姐夫个性木讷寡言，与内向的姐姐正好是天生的一对，婚前二人同事三年，彼此虽然有意，却没有勇气表白，后来在同事的安排下，他们开始约会了。姐姐羞怯怯地问道：“为什么每次我们四目相对的时候，我总觉得你的眼里有很特别的东西？”姐夫脸红红地回答：“哎呀！你怎知道我有沙眼的？不过请放心，医生说差不多已经痊愈了。”

在特定的语境中，姐夫听到“你的眼里有很特别的东西”的问话，心慌意乱地道出了自己曾患过沙眼病。

歧解法利用了语言的歧义性，这种歧义性可以表现在词、短语、句子、语境中。巧妙地运用歧解，能产生理想的交际效果，或造成幽默诙谐的言语特色，或创造一种轻松愉快的谈话气氛，或达到辛辣讽刺的艺术效果。

（二）伸缩

四位考生想知道考试成绩如何，就前去算命，算命先生只说了一个字“一”。考试成绩公布后，有一位考生成绩不及格。有人问算命先生为什么算得那么准，“很简单，”算命先生说，“如果一位及格，就是一个及格；如果两位及格，就是一半及格；如果三位及格，就是一个不及格；如果全及格，就是一个也没有不及格。”

算命先生用“一”字概括了有可能发生的四种情况。在言语表达时，故意不把话说得绝对，理解上可上可下、可宽可窄、可此可彼、留有余地，这种修辞方法叫作伸缩。伸缩有两种情况。

一是用语义不确定的语句构成伸缩。如：

李子不一定落在李子树周围，
苹果不一定落在苹果树附近。
少言寡语不一定大智若愚，
谈笑风生未必就是不严肃认真。
美人儿不一定心灵空虚，
傻大姐不一定能有好命。
恋人儿不一定一帆风顺，
单身汉不一定永远不幸。
真正的爱情不一定就只有一次，

两次三次的爱情也有可能。
真理不总在长者手里,
年轻人的话有时也不妨听听。
金钱不一定带来不幸,
两手空空就值得高兴?

这首题为《不一定》的短诗使用了“不一定”“未必”“有可能”“有时也不妨”等意义不确定的词语,分层阐述了可能发生的两种情况。这首诗用意义不确定的词语构成伸缩,全诗蕴含着丰富的生活哲理。

二是对要谈及的对象避而不谈。如:

“你干什么？写信吗?”“是的,这封信真难写！我姨妈前几天寄来一件礼物,祝贺我的生日,现在我想写一封信感谢她,但我记不起她寄来的是什么礼物。”“这有何难的？你可以这样写:‘亲爱的姨妈,谢谢你寄给我的极好的礼物。你给我的礼品正是我梦寐以求的,我真奇怪,你怎么知道我的心思？祝您健康!’”

写信人要给姨妈回信,感谢她寄来的礼物,但记不起是什么礼物了,只好在信中避而不谈,用“极好的礼品”来搪塞以构成伸缩。

伸缩法的基础是利用了言语的模糊性。事物的大小、多少、高低、长短、快慢、粗细、深浅、宽窄、厚薄、浓淡、远近等是相对的,像“早晨、上午、下午、傍晚”这些表示时间概念的词语就没有严格的界限。客观事物的相对性带来了人们主观认识的模糊性。如“黄昏”一词,《现代汉语词典》和《四角号码词典》对它的解释都不一致。

《现代汉语词典》:日落以后,星出之前的时候。

《四角号码词典》:日落天将晚的时候。

客观事物的相对性和由此产生的认识上的模糊性为伸缩法的运用提供了基础。言语交际中既需要精确的表述,也需要模糊的表述。模糊表述在言语交际中起着不可忽视的作用。我们可以艺术地运用伸缩法,把话说得留有余地,或故意不把话说死,以达到特定的表达效果。

歧解与伸缩的区别是:第一,歧解是有意或无意地歧解某些语句的意思,有意的歧解叫曲解,无意的歧解叫误解,两者的区分是以表达者的主客观意图为依据的。伸缩是故意不把话说得绝对,理解上可上可下、可宽可窄、可此可彼,它是一种留有余地的表达方法。第二,歧解的基础是利用了言语的歧义性,伸缩的基础是利用了言语的模糊性。

(三)婉曲

在言语活动中,说话人有时故意不说出本意,只叙述与本意相关或相类的事物,含蓄地道出本意,这种表述方法叫婉曲。

婉曲分为暗示和折绕。

暗示是用与本意相关的语句旁敲侧击,让对方猜得透本意。越剧《梁山伯与祝英台》中的《十八相送》里的唱词。祝英台女扮男装去杭州读书,“三载同窗情似海,山伯难舍祝英台,相依相伴送下山,又向钱塘道上来。”祝英台用暗示法向梁山伯吐露爱慕之情。一路上，英台不说本意，只涉及与之有关的事物情境，因境设问，缘事传情，旁敲侧击，启迪山伯，“呆头鹅”梁哥哥竟启而不发，不明真情。

折绕就是在言语交际中，故意绕一个或几个弯子来托出本意。如，一位病人问医生：“大夫，请告诉我，做什么样的练习对减肥最有效？”“转动头部，从左到右，然后从右到左。”医生回答说。“什么时候做呢？”“当别人款待你的时候。”病人向医生询问做什么练习对减肥最有效，医生完全可以用“节食”两个字作正面回答，而医生没有这样做，却绕了个弯子，“从左至右，从右至左地转动头部”即为摇头，摇头表示否定，什么情况下摇头呢，“当别人款待你的时候”，这个弯子所托出的本意就是“节食”。医生有意地折绕比正面回答更含蓄，更幽默，更耐人寻味。反之，如果医生直截了当地用“节食”二字来回答病人，这只能是病人和医生之间的简单对话，而不是幽默小品了。

（四）讳饰

刘墉是乾隆皇帝的宠臣。一天，刘墉问乾隆：“万岁，今年贵庚几何？”乾隆回答：“联今年四十有五，属马。你呢？”刘墉垂手回答：“臣也四十有五，属驴。”乾隆感到惊奇，又问：“联属马，爱卿怎么属驴？”刘墉讨好地说：“万岁属马，臣怎敢同属，只好属驴了。”

刘墉自称“属驴”是因为要讳饰的缘故。讳饰又叫避讳，是指说话人碰到犯忌触讳的事物，不直接称说，而用其他话语来替换。我国封建社会对于帝王和尊长之名，在言语表达上要避讳。当朝的皇帝和被尊为“至圣”的孔子之名全国避之，谓之国讳或公讳。祖先和父亲的名字全家要避讳，称为私讳或家讳。避讳的方法是改用音同或音近的字，或原字缺笔书写，或在姓和名中间加上“讳”字。宋时有个州官叫田登，自讳其名，州境之内皆呼灯为火，上元放灯，吏人书榜揭于市曰：“本州依例放火三天”。时人讥曰：“只许州官放火，不许百姓点灯。”《儒林外史》中范进中了举人，报喜时不直称范进，而称范讳进。不仅仅是古代，现代人也有避讳的心理和习惯，特别是对不吉利的事物往往要避而讳之。如：

有一个不善于说话的人，一天，邻居生了一个孩子，大家都前去祝贺，他也去了，主人见他来了，怕他说漏了嘴，赶紧让他进屋喝酒，他也自知口才不好，就光顾吃东西不做声，直到喝完了酒，他才对大家说：“你们听见了吧！我今天可什么也没说，这小孩要是死了，可别怨我！”气得主人目瞪口呆。

邻居对“死”非常忌讳，为了避讳，才将那“口才不好”的人打发去喝酒，谁知他无意之中竟冒出一个“死”字来，一字犯讳，令人啼笑皆非。

避讳不仅仅是汉民族的心理习惯，外族人也有避讳的心理和习惯。日本人对装饰着狐和獾图案的礼品是拒而不收的，他们认为狐狸意味着贪婪，獾代表着狡诈。在拉丁美洲国家，黑色和紫色是忌讳的颜色，手帕和刀剑是从不送人的，因为手帕和眼泪连在一起，而刀剑暗示友情的完结。可见，避讳是一种民族心理现象，它同时反映在言语交际中。

婉曲和讳饰有联系，它们都不直接说出本意，而是换一个角度来说本意。但二者的区别也很明显，婉曲是用相关或相类的事物来暗示，或绕个弯子间接地托出本意。而讳饰是用其他的称谓取代犯忌的事物。

二、衬跌 衬托 对比

(一)衬跌

有三个人来到纽约度假,他们走进一座高层旅馆,订了一套房间,房间是在大楼的45层。傍晚,三个人外出看戏。回旅馆时已是夜深人静了。“真对不起,”旅馆服务员说,“今晚我们所有的电梯都出了毛病。若诸位不打算徒步回房间,我们会想点办法,给你们在大厅找个安顿的地方。”“不必,不必”,其中一人说,“太谢谢您了,我们不想在大厅里过夜,自己走上去行了。”然后他转过身子对两位同伴说:“爬上45层楼,谈何容易。不过我知道怎样由难变易。一路上,我负责给你们讲笑话。然后安迪,你给咱们唱几支歌。还有你,彼得,给咱们讲几个有趣的故事。”于是,三个人开始往上走。汤姆讲笑话,安迪唱歌,好不容易爬到34层。大家疲惫不堪,决定先休息一下。“喂”汤姆说,“彼得,现在该轮到你了,该给咱们讲个长一点的故事,情节要有趣味,最后来个使人伤心的结尾。”彼得说:“故事不长,却使人伤心极了,我们把房间钥匙忘在下面大厅啦!”

这则故事之所以令人捧腹,是因为它运用了衬跌的修辞方法。

衬跌是指不说出正意,而是先用一句或几句话作陪衬,然后急速顿跌,说出正意;或者先将读者引入一个思路,然后突然一“跌”,转入另一个思路,产生“意料之外,情理之中”的效果。

衬跌有三种情况。

一是用衬跌展开情节。

衬跌作为情节安排的一种方法,常常出现于带有情节性的话语中,使情节曲折起伏,跌宕有致。如,有一篇短文题为《没有预告的电视剧》:

“爸爸,快来看!电视剧。”

爸爸听见儿子大惊小怪的叫喊声,赶紧跑进房间。

电视屏幕上,有一男一女正漫步在万紫千红的花园里。又在波光潋滟的湖里划船,两双眼睛脉脉含情,两个头慢慢靠近——他们又在阳光明媚的沙滩上奔跑,还是慢镜头,那红色游泳衣起伏的线条,那轻烟般迎风飘起的长长黑发……确实美!音乐也异常动听。

“这是什么电视剧?”爸爸问。

“不知道,没有预告。”儿子的眼睛一眨不眨。

幸好,电视上的主人公说话了。

女:(柔媚地)今天是我的生日,我太高兴、太愉快了!……

(他们已依偎在一块树木成荫的草地上了。)

男:(眼望远方)是的,真好……可我觉得失落了点什么似的。

女:(猛转头,声音粗了)什么?你丢东西了?

男:(摇摇头)

女：哦，我知道了。（噘起嘴，不高兴地）你总忘不了你的那个她，她已经抛弃你了，现在早把你忘得干干净净，丢到脑后去了，你还这么痴情，念念不忘地想着她……

男：哦，请原谅……

女：（愠怒地）你说！我哪点不好？（流泪）是没有她漂亮，还是没有她温柔？你说嘛，说出来，我一定改……

"飞飞！快！叫你妈别洗碗了，快来看电视剧！还有爷爷、奶奶！"

顷刻，一家老小坐在电视机前，聚精会神地盯着屏幕。

女：你为什么这么忧郁？说真的，你是不是还在想她？

男：亲爱的，请原谅……我也说不清。也许，一个人永远也忘不了初恋时的情人。（女的赌气地转过身，背对着他）

男：（叹了口气）当初，我和她在一起的时候，她总是很关心我的关节炎。她经常给我买天竹牌关节止痛膏，亲自给我敷贴。天竹牌关节止痛膏的疗效又快又好，它的生产历史悠久，工艺先进合理，质量稳定可靠，产品畅销国内外。电话23452……

短文幽默地讽刺了一些电视广告为了吸引观众乱加荒唐离奇的情节，读后令人深思。其之所以能产生如此强烈的艺术效果，是因为运用了衬跌法。

二是用衬跌形成思路的顿跌。衬跌出现在非情节言语作品中，形成思路的顿跌。如，"台风12级，大风8级，和风4级，轻风2级，耳边风0级"。从自然界的风跌及"耳边风"。又如，"人们为一个军骡树立的墓碑上写着下列字样：军骡马吉葬在这里。在她的一生中，她踢过1个上将、2个上校、4个少校、10个上尉、24个中尉、40个士官、222个士兵和1个炸弹。"由军骡马吉的乱踢人跌及踢炸弹，含蓄地道出了马吉的死因。

三是借助特殊书写格式来衬跌。有这样一份《情书》：

最亲爱的吉米：

自从咱们解除了婚约以后，我心中巨大的痛苦是无法用言语表达的。恳求你，我们和好吧。你在我心中的位置是没有人可以代替的。请饶恕我吧。我爱你！我爱你！！我爱你！！！

永远属于你的玛丽

又：祝贺你中了彩票。

"情书"运用衬跌的方法巧妙地讽刺了只重金钱不重爱情的人。信的正文表达了玛丽对吉米的爱恋之情，但信文的附言却揭示了爱恋的真实缘由。

（二）衬托

衬托是为了突出主要的人、事、物，而用其他的人、事、物作陪衬。运用衬托法，能突出和渲染主体，使形象更加鲜明，给人以深刻的印象和感受。衬托分为正衬和反衬。

正衬是利用主要事物（本体）与陪衬事物（衬体）的类似，用衬体从正面衬托本体。如：

这一天很暖和。法国侦探小说家乔治·西姆农和他的合作者马塞尔·帕尼奥尔沿着圣日耳曼大道散步。西姆农忽然吹起口哨，叹道："上帝啊，她一定非常可爱！""谁？"帕尼奥尔问道，"我只看到几个小伙子，而您能够看到她？""不，我看不到她。"

西姆农微笑着回答说,“但我可以看到走过来的那些男人眼里的神色。”西姆农没有直接看到本体即“她”的风姿,而是靠衬体即“那些男人眼里的神色”来推断“她一定非常可爱”。

这是采用的正衬法。

反衬是指主体与衬体的特点相异,而用衬体从反面来衬托本体。罗斯福夫人写了一篇短文题为《丑小鸭》:

我童年时一直渴望别人注意我,因为有许多事使我觉得:我不能吸引人,不会有人对我倾心。别人说我是丑小鸭,像那些拜倒在我妹妹裙下的翩翩少年,我根本休想。我身上穿的是用姑姑的旧衣服改制的衣服;我跳舞或溜冰时姿势都不如别的女孩那样美妙;我和别的女孩子不一样,我参加舞会,没人请我跳舞。但是有一次圣诞舞会上,一个男孩子过来请我跳舞。我心里对他感激,一直到现在都还记得。那个男孩的名字叫富兰克林·罗斯福。

罗斯福夫人没有正面写她与罗斯福真挚的爱情,而是从反面写自己如何丑陋。为了突出自己的丑貌,她用自己的妹妹和其他女孩子的美,来衬托自己的丑,这都是采用的反衬法。

正衬和反衬有时是同时使用的,如:

1837年,林肯在斯普林菲尔德从事律师工作的时候,有一位在美国革命战争中阵亡的士兵的妻子——一个年迈的寡妇蹒跚来到了林肯的律师事务所,哭诉一位抚恤金分发吏在她领400元抚恤金时,竟苛索200元的手续费。林肯听罢大怒,并立刻提起诉讼。在开庭前,林肯作了这样的准备:读一本华盛顿传记,一本革命战争史。这样大大加深了他对革命战争和烈士们的强烈怀念,点燃了热诚的感情。在开庭的那天,林肯先追述了当初美国人民所受的压迫,激起了美国志士的热心,他描述了当年革命战争所经历的痛苦、饥饿、流血、牺牲……。然后林肯怒斥那个刁吏竟敢剥夺、克扣当年为国捐躯的士兵遗孀的一半抚恤金。林肯继而又说道:“时间已向前迈进,1776年的英雄已成为过去,那位士兵已经安逝长眠,现在他的遗孀年老体弱来到你我面前,请求为她申冤。她以前也曾是美丽的少女,她的步履轻捷,声音曼妙,但是现在她贫穷无依,来向享受着革命先烈用生命换来的自由的我们,请求同情的帮助与人道的保护。我所要问的是我们是否应援助她呢?”当林肯讲完这一番话后,有的证人竟满眼含泪,他们一致认为那位老妇人所应得的抚恤金分文不能少给。起诉胜利了。

林肯的起诉之所以获得成功,是因为他采用了衬托的手法,征服了证人。他追述当年革命战争所经历的难以尽述的困难,是为了衬托为国捐躯的士兵的伟大和崇高,这是正衬。他尽力细致地描绘士兵遗孀的生活之苦,这是反衬。

衬托常常在文艺作品中作为一种表现手法被运用。如左拉的小说《陪衬人》,描写了杜朗多先生利用美、丑衬托大发横财的故事。杜朗多先生有一天贴出广告,声称专为小姐淑女开设一个“陪衬人代办所”。这些“陪衬人”实际上都是廉价招募来的相貌丑陋的女模特儿,根据各人的特点分类出租。她们的服务内容主要是陪伴主顾,衬托其美貌。“代办所”门庭若市，生意兴隆。杜朗多先生用“衬托”手法赚了大钱，因此成为百万富翁。

（三）对比

1860 年，林肯作为共和党的候选人，参加了总统竞选。林肯的对手，民主党人道格拉斯是个大富翁。他租用了漂亮的竞选列车，在车后安上一尊大炮，每到一站鸣炮 32 响，加上乐队奏乐，声势之大超过了美国历史上任何一次竞选。道格拉斯洋洋得意地说：“我要让林肯这个乡下佬闻闻我的贵族气味。”林肯没有专车，他买票乘车。每到一站，朋友们为他准备一辆耕田用的马拉车。他发表竞选演说：“有人写信问我有多少财产。我有一位妻子和三个儿子，都是无价之宝。此外，还租有一个办公室，室内有桌子一张，椅子三把，墙角还有大书架一个，架上的书值得每人一读。我本人既穷又瘦，脸蛋很长，不会发福。我实在没有什么可依靠的，唯一可依靠的就是你们。”林肯竞选总统时的言行与道格拉斯形成鲜明的对比。对比手法的运用，是林肯获得民心民意的一个重要因素。

对比又叫对照，是指故意把两种相反、相对的事物，或者是同一事物相反、相对的两个方面放在一起加以对比。对比法的运用，能将好与坏、真与假、美与丑、善与恶鲜明地揭示出来，通过对比给人以教育或启迪。

对比有两种类型：一体两面对比、两体对比。

一体两面对比是将同一事物的两个相反或相对的方面加以对比。如，“往年梅花开，哥哥玩纸牌。今年梅花开，哥哥开山打石崖。”这是四川民歌中的四行诗，同是“哥哥”，在“往年”和“今年”形成了“玩纸牌”和“开山打石崖”的鲜明对比。

两体对比是将两种相反或相对的事物进行对比。有一篇题为《偏见》的短文，说的是外国妇女就业时，即使与男子做同样的工作，也往往受到人们不公正的对待。

他的办公室零乱不堪：	她的办公室零乱不堪：
显然他工作很勤奋。	是个缺乏条理的人。
他在桌上放了张家照：	她在桌上放了张家照：
噢，一个有责任感，热爱家庭的人。	哼，她工作时就想家。
他不在办公室：	她不在办公室：
他一定和顾客周旋去了。	她肯定到女盥洗室去了。
他在与同事闲谈：	她在与同事闲谈：
他马上就会不谈了。	女人闲扯起来没完没了。
老板正在训他：	老板正在训她：
他会努力改进的。	她不会再好了。
他与老板共进午餐：	她与老板共进午餐：
他将被提升。	他们一定勾勾搭搭。
他结婚了：	她结婚了：
他更安心了。	她怀孕后就会辞职的。
他将得到一个较差的待遇：	她将得到一个较差的待遇：
他会发火吗？	她会哭吗？

他因公出差：	她因公出差：
这对他的事业有好处。	她丈夫会怎么说？
他在别处找了个更好的工作：	她在别处找了个更好的工作：
他运气真好。	女人不可预言。

这里采用两体对比的手法，说明在同一件事情上，“他”和“她”在人们心目中所产生的不同看法，反映了某些人对妇女的偏见和歧视。

对比有两种含义：一是作为表现手法。如“有比较就有鉴别”，这里的“比较”实质上是对比的同义语，指文学作品中常用的一种艺术手法。如《范进中举》通过对胡屠夫在范进中举前后的言行的对比，辛辣地嘲讽了他前倨后恭、卑鄙势利的市侩嘴脸，绝妙地讽刺了科举制度。二是由词语或句子表现的对比。如“吴天宝人小，器量可大。”（杨朔《三千里江山》）“有缺点的战士终究是战士，完美的苍蝇竟不过是苍蝇。”（鲁迅《战士和苍蝇》）作为手法的对比在修辞作品中，或渲染气氛，或表示讽刺，或产生幽默感，对言语风格会产生积极的影响，这种对比手法，应视为修辞方法的一部分。

衬跌、衬托、对比的相同之处是：既可以在文艺作品中作为艺术表现手法出现，又可在词语或句子中出现。三者的区别是：衬跌不同于衬托。两者虽然都有“衬”的成分，但衬跌是不先说正意，而先作陪衬，将读者引入一个思路，然后突然一“跌”，“跌”出本意。而衬托是为了突出主要事物，用类似的事物或反面的事物作陪衬，它的作用是突出或渲染主要事物，给人以深刻的印象。

衬托也不同于对比。衬托有主次之分，衬体是用来衬托主体的。而对比是将同一事物两个方面或两种相反或相对的事物进行对照，对比的双方无主次之分，而是相互依存的。衬托的重心在于“衬”，而对比的重心在于“比”。

三、夸张　讽喻　比喻

（一）夸张

香港《大公报》曾刊载了一则故事，题为《称我江山有几多》，讲的是朱元璋当皇帝后，多次微服出巡。有一次，他出巡回来，到金陵郊外的一个渡口等船渡江，正遇上一群来金陵参加进士考试的举子也在候船。这里的风景十分壮丽，万里长江滚滚东流，苍茫的钟山似龙盘虎踞，偌大的采石矶屹立于岸。一个年轻的举子凝视着眼前的景色，脱口吟道：“采石矶兮一秤砣”，举子们听了都一致称赞。朱元璋听后却冷笑一声道：“这个句子的气魄是很大的，但恐后文难继吧！”大家听了以后一想，不错，偌大一座采石矶仅仅是一个秤砣，那么秤杆、秤钩又是什么呢？纵使有了这么大的秤，又去称什么呢？……大家面面相觑，不知如何是好。朱元璋见状大笑，说道：“待我试续一下，好吗？”说完，高声朗诵起来：“采石矶兮一秤砣，长虹作杆又如何？天边弯月是挂钩，称我江山有几多。”果然厉害，竟把江山称为己物，举子们个个目瞪口呆。

朱元璋的四句诗采用了夸张手法，把采石矶比作秤砣，把长虹比作秤杆，把弯月比作秤钩，去称江山的分量，在比喻中夸大事物，气魄非凡。所谓夸张，是为了表达强烈的思想感情，突出某种事物的本质特征，运用丰富的想象力，对事物的某些方面着意夸大或缩小。

夸张可分为夸大、缩小和超前三类。

夸大是对事物的形象、特征、作用、程度等加以夸大。如《爱的徒劳》中有一段文字："爱情，它会随着全身的血液，像思想一般迅速通过百官四肢，使每一个器官发挥双倍的效能，它使眼睛增加一重明亮，恋人眼中的光芒可以使猛鹰眩目；恋人的耳朵听得出最微细的声音，任何鬼祟的奸谋都逃不过他的知觉；恋人的感觉比戴壳蜗牛的触角还要微妙灵敏；恋人的舌头使善于辨味的巴邱斯（希腊酒神）显得迟钝。"

这段文字对爱情的作用加以夸大，显示了爱情的神奇力量。

缩小是对事物的形象、特征、作用、程度等加以缩小。奥地利著名演员约翰·内斯特罗依常常用喜剧的形式针砭时弊，批评社会上的弊端陋习。当时，维也纳烤制的小圆面包越做越小，居民大为不满。一天，内斯特罗依身着大礼服登上了舞台。当人们发现他的衣服上缀着一粒粒用小圆面包做的纽扣时，不禁发出一阵哄笑，为此，内斯特罗依被判处48小时拘禁。三天后，内斯特罗依在舞台上大谈在拘留所里吃面包的滋味。观众困惑不解：拘留所里从什么时候也吃上了小圆面包？内斯特罗依解释道："看守的女儿是个可爱的小姑娘，她常常来到我的囚室前，从钥匙孔里送来好些小圆面包。"这里，内斯特罗依把面包往小里夸张，他用缩小夸张的方法绝妙地讽刺了现实的弊端。

超前夸张的本质是时间上的超前夸张。1865年，马克·吐温的《跳蛙》在全国许多报纸连载后，就以记者的身份前往夏威夷采访，途中认识了莉薇，并深深地爱上了她，后经过屡次挫折，1870年2月2日，30岁的马克·吐温和她结为伉俪，从此，开始了34年的幸福生活。马克·吐温在婚后不久写信给友人，幽默地说："如果一个人结婚后的全部生活都和我们一样幸福的话，那么我算是白白浪费了30年的时光。假如一切能从头开始，那么我将会在牙牙学语的婴儿时期就结婚，而不会把时光荒废在磨牙和打碎瓶瓶罐罐上。"

马克·吐温的这段话采用了超前夸张的手法，把结婚故意推向三十年前的婴儿时期，表达与莉薇的相见恨晚之情，利用时间上的超前，艺术地夸大了他爱情、婚姻、家庭生活的幸福美满。

夸张有一定的界限，夸张要有真实感，做到夸而可信。20世纪50年代大跃进民歌中有"一朵棉花打个包，压得卡车头儿翘，头儿翘，三尺高，活像一门高射炮"的歌谣。它虽然也用了夸张的手法，但令人置疑，缺乏真实感。又如一首民谣"队里花生大丰收、一颗能榨一缸油，豆壳拿来当军舰，十万军队装个够"，这种夸张不合事理，"夸而过节，名实两乖"（刘勰《文心雕龙·夸饰》，违背了夸张"夸而有节，饰而不诬"（刘勰《文心雕龙·夸饰》的特点。怎样鉴别夸张是否真实呢？

伦敦有位老太太笨极了，她在伞上挖了个洞以便知道什么时候雨停。

新泽西州有个男孩发高烧，手里抓把老玉米能变成爆米花。

佛蒙特有个人高极了，刮胡子要爬上梯子才够得着。

伦敦的雾浓极了，人们用来填枕头；如果浇上墨再劈开来，可以当煤烧。

加利福尼亚的树高极了,松鼠采集果实时得带上氧气面具。

好莱坞有个妇女眼睛大极了,她眨一下眼睛,眼皮眨动的风能吹灭火柴。

孤立地看这段文字,有些夸张似乎是失实的。它出现在趣味性很强的《学英语日历》中,给英语学习者留下了深刻的印象,联系特定的言语环境来考虑,应该承认这段文字夸张的合理性。夸张是否得体要结合具体言语环境来考虑,而夸张失实是运用夸张时出现的语病,两者不能混为一谈。

夸张作为艺术表现手法,古人早已运用,并有一系列的论述。王充的《论衡·艺增》、刘勰的《文心雕龙·夸饰》和范温的《诗眼》中对夸张都作过较详尽的论述,论述的共同点是:夸大、往大里说。夸张作为辞格,首见于唐钺的《修辞格》,后来陈望道《修辞学发凡》、张弓《现代汉语修辞学》及近年来一些有影响的修辞学专著对夸张都有论述。只有利用语句进行的夸张才是修辞方法,那些出现在艺术作品中的作为艺术表现手法之一的夸张不属于修辞方法的范畴。

(二)讽喻

英国著名戏剧作家萧伯纳访问苏联,一天早晨,他照例外出散步,一位极可爱的小姑娘迎面而来。萧伯纳叟颜童心,竟同她玩了许久,临别时,他把头一扬,对小姑娘说:"别忘了回去告诉你的妈妈,就说今天同你玩的可是世界上有名的萧伯纳!"萧伯纳暗想:当小姑娘知道自己偶然间竟会遇到一位世界大文豪时,一定会惊喜万分。"您就是萧伯纳伯伯?""怎么,难道我不像吗?""可是,您怎么会说自己有多么了不起呢? 请您回去后也告诉您的妈妈,就说今天同您玩的是一位苏联小姑娘!"萧伯纳惊呆了,他意识到刚才太自以为是了,态度也有些傲慢,不禁一时语塞,脸上顿时泛起了一片红晕。回国后,萧伯纳逢人便深有感触地说:"一个人无论取得了多大成就,都不应当自负、自夸,对任何人,不管男女老幼,都应该平等对待,要永远谦虚。这就是那位小姑娘给我的终身教育。她也是我的老师,我一辈子也忘不了她!"

这个故事通过萧伯纳和小姑娘的交谈,得出了"一个人不论取得多大成就,都不应当自负、自夸,对任何人,不管男女老幼,都应该平等对待,要永远谦虚"的结论,这里采用的是讽喻法。

为了把话讲得明白、动听,或者有的话不可直说或明说,就用说故事的方法来说明道理,起初故事本身要求有讽刺意义,这也是讽喻定名的由来。现在要求不太严格,故事也可以不带有讽刺性。这种以事喻理的修辞方法叫讽喻。钱锺书先生在他的小说《围城》中有一段文字:"天下只有两种人。譬如一串葡萄到手,一种人挑最好的先吃,另一种人把最好的留在最后吃。照例第一种人应该乐观,因为他每吃一颗都是吃剩的葡萄里最好的,不过事实上都适得其反,缘故是第二种人还有希望,第一种人只有回忆。"钱锺书先生用吃葡萄的故事形象地说明两种人怎样对待希望和回忆。钱锺书先生的作品素以善用妙喻而著称,运用讽喻时,把故事嵌在作品里叫引述,编出完整的故事并独立成篇用来说明道理叫编写。

讽喻往往包含着丰富的哲理,它不是抽象的说教,而是通过故事来说明道理,寓教于乐，寓理于趣。如，有一个小孩儿，不知道回声是什么东西，有一次，他独自站在旷野，大声叫道："喂！喂！"，附近的小山立即反射他的回声："喂！喂！"他又叫"你是谁?"回声答道："你是谁?"他又尖声大叫："你是蠢材！"立刻又从山上传来"蠢材"的回答声。孩子十分愤怒，向小山骂起来，然而，小山仍旧毫不客气地回敬他。孩子回家后对母亲诉说了这一切，母亲对他说："孩子呀，那是你做得不对。如果你恭恭敬敬地对它说好话，再听听它的回声会怎样?"第二天，母亲陪小孩儿来到旷野，小孩儿礼貌地大声喊道："喂！喂！"，附近的小山立即反射他的回声："喂！喂！"他又喊"你好！"回声答道："你好！"母亲说，"在生活里，不论男女老幼，你对人好，人便对你好；正如智者所说，温柔的答话会消除愤怒。如果我们自己粗鲁，是绝不会得到人家友善相待的。"这则小故事，通过"回声"说明了生活中做人的道理："不论男女老幼，你对人好，人便对你好。"深刻的哲理寓于通俗的故事之中。

象征和讽喻有相似之处，它们都是由具体的事物或故事抽象出某些道理，或赋予某种意义，但是，象征是以物征事，而讽喻是以事喻理。

（三）比喻

古往今来，人们用各种各样的比喻来描绘艺术女性的美，人们常说，第一次把女人比作花的是天才，第二次把女人比作花的是庸才，第三次把女人比作花的是蠢材。在比喻的竞技场上，出现了许多上乘之作。朱自清的散文《女人》写得很精彩："我以为艺术的女人第一是有它的温柔的空气，使人如听着箫管的悠扬，如嗅着玫瑰花的芬芳，如躺在天鹅绒的厚毯上。她是如水的蜜，如烟的轻，笼罩着我们；我们怎能不欢喜赞叹呢? 这是由她的动作而来的，她的一举步，一伸腰，一掠鬓，一转眼，一低头，乃至衣袂的微扬，裙幅的轻舞，都如蜜的流，风的微漾……我最不能忘记的，是她那双鸽子般的眼睛，伶俐到像要立刻和人说话，在惺忪的微倦的时候，尤其可喜，因为正像一对睡了的褐色小鸽子，和那润泽而微红的双颊，苹果般照耀着的，恰如曙色之与夕阳，巧妙的相映衬着。再加上那覆额的、稠密而蓬松的发，像天空的乱云一般，点缀得更有情趣了。而她那甜蜜的微笑也是可爱的东西，微笑是半开的花朵，里面流溢着诗与画与无声的音乐。"这段文字共用了 10 个比喻。这些比喻忽而把女人的温柔化成听觉感受——"箫管的悠扬"，嗅觉感受——"玫瑰花的芬芳"，触觉感受——"如躺在厚厚的天鹅绒上"，通过比喻把温柔具体化，把抽象有形化；忽而把女人比作水、烟、蜜、风、鸽子、苹果、曙色与夕阳、乱云、花朵。这些比喻从不同的角度设喻，突出了艺术女性的轻柔、伶俐、润泽、剔透……

所谓比喻，是指在描述事物或说明道理时，用与它有相似点的别的事物或道理来打比方。比喻从结构上分为本体、喻体、喻词。被比的事物或情境叫本体，作比的事物或情境叫喻体，标明比喻关系的词叫喻词。比喻的基础是相似点，比喻要有新意。

按照本体、喻体、喻词的隐现、异同和结合情况，比喻可分为明喻、暗喻、借喻、反喻、缩喻、扩喻、较喻、回喻、互喻、倒喻。

1. **明喻**　俄国著名作家契科夫总结自己的成功经验时说："人生有三个头脑，天生一个头脑，从书中得来一个头脑，从生活中得来一个头脑。"有一篇短文，题为《顽皮的河》，讲的是：希腊有一条奇特的河，名叫阿瓦尔，河水每昼夜四易流向，6 小时流向大海，后 6 小时不时又从大海里倒流,下6小时又流向大海,如此来来往往,天天如此,年复一年。科学家们认为,这条河之所以像一个顽皮的孩子,是因为受爱琴海潮汐的影响。把阿瓦尔河比作“一个顽皮的孩子”这是个明喻。所谓明喻,是指本体和喻体同时出现,而喻词表示本体和喻体的相似关系。如把阿瓦尔河比作顽皮的孩子,是着眼于河的四易流向与孩子的顽皮有相似之处。明喻中的喻词,常用“像、好像、如、比如、宛如、犹如、仿佛、好比、像……一样”。

2. 暗喻　美国人组织了一支部队开赴西班牙,援助西班牙的反法西斯战争,但经费不足,一群年轻的战士向爱因斯坦求援。谈话是简短的:“我们有人,但是没有钱,而钱就意味着飞机、炸弹、汽车、汽油和战士的衣装,而这一切又意味着:西班牙的自由。”爱因斯坦用最好的方式给战士以援助,他是怎么援助的,我们可暂且不管,我们关心的是故事里的这样一段文字:“而钱就意味着飞机、炸弹、汽车、汽油和战士的衣装,而这一切又意味着:西班牙的自由。”这是比喻中的暗喻。暗喻的特征是:本体和喻体都出现,喻词常用“是、就是、简直是、成了、成为、变成、意味着”等。上例的暗喻里“我”是本体,“意味着”是喻词,“飞机、炸弹、汽车、汽油和战士的衣装”是喻体;“这一切”是本体,“意味着”是喻词,“西班牙的自由”是喻体。

3. 借喻　法国国王路易·菲力普是漫画家所攻击的对象。他们发现国王的脸型竟然与某种水果形状非常相似,于是便把他画成一个梨形。当时路易·菲力普比那些在漫画里讽刺他的人还要幽默几分。法国著名作家维克多·雨果在他的巨著《悲惨世界》中写道:“当路易·菲力普漫步走进城堡时,他突然发现一个小男孩正在墙上画梨。他走近那孩子,从口袋里掏出几枚金币(当时的金币上印有国王的肖像),递给那孩子,说道:‘瞧,那上面就有几只梨呢!’”菲力普对孩子讲“瞧,那上面就有几只梨呢!”这正是一个借喻。借喻是以喻体代替本体,本体和喻词不出现。直接把本体说成喻体。“国王”是本体,“梨”是喻体,喻词是“像、是、如”等。这里只出现了喻体“梨”,而省去了本体和喻词。

4. 反喻　有一首佚名诗,题为《诗的自由》:

我不是火,
不能给你光和热;
同时,我也不是黑暗,
不能把你的光辉衬托。
我不是水,
不能润湿你干裂的唇;
我不是花,
不能点缀你寂寞的生活。
我是什么?我是什么?
像梦没有形,像空气没有颜色,
我只是想象中的银幕,
任你用生命的光影投射。

但倘若你自己心里的火，已经熄灭，

不要责怪银幕的荒漠。

这首诗的一、三、五、七行诗运用的是反喻。所谓反喻，它是从所要说的事物的相反或相对的方面设喻，指出事物不具备某种属性，这种用否定形式构成的比喻就是反喻。如："我不是火，""我"是本体，"火"是喻体，"不是"是否定性的喻词，我不具有火的属性，因而不能给你光和热。

反喻有两种形式：一种是否定性喻词出现在本体和喻体之间，如上例。另一种在完整的比喻即"本体——喻词——喻体"的格局前出现否定性词语。如：

没有一条船能像一本书，

使我们远离家园，

也没有任何骏马，

抵得上欢腾的诗篇。

这是美国狄更生作的短诗《没有一条船能像一本书》中的四行诗。它运用了反喻法，否定词"没有"放在比喻句的开头。

5. 缩喻　"花园之国"瑞士，几乎是遍地的鲜花，对一些糟蹋花木的游客，当局在车站道旁用多国文字婉言相"警"：德文写着"严禁摘花"；英文劝告"请勿摘花"；法文提醒："爱山爱花"。"花园之国"是缩喻，它省去喻词，把本体"国"和喻体"花园"直接组合成偏正关系的短语。所谓缩喻，是比喻的紧缩，即将本体和喻体紧缩成偏正短语，让喻体修饰本体。又如：生命是一张画布，展开在性格的画框上，由时间的画架支撑着。精神是你的调色板。在它上面，你调和颜料——那是你的思想。你的一言一行是你用来画画的画笔。"性格的画框"是"性格像画框一样"的紧缩，"时间的画架"是"时间像画架一样"的紧缩。两者都是缩喻。

6. 扩喻　作家刘绍棠在一次作报告时，有人递上一张纸条，上面写道："共产党不是伟大、光荣、正确和战无不胜吗？为什么连'现代派'和'存在主义'都要抵制，是怕了吗？"刘绍棠看后，"忽"地一下站起来问道："你们说我身体好不好？"刘绍棠红光满面，体魄健壮，大家异口同声说他身体"棒"。这时，他问道："那么你们说，我为什么不能吞进苍蝇呢？"他用这个绝妙的比喻，说出了抵制资产阶级自由化倾向的意义，博得全场一片掌声。这个比喻本身是一个扩喻，如果整理一下就是"伟大、光荣、正确的中国共产党抵制现代派和存在主义这些资产阶级自由化倾向的影响，就像体魄健壮的人不能吞进苍蝇一样。"

扩喻就是本体和喻体都是短句，他们常常组成平行句式，有类比的味道。扩喻有时用喻词，有时不用喻词。上例未用喻词，下面再看一个使用喻词的扩喻。有一则小幽默，题为《比喻》：

爸爸发脾气，打了儿子一巴掌。儿子哭着说："妈妈刚才骂了您一顿，您就拿我出气。这真像那句话。

"什么话？"

"大鱼吃小鱼，小鱼吃虾米。"

如果把儿子的话讲完整,那就是:“妈妈刚才骂了您一顿,您就拿我出气,这真像大鱼吃小鱼,小鱼吃虾米。”这正是一个典型的扩喻。喻体是“妈妈刚才骂了您一顿,您就拿我出气”,喻体是“大鱼吃小鱼,小鱼吃虾米,”喻词是“像”。作者借助于本体和喻体之间存在的两件事的相似点,让充满稚气的“儿子”说出,起到了幽默诙谐的效果。

7. **博喻** 有一篇人物传记题为《贺子珍》,在刊头上对贺子珍作了这样的评价:“她是叱咤风云的巾帼。她是敦厚善良的贤妻良母。她是璀璨夺目的星星。她是湮没太久而不为人知的明珠。”这句话是四个比喻。对同一个本体,用连续打比方的方法铺陈叙述,这种方法叫博喻。严格地说,博喻是以若干个喻体从不同角度反复设喻去说明一个本体的方法,故又叫连比,它可以加强语言的气势。又如:

你有你的铜枝铁干,
像刀,像剑,
也像戟;
我有我的红硕花朵,
像沉重的叹息,
又像英勇的火炬。

显然,这里有两个博喻,一个是“铜枝铁干像刀、像剑、也像戟”。另一个是“红硕花朵像沉重的叹息,又像英勇的火炬”。

8. **较喻** 较喻就是比喻兼比较。如:“那些又臭又长的文章恐怕连粪土还不如。”“她的心比针尖还小。”在某一点上,本体和喻体相似,但本体又超过了(或不及)喻体。

9. **回喻** 回喻是先指出本体,接着对本体加以否定,最后引出喻体。如:“那两库水,它不是水,它是黄澄澄的粮食啊。”这里先提出本体“水”,接着加以否定,最后引出喻体“黄澄澄的粮食。”

10. **互喻** 互喻是互相设喻,即两个比喻句,第一个比喻句先用喻体比喻本体,第二个比喻句再用本体比喻喻体。如:“远远的街灯明了,好像闪着无数的明星。天上的明星现了,好像点着无数的街灯。”这里先用“明星”(喻体)比喻“街灯”(本体),再用“街灯”(本体)比喻“明星”(喻体)。

11. **倒喻** 倒喻是颠倒了的比喻,即本体和喻体前后位置颠倒,喻体在前,本体在后。如“上海人叫小瘪三的那批角色,也很像我们的党八股,干瘪得很,样子十分难看。”(毛泽东《反对党八股》)倒喻和正常的比喻,其区别主要是本体和喻体的位置不同。其实这是相对的,一般来说要看上下文中阐述的对象是什么,它是本体,那就是正常的比喻,如果阐述的对象是喻体,那就是倒喻。如,法国作家司汤达曾把他的朋友、著名作曲家海顿早期的弦乐四重奏生动地比喻为四个人的谈话:“第一小提琴像是一位中年健谈的人,他总找话题来维持着谈话。第二小提琴是第一小提琴的朋友,他竭力设法强调第一小提琴话中的机智,很少表白自己,参加谈话时,只支持别人的意见而不提出自己的意见。大提琴是一位庄重的人,有学问而好讲道理,他虽然简单,然而中肯的论断支持着第一小提琴的意见。至于中提琴,则是一位善良而有些饶舌的妇人,她丝毫讲不出重要的意见,但是却经常插嘴。”这段文字议论的中心是四重奏，本体分别是第一小提琴、第二小提琴、大提琴、中提琴，所以它是正常的比喻，如果以四重奏喻人，来议论人的各种品格，则就是倒喻。

四、象征　比拟　借代

（一）象征

从前有一个流浪的爱尔兰老乞丐，他到一个农民家里要吃的，农民把他让进屋里，并让他坐下来吃饭。同桌还坐着一个德国人和一个法国人。农民说道：“你是最后一个到的，应当由你来分这只鸡。”爱尔兰乞丐表示同意，于是大家便把一只整鸡拿给他。他切下鸡头，送给那个农民，说道：“您是这儿的头，您应当吃这只鸡头。”他切下鸡脖子，送给农民的妻子，说：“您的地位仅次于头儿，所以你应当吃鸡脖子。”他切下鸡翅膀，分别送给农民的两个女儿，说道：“你们不久就要从家里飞走了，所以你们每人都应有个翅膀。”他又对法国人和德国人说：“你们这两个穷家伙还要赶很远的路才能到家。”说完，他便分给他俩每人一只鸡爪，然后又继续说道：“我是一个可怜的爱尔兰流浪汉，就吃剩下的吧。”

爱尔兰老乞丐巧妙地借用鸡的有关部位表示不同的象征意义，在一个一个地排除之后，终于使自己达到了吃“鸡身”的目的。象征是以物征事，即用某种具体的事物表现某种特殊意义，“物”和“事”之间要有某些联系或相近相类，才能引起人们的联想。故事中的爱尔兰老乞丐，他将“鸡头”和农民联系，将“鸡脖子”和农民的妻子联系，将“鸡翅膀”和农民的两个女儿联系，将“鸡爪”和德国人、法国人联系，利用“物”的特点，巧言附会，象征事理。

象征常常出现在言语作品中。如茅盾的《白杨礼赞》，通过对白杨树特点、品格的描述，热情讴歌了北方农民在民族解放斗争中表现出来的质朴、坚强、力求上进的精神，通篇以物（白杨）征事（讴歌北方农民的品质）。又如高尔基的《海燕》，全文以海燕、海鸥、企鹅象征着革命风暴来临前夕的几种人，赞颂了革命战士对革命风暴的渴求。这种象征手法的特点是：它不重在对语言因素的利用，象征义贯于通篇，通常涉及全篇的艺术构思。但对全篇的言语风格有影响，应作为修辞方法看待。

象征可以通过语句来表现，一般有明征和暗征两种情况。

明征是本体和征体都出现，并运用象征词。如：“纪念碑是用一万七千块坚硬的花岗石和洁白的汉白玉砌成，它象征着先烈们的丰功伟绩，标志着全国人民对先烈的怀念。”（《人民英雄纪念碑》）“它”（即纪念碑）是本体。“象征着”“标志着”是象征词。“先烈的丰功伟绩”“全国人民对先烈的怀念”是征体。全句对同一个本体，连用了两个象征，其结构是：本体——象征词——征体——象征词——征体。

暗征即只出现征体，不出现本体和象征词。如：“大雪压青松，青松挺且直，要知松高洁，待到雪化时。”在陈毅的这首《冬夜杂咏·青松》中，“大雪、青松、高洁、雪化时”都分别具有象征意义，它们都分别是征体，本体和象征词都未出现。

（二）比拟

有一则小幽默题为《铜臭惊人》：

甲、乙、丙三人打赌:看谁能在臊臭的狐狸洞里待得最久。甲进去不到一分钟,他便认输了——捂着鼻子跑出洞来。乙也强不了多少,他只比甲多待了一分钟。丙进洞老半天了,还不见他出来。突然间,一只狐狸窜出来大叫道:“这人真贪财,他的铜臭比我的狐臭更臭,竟把我熏出来了!”

这段文字把狐狸当作人来写,赋予狐狸以人的言语表达,这种方法叫比拟。比拟是根据表达的需要,故意把物当作人,把人当作物或把甲物当作乙物,或把抽象概念当作具体事物来描述。它分为拟人和拟物两类。

拟人是把人以外的事物当作人来描写,赋予他人的动作或思想感情。拟人分为三种情况:

一是把无生物拟人化。如:

皱纹走到一个人的跟前,对他说:“如果你笑,我就留在你的嘴边,如果你哭,我就躺在你的身边。”这人灵机一动,决计智胜皱纹:“我既不笑,也不哭,看你怎么办。”“然而,他不能不思考。”皱纹想。结果他在思考的时候,皱纹便爬上了他的额头,接着出现在他的两眼旁和嘴角边。因为在思考的时候,他既有哭,也有笑。

“皱纹”本是无生物,这里把无生物拟人化,赋予皱纹以人的情感动作,它像人一样能说会道,能思考。

二是把有生物拟人化。如:

猎狗追赶着羚羊。“你永远也追不上我的。”羚羊说。“为什么?”猎狗问。羚羊回答:“我奔跑是为了生存;你奔跑呢,只是为了讨好主人罢了。”

猎狗和羚羊都是有生物,这里把有生物拟人化,它们像人一样对话。

三是把抽象概念拟人化。如:

从前有个人,生活很快活,有一次,他忽然想要弯腰看看自己的欢乐在不在,可是,他一弯下腰,欢乐却不见了。于是他走遍山川河谷、森林和田野,去寻找自己的欢乐。别人各种各样的欢乐他都见得不少,但就是看不到自己的欢乐。他弯腰曲背,找遍了每一个角落,失去的欢乐还是没有找到,这时他直起腰对自己说:“不找了,丢就丢了,有什么办法呢,难道要弯腰走一辈子吗?”但说也奇怪,当他一直起身子,只听得一声“我回来了”欢乐回到了他的身上。

“欢乐”是个抽象概念,作者把它拟人化,使它像人一样地说话。

拟物就是把人当作物来写,或把此物当作彼物来写。它有三种情况:

一是把人当作物来写。如:

心弦、蜜吻、A姊、B妹、我的爱、死般的、火热的、温温地……颠而倒之,倒而颠之,写了一篇又一篇,写了一本又一本。再写一些,好了,悲哀,苦闷,无聊……又是一大本。然而终于自己也觉得有些单调了,于是骂人。A是要不得的,B从前还好,现在堕落得不可救药了:再看C吧,我说到他就讨厌,他是什么东西!……这样那样,一凑,一凑又是一大本。(刘半农《老实说了吧》)。

“A、B、C”原都是指那些爱情作品中塑造的人物,这里说“C”,“他是什么东西”是把人当作物来写，即将人拟物化。

二是把此物当作彼物写。

> ①不管怎样，且把这矛盾重重的诗篇埋在坎下，它也许不合你秋天的季节，但到明春准会生根发芽……（郭小川《团泊洼的秋天》）
>
> ②老支书直截了当地下达了任务："让你带一队人马把黑龙潭的水牵到山下的坎子里来。"

例①把"诗篇"比拟成能够生根发芽的植物。例②把"黑龙潭的水"当牲畜来"牵"，是把甲物比拟作乙物来写。

三是把抽象概念当作具体事物。如，我最珍惜时间。我愿意站在街角，手中拿着帽子，乞求过往行人把它们不用的时间扔在里面。（《乞讨时间的人》）"时间"是抽象概念，这儿把它当作具体可感的东西来写，看得见，摸得着，并能放进帽子里。又如有一句名言："一两的身教等值于一吨的说教"。"身教"和"说教"都是抽象事物，这里把它们当作具体事物来写，可以用重量单位"两""吨"来称量。

比拟的分类是为了阐述的方便，在修辞活动中拟人、拟物常常是融为一体的。有一首短诗：

> 微风发出轻轻的呼唤，
> 吻它淘气地搅碎的漪涟；
> 西天的云霞紫光灿烂，
> 被落日吻得羞红了脸；
> 火焰毕剥地窜过树干，
> 为了痛吻另一朵火焰。
> 而杨柳，柔枝低低弯垂；
> 去回吻那多情的河水。

1—4句是拟人，把无生物拟人化。"火焰毕剥地窜过树干"是拟物，把此物当彼物写，第六句和第八句是拟人，把无生物拟人化。

借代和借喻往往发生混淆，特别是当喻体或代体都表示事物而不表示性状、行为、动作时，难以将两者区分清楚。传统的区分方法是：借喻可以改为明喻，借代则不能；借喻重在"喻"即比喻，借代重在"代"即换名。要区分借代和借喻还要看意义：借代的本体和代体之间有比较实在的关系，能相互代替，而借喻的本体和喻体之间无实在关系，只是比喻的关系，不能代替。再以"借喻可改为明喻，而借代则不能"的鉴别方法作为辅助手段。如："五十与一"是用年龄来代人，"五十"代五十岁的鲁迅，"一"代一岁的海婴，它不能换成明喻，不可以说成"鲁迅像五十，海婴像一"。而"那上面（指印有国王肖像的金币）就有几只梨"就是比喻的说法，可换成明喻"国王的肖像就像梨"。再如，有一则笑话，题为《被子和裤子》，讲的是：

> 从前有个姓钱的人，整天在外赌钱，越输越赌，越赌越输，输得家里只剩下两块门板了。晚上睡觉时，上面盖一块，下面垫一块。实在吃不消，就扛起门板往弟弟家求

援。到弟弟家时,看到弟弟没穿裤子,手拉着没底的缸站在地下。原来弟弟也是一个赌徒,连裤子都输掉了。这时,他又羞又愧,猛地大吼一声:"我恨不得搬起我的'被子'砸掉你的'裤子'。"

最后一句,采用的是借喻法,本体和喻体之间的联系不是实在的,只存着比喻关系。借喻和借代是有联系的:在形式上分别出现"喻体"和"代体"。在意义上都有"借"的性质,因而难以区分,有人曾提出,取消借代,将借喻和借代合并称为喻代。

比拟和比喻都以"比"为基础,关系非常密切,但是,比拟和比喻的区别也是比较明显的:①比拟重在"拟",即将甲事物当作乙事物来写。而比喻的重点在"喻",即以乙事物"喻"甲事物,形象地说明一件事或一个道理。甲、乙两事物一主一从。②比喻反映的是事物之间的相似关系,不论哪种类型的比喻,都一定要出现喻体。而比拟反映的是事物之间的交融关系,比拟中始终不出现"拟体",只出现"本体",如"礁石变成这个样子,是叫浪花咬的"。在这个比拟中,本体是"浪花","咬"是将无生物当作有生物来写,拟体是指人或其他动物,它们在比拟中无需出现。

比拟和仿拟都有"拟"的成分,而比拟是将物当作人来写,将人当作物来写,将甲物当作乙物来写,将抽象概念当作具体事物来写,而仿拟重在模仿现成的词、语、句、篇,以仿造新的词、语、句、篇。有一则题为《越南"名人"》的对话:

甲:咱们越南人在世界上很有名气,如卫生部的孙失松先生,实在是世界上少有的人才。

乙:名字叫孙失某,又很有名气的,在咱们越南可实在太多了,各个部门都有。

甲:名字叫孙失某的名人哪有那么多呀?你举出几位来让我听听。

乙:如果我说得不对,请诸位纠正,并给以补充:教育部的孙失学先生,通讯宣传部的孙失实先生,外交部的孙失信先生,内务部的孙失德先生,劳动部的孙失业先生,至于国防部嘛,则有孙失败先生。

这段对话,仿"孙失松"而产生了"孙失某",仿孙失某接二连三地产生了"孙失学、孙失实、孙失信、孙失德、孙失业、孙失败"。

比喻也不同于讽喻,虽然两者都有"喻"的成分,比喻是打比方,目的是使表述具有生动性和形象性。讽喻是用故事、典故来说明一个道理,目的是使表达具有说服力。

(三)借代

鲁迅五十岁才生海婴,他在与刚满周岁的海婴的合影照片上,题了"五十与一"四个字。"五十"代表五十岁的鲁迅,"一"代表刚满周岁的周海婴,这是分别用数目来代人。高尔基是俄国伟大文学家,他在同孩子的合影照片上这样题道:"高尔基和他的作品。"这是用"他的作品"来代表孩子。这种表述方法,称作借代,借代又叫"换名"。

借代是在言语表达中不直说人或事物,而借用与它密切相关的人或事物来代替。被代的叫"本体",替代的叫"借体"或"代体","本体"往往不出现。

借代有以下几种常见类型:特征代本体;普通与特定互代;具体代抽象;部分代整体。如:

①秃头站在白背心的略略正对面，弯了腰，去研究背心上的文字。（鲁迅《示众》）

②中国人民中间，实在有成千成万的“诸葛亮”，每个乡村，每个市镇，都有那里的“诸葛亮”。（毛泽东《向群众学习，与群众结合》）

③地上潮湿寒冷，她蹲累了只好坐下来，一夜哪里合得上眼。（杨沫《青春之歌》）

④凡是愿意留下的再不许拿人家一草一木。（姚雪垠《李自成》）

例①中的“秃头”是借生理特征代人，“白背心”是借穿着代替人。这是以特征代本体。“诸葛亮”是三国时代的历史人物，在例②中以之代替有智谋的人，这是用特定代普通。例③“合得上眼”是“睡觉”的具体说法，是用具体代抽象。例④用“一草一木”代替一切东西，是用部分代整体。

五、倒反　双关　拈连

（一）倒反

大哥和大嫂是一对令人羡慕的夫妻，彼此感情很好，但就是喜欢抬杠。某日，大哥带大嫂去买衣服，大嫂从六点出门，一直逛到九点多，总看不上一件，每次征求大哥的意见，大哥总是说好看。最后大嫂很不耐烦地说：“你这人就是这样随随便便！”大哥答道：“当初我就是这样随随便便地挑上了你。”

大哥对大嫂开了个玩笑，并用“随随便便”作为戏言。大哥选用这个词不是取它的本义，而是正话反说。这种修辞方法叫倒反。倒反有两种情况：

一是运用跟本义相反的词语来表达本义，只有戏谑的意味，没有嘲讽的意味。有人将它看成是“倒辞”。正确地运用它，能使表述生动活泼。如王汶石在《新结识的伙伴》中有一段文字：最后，张腊月无可奈何地笑骂道：“我现在才认识你，你是个顶坏顶坏的女人啊！”她们俩人，虽说只相处一天，可她们的友谊是那样诚挚深厚。这里的“顶坏顶坏”实际上是“顶好顶好”的意思，张腊月这样正话反说更能体现出她的性格。

二是运用与本义相反的词语来表达本义，含有嘲讽意味。有一则小幽默，题为《男人的好处》：

男人婚前的好处很多：看电影为你买票，坐车为你开门，上馆子为你夹菜，写情书为你解闷，表演“此情不渝”的连续剧让你观赏。

男人婚后的好处也很多：

他看你总是心不在焉，使你省下许多化妆费。

他使你成为烹饪名家：“那天在馆子里吃的那道菜好吃极了，哪天你也烧来尝尝。”你不得不看三百多个食谱，才找到这道名菜。

他锻炼你的能力：“怎么连插头也不会修？怎么连保险丝也不会接？怎么连路也不会认？怎么连……”最后你什么都会了。

他培养你各种美德：给微少的家用教你“节俭”；用“结了婚的女人还打扮什么”叫你“朴实”，用“死盯着别的女人不放”来教你“容忍”。

简直可以说女人的完美是男人塑造的。

这里讲了男人婚后的四条好处,实际上这四条并非好处,而是正话反说,讥讽了一些男人的大男子主义。

(二)双关

> 爱喝酒的职员K君两天不上班,经理留下"7954"四个数字在他办公室桌上,职员回来,不明原委,就去请教秘书小姐。秘书说:"经理说的是国语,说你吃酒误事。"K君于是在数字后面画了一只"蝉"送还经理,经理笑笑:"孺子可教也。"过了些时候,职员故态复萌。经理在"蝉"的尾部加了一道"白烟"仍交给他。职员又去请教秘书小姐。秘书说:"前次经理责怪你'吃酒误事',你说'知了',现在你醉酒如故,经理骂你知了个屁。"

这是题为《哑谜》的幽默故事,7954表面看是数字,经理利用同音近音的关系责怪K君"吃酒误事",这种修辞方法称为双关。

双关是在一定语言环境中利用语句的多义和同音的条件,使语句具有双重意义,言在此而意在彼,双关分为语意双关和谐音双关。

语意双关是借用可用两种或多种理解的语句来表达双关的意思。如,"雅"要地位,也要钱。古今并不两样的,但古代的买雅,自然比现在便宜,办法也并不两样,书要摆在书架上。或者抛几本在地板上,酒杯要摆在桌子上。但算盘要放在抽屉里,或者最好放在肚子里。(鲁迅《病后杂谈》)鲁迅先生利用"算盘"的本义和转义巧妙地构成双关,表面是说具体的算盘,实际是指"心机",讽刺意味较浓。

谐音双关是利用同音或近音的条件构成的双关。如,李鸿章有个远房亲戚,不学无术,却去参加考试。试卷到手,他一个字也答不出来,焦急中,他连忙在试卷上写上"我是当朝中堂大人李鸿章的亲戚",无奈又不会写那个"戚"字,竟写成了"我是李中堂大人的亲妻!"主考官阅考后,批道:"所以我不敢娶(取)!""娶"和"取"构成同音双关。

(三)拈连

美国影片《戴斯蒙医生的十三个牺牲品》在奥地利放映后,某评论家在奥地利《快报》上发表了一则影评。总共一句话:"我是第十四个。"这一句话的影评被众称妙。影评家利用拈连手法,顺着片名,说作为观众的他是第十四个牺牲品,既含蓄、风趣,又有力地讽刺了那部糟糕的影片。在言语表达中,甲乙两个事物连在一起叙述时,把本来适用于甲事物的语词拈来用于乙事物,或根据上文出现的词,仿造一个反义词语用于下文,这种手法叫拈连,拈连习惯上分为顺连、反连、义连。

顺连是顺着甲事物的意思向下连贯,用于乙事物,它是顺势建立的一种巧妙联系,甲乙双方互为联系,又互为映衬。如:

> 1929年1月,著名戏剧团体"南国社"应晓庄师范陶行知的邀请,在田汉带领下前往晓庄演出。当晚,全体师生和周围农民举行欢迎会。陶校长致辞说:"今天我以'田汉'的资格欢迎田汉。晓庄是为农友而办的学校,农友是晓庄师生的朋友,我们的教育是为种田汉而办的教育。所以我是以一个'种田汉'代表的资格在这儿欢迎田汉……。"田汉答辞:"陶先生说,他是以'田汉'的资格欢迎田汉,实不敢当。我是一个

假‘田汉’，陶先生是个真‘田汉’，我这个假‘田汉’能够受到陶先生这个真‘田汉’以及在座的许多真‘田汉’的欢迎，实在感到荣幸！”陶行知的欢迎辞和田汉的答辞博得全场的热烈掌声。

陶先生用顺连的手法，就田汉的名字顺引出“我是种田汉”，“我以种田汉的资格欢迎田汉”，致辞巧妙，情真意切。而田汉答辞时谦称自己是个假田汉，称陶先生和农友是真田汉，答辞自如，意味深长。又如：

甲乙两个偶然一起吃咸蛋，甲奇怪地问道：“我过去吃的蛋都是淡的，这个鸭蛋怎么是咸的呢？”乙不懂装懂地说：“这事我最清楚，幸亏你问我。这个咸鸭蛋是咸鸭子生的呗！”

“咸”本来用于“蛋”，这里顺手拈来用于“鸭子”，说是“咸鸭生的”，拈得自然，错得滑稽。

反连是根据前文用于甲事物词语的意思，在后文粘出意义相反或相对的词语来，又称为仿词，如“阳谋”“小众化”。

义连就是将表示甲事物的词语，用来和乙事物连接，产生意义上的巧妙联系，如《中学影视》：

课堂提问：《哑女》《哑姑》

老师来了：《这里的黎明静悄悄》

班主任：《垂帘听政》

化学课：《R4 之谜》

数学课：《精变》

语文课：《老北京的叙说》

外语课：《天方夜谭》

美术课：《赤橙黄绿青蓝紫》

生物课：《血疑》

自习课：《大闹天宫》

考试前：《顾此失彼》

考试后：《莫斯科不相信眼泪》

宣布成绩：《悲惨世界》

家长会后：《今夜有暴风雪》

转学后：《勿忘我》

这里用十五个不同的片名与目前中学里发生的若干种不正常现象相拈，产生意义上的关联，由于联得巧妙，让人感到新鲜、活泼，增强了语言的表现力。

倒反和双关的区别比较明显：倒反是正话反说，或戏谑，或讽刺。而双关是在一定的言语环境中，利用语句的多义和同音的条件，或借用可作两种或多种理解的语句，使语句具有双重意义，言在此而意在彼。

双关不同于拈连：第一，拈连是利用上下文的联系，把用于甲事物的词语巧妙地用于乙事物,它的特点在于“词语的巧妙移用”。如“长长的线儿来回飞舞……缝啊缝啊,春风绕着长线荡漾,暖流跟着针眼流淌。这破洞曾收进了多少风寒,此刻,又缝进了多少温暖!”(王宗仁《缝》)“温暖”是不能缝的,这里从上文拈来连在下文中,让“缝”同“温暖”巧妙地连在一起,表现了军民的深厚情谊。而双关的特点在于含蓄地“影射”出另一件事物,言在此而意在彼。第二,从形式上看,拈连的甲乙两事物,甲事物往往是具体的,在前,如“线儿”。乙事物是抽象的,在后,如“温暖”。而双关指一语二义,有一箭双雕之妙。

六、顶针　回文　回环

(一)顶针

小妹讲话一向拐弯抹角,常常令人生厌,爸妈一直想改掉她这个坏习惯,却没办法。有一天,爸爸妈妈终于想出了一个办法:妈妈要小妹和她下棋,若输了,小妹就要立誓讲话不再绕来绕去。若击败妈妈,则加发一个礼拜的零用钱。正如所料,小妹立刻要求爸爸做她的军师。下到半局时,小妹节节失利,急忙求助军师,但爸爸只说一个字:“千!”小妹不解,再度求援,爸爸还是老话:“千!”最后小妹被妈将死,小妹大叫道:“不公平,我的军师背叛我。”爸爸说道:“背叛?我说‘千’,‘千’就是窃,窃者比于我老彭,彭即彭祖,彭祖活了八百年,八百年只不过是铁拐李打个盹,打盹就是睡,睡就是眠,眠就是死,死于帝王为崩。于诸侯为薨,于平民为卒,我明明告诉你动卒,怎么说我背叛呢?”小妹哑口无言,乖乖地痛改前非。

“军师”的话首尾蝉联,在言语表达上采用了顶针的修辞方法。顶针又叫顶真或联珠,它用前句的末尾作后句的开头,首尾相连,使邻接的语句或言语片断上传下接,首尾蝉联。顶针的运用能使语句结构整齐,环环相扣,语气贯通。唐代大诗人李白的《送刘十六归白云歌》:楚山泰山皆白云,白云处处长随君。长随君,君入楚山里,云亦随君渡湘水。湘水上,女罗衣,白云堪卧群早归。这首诗运用顶针的修辞手法给人以一气呵成之感,收到流畅如行云的艺术效果。元人小令中无名氏的《小桃红·情》:断肠人寄肠词,词写心间事。事到头来不自由,自寻思,思量往日真诚志。志诚是有,有情难似,似俺那人儿!这支小令以自述口气,描写一个年轻妇女对爱情的忠贞不渝,小令运用了顶针的修辞手法,句与句之间连绵而下,表现了主人缠绵不断的满腔柔情。

顶针有宽式和严式之分,共同的特点是:前句和后句首尾相同。区别在于:严式顶针中,相同的部分一定在前句句尾和后句句首。而宽式顶针,相同的部分,位置可以略有变更,只要是在前句的结尾部分和后句的开头部分即可,如上例的“不自由”和“自寻思”。

(二)回文

一位佚名作者在广东某地的一座观山古寺壁上,题了这样一首回文诗:“悠悠绿水傍林偎,日落观山四望回。幽林古寺孤明月,冷井寒泉碧映台。鸥飞满浦渔舟泛,鹤伴闲亭仙客来。游径踏花烟上走,流溪远棹一篷开。”这首诗可顺读,可倒读,顺读倒读都是一首盎然有趣的写景诗:山上孤寺,山下绿水,林木相偎,明月高照,渔舟轻泛,仙鹤伴客,这种以字为单位,顺念回念都可成文的手法叫回文。回文具有“来复美”。

据刘勰《文心雕龙》所载，回文诗最早由道原所创，但今已失传，现在人们能够见到最早的回文诗中，最有影响的要算东晋前秦女作家苏惠的《回文璇玑图》，诗共841字，题于一块八尺见方的锦缎上，纵横往复，皆可成句。此后，回文诗就流传下来。如清代张奕光有一首题为《岳武穆王墓》的回文诗：今古垂芳遗庙立，拜瞻空恨一秦奸。森森柏树枝南向，凛凛忠魂夜北看。心赤负冤沉狱死，草青埋骨痛碑残。钦徽是日无家返。深怨谗书封蜡丸。这里采用了回文法，全诗不论正读倒读均可成诗，那种沉郁悲愤、痛恨奸臣、敬仰忠烈之情溢于字里行间。回文法在词中也有运用，如苏轼《菩萨蛮》词：雪花飞融香颊，颊香融暖飞花雪。欺雪任单衣，衣单任雪欺。别时梅子结，结子梅时别。归不恨开迟，迟开恨不归。

除了诗词可以采用回文手法外，幽默故事、文字游戏也可以运用回文法。如有一则小品，题为《末日》：

末日

［美］弗雷德里克·布朗

琼斯教授多年来一直在研究时间。

“我终于发明了一台机器。”他对女儿说：“它可以把我们带回到过去。”

他按了一下机器上的电钮，并说：“机器能让时间往回走。”

“。走回往间时让能器机”：说并，钮电的上器机下一了按他“。

去过到回带们我把以可它”：说儿女对他。“器机台一了明发于终我”

。间时究研在直一来年多授教斯琼

朗布·克里德雷弗［美］

日末

这则小品，采用了回文法，但它不仅仅是依字倒读，而且是用回文的格局来产生幽默感。

（三）回环

有一则名人轶事题为《差别》。有人问亚里士多德：“你与多数人的差别是什么呢？”“他们活着是为了吃饭，而我吃饭是为了活着。”他回答说。这句名言“他们活着是为了吃饭，而我吃饭是为了活着”采用了回环法。所谓回环，就是利用词语回环往复，即用上句末尾作下句的开头，下句的末尾正好又是上句的开头。“吃饭”系上句的末尾，又用于下句的开头，下句的末尾“活着”又同于上句的开头。又如：

①问题的愚蠢，愚蠢的问题：

②来者不善，善者不来。

③科学需要社会主义，社会主义更需要科学。

④总理为人民，人民爱总理。

这四例正好说明了回环的四种类型：例①是依词回环。前后两句的词语排列次序依次相反。例②是错综回环，词语错综开来。例③是增词回环，为了强调，回文在回变时，增加了一个“更”字。例④是换词回环，将“为”换为“爱”。

回环和回文是有区别的:第一,回文是利用读音来复的特点,即以字为单位(或外语的字母为单位)顺念回念都可成文;而回环是利用词语来复,即上句与下句的词语次序正好相反。第二,回文在回念时,只能依字回念,次序是固定的,而回环的次序是交错的,只有“依词回环”可以依词回念,而“错综回环”“增词回环”和“换词回环”则不能回念成文。

回环和顶针不同。一个抽烟的人在路上走着走着,烟瘾上来了,他掏出一盒火柴,迎风划火,一边划一边给自己立下规定。“抽烟不过三,过三不抽烟!”三根火柴划过了,烟没有点着,于是他大声说:“抽烟不过七,过七我不吸!”又划了四根火柴,烟还是没有点着。他轻轻地安慰起自己来:“管他三七二十一,啥时点着啥时吸!”“抽烟不过三,过三不抽烟”是回环,上句的尾和下句的头相同,均是“过三”。下句的尾和上句的头相同,均是“抽烟”。而“抽烟不过七,过七我不吸”是宽式顶针,上句的尾和下句的头相同。回环和顶针的区别是:第一,回环要求上句的尾和下句的头相同,同时下句的尾和上句的头相同。而顶针只要求上句的尾和下句的头相同。第二,回环的结构是“甲——乙,乙——甲”。顶针的结构为“甲——乙,乙——丙……”。

七、对偶　排比　层递

(一)对偶

新婚之夜,苏小妹欲试新郎秦少游胸中之才,将秦少游拒之门外并出对曰:“闭门推出窗前月。”秦少游左思右想不得其对,徘徊长廊。苏东坡见状,虽替妹夫焦急,却又不便代劳。突然他灵机一动,拾起一块石子,投进盛满清水的花缸里。秦少游顿时醒悟,脱口而出:“投石冲开水底天。”苏小妹闻声大喜,急忙迎进新郎。

“闭门推出窗前月”与“投石冲开水底天”是一副工整的对联。对联又叫对偶或称楹联,在诗词中又称对仗,它是汉语所独有的传统言语表达形式。一对句子,需字数相同,音韵各异,平仄协调,对偶工整。所谓对偶,是指用一对结构相同或相似、字数相等或基本相等的语句来表达一个内容相对称的意思。有时对偶的两句上面会加横幅。

根据不同的标准可以将对偶分出不同的种类。

对偶从形式上可分为严式对偶和宽式对偶。

严式对偶。严式对偶要求上下两句字数相等,结构相同,词性相对,平仄相对,不能重复用字。严式对偶又叫工对或工整对。如:相传爱国英雄于谦少年时,才思很敏捷。一次,有人出难题要他属对,上联为“半夜二更半”。这一句五字,首尾要用同样的字,这是第一难;第二字是名词,第一字和第二字要构成偏正式的复合词,这是第二难;第三字必须是数字,与第四字又要构成偏正式的复合词,这是第三难;对句和出句必须平仄相对,如“半夜”为仄仄,对句要平平,这是第四难。于谦略加思考,就工整地对出了“中秋八月中”,真是奇思巧想、对句工整。又如:于谦年幼时,母亲把他的头发梳成双髻。一天一个叫兰古春的僧人看到他这副模样,戏道:“牛头喜得生龙角。”于谦应道:“狗嘴何曾出象牙。”于谦回到家对母亲说:“今后不可梳双髻了。”过了数日,兰古春恰好路过学堂,见于谦头发梳成三岔,又戏道:“三角如鼓架。”于谦对道:“一秃似擂槌。”

宽式对偶。和严式对偶相比，宽式对偶要求不太严格，它一般只要求结构大致相同、声韵基本协调。如：一个外号叫“酒葫芦”的失业轿夫，每天必进杏花村酒店。一天有两位诗人在喝酒，看到“酒葫芦”坐到他们桌边，就对他讲：“你这位不速之客竟敢前来喝酒，咱们先来吟诗作对，你若赢了就让你喝三杯。”“酒葫芦”不甘示弱：“不妨不妨。”于是诗人甲先高声吟道：“天下飞凤凰，地下走绵羊，桌上放《春秋》，两旁站梅香。”诗人乙对道：“天上飞斑鸠，地下走黄牛，桌上放《礼记》，两旁站丫头。”“酒葫芦”对道：“天上飞鹞子，地上走豹子，桌上放亮子，两旁站小子。”并解释道：“鹞子展翅赛凤凰、斑鸠，豹子开口食绵羊、黄牛，亮子放火烧《礼记》《春秋》，小子发狂戏梅香、丫头。”于是“酒葫芦”三杯酒下肚。这里有两副对偶，诗人甲和诗人乙对了一副，诗人甲与“酒葫芦”也对了一副。这两副对联都是宽式对偶，只求字数相等、结构大致相同，允许在出句和对句中出现相同的字词，如“天下”“地下”“桌上”“两旁”。

对偶还可以根据出句与对句之间的意义关系分为正对、反对、串对。

正对是指出句和对句在意义上相似、相补、相衬。如，李鸿章、翁同龢是光绪皇帝的宠臣，一个做文化殿大学士，相当于宰相，合肥人。一个曾做过户部尚书，是司农，常熟人。这两人官高势大，人们写了副对联讽刺他俩：“宰相合肥天下瘦，司农常熟世间荒。”这副对联利用二人的籍贯巧作对联，两句意义上相似、相补、相衬。又如，有一年春节前夕，纪晓岚应一乡亲邀请，替乡亲写对联，他了解到，这户人家有三人，都是光棍，老大是个卖爆竹的。于是出了上联“惊天动地门户”。老二是个集市经纪，是专管买卖粮食过斗的，于是出下联“数一数二人家”。老三是个卖烧鸡的，根据他先杀鸡又卖烧鸡的特点，于是出了横幅“先斩后奏”。这副对联上联和下联意义相补、相衬，是正对。

反对是指出句和对句在意义上相反或相对。如，有位尚书大人闻知解缙出语不凡，想试探一下他的本领，便命人邀他到府上相见。但却中门紧闭，让他从偏门而入。解缙坚不从命，声言：“正门未开，非迎客之礼！”尚书闻报，便出门对曰：“小犬无知嫌路窄。”解缙应声答道：“大鹏展翅恨天低。”尚书见解缙身着绿衣，便挖苦道：“出水蛤蟆穿绿袄。”解缙见尚书老态龙钟，身穿红袍，立即反唇相讥：“落汤螃蟹着红袍。”尚书见解缙对答如流，便大开正门以上宾待之。解缙共对成两副对联，出句和对句意义相反、相对。

串对是指出句和对句在意义上相关联，表示承接、连贯、递进、因果、假设、条件等关系的对子。如，一年，周渔璜任浙江主考。他初到杭州，一些考生听说他是蛮子，便认为他没有什么真才实学，就将他围住，借欢迎为名，故意为难他。其中一位考生高声问道：“洞庭八百里，波滔滔，浪滚滚，宗师由何而来？”周渔璜凛然答道：“巫山十二峰。云重重，雾霭霭，本院从天而降！”这群考生听了，顿时目瞪口呆。串对的特点是：上下两句的意思互相依存，不能割裂开来，只有结合在一起，才能形成完整的语义表达。如柳亚子《浣溪沙》词：“不是一人能领导，哪容百族共骈阗？”上句表示原因，语意未尽，是偏句，只有将偏句和正句结合起来，才成为一个完整的因果复句。用串对构成的对偶句，其文势并非双峰并峙，而是一水奔流。上下句不但在语义上，有时在句法上也彼此相对，因此也有人称串对为流水对。

根据字数的多少,可将对偶分为四字对、五字对、六字对、七字对、八字对、九字对、十字对、多字对(十字以上)。

①山明水秀,政通人和。

②春来红日丽,雨过紫琅新。

③七尺甘为红烛,一生愿作春蚕。

④冷灰尚想尽微热,烬烛不忘献寸光。

⑤紫琅山下莺歌燕舞,通杨河畔人寿年丰。

⑥牛去虎来虎虎气盖世,物换星移星星火燎原。

⑦声声爆竹纷传四化喜讯,朵朵梅花争报改革佳音。

⑧坚持改革上上下下条条块块行行业业轰轰烈烈扎扎实实干四化,再展宏图家家户户男男女女老老少少兢兢业业认认真真建文明。

对偶中常常含有其他修辞方法,如歇后、镶嵌、回文、双关、拆字、叠字、同异、反复、顶针、比喻、比拟、夸张等。如:相传吕蒙正未做官前家贫如洗,他曾在门口悬挂一联,上联是"二三四五",下联是"六七八九",横幅是"南北"。这副对联用的是歇后寓意法。上联缺"一"。谐音"缺衣",下联少"十",谐音"少食"。横幅的寓意是缺"东西"。此联幽默风趣,但也流露了贫士的清苦。京剧名旦程砚秋初由上海到北京登台,萧君撰联云:"艳色天下重,秋声海上来。"此联嵌进了"艳秋",这是用的镶嵌法。从对联本身来看,所嵌之字可以是第一字,第二字或第三字,但以嵌第一字为常见,习惯上称它为"鹤顶"。"普天同庆,当庆当庆当当庆:举国若狂,且狂且狂且且狂。"这副对联采用的是反复法。杭州西湖有副对联:"山山水水处处明明秀秀,风风雨雨时时好好奇奇。"这采用的是叠字法。梅兰芳生前最喜欢的一副对联是:"看我非我,我看我,我也非我;装谁像谁,谁装谁,谁就像谁。"这副对联同时采用了顶针法、回文法和回环法,将表演的技巧描绘出许多层次来,因而深得京剧艺术表演家梅兰芳的喜爱。

(二)排比

列夫·托尔斯泰在《战争与和平》中写道:"胆大而不急躁,迅速而不轻佻,爱动而不粗浮,服从上司而不阿谀奉承,忠于职守而不刚愎自用,胜而不骄,喜功而不自炫,自重而不自傲,豪爽而不欺人,刚强而不自傲,谦虚而不装假,认真而不迂腐,活泼而不轻浮,直爽而不幼稚……。"这段话用排比的手法,从各个不同的侧面告诫人们应该怎样加强自身的修养。所谓排比是指用结构相同或相似、语气一贯的一连串语句,把相似或相关的内容表达出来。排比可以用来叙事、抒情或议论。

排比有短语排比和句子排比两种。当你坐上早晨第一列电车驰向工厂的时候,当你扛上犁耙走向田野的时候,当你喝完一杯豆浆提着书包走向学校的时候,当你坐到办公桌前开始一天工作的时候,当你往孩子口袋里塞苹果的时候,当你和爱人一起散步的时候……朋友,你是否意识到你是在幸福之中呢? 这段话由六个介词短语组成排比。人生的遗憾在于最美好的时刻不能重现;得喉炎的遗憾在于等你痊愈以后,才能向人谈起你的病;成功的遗憾在于等你把它弄到手后,它好像没有以前那样堂皇;扩音器的遗憾在于能扩大你说话的声音，而不能扩大你的观点；微波炉的遗憾在于饭已经做好而饭桌还没有摆好；身体健康的遗憾在于要保持健康使你精疲力竭。六个句子形成排比，叙说六种“遗憾”。

排比的特点是：一是构成排比的一组语句，一定要包括三项或三项以上的内容，它们的关系是并列的。二是排比常常带有提示语，提示语常常通过反复的形式来连接，结构紧凑，文意贯通，语势强劲。如，有人问俄国杰出的军事家亚·瓦苏沃罗夫：“在你看来，一个真正的英雄应该具有哪些品质？”他回答说：“一个真正的英雄应该是：要勇敢，但是不能急躁；要行动迅速，但是不能轻举妄动；要机灵，但是要有决断；要服从，但是不能卑躬屈膝；要能统率，但是不要盛气凌人；要做胜利者，但是不能贪图虚荣；要气度高雅，但是不能骄傲自负；要亲切和气，但是不能虚情假意；要坚定，但是不能固执己见；要谦虚，但是不能言过其实；要招人喜欢，但是不能举止轻浮；要博得别人赏识，但是不能施展权术；要善于洞察，但是不能诡计多端；要坦率，但是不能疏忽大意；要和蔼可亲，但是不能转弯抹角；要为人效劳，但是不能图谋私利；要坚决果断，但是不能顽固不化。”有人将这段话称为“一个真正英雄的十七个‘但是’”。这十七个用了“但是”的句子形成排比，告诫人们作为一名“英雄”在十七个方面应该怎样有分寸地处事为人。十七个排比句中都用了转折连词“但是”，这个提示语反复出现，增强了语势。

古人云：“文有数句用一类字，所以壮气势，广文义也。”这是讲的排比的作用，排比在表达中能加强语势，使语意畅达，节奏和谐。在运用排比时，不要生硬地拼凑，要做到语意上相关，范围性质相同，结构力求相似，整齐匀称，并可重复某些词语，而且数量不少于三个。

（三）层递

应修人有一首诗，题为《小小儿的请求》：

不能求响雷和闪电底归去，
只愿雨儿不要来了；
不能求雨儿不来，
只愿风儿停停吧！
再不能停停风儿呢，
就请缓和地轻吹；
倘然要决意狂吹呢，
请不要吹到钱塘江以南。
钱塘江以南也不妨，
但不要吹到我家底家乡；
还不妨吹到我家，
千万请不要吹醒我的妈妈！
妈妈醒了，
伊的心就会飞到我的船上来，

风浪惊痛了伊的心,
怕一夜伊也不想再睡了,
缩之又缩的这个小小儿的请求,
总该许我了,
天呀?

这首诗一层退一层,愿望"缩了又缩",请求风"不要吹醒我的妈妈",这种表述方法称为层递。

所谓层递是按照事物性状的大小、长短、高低、轻重、远近、难易、深浅等差别,有层次地叙述,表达客观事物的层级性,或逐层递增,或逐层递减。

层递可分为递升、递降两种。

递升是把事物按由小到大,由短到长,由低到高,由轻到重,由近到远,由易到难的顺序叙说下去,就像阶梯式的升高,这叫递升,又叫阶升。如,某甲买了一包五香豆边走边吃,乙向他讨豆吃,甲知道他熟悉历史,便说:"要吃豆可以,但有个条件:你只要说出一个古人,就给你一粒豆。"乙同意。他说:"刘、关、张桃园三结义。"甲就给了他三粒豆。乙接着说:"八仙过海显神通。"甲又给了他八粒豆。乙又说:"梁山泊一百零八将。"甲只得把剩下的豆给了乙。乙对甲说:"你要是豆多的话,我还要说'曹操八十万人马下江南'呢!"乙讲了四句话,数量上一层进一层。这是数量上的递升。

递降是把事物按由大到小,由长到短,由高到低,由重到轻,由远到近,由难到易,由深到浅的次序说下去,这种方法叫递降,又叫阶降或递减。如,联合国原秘书长德奎利亚尔,在一份题为《八十年代的青年状况》的报告中指出:"亚洲青年人数在世界青年总数中比例最大,约为60%,以后的顺序是:非洲——11%;南美洲——9%;欧洲——8%;北美洲——5%。"这种排列采用的是递减式,它是根据青年人占的百分比按由大到小的顺序排列的。

把递升和递减分开讲是为了叙述的方便。事实上,在言语表达中,递升和递减是结合在一起使用的。有一则幽默故事,题为《恭维》:某甲擅长恭维,一天,他请了几位小有名气的人来家中吃饭,准备施展一下自己的专长。他临门恭候,等客人们接踵而至的时候,挨个儿问道:"您是怎么来的呀?"第一位客人说:"我是坐小汽车来的。"某甲立即用感叹加赞美的语调说:"啊!华贵之至。"第二位客人听了,一皱眉头打趣道:"我是坐飞机来的!"某甲赞曰:"高超之至!"第三位客人眼珠一转:"我是坐火箭来的!"某甲大喜曰:"勇敢之至。"第四位客人坦白地说:"我是骑自行车来的。"某甲话锋一转脱口而出:"朴素之至!"第六位客人故意出难题:"我是爬着来的。"某甲真是词汇丰富,立即恭维:"稳妥之至!"第七位客人讥刺地说:"我是滚着来的!"某甲并不脸红,哈哈大笑:"啊,周到之至!"在这里,第一位客人说坐汽车来的,第二位客人说坐飞机来的,第三位客人说坐火箭来的,后者比前者逐层升格,这属于递升。第四位客人说是骑自行车来的,第五位客人说是步行来的,第六位客人说是爬着来的,第七位客人说是滚着来的,从方式程度上来说是递降。

八、反复 转品 飞白

（一）反复

有一首短诗题为《但是不管怎样还是应该……》：人们有时会缺乏理智，逻辑混乱，唯我独尊；但是不管怎样，还是应该去爱他。如果你勤勉向上，有人会指责你别有用心谋取私心；但是不管怎样，还是应该去力争成功。诚实和坦率会使你易遭伤害；但是不管怎样，还是应该诚实坦率。你今朝的善行，世人会在明晨淡忘；但是不管怎样，还是应该多做好事。胸怀大志的伟人往往失势于目光短浅的庸夫；但是不管怎样，还是应该胸怀大志。人们虽然常常怜悯失意的弱者，却总是附炎于得志的权势；但是不管怎样，还是应该去扶助某些弱者。你多年建树的业绩可能毁于一旦；但是不管怎样，还是应该努力建树。献出你的全部精华去造福于人类，可能会使你陷入困境；但是不管怎样，还是应该献出你的精华。这首诗运用了反复的方法，让“但是不管怎样，还是应该”在诗中反复出现。所谓反复是根据表达的需要，反复的威力是很大的，几乎任何一个用语，只要反复多次，最后总会产生特殊的言语表达效果。反复的作用是不能忽视的，它能突出思想感情，分清层次脉络，加强节奏感，增添旋律美。

反复分为隔离反复和连续反复。

隔离反复是把相同的语句隔离开来使用，中间插进别的语句。秦兆阳有一首《无题》诗：

最应该记住的最容易忘记，
谁记住母乳的甜美滋味。
最应该感谢的最易忘记，
谁算过先行者的无数血滴。
最应该惊奇的最易忘记，
谁惊叹大地的无限生机。
参天大树为什么要深深扎根？
是为了繁茂它绿色的生命。
历史的河流啊，长流不息，
流的是历史的深沉的思维。

这首诗选自秦兆阳的《大地》，诗中的“最应该××的最易忘记”在诗中形成隔离反复，几个“谁”也形成隔离反复。又如：

组织得好的石头能成为建筑；组织得好的社会规划能成为宪法和政策；组织得好的思想能成为好的逻辑；组织得好的词汇能成为好的文章；组织得好的想象和激情能成为好的诗篇；组织得好的事实能成为科学。

这段文字中“组织得好的”反复出现，这种反复也属于隔离反复。

连续反复是把相同的语句连续不断地使用，中间不插入别的语句。如，吴敬梓的《儒林外史》中有一段文字：

从浦口山上发脉,一个墩,一个炮;一个墩,一个炮;一个墩,一个炮;弯弯曲曲,骨里骨碌,一路接着滚了来。”这里的“一个墩,一个炮”反复出现,是连续反复。又如:巴尔扎克为《杂志巴黎》创刊号写了一篇小说,但还有一个人物的名字没有定好,他和戈日一同在街上看招牌,想从中得到点启发,就在最后的一条路上,巴尔扎克盯着路旁一扇歪歪斜斜、又狭窄又破旧的门,他突然大叫一声:“有了……有了!有了!你念念!你念念!你念念呀!”戈日念了:“马卡!马卡!马卡!好了!”

这里的“有了”“你念念”“马卡”分别形成连续反复。

传统修辞学有所谓“同字”格,从传统的“同字”定义来看,所谓同字是把相同的字放在三个以上的句子的开头或结尾。有一篇短文题为《生活的艺术》:

一个明智的人早晚总会发现,生活是欢乐与悲哀、成功与失败、给予与获得的聚合体。

他知道能不为琐事而大动肝火对于成功是至关重要的。

他懂得不善于驾驭自己情绪的人总会有所失。

他理解任何行为总会像甩出的飞镖一样落回来。

他理解沉溺于说长道短地议论他人最能使自己信誉扫地。

他懂得去尊敬每一个人。

他知道一个“早安”和一个微笑能使人获得一天的快乐。

他知道用肯定和赞许去振奋别人的精神的同时也是在振奋自己的心灵。

他懂得当他落难或失败的时候,世界并不是末日,新的一天和新的机会总在面前。

他觉得听往往比说更重要,让别人诉出心中的烦闷总能结交更多的朋友。

他知道每个人都会有烦恼,他不会因别人的怨尤而消沉。

他相信一个地方的人并不比另一个地方的人难相处,相处得和睦与否98%取决于他自己的所作所为。

从“同字”的眼光看,这里的十一个“他”都在句子的开头,这与其说是同字,不如说是反复,是由“他”构成的隔离反复。此外,“知道”“懂得”亦属隔离反复。

(二)转品

有一年,一位好莱坞的电影经纪人为了招徕观众,在美国好莱坞举办了一场别开生面的“模仿卓别林竞赛”。许多来自各地的选手争相登台表演。他们穿上卓别林式的服装,装扮成卓别林的模样,表演得惟妙惟肖,令观众倾倒,比赛场上盛况空前。卓别林听到这个消息,也悄悄来到好莱坞。以一个模仿者的身份登台参加竞赛,谁知他只得了个第三名,后来获得第一名的选手知道了艺术大师卓别林本人竟屈居第三名,深感不安,执意要与他互换一下名次,卓别林坚决不同意,他诚恳地对第一名选手说:“你是卓别林的模仿者,却战胜了真正的卓别林,证明你比卓别林还要卓别林,这第一名理当是你。”在“比卓别林还要卓别林”中,第二个“卓别林”本是名词,但它为了某种特殊的修辞目的而用作形容词,这种修辞方法叫作转品。传统的“品”指的是词性,转品就是凭借上下文有意转化词或短语的性质，一般是把名词当作动词或形容词来使用，以增加辞趣。陈望道《修辞学发凡》原称“转品”，1976 年上海人民出版社重印本改称“转类”。“类”就是词类。有一则小幽默，题为《学问难成》讲的是初学造句的小朋友，常常会造出意想不到的语句：

难过——我家门前的大水沟很难过。

如果——罐头不如果汁营养丰富。

天真——今天真热，是游泳的好日子。

十分——妹妹的数学只考了十分，真丢脸。

从容——我做事情，都是从容易的做起。

这则小幽默利用了转品的特点，“难过”本来是个形容词，要求在所造的句子中也要出现这样的形容词，但造出的句子，将“难过”变成了动宾关系的短语了。“如果”是个连词，造句者只求字面同形，而忽视了词语的用法。“天真”是形容词，造句时只注意字面相同，而不顾词性和词义。“十分”是副词，而句子中出现的“十分”却是数量词。“从容”是形容词，所造的句子中虽然嵌进了这个词，但忽视了该词的词义和词性，只求字面同形。作者有意改变“难过、如果、天真、十分、从容”的词性，转品的运用大大增加了言语表达的效果。

转品不仅在小幽默中出现，它也常常出现在文学作品和口语交际中。如，这个连长太“军阀”了！年纪不大，脾气可不小！（曲波《山呼海啸》）在他的内心深处，他似乎怕变成张大哥第二——“科员”了一辈子，以至于对自己的事都一点也不敢豪横。（老舍《离婚》）但是他对妙斋越来越冷淡。他想把妙斋“冰”了走。（《老舍短篇小说选》）

转品与词类的误用有一定区别：转品是随情应景地让词语活用，使表达具体而形象、新鲜而活泼，而词类误用是在表达时将甲类词误作乙类词使用。前者是一种修辞方法，后者是言语表达时出现的一种语病。

（三）飞白

黄宗英《小丫扛大旗》中有这样一段描写：她一见秀敏就说：“秀敏同志，你那发言稿哪？”“啥镐？”“讲话的稿。”“讲话还带镐？”“不用稿也得有个提纲吧。”“啥缸？”“拿张纸把你要说的内容大概写下来，提防忘了，说溜了。”秀敏一听说“写”，愣了。她抗着脖子：“我不会写。”“镐”是“稿”的白字，“缸”是“纲”的白字，这里用飞白法描写说话人不懂什么是“发言稿”和“提纲”。飞白法往往起到滑稽、揶揄、增趣的作用。

飞白是为了特殊的表达需要将明明知道是错误的字、词、句、篇故意如实记录或仿效。这里的“白”本来是指白字，也可以将它扩大到有语病的词语句篇，飞白的构成有以下四种情况：

一是利用白字构成飞白。我国古代书写的习惯都是竖写。有个州官写字十分潦草。一天他写了一张字条，要衙役给他“买猪舌”，“舌”字的上半截写得老长老长的，衙役把“舌”字看成“千口”两个字了。为了购买这一千口猪，衙役们倾巢出动。整整忙了三天三夜，好不容易才凑足了一千口的数。他们赶着猪，向州官交差说：“报告老爷，你要的一千口猪已经全部买到！”州官吃惊地说：“我没让你们买猪呀！”衙役们把字条递上去说：“给，这是你亲笔写的，还会有错？”州官说：“你们这群混蛋！我写的是买猪舌嘛，怎么看成是

‘买猪千口’呢?”衙役们被骂得面面相觑,哭笑不得。有个小衙役在下面小声咕噜说:“你给老太爷写信的时候,可不要把‘爹’写成‘父多’啊!”这里的“千口”是“舌”的白字,“父多”是爹的白字,“飞白”手法的运用增添了故事的情趣。

二是利用词语构成飞白。马烽《刘胡兰传》中有一段对话:玉莲不懂什么是持久战,她悄悄地向金香问道:“金香,顾县长说的是什么吃酒战?”“你真是个笨蛋! 连个‘吃酒战’也不知道。”金香自以为是地说道:“就是喝醉酒打架嘛! 喝了酒打人最厉害了,我后爹喝醉酒,打起我妈来没轻没重的。”金香并不知道什么是“持久战”,却自以为是地把“持久战”理解成“吃酒战”,可以说“吃酒战”是“持久战”的飞白。

三是利用有病的句子构成飞白。无论说话还是写文章,人们都不愿在言语活动中出现讨厌的病句,但在文艺作品中,为了塑造人物形象,刻画人物的某种性格,表现人物的某种感情,作者往往在人物语言中有意地运用一些病句或不太规范的句子。电视连续剧《黑十字架》中有一个海关人员被走私集团利用,后来在同志们的帮助下终于觉醒了,当公安人员布置他打入走私集团内部侦察时,他非常激动地表示:“我一定使劲儿侦察。”这种回答,近于孩语,这是成年人在强烈的感情支配下所道出的孩语,并且在特定的背景下由那位悔悟觉醒后的海关人员讲出,显得真实自然。又如电影《御马外传》中,有人来找亮亮的妈妈,亮亮从屋里走出来说:“我妈妈说,家里没人。”亮亮的话本身是引人发笑的,因为它明显违背了逻辑事理,但亮亮说出,就自然贴切。秦牧在《艺海拾贝》中说:“在某种场合,‘不合逻辑’的语言有时比合乎逻辑的语言更有力量。”在文艺作品中,这种“不合逻辑”的句子是作者将它作为某种艺术手段而有意运用的,它完全服务于文艺作品刻画“这一个”的需要。

四是利用篇章构成飞白。在文艺性的小品文中常常采用这种方法。有一篇文艺小品文题为《奇文共欣赏》,介绍了国民党山东省主席韩复榘的演讲词:

诸位,各位,在齐位。今天是什么天气?今天是演讲的天气。开会的人来齐了没有?看样子大概有五分之八了,没来的举手吧!很好,很好,都到齐了,你们来得很茂盛,敝人也实在是感冒。今天兄弟召集大家,来训一训,兄弟有说得不对的,大家应该互相原谅,因为兄弟和你们大家比不了,你们是文化人,都是大学生,中学生和留洋生,你们这些乌合之众是科学科的,化学化的,都懂七八国的英文,兄弟我是个大老粗,连中国的英文也不懂。你们是从笔筒里爬出来的,兄弟我是从炮筒里钻出来的,今天到这里讲话,真使我蓬荜生辉,感恩戴德。其实我没有资格给你们讲话,讲起来嘛就像就像……对了,就像对牛弹琴。

今天不准备多讲,先讲三个纲目:

蒋委员长的新生活运动,兄弟我举双手赞成,就是一条,“行人靠右走”实在不妥,实在太糊涂了,大家想想,行人都靠右走,那么左边留给谁走呢?

还有件事,兄弟我想不通,外国人在北京东交民巷都建了大使馆,就缺我们中国的,我们中国为什么不在那儿建个大使馆?说来说去,中国人真是太软弱!

再一件事,你们校的总务长太不像话了,要不是他贪污了,那学校为什么这样穷酸？十来个人穿着裤衩抢一个球像什么样子，多不雅观！明天派人到我公馆再领笔钱，多买几个球，一人发一个，省得再你争我抢。

韩复榘原是国民党山东省政府主席，齐鲁大学校庆时他作了此番演讲，演讲词病句甚多堪称奇文，当然该文亦经后人的夸张加工，加工者采用飞白法，夸其病，讽其庸，具有独到的讽刺效果。

飞白就是故意使用有病的字、词、句、篇，但是我们所理解的“病”应包括语法、修辞和逻辑诸方面的毛病。前几年，《人民文学》曾刊载了一篇《大问题》的小品文。

同志们：

我今天准备给大家讲一个问题。这个问题，本来没有什么问题，但是，问题终究是问题，你越不讲它就越成问题，最后，可能发展成为无可救药的问题。

那么，这个问题究竟是什么问题呢？这个问题是一个不简单的问题，同时也是一个难于解决的问题。如果我这个问题讲来讲去你们听不出什么问题，那么就说明我这个问题中还存在问题，也许你们的耳朵有问题，这样大家都有问题。

但我希望，我讲完这个问题之后，大家要从我这个问题中多多提出问题，并且深入分析我这个问题。这样做，我一定没有问题，但我坚信，大家一定能解决我这个问题中所存在的问题，把它变成一个没有问题的问题。

讲到这里，我的问题已成为越讲越多的问题，大家会感到是一个十分荒谬可笑的问题。不过，我还要郑重地指出：我这个问题是一个非常特殊的问题，大家听后满意也好，不满意也好，始终会在你们的印象中留下一个不三不四的问题。这样一来，我所讲的问题就成为一个非常遗憾的大问题。

最后，祝大家身体没有问题！

这则讽刺小品以讲话稿的形式讽刺了一些喜欢拉官腔的人。语法、逻辑上基本没有“病”，只是修辞上以辞害意，单调地重复三十六个“问题”，内容空洞无物，形式呆板累赘。

九、释语　节缩　镶嵌

（一）释语

培根论爱情时这样写道：“所谓情话就是热情冲动时所说的话，正如做梦时说出的呓语。并不是正常生活里的东西。所谓永恒的爱，是从红颜爱到白发，从花开爱到花残。”这里解释“情话”和“永恒的爱”都采用了释语的方法。

释语是用形象生动的言语对某个词语艺术地进行解释。它不同于一般的词语解释。虽然它在运用过程中要借助于某些词语解释的方法。

释语的方法有这样两种：

一是以本语释本语。“本语”指普通话，“以本语释本语”就是用普通话语词作形象生动的解释。如：

立春：立是见，春是蠢动，是植物开始有生机的意思。

雨水：雨水将多。

惊蛰:春雷响动,惊动万物。从这一天起冬眠生物将醒。

春分:分就是半,春季九十天的一半叫春分,这一天昼夜平分。

清明:明洁的意思,这一天起,草木萌芽。

谷雨:雨生百谷之意,这一天雨水加多。

立夏:夏天开始。

小满:麦粒即将饱满。

芒种:指麦种有芒。

夏至:至是极,是日影长到终极之意。

小暑:气候炎热,但还是没有热到极点。

大暑:炎热到极点。

立秋:秋是植物快成熟之意,这一天起秋天开始。

处暑:处是停止,指暑气将于这一天结束。

白露:地面水气凝结为露,呈白色。

秋分:秋季九十天的一半,这一天昼夜平分。

寒露:露光白而寒,是气候逐渐转冷的意思。

霜降:下霜。

立冬:冬是终了的意思,作物收割后要收藏起来。

小雪:开始降雪,但还不多。

大雪:雪将由小而大。

冬至:日影已短到极点。

小寒:天气寒冷,但还没有冷到极点。

大寒:冷到极点。

这里是用本语释本语的方法,对二十四个节气作了通俗形象的解释。这类释语要求生动、形象,注意可接受性。如果把“立春”解释为“每年2月4日前后太阳到达黄径315度时的节气”,把“雨水”解释为“每年2月19日前后太阳到达黄径330度时的节气”,则是对词语进行科学的解释。

二是用普通话语词释“异语”。用普通话语词对非汉语普通话语词(包括外语词、兄弟民族语言的语词、汉语方言语词、行业语的语词)进行生动形象的解释。有人称之为“异语”。如,西藏拉萨河畔有个叫王丽梅的北京下乡知识青年,藏族同胞总是亲昵地称她“格拉”。(藏语“格拉”,意思是老师)。(《北京日报》)这里用了藏语的语词“格拉”,表达了藏族人民对王丽梅的亲昵之情,若直接用“老师”而不用“格拉”转译,这种亲切之感就不能充分地表达。这种用兄弟民族语言的语词构成的异语,民族色彩很浓,有独到的表现力。又如,“作家”——湖南人叫种地的为“作家”。这个名称的双关意义也很好,这是说,写作也和耕种一样,是要勤于劳动的,湖南人又叫种地多的为“大作家”。(《人民文学》)这是用方言词构成的异语,它对方言词加以解释而引申出新意,给人以新颖别致之感。

异语的使用要把握住分寸,外来语、兄弟民族语词、方言词的运用,在言语作品中不宜太多。运用这些语词的好处是能增强语词的表现力，生动形象，亲切可感。如果滥用往往会影响言语交际。比如周立波的《山乡巨变》和冯志的《敌后武工队》都过多地运用了方言词。《山乡巨变》中的湖南方言“莫逗要方了”“大崽”“耕白水”“晏了”等。《敌后武工队》中的北方方言“不赖歹”“干的戟”“卖谝”“栽不楞”等都不同程度地影响了文学语言的表达效果。

释语不同于词语的解释。释语的方法只有两种，一种是本语释本语，一种是用异语作解释；而解释词的方法是多种多样的。如：利用同义词或同义短语来解释，拭——擦；畏惧——害怕；利用反义词或者在反义词前加“不”，丑恶——不美好；调和——不斗争。解释字义，跋涉——爬山蹚水，形容旅途艰苦。跋，爬山，涉，蹚水。交代异称，参差——文言词，不整齐的意思；俺——方言，我，我们；举例，呈现——“显出，露出”的意思。多指景象、状态之类的显露。如到处呈现出一片生气勃勃的景象。说明类属，象形——六书之一，描摹实物形状的造字法；交代背景，指出它是什么时代、什么社会的产物，是同什么背景联系在一起的；连坐——反动统治时代，一个人触犯了当时的法令，连带亲属也治罪，叫连坐。坐就是犯法。两相对照，利润——商品生产的赢利，在资本主义生产中，利润是工人所创造而为资本家所剥削的剩余价值的转化形式，在社会主义制度下，利润是劳动创造出来的纯收入的一部分，是社会资金积累的主要来源。释语常常借助于词语解释的某些方法，但最终的目的不一样，释语是为了使表达生动形象，亲切可感，而词语的解释是为了揭示词语的语义。

（二）节缩

志若黄河奔沧海，形似珠峰刺青天。借问英灵今何在？花潮诗海震人间。

这首诗选自童怀周《天安门诗抄》，诗中“珠峰”是珠穆朗玛峰的节缩。因为在诗中出现全称会影响诗的对称和简洁。

所谓节缩是指为了使语句简明或节拍协调或达到其他的修辞目的，把一些音节过多的词语加以删节、压缩和归并。

节缩常见的形式是简称和数词缩语。

简称是事物的全称简化了的称谓。简称的出现是为了用语的经济。简称是和全称相对而言的，简称仍具有全称在表义上的明确性。

简称的构成方式有以下几种：取全称中每个词的第一个字。如：政治委员——政委；北京大学——北大。取全称中第一个词的第一个字，取第二个词的第二个字。如，战争罪犯——战犯；师范学院——师院。取全称中的前一个词。如，师范学校——师范；清华大学——清华。取全称中的最后一个词。如中国人民解放军——解放军；中国人民志愿军——志愿军。取全称中每个词的一个字，再将具有类别性质的词附在后面。如，少年先锋队——少先队；支部委员会——支委会。取全称中具有代表性的两个字。如，鞍山钢铁公司——鞍钢；中国作家协会——作协。取全称中的第一个字，并与另一个全称中的第一个字连用。如，中华人民共和国、朝鲜民主主义共和国——中朝；英吉利大帝国联邦、法兰西共和国——英法。简称中字的顺序打破了原称中字的顺序。如，国营第五棉纺织厂——国棉五厂;第四女子中学——女四中。这种简称法更具有区别性,前例突出一个“棉”字,以区别于一般工厂。后者突出一个“女”字,以区别于一般中学。

简称不同于“代称”,代称一般是用一个字来代替原名称,它不是对全称的简缩。如,“湘”代称湖南,是因为该省境内有湘江,上海市用“沪”,是根据上海市东北的沪渎水(即今之吴淞江)来代称的。河南省的代称是“豫”,是因为河南是古九州之一的豫州。代称所用的字来源于该地区具有代表性的事物。

数词缩语有两种情况:一是将“百花齐放、百家争鸣”简缩为“双百”。这类数词缩语,数词的数额取决于全称中相同词的多少。又如,“反贪污、反浪费、反官僚主义”简称为“三反”。“初伏、中伏、末伏”简缩为“三伏”。二是将“蚊子、苍蝇、臭虫、老鼠”缩简为“四害”。这类数词缩词前部分数词的数额取决于全称中词语的多少,后部分的数额是全称中各个词语所代表的事物的共同属性。又如,“喜、怒、爱、恶、惧、欲”简称为“七情”。“酸、甜、苦、辣、咸”简缩为“五味”。

节缩在言语交际中不需详细解说其内涵,因为它是约定俗成的,因而节缩语常常是可以独立运用的。如:他们有高度的革命觉悟,可贵的革命干劲,一心为公的“十不”精神,“三老四严”“四个一样”的革命作风。

节缩有临时和约定俗成之分。“感情、激情、抒情”称“三情”,“摄取力、理解力、概括力”称作“四力”,这都是临时节缩。“五讲”“四美”是约定俗成的节缩。任何节缩都有从临时向约定俗成转化的过程,在转化过程中,有些被淘汰,有些被保存了下来。因此作为简称和数词节缩语在使用时应注意两点:一是在郑重的场合少用或不用,如正式文件中尽量少用或不用节缩语,要用也要注意节缩语的约定俗成性和全民性;二是局部通用的简称,如巴金《我们会见了彭德怀司令》一文,用了通行于志愿军内部的“志政”,就附上了注解:“志政,即中国人民志愿军政治部”。

(三)镶嵌

有一次,纪晓岚陪伴乾隆皇帝到南方巡游。乾隆皇帝坐在龙舟上,面对“滔滔长江万重浪,苍苍堤岸万里蛇”的深秋迷人景色颇有感触,即命纪晓岚当场吟一首七绝,来描述这一壮丽动人的景色,不一会儿,纪晓岚朗声吟道:“一篙一橹一渔舟,一个艄头一钓钩;一拍一呼还一笑,一人独占一江秋。”乾隆听后,拍手称绝,佩服地说:“怪不得人们称你为‘纪才子’果然名不虚传!”纪晓岚所吟七绝,嵌进了十个“一”字,这种手法叫镶嵌。它是为了表达的需要,故意加进一些字、词、句。

镶嵌有两种情况:一是为了音节对称或便于吟唱,故意加进几个无关紧要的字来衬托紧要的字,这叫衬字,如王实甫《西厢记》中的《长亭送别》,其中的一些唱词就采用了衬字法,为的是便于吟唱。如:见安排着车儿、马儿,不由人熬熬煎煎的气。有什么心情花儿,魇儿,打扮得娇娇滴滴的媚。准备着被儿,枕儿,只索昏昏沉沉的睡。……兀的不闷杀人也么哥!兀的不闷杀人也么哥!久已后书儿,信儿,索与我凄凄惶惶的寄。二是有时把能表达内心真情实意的词语巧妙地嵌进话语中去,或表达真情,或表示讽刺。封建军阀袁世凯,篡夺辛亥革命果实,窃居总统职位,王凯运作对联加以讽刺:民犹是也,国犹是也,何分南北；总而言之，统而言之，不是东西。这副对联中嵌进了“总统不是东西”。又如《天安门诗抄》有一首诗：江河湖海浪涛起，亿万人民悼总理。青山绿影低下头，滚滚泪浪哀声起。靠着泰山心难移，谁料星陨日月泣。边防战士继遗志，誓和白骨斗到底。在“四人帮”横行时期，人民失去了言论自由，这首诗采用镶嵌法，嵌进了“江青靠边”，曲折而巧妙地表达了作者的爱憎。

不仅是词语、句子可以嵌入言语段落中，有时嵌进的文字可以成为一个完整的篇章。如：有一个小伙子非常爱一个姑娘，但姑娘的父亲却不喜欢他，也不想让他们的爱情发展下去，小伙子很想给姑娘写一封情书，然而他知道姑娘的父亲会先看，于是他给姑娘写了这样一封信：

我对你表达过的热爱，
已经消逝。我对你的厌恶
与日俱增，当我看到你时，
我甚至不喜欢你的那副样子，
我想做的第一件事就是
把目光移向别处，我永远不会
和你结婚。我们的最近一次谈话
枯燥乏味，因此无法
使我渴望再与你相见
你心中只有自己
假如我们结婚，我深信我将
生活得非常艰难，我也无法
愉快地和你生活在一起，我要把我的心
奉献出来，但绝不是
奉献给你，没有人能比你更
苛求和自私，也没有人比你更不
关心和帮助我。
我诚挚地要你明白
我讲的是真话，请你助我一臂之力，
结束我们的关系，别试图
答复此信，你的信充满着
使我兴味索然的事情，你也不可能怀有
对我的真诚关心，再见，请相信
我并不喜欢你，请不要以为
我仍然爱着你。

姑娘的父亲看了信以后，非常高兴地把信交给女儿，姑娘看罢信也非常快乐，小伙子仍然爱着她。小伙子的情书，采用镶嵌手法，将连缀成文，表示对恋人的忠贞不渝，你不妨读一读信中的奇数行。

易色不同于倒反,也不同于双关。易色是变换词语的感情色彩和语体色彩,而倒反是说反话或戏谑讽刺,而双关是一语二义,言此而意彼。

转品不同于飞白:转品是故意改变某个词语的词性,飞白是故意使用有病的字、词、句、篇。

释语不同于词语解释:释语力求通俗形象或具有可接受性,而词语解释是阐述词语的语义,力求准确,释语和解释词语的方法也各不相同。

节缩也不同于释语:节缩是对全称的简缩,是为了言语的经济、表达的方便,释语是通过通俗形象的解释,让对方易于接受。

十、拆字 叠字 炼字

(一)拆字

有个财主少爷出外游玩,见一个年轻貌美的村妇在木桥边淘米,便生歹意。于是凑到跟前嬉皮笑脸地说:"有木便是桥,无木也念乔,去木添个女,添女便为娇,阿娇休避我,我最爱阿娇。"说完,眼睛直勾勾地盯着村妇。村妇听了他的下流言辞,看着他摇头晃脑的丑态,非常生气,回敬他说:"有米便为粮,无米也念良,去米添个女,添女便为娘,老娘虽有子,子不敬老娘。"少爷受了才思敏捷的村妇的回击,灰溜溜转身便走。财主少爷把"桥"字拆开,几换偏旁变为"娇",调戏村妇,而村妇同样采用拆字法将"粮"字几换偏旁变为"娘",回击恶少。

拆字是为了表达的需要把所用的字故意拆开,这种方法能增强趣味性。如:有一副对子:冻雨洒窗,东两点,西三点,切瓜分客,上七刀,下八刀。这副对联,出句巧拆"冻、洒"两字,语意自然,饶有意趣,对句巧拆"切""分"两字,浑然天成,入情入理。这里讲的"字"是个传统概念,它包括今天的字和词,即拆字除了合体字可以"化形拆字"外,为了表达需要,也可以把多音词临时拆开使用(有人称之为析词)。如:

> 我们现在革了船主的命,可不能革大海的命,大海一变脸,岂不是照样兴风作浪,伤害人命么?(杨朔《海市》)
>
> 他虽然借父亲的光,有一个贫农成分,但他本人当初既不"贫"又不"农",而是从小走南闯北,闯荡江湖。(张天民《创业》)
>
> 不懂得路就问路,不认得的事物就请教。谦而不虚,采取老实的办法,狂而不妄,采取认真的态度。(徐迟《向着二十一世纪》)

这里将"革命""贫农""谦虚""狂妄"分别拆开。

一个字有它的定型性,一个多音词也有其凝固性,一般不能拆开使用,如果为了表达的需要,将这些字或词拆开使用,这种字、词的活用就是拆字法。有人认为"从语言发展看,拆词有前途,而拆字没有前途"(《辞格比较》,安徽教育出版社1983年9月版)其实这是一种误会,拆字在日常的言语活动中,特别是在幽默故事中是非常有生命力的。汉字虽然可以简化,但像"谢"这类由几个部分组成的合体汉字是众多的,要在短期内将这些合体字简化到不能拆的地步是不可能的。既然有大量的合体字存在，拆字又是一种古老的而又为群众喜闻乐见的修辞方法。可以预测，拆字和拆词一样，在今后相当长的历史时期内都将保持着旺盛的生命力。

（二）叠字

一位老师讲解虚词“而”字，对学生说：“这个‘而’字，可解作‘但’‘与’‘如’，是一词多用的常用字”。第二天，一个学生写了一篇文章，不管三七二十一地乱用“而”字。老师看后，极为生气，便在文章上批道：“该而不而，不该而而而，而今而后，而已而已，应而便而，不该而不而。”学生看了这批语，不禁赞叹说：“我写了一百七十个字的文章，才用了十几个‘而’字，他写了二十多个字的批语，却用了十多个‘而’，怪不得他能当老师！”老师的批语，用叠字法，将几个“而”重叠使用，这是故事的编者故意用叠字法来嘲讽封建老学究的陈腐教学法，叠字法的运用使故事幽默风趣。

叠字是把同一个字或词接连叠用，这种方法如果用得恰当，能增强言语的音乐美，加强言语表达的形象性。如宋代女词人李清照的词《声声慢》：

寻寻觅觅，冷冷清清，凄凄惨惨戚戚，乍暖还寒时候，最难将息。三杯两盏淡酒，怎敌他，晚来风急！雁过也，正伤心，却是旧时相识。满地黄花堆积，憔悴损，如今有谁堪摘？守着窗儿，独自怎生得黑？梧桐更兼细雨，到黄昏，点点滴滴。这次第，怎一个“愁”字了得！

这首词是李清照晚年所作的名篇之一。词一开头连下十四个叠字，层层铺叙，表现了寂寞、悲凉、凄怆的心境。又如宋代诗人陆游的《钗头凤》一词：

红酥手，黄藤酒，满城春色宫墙柳。东风恶，欢情薄，一怀愁绪，几年离索。错！错！错！春如旧，人空瘦，泪痕红，鲛绡透。桃花落，闲池阁，山盟虽在，锦书难托。莫！莫！莫！

陆游三十出头，到山阴禹迹寺南的沈家花园去游玩，恰好与十年前的爱妻唐婉相遇，本来陆游与唐婉情投意合，夫唱妇随，生活美满，后因陆游为母亲所逼，休了爱妻。迫于家命，陆游另娶了王氏，唐婉嫁给赵士程。此时两人相遇，旧情藕断丝连，唐婉命家僮给陆游送了一份酒肴，陆游想起十年来的人事变迁，吞下苦酒，于是在一堵粉墙上题了这首伤心断肠的《钗头凤》小词。这首词的大意是：红润而柔腻的纤手，擎着黄封的美酒。全城弥漫着春光，宫墙边摇曳着杨柳。狂暴的东风吹来，吹散了欢乐的情怀。几年的离愁别恨，一齐都涌上心来。不该！不该！不该！今年的春光还似当年，人儿却已瘦损不堪。红泪浸湿了罗帕，点点斑斑。桃花片片飘零，池阁冷冷清清。纵有山盟海誓，也不能鱼雁通情。不行！不行！不行！《钗头凤》分别将“错！错！错！”和“莫！莫！莫！”作为词的上下阕的结句，它们采用了叠字的方法。当然，这里的字也是个传统概念，古代指单个的字，今天也可以指词，如翻译后的“不该！不该！不该！”和“不行！不行！不行！”就是典型的叠词了，不过为了照顾传统的“字”的说法，所以统称为“叠字”。

（三）炼字

一个男子要到某地去办事，他在机场告别了妻子便乘飞机走了。十天后，事办完了，他买好准备回家的机票,然后往邮局去给妻子发个电报。他拟好电文,交给一位女营业员说:“算算要多少钱?”她讲了个数目。他清点了自己所有的钱,发觉不够。“把‘亲爱的’从电文中去掉吧。”他说,“这样钱就够了。”“不”,那姑娘说,并打开自己的手提包,掏出钱来,“我来为‘亲爱的’这几个字付钱好了,做妻子的,可需要从她们的丈夫那儿得到这几个字眼哩。”“亲爱的”这几个字之所以不能省,是因为“做妻子的可需要从她们的丈夫那儿得到这几个字眼哩”,女营业员的话不是没有道理。事实上,在言语表达中,有的“字”可以省,有的不能省,“字”的选用,的确有一个比较、选择和提炼的问题。

炼字本来是指我国古诗文中锤炼言语的一种传统方法。皮日休所谓“百炼为字,千炼为句”。杜甫所谓“吟安一个字,捻断数茎须”,正是古人讲究炼字的体现。王安石《泊船瓜洲》:“春风又绿江南岸,明月何时照我还?”被公认为是炼字的典范。这个“绿”字,好就好在它含义丰富而又深邃,既表现了春天来得迅速,又描绘了江南新绿遍野、欣欣向荣的新春景象。“绿”字并非顺手拈来,而是作者反复推敲、锤炼、修改的结果。宋人洪迈在《容斋续笔》中谈到这首诗的修改过程:起初写作“春风又到江南岸”,后将“到”改为“过”,后又将“过”改成“入”,而后又将“入”改为“满”,共换了十几个字,最后才定为“绿”。从这个具体过程可以看出,所谓炼字就是选用最恰当的字来表情达意。

炼字的“字”,其范围比较宽泛,但是宽到什么程度,这是一个值得讨论的问题。在语言学界有一种看法:所谓炼字就是作者在提炼作品内容的基础上,对词句进行比较、分析和挑选,使作品的内容通过精选得来的词句得到更充分的表现。(赵克勤《古汉语修辞简论》,商务印书馆,1983年3月版)很明显,这里所讲的“字”是指词句,而事实上“字”的范围不能太广,因为“句”不能包含于“字”。“句”是言语表达的动态单位,而“词”是言语表达的静态单位,言语过程是组词成句的过程。我们所讲的“字”是指词或短语,不包括“句”,炼字的实质就是词语的选用,它不限于古诗文,在现代文中,高明的作者都是注重炼字的。如:

①婵娟:宋玉,我特别恨你!你辜负了先生的教训,你这没有骨气的无耻文人。

②孔乙己着了慌,伸开五指将碟子罩住,弯下腰去说道:“不多了,我已经不多了。”直起来又看一看豆,自己摇头说:“不多不多!多乎哉?不多也。”

③没有生,死就不见;没有死,生就不见;没有上,就无所谓下;没有下,就无所谓上。没有祸,无所谓福;没有福,无所谓祸。

例①中的“你这”原作“你是”,把表示判断的动词的“是”改成指示代词“这”,不仅句子形式变了,句子的语势也加强了,“你是没有骨气的无耻文人!”一览无余,话好像说尽了,而“你这没有骨气的无耻文人!”却是包含着丰富的潜台词。例②中的“乎”“哉”“也”都是文言词语,鲁迅先生用在这里,非常生动地表现了旧知识分子那种迂腐可笑的性格。例③是毛泽东《矛盾论》中的一段话,它用“生、死”“上、下”“祸、福”这三组反义词,揭示了事物之间相互联系又相互对立的关系。

炼字的过程是一个综合运用修辞方法的过程,选用何种词语,要考虑多方面的因素。

一是声音优美。炼字要选用上口、中听、声韵优美的词语,充分表现言语的音乐美,以适应情调，增强表达效果。古人在诗文中有运用“响字”的习惯，“响字”有两层意思：一是声音的响亮，二是意活，这体现了内容与形式的统一。贾岛的“鸟宿池边树，僧敲月下门”，是用“推”好还是用“敲”好？这首诗是诗人月夜回寺时推门进屋时吟成的，诗人反复体验“推”和“敲”这两个动作，仔细比较后选定一个“敲”字，“敲”当然要比“推”好。从所谓“响字”来分析：“推”属十灰韵，为合口呼，“敲”字属三肴韵，开口呼，理当择其响者而用之；从意义看，“敲”不仅传达诗人的动作，而且传达出了这个动作发出的“咚咚”的响声，衬托出万籁无声的寂静。

二是确切合理。确切合理是言语表达的立足点，有了合理的内容，没有确切的言语，往往会以辞害理，以辞害意。清代戏剧理论家李渔说：“琢句炼字，虽贵新奇，亦须新而妥，奇而确，妥与确总不越一理字，欲望句之惊人，先求理之服众。”（《窥词管见》），李渔的意思是说，用字贵“新奇”，但须注意“妥”与“确”，“妥”与“确”建立在合理的基础之上。合理的内容是先决条件，确切的言语表达是是否合理的关键，两者相辅相成。通过貌似不合理的言语来表达极合理的因素，正是言语艺术的魅力所在。如：“云破月来花弄影”表面看来是不合理的，月亮怎么会破？又怎么会被云弄破？花儿又怎会戏弄自己的影子呢？可是当一丝浮云缠在月亮上，遮住部分月亮时，月亮好像破了一样，但大部分依然明亮，所以花才有影，花儿在依然明亮的月光下，微风吹拂，摇摆不停，花影也随之摇曳起舞，不正像花儿在逗弄自己的影子吗？这句诗把静物动写，在特定的情境中，用字显得合理确切。

三是形象鲜明。“红杏枝头春意闹”是宋祈《玉楼春》里的诗句。《玉楼春》描绘的是春天的景色，一个“闹”字，使景物从静态变成了动态，从无声变成了有声，从平面变成了立体，给人以春风扑面、春意盎然、一片欣欣向荣的鲜明形象。王国维《人间词话》中曾赞叹“着一闹字而境界全出”。宋祈也因此而被后人誉为“红杏枝头春意闹尚书”。

四是适应情境。炼字并不是搜求那些艳丽、奇特、冷僻、深奥的字眼，它妙就妙在把极普通的字放到特定的情境中便能传神，这是“炼字”的功力所致，这并非刻意模仿雕饰所能企及的。如：一天，财迷同一位朋友去散步，不慎掉进河里去了。路人见了，连忙伸出手对他说：“把手给我！”谁知财迷听了，只把头往上浮了一下，说什么也不把手伸出来，那人又喊了一次，仍然是这样……这时纳斯雷丁路过这里，连忙对财迷说：“我的手快拿去！”这一回，财迷反应很快，连忙伸出手来，让纳斯雷丁拉上岸来。纳斯雷丁对大家说：“那落水的财迷你叫他‘给’，他不去理你，你叫他‘拿’，他比谁都快！”纳斯雷丁用“拿”代替“给”，收到了明显的效果。“拿”和“给”都是极其普通的字眼，在特定的情境中显得情趣无穷。

炼字作为锤炼话语的方法，有着悠久的历史，在运用炼字法时，除了要考虑“声音优美”“确切合理”“形象鲜明”“适应情境”之外，还要注意避免重复，顾及篇章，体现风格。运用炼字法时，没有“二句三年得”的精神，绝不会有“一吟双泪流”的效果。古人所谓“一字千金”并非过分，前人对于点题之字，总是呕心沥血、千锤百炼的。

【自测题】

一、解释下列概念

歧解　伸缩　衬跌　精细　换算　讽喻　倒反　拈连　串对

层递　同异　易色　转品　释语　节缩　镶嵌　炼字

二、辨析题

1. 曲解和误解;歧解与伸缩;婉曲和讳饰;

2. 正衬和反衬;一体两面对比与两体对比;衬跌与衬托;衬托与对比;

3. 夸大与缩小;换算和演算;精细与换算;

4. 明征和暗征;象征和讽喻;借代和借喻;比拟和比喻;比拟和仿拟;

5. 双关与拈连;回环和回文;回环和顶针;宽式对偶与严式对偶;

6. 层递与排比;同异与反复;易色和降用;转品与词类的误用;

7. 转品与飞白;释语与词语解释;

三、分析题

1. 举例说明什么是明喻、暗喻、借喻、反喻、缩喻、扩喻、较喻、回喻、互喻、倒喻。

2. 比喻的基础。

3. 炼字要考虑哪些因素?

4. 前人对夸张有哪些论述?

第三单元　修辞障碍

【案例导入】

袁鹰《井冈翠竹》在原稿中有这样的句子:"当年毛主席带领队伍下山挑粮食,不就是用这样的扁担么?"句中称呼"毛主席"不合史实,因而改成:"当年毛委员和朱军长带领队伍下山去挑粮食,不就是用这样的扁担么?"这样一改使言语更符合时代情境。

【能力目标】

能通过对修辞在语言、言语、文化、心理中的障碍分析,消除修辞中的言语障碍。

【知识点】

修辞在语言、言语、文化、心理中的障碍分析。

言语是对语言的具体运用,修辞是对言语的调适。在修辞活动中,表达者对语言的不同理解会产生语言障碍。修辞活动中的各种因素会导致言语障碍。语言本身是一种文化,语言工具又是文化的载体,修辞会产生文化障碍。修辞活动的主体是人,人在修辞活动中会产生心理障碍。

一、语言障碍

语言障碍表现为对语言规律的违背。语言是音义结合的词汇和语法体系。使用语言首先要遵守语言本身的规律。过去常说的“语病”，就是违背语音、语义、词义、语法的规范，如语法上的语病有词类误用、搭配不当、成分残缺、语序颠倒等。

语言病是言语交际的障碍。比如，“有些拙作，啰里啰嗦”(《语文报》)，“拙作”是谦称自己的作品或文章，不能用于指别人的文章。一位政工干部作报告：“什么雷锋啊，什么王杰啊，什么欧阳海啊，都是我们学习的榜样。”政工干部对报告中的英雄是怀有敬意的，但选用的语言成分本身含有轻慢的语气。王力在《谈谈写信》一文中说，一位青年干部写信给一位领导干部，最后一句是：“敬祝首长千古。”后来王力自己也收到一位青年的来信，说在弥留之际给他写信。他复信给青年：“你在弥留，应该快断气了，怎么能写信呢?”这些都是犯了语言病。传统语言学从语言规律本身去分析语病的病理、病因、病类以及检查和纠正语言病的方法，并制定了相应的语言规范。这对消除语言病、扫除言语交际中的语言障碍无疑是很有好处的。但它给人的印象是，语言使用中的障碍都在语言规律本身，因此制定无数的清规戒律让人遵守。这样做束缚了语言的使用，不利于言语创新。

二、言语障碍

言语病是语言使用过程中的不得体现象，即言语不适合说写者和听读者及其相互关系，不适切于言语环境，言语病是违背言语规律的结果。

无语言病的句子在一定语境中可以构成言语病。如“把生产搞上去，把人口降下来!”这句话本身无语言病，但如果刷到火葬场的围墙上就构成了言语病，这是因为言语没有适切语境。又如：“你长得很苗条”是文从句顺的恭维话，用于年轻女性就很中听，如果对怀孕的女士说，对方会感到不愉快。

有语言病的句子在一定语境中可以是合理的。无论说话还是写文章，人们都不愿意在言语交际中出现讨厌的病句。但在文艺作品中，为了塑造人物形象，刻画人物的性格，表现人物的情感，作者往往在人物言语中有意地运用一些病句或不太规范的句子。在文学作品中，作家常常独具匠心地运用“飞白”手法。秦牧在《艺海拾贝》一书中说得好：“在某种场合，‘不合逻辑’的语言有时比合乎逻辑的语言更有力量。”这种“不合逻辑”的句子是作家将它作为某种艺术手段着意运用的，它完全服务于文学作品的需要。

言语障碍是否形成，主要依据于言语规律。1920 年郭沫若在《笔立山展望》一诗中写道：“一枝枝烟筒都开了朵黑色的牡丹呀！哦！哦！20 世纪的名花！近代文明的严母呀!”诗中歌颂 20 世纪大工业生产的景象，以表现无产阶级的力量。我们不能用今天的标准斥之为歌颂环境污染，更不能视之为言语病，要考虑特定的时代背景，分析言语障碍不能无视时代背景因素；“奶奶，我要吃糖糖，我的肚肚饿了。”这样的言语由幼儿说出来，谁也不会见笑。如果出自一位老太太之口，那就不合适了。因此，言语障碍的判定不能离开说写者的主观因素；鲁迅在《致杨霁云》中说：“我认为一切好诗，到唐已经作完，此后倘非能翻出如来佛掌心的‘齐天太圣’，大可不必动的手，然而言行不能一致，有时也诌几句，自省亦殊可笑。”“齐天太圣”在汉语中无此称说，有人说是“齐天大圣”之误，应予更正。其实这是不了解鲁迅的言语目的，鲁迅用“齐天太圣”指比“齐天大圣”更有本领的人，极言其能。因此,言语障碍的判定不能离开言语目的;乘客在公共汽车上买票,说“南京路三张”是得体的。如果说成“我买三张从十六铺码头到南京路的票”,这种表述反而是不得体的。在法庭上审判员说,“把被告的同事带上来”是不得体的,应该说,“传被告的证人到庭”。因此,言语障碍的判定不能离开场合;又如:

同志们,对于我们的工作,我们一定要肯定那些应该肯定的东西,同时一定要否定那些应该否定的东西。我们不能只知道肯定那些应该肯定的,却不去否定应该否定的。也不能只去否定应该否定的,而忘记了去肯定应该肯定的。更不要去肯定应该否定的,而否定应该肯定的。

在党的十一届三中全会以来的路线、方针、政策的指引下,在六届人大精神鼓舞下,在省教委的领导下,在农业局的具体指导下,在有关部门的具体协助下,在我校党政的领导下,我校的教学工作取得了巨大成绩。

从这两段话语本身看,都有“假大空”的毛病,但它们出现的语境不同,其语料性质会有所变化,前一段话语是伊方《听同义反复万无一失的演说》中的一段,它作为艺术语体,是讽刺与幽默性质的语料,在作品中具有一定的积极作用。而后一段话语是一所省属农校工作总结的导语,它出现在现实语境中,语料的性质具有消极性。因此,衡量言语障碍应该充分考虑语境因素。

要避免言语障碍,必须遵守言语规律。当然,还得考虑与语言相联系的规律。比如,言语要符合语流的顺畅。《王贵与李香香》中“一杆红旗大家扛,红旗倒了大家遭殃”,这里的“遭殃”在原句中是“糟糕”,因“糟糕”不押韵而改成“遭殃”。又如,清代文人胡正藻在《坚磨生诗抄》中写有“一把辛酸论浊清”,受到乾隆的训斥:“加‘浊’字于国字上,是何肺腑?”因“浊”在“清”前,被理解为影射清朝。因此,言语障碍与语言材料的选择有关。言语病是对语言规范的负偏离,而言语创新是对言语规范的正偏离,言语障碍的判定应该研究语言规范和偏离之间的关系。

三、文化障碍

语言是文化的载体,它记载文化、传递文化,语义中还可蕴含文化因素。语言可以表达文化,它本身也是文化。在修辞活动中不可避免地会产生因文化差异而出现的障碍。主要的文化障碍有:

(一)问候语

中国人友善的问候有时会被西方人误解为多管闲事的盘问。这是由于中国人见面时习惯于明知故问,用当时交际场景和行为方式作为招呼语:“上街啊?买菜呀?泡澡呀?下班啦?吃了没有?修自行车?理发了?热了?”面对这些问候语,西方人觉得很纳闷:为什么中国人对他人的生活细节如此好奇,就连吃饭、买菜、泡澡之类的小事也要过问。他们以为这是在盘问自己。也许是出于礼貌的缘故吧,西方人常常一本正经地对这些“盘问”作出回答,结果却发现中国人根本就没有听答案的意思。

中西方在招呼语上存在着明显的文化差异。比如,中国人一般不和陌生人打招呼,否则就以为你认错了人,甚至认为你动机不良。而美国人的习惯是不管认识与否,彼此见面时都打招呼,说声 Hi(嗨)! 据语言学家 C·弗格森研究,英语和阿拉伯语的招呼语和告别语通常是从祈祷神灵赐福的用语中衍生而来的。它们约定俗成,有固定的格式或习惯搭配。而汉语的招呼语和告别语是和双方相遇时的交际场景相连的。在中国人看来,交际双方相遇时,结合具体场景说一些有关饮食起居方面的问候语极其自然,它体现了一种对他人随时随地的体贴关心,反映了友好的人际关系。

(二)恭维话

中国人的热情恭维有时被西方人误解为无礼的嘲讽。例如,中国学生见西方留学生买了许多食品,会说:"嗬,你买了这么多好吃的!"在银行见西方留学生存款,会说:"你一定有不少存款吧?"如果见西方留学生烫了发,会说:"你今天真漂亮,比过去年轻多了。"西方人常常将这些恭维话误解成说话人是在打听和干涉自己的个人隐私,有时会认为是一种嘲讽和不友好的言语。西方人喜欢在公共场合谈论天气、新闻等公众话题,即使谈及个人也是谈论某人的个性、爱好等大众化的话题,比如"你喜欢集邮吗?""你对演讲比赛有何看法?"而不会问及他人的家庭背景、工资收入、婚姻状况、年龄等隐私。相反,中国人喜欢在日常交际中询问他人的家庭私事,以显示双方关系的融洽。不理解这一点,就会产生言语交际障碍。上海电视台的一位女记者在一次电视采访中,向日本电影明星栗原小卷问道:"你今年多大了?"对方不无窘意地迟疑了一下才回答,"这,这是我的秘密。"后来这段采访在正式播出前被删去了。

(三)自谦语

中国人的谦虚礼让,有时被西方人误解为虚伪做作。外国游客表示感谢,中国导游谦虚地说:"不谢,这是我应该做的。"外国客人赞扬英语说得好,中国学生说:"不,差远了。"外国客人赞扬菜做得可口,中国女主人说:"哪里,哪里,我不会做菜。"外国客人赞赏所赠的礼品,中国同事说:"这不是什么值钱的东西,一点小意思。"中国人谦虚有礼的答谢,外国人不易理解,以为中国人对他们的赞扬不领情。如果被赞扬的一方是西方人,他们会直接感谢对方的赞誉,或表达自己的喜悦心情。在上述四种场合,西方人会分别作出如下回答:"谢谢,我是上海的老导游。""我的英语是在上海外国语大学学的,那儿有出色的英语教师。""这的确是我的拿手好菜。""这是我精心挑选的礼物。"

语言学家里奇认为,言语交际有合作原则和礼貌原则。合作原则包括要讲真话老实话的准则,礼貌原则包括赞誉准则和谦虚准则,中国式的自谦语比较注重礼貌原则,特别是其中的谦虚准则,甚至于不惜以牺牲讲真话和老实话的合作原则为代价。中国人认为,在上述场合自我贬抑比讲真话和老实话更得体,更能维持一种友好、和谐的人际关系,使双方在交谈中能最大限度地合作并取得一致。而西方人比较注重讲真话和老实话,当然也并非无视礼貌原则,但是当二者难以相兼时,他们宁可牺牲礼貌原则,这可能与西方人重视自我价值的观念有关。从这里也可以看出,里奇对这两种原则的解释没有普遍意义。中国人认为谦虚可以维持合作,外国人则认为讲实话才是合作。实际上,在言语交际中,该谦虚时不能骄傲,该讲实话时,不能维持虚荣,双方真正的理解才能保持言语交际中的合作。

(四)委婉语

中国式的委婉有时被西方人认为是莫名其妙。例如,两个中国人深夜交谈,甲委婉地向乙表示自己很累,想早点休息,便对乙说:“您很累吧,要不要早点休息?”乙回答说:“我不累,您呢?”甲为了表示礼貌只好顺应:“您不累,我也不累。”又如,中国学生请求美籍教师帮助他修改用英文写的小说,便说:“不知您是否有空,我是第一次用英文写小说,里面一定有许多错误。”在上述两种场合,中国人都不愿意直言真实意图,而是希望对方从自己的委婉话语中领悟真意。这也就违反了里奇所谓的合作原则中讲真话和讲实话的准则,而让礼貌原则再占上风,以达到双方减少分歧,增加共识的目的。而西方人对这样的交际策略不易理解,有些莫名其妙。这种种交际文化的障碍,容易引起言语交际的信息差,而降低交际效果。

四、心理障碍

修辞活动中的心理障碍很多,从理解话语的角度看,主要有耳误和口误两种。

(一)耳误

耳误是由于心理障碍对话语内容产生接受上的偏差。听是一种受心理支配的行为,分注意、接受和理解三个步骤,在每一步骤中均会由于情境的变化和听话人心理的变化而影响听话效果。当你对说话人的话语感兴趣时,就会由注意发展到接受和理解。如果注意力涣散、兴味索然,就会影响接受。另外,当你无法接受说话者的观点时,心理上也会筑起一道封闭的墙。

说话者的说话方式也会引起听话障碍。如以教训、命令、强迫、指责、贬斥、谩骂、盘问等方式说话,往往会使听话人产生心理上的反感而形成耳误。

在言语交际中不加倾听而急于发言,或来不及听清、听完、听全对方的话,都会产生耳误。言语交际中,听话时只重事理不重情感,只考虑对方的话语是否合理,而忽略了情绪和情感所表达的言外之意,往往难以形成情感上的沟通,给对方以“话不投机”的印象。

偏听极易形成耳误。这时听话人先入为主或带有偏见地听别人讲话,实际上往往听而不闻,不能客观地领会话语信息。

分心也是耳误的主要原因,造成分心的客观原因是:讲话者声音太小听不清;讲话者的仪表神态不同寻常;讲话者的语速太慢;旁人催促、下课时间快到、别人的打扰、工作上的压力等。分心的主观原因可以是:有重要的事心不在焉;情绪激动不能平静;受到批评或表扬等。俗话说“一心无二用”,这些主观因素会导致耳误。

误解是耳误的最直接的后果。由于偏听、分心等原因,会导致对话语信息的误解。当然误解还与文化水平有关,有人专心倾听,也会由于对词语不懂或知识欠缺而产生误解。学生在课堂上不能复述讲授内容,一种可能是没有认真听课,一种是认真听了,但无复述能力。

(二)口误

口误是正常人在言语交际中不由自主地偏离想要表达的语音、语义、词汇或语法形式的失误现象。常见的口误来自心理，可以说口误的主要原因是心误。大脑疲劳时，不能有效地支配词语的选择和话语的组合，于是产生口误。分心、怯场、心情紧张或激动时易于形成口误，认知困难或认知不明确的人在挑选字眼时容易出现口误。

【自测题】

一、解释下列概念

容错能力　语义激活　零度

二、辨析题

1. 语言障碍、言语障碍、文化障碍、心理障碍

2. 合作原则和礼貌原则

3. 耳误和口误

4. 语言病和言语病

5. 正偏离和负偏离

6. 大偏离和小偏离

7. 句法的合格性、语义的情理性、语用的有效性

三、分析题

1. 举例说明修辞的文化障碍。

2. 举例说明语病的内因与外因。

第三部分 逻 辑

【案例导入】

小陈是天地建设集团公司总裁秘书,在同事和客人中口碑很好。谈起做秘书的感受时说:“在工作中不断学习,觉得严谨思维的训练是一件对自己很有益的事情。秘书工作无大事,但如果处理不好有可能惹出大事。做好这些工作首先应该具备良好的沟通协调能力和领悟能力。要了解总裁的工作意图、思维方式和工作方法,才能及时、准确、完整地将政策、措施传达给被传达人,比如部门经理、下属各营业部基层职员,也就是很好地上情下达。另一方面,就是与同事之间,与各部门之间,与各个老总之间沟通协调好,理解他们的意图、思想建议,将其向老总汇报,这可以说是下情上达。其次一个重要素质就是严谨细致。秘书工作比较烦琐,必须沉下心去做,才能滴水不漏。就像胡雪岩说的‘八个壶七个盖’,你要同时保证每个茶壶上都有盖,所以事务管理工作来不得半点马虎,没有良好的逻辑思维素养难以胜任。”

请说说小陈对秘书工作的体会对你学习逻辑课程有什么启发?

【能力目标】

理解掌握普通逻辑的基础知识、基本理论和基本方法;能正确进行逻辑思维,准确敏锐地思考、分析、论证和表述问题,为学习、工作和生活提供必要的逻辑工具。

【知识点】

词项逻辑;命题逻辑;归纳逻辑;逻辑规律。

第一单元 词项逻辑

【案例导入】

某客户与一房地产公司签订了认购书,并交了3万元定金。但在认购书与收款收据中均将此笔定金写成了“订金”。后房地产公司因故无法及时交付成品房,此客户要求该公司按《合同法》中有关“收受定金的一方不履行约定的债务时,应当双倍返还定金”的规定,双倍返还定金6万元。但该公司认为当初的3万元是“订金”,不能适用于定金规则,仅同意原数返还3万元。交涉无果,诉至法院判决。后经法院审理,支持了被告该房地产公司的答辩请求,仅返还3万元“订金”。

问:法院为什么驳回原告的诉讼请求而支持被告的答辩请求?

【能力目标】

理解词项逻辑的基本概念和推理形式;准确地理解和使用词项,正确地进行推理;应用推理规则分析语言形式的正误。

【知识点】

词项的内涵与外延、定义与划分、概括与限制;直言命题及其推理;三段论;关系命题及其推理。

一、词项

(一)词项的含义

词项是指思维对象的语词,相当于传统逻辑中讲的概念,称其概念,是强调它的认识论意义;称其词项,是强调它的结构意义。狭义的词项是指充当命题的主项和谓项的语词。如:章某不是经理。广义的词项还包括量项和联项。如:有的合同是有效的。

法国作家维克多·雨果,有一次出国旅行,走到了某国边境,宪兵要检查登记,问道:“姓名?”“雨果。”“干什么的?”“写东西的。”“以什么谋生?”“笔杆子。”于是,宪兵在登记簿上写道:姓名:雨果。职业:笔杆贩子。堂堂大作家成了笔杆贩子。为什么会发生这个笑话呢?就是因为宪兵和雨果对同一词项的内涵作了不同的理解。雨果所说的“以笔杆子谋生”是指“作家”,而宪兵所理解的“以笔杆子谋生”是指“贩卖笔杆子”。由此可见,要正确表达思想,达到相互理解,必须明确词项的含义。只有明确了词项的含义,才能明确这个词项所指的对象和范围。词项的含义和范围就是词项的逻辑特征,即“内涵”和“外延”。词项的内涵就是词项的内在含义,词项的外延就是所反映的事物的范围。

表达概念的语词(词或词组),当其充当简单命题的主项、谓项、量项和联项时,就叫作词项。反言之,不表达概念的语词不是词项,表达概念却未充当简单命题的主项、谓项、量项和联项的语词也不是词项。

(二)词项外延和内涵的反变关系

词项的外延和内涵有反变关系或反比关系。词项的内涵越多,外延就越小。反之,词项的内涵越少,外延就越大。如“秘书”与“女秘书”两个词项之间就有这种反变关系,“女秘书”的内涵多,外延就小;“秘书”的内涵少,外延就大。

词项的内涵和外延在不同的条件下是可变的。一个词项的内涵和外延,在一定条件下是确定的,不能任意改变。但在不同的条件下,词项的内涵和外延是灵活可变的。一般有以下三种情况:内涵改变,外延不变。内涵不变,外延变化。内涵和外延多发生了变化。

语词是语言形式,概念是一种思维形式,词项只是指称事物、表达概念的语词。词项是对思维对象的反映,是思维形式;而语词是表达思维对象的声音、符号或笔画,是词项的物质外壳。

同一个语词在不同的语境中可以表达不同的词项。如"逻辑"一词,既可以用来表达"客观规律"这个词项,还可以用来表达"逻辑学"这个词项。"杜鹃"既可指一种叫"杜鹃"的鸟;也可以指一种叫"杜鹃"的花。一个语词只有在具体的思维中,才能抽象其表达的内容,才能判断它是一个什么样词项。如果把一个在不同的语境中表达不同词项的语词,当作表达同一词项的语词,就会造成误解。例如,传说宋代文学家王安石,一天到朋友家做客,当晚,清风明月,花影月移,虫鸟奏鸣,主人乘兴作诗,其中有两句是"明月当空叫,黄狗卧花心"。王安石看后,觉得全诗很好,只是这两句不妥,心里想明月怎能叫,黄狗怎能卧花心,在花心睡觉呢?于是,就改为"明月当空照,黄狗卧花荫"。岂知这一改却改错了,因王安石不知当地有一种小鸟在空中边飞边叫,人们叫它"明月",还有一种虫子经常在花心中睡觉,当地人叫它"黄狗"。这个故事就说明,如果不注意一词多义,就会闹出笑谈。

(三)词项的种类

1. 单独词项和普遍词项 根据词项外延是一个对象还是两个以上对象组成的类,可分为单独词项和普遍词项。

单独词项是指称独一无二的事物对象的词项,即只有一个外延的词项。例如:"北京""长城""中华人民共和国教育部""鲁迅""红楼梦"等。

普遍词项是指称两个或两个以上事物对象的词项。例如:"企业""品牌产品""改革""国家""诚信经营""大学""法律""律师"等。

单独词项和普遍词项的划分标准是根据外延的多少来进行的,因此,要区别一个词项是单独词项还是普遍词项,可以通过在词项前面加数量词来进行。

2. 集合词项和非集合词项 根据词项所反映的对象是否为集合体,可以分为集合词项和非集合词项。

集合词项是以集合体为反映对象的词项。非集合词项是不以集合体为反映对象的词项。

[例1]中国人是勤劳智慧的。

[例2]国有企业一直控制着我国国民经济的命脉。

[例3]我们的同学来自五湖四海。

上例中,"中国人""国有企业""我们的同学"等词项所指称的对象是集合体,它们都是集合词项。

[例4]我是中国人。

[例5]国有企业是可以破产的。

[例6]我们的同学应当互相关心互相爱护。

上例中,"中国人""国有企业""我们的同学"等词项所指称的对象是非集合体,它们都是非集合词项。

对比[例1]与[例4]、[例2]与[例5]、[例3]与[例6]可知,同一语词在不同语境下既可以表达集合概念,也可以表达非集合概念。同一个语词在不同的命题中,有时是集合词项,有时是非集合词项。因此,集合词项和非集合词项的判定要依据一定的语境。

在实际使用中,如果搞不清集合词项与非集合词项的区别,就会犯混淆词项的错误。例如,“珠海的风景名胜不是一天可以游完的,圆明新园是珠海的风景名胜,所以,圆明新园不是一天可以游完的。”该推理前提中的“珠海的风景名胜”,前后出现两次,第一次表达集合词项,第二次表达非集合词项。推理中将它作为一个词项,推出错误的结论。

3. **正词项和负词项**　根据词项反映的对象是否具有某种属性,可以分为正词项和负词项。

正词项是反映对象具有某种属性的词项。例如:“合法行为”“大专生”“成年人”“健康”“国有经济”“有罪”等。

负词项是反映对象不具有某种属性的词项。例如“非法行为”“非大专生”“未成年人”“不健康”“非国有经济”“无罪”等。否定词项都带有“未”“非”“不”“无”等否定词。但并非带有否定词的都表达负词项,如“无锡”“不莱梅”“非洲”。负词项的概括力较强,一切不具有某种属性的对象都包括在内。若不用负词项,用正词项列举有很大困难;负词项的使用一般总是相对于一个特定的范围,否则陈述的意义不明确。如:“这本杂志上有一篇诗歌,其余都是非诗歌。”

负词项总是相对于某个特定的范围而言的,这个特定的范围,逻辑上称之为论域。论域实际上是指一个负词项与其相对应的正词项所指称的对象组成的类。例如,“非法行为”的论域就是非法行为与合法行为组成的类——行为;“未成年人”的论域就是未成年人与成年人组成的类——人。由此也可以说,一个负词项的论域恰好是这一负词项同与其相对应的正词项的外延之和。明确负词项的论域十分重要,因为只有弄清其论域,才能明确负词项的内涵与外延,才能避免诡辩。不在论域中的,尽管带有“未”“非”“不”“无”等词,也不是负词项。如“未名湖”“非常”“不锈钢”“无穷大”等都不是负词项。

一个词项不只是属于某种划分中的一个种类,而是可以分别属于几种不同划分中的三个种类。例如:“秘书”这个词项既是一个普遍词项,又是一个非集合词项,也是一个正词项。

(四)词项外延间的关系

一个棋术不高的棋迷,遇到一个高手,连下三盘,结果全输了。别人问他胜负如何,他却大言不惭地说:“第一盘我没输,第二盘他没赢,第三盘我要和,他不愿意。”这三句话没有一句直截了当地说自己输了棋,可又包含着输赢的可能。这种巧言就使人们无法断定他是否连输三盘的结局。为什么棋迷能巧妙地掩盖自己连输三盘的结局呢?这得从词项外延间的关系说起。

词项间的关系是指词项外延方面的关系。根据词项的外延间有无重合之处,词项间的关系可分为两大类:相容关系和不相容关系。

1. **相容关系**　相容关系是指如果两个词项 S 和 P 的外延至少有一部分重合的关系。

根据外延重合的多少,相容关系又可以分为全同关系、真包含于关系、真包含关系和交叉关系四种。

(1)全同关系。如果S和P的外延完全重合,即所有的S都是P并且所有的P都是S,那么,S与P之间的关系就是全同关系。全同关系又叫同一关系。具有全同关系的两个词项,外延重合而内涵不尽相同。例如,当S和P分别表示"宪法"与"国家的根本法"或"会计主体"与"会计"时,S与P之间就是全同关系。因此,在语境许可的情况下,具有同一关系的词项可以交替使用,这样既可以避免表述重复,又可以丰富表达的内容。例如:"中国""我的母亲""世界上人口最多的国家"这三个词项是同一关系,使用在不同的场合会取得不同的修辞效果。用欧拉图表示,S与P之间的全同关系可用图3.1表示。

图3.1

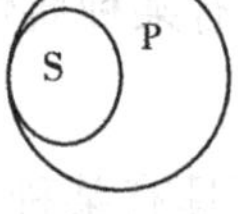

图3.2

(2)真包含于关系。如果S的全部外延同P的部分外延相重合,即所有的S都是P并且有P不是S,那么S与P之间的关系就是真包含于关系,亦称种属关系。例如,当S和P分别表示"企业法人"与"法人"或"运输成本"与"成本"时,S与P之间就是真包含于关系。S与P之间的真包含于关系可用图3.2表示。

(3)真包含关系。如果S的部分外延同P的全部外延重合,即所有的P都是S并且有S不是P,那么S与P之间的关系就是真包含关系,亦称属种关系。例如,当S和P分别表示"违法行为"与"犯罪行为"或"公司"与"跨国公司"时,S与P之间就是真包含关系。S与P之间的真包含关系可用图3.3表示。

在真包含于关系和真包含关系中,都有一个外延较大的词项和一个外延较小的词项。外延较大的词项叫作属词项,外延较小的词项叫作种词项。真包含于关系和真包含关系就相应地可称为种属关系和属种关系。

属词项和种词项的区别是相对的,例如,"大学生"相对于"学生"来说,是种词项,相对于"女大学生"来说,则是属词项。

(4)交叉关系。如果S和P的外延仅有一部分重合,即有的S是P,有的S不是P,并且有的P不是S,那么,S与P之间的关系就是交叉关系。例如,当S和P分别表示"青年人"与"律师"或"大型企业"与"破产企业"时,S与P之间就是交叉关系。S与P之间的交叉关系可用图3.4表示。

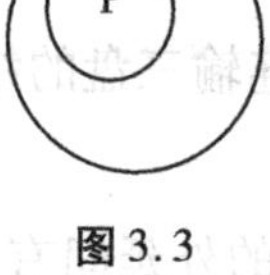

图3.3

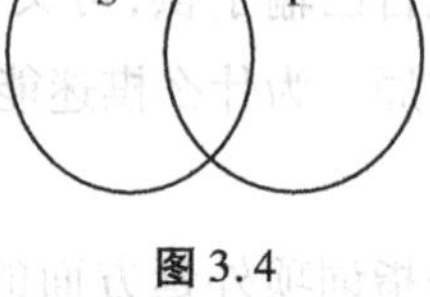

图3.4

2. 不相容关系 不相容关系是指两个词项的外延完全没有重合部分的关系。不相容关系也称全异关系。如果S和P的外延没有任何部分重合,即所有的S都不是P,所有P

都不是S,那么,S与P之间的关系就是全异关系。例如,当S和P分别表示“成年人”与“未成年人”或“惠普公司”与“海尔集团”或“法院”与“律师”时,S与P之间就是全异关系。S与P之间的全异关系可用图3.5表示。

具有全异关系的两个词项,有的是属于同一论域的,如“成年人”与“未成年人”、“侵犯财产罪”与“渎职罪”;有的是不属于同一论域的,如“法院”与“律师”“学生”和“教师”等。就同一论域来说,词项的全异关系还可进一步分为矛盾关系和反对关系。

(1)矛盾关系。如果两个具有全异关系的词项S和P所表达的词项都是Q词项的种词项,并且它们的外延之和等于Q的外延,那么,S与P之间的关系就是矛盾关系。例如,当S和P分别表示“固定资产”与“流动资产”或“耐用品”与“非耐用品”时,它们的外延之和分别等于它们的属词项“资产”或“产品”的外延,S与P之间的关系就是矛盾关系。S与P之间的矛盾关系可用图3.6表示。

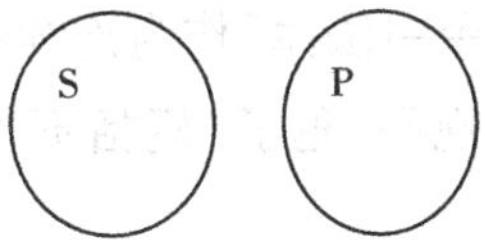

图3.5

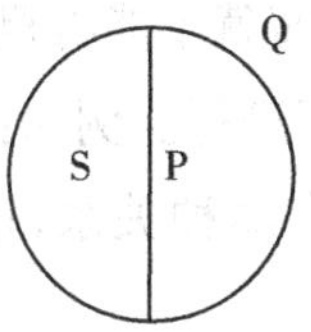

图3.6

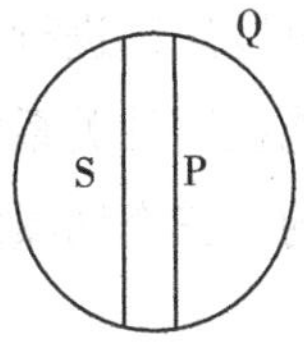

图3.7

(2)反对关系。如果两个具有全异关系的词项S和P所表达的词项都是Q词项的种词项,并且它们的外延之和小于Q的外延,那么,S与P之间的关系就是反对关系。例如,当S和P分别表示“侵犯财产罪”与“渎职罪”或“经营预算”与“财务预算”时,它们的外延之和分别小于它们的属词项,“犯罪”或“预算”,S与P之间的关系就是反对关系。S与P之间的反对关系可用图3.7表示。

(五)明确词项的逻辑方法

属词项与种词项在内涵和外延方面具有反变关系,词项的限制和概括是利用词项的内涵和外延的反变关系,使词项明确、准确表达思想的一种逻辑方法。

1. **词项限制** 词项限制,就是通过增加词项的内涵而缩小外延,从而使一个外延较大的词项过渡到外延较小的词项的方法。例如,对“学生”增加“大”就过渡到“大学生”,再增加“三年级”就过渡到“三年级大学生”。这就是对“学生”这一词项的限制。

限制可以连续进行,直到单独词项为止,因为单独词项是外延最小的词项。词项限制只能在属种关系的词项之间进行。否则会犯“限制不当”的逻辑错误。例如:以“万里长城”→“举世无双的万里长城”作为限制,是不正确的。因为它们之间不具属种关系。同一关系、交叉关系或不相容关系的词项不能进行限制,集合词项也不能再进行限制。

词项的限制在语词表达上,常常表现为被限制词项的前面加上适当的修饰词。如:“社会主义法律制度”,“社会主义”就是对“法律制度”的限制。但是,我们也应明确:并非所有词项前面加上修饰词都是限制。如:“雄伟的故宫”,“雄伟”就不是对“故宫”的限制。词项的限制是由一般转向特殊,由抽象转向具体的思维过程。它的作用在于缩小思考和议论问题的范围,或帮助我们认识事物的特殊性。

北宋著名诗人和书法家苏东坡任杭州刺史时,有一次去逛庙会。老和尚见他衣不出众,貌不惊人,就显得很冷淡,对他说:“坐。”然后对站在一边的小和尚说:“茶。”交谈了几句之后,老和尚发现苏东坡知识渊博,并非凡人,于是改变态度,谦恭地说:“请坐。”又对小和尚说:“敬茶。”最后,当老和尚了解到此人就是当时颇负盛名的苏东坡时,立即显得十分殷勤,笑容可掬地说:“请上坐。”又连忙叫小和尚:“敬香茶。”临走时,老和尚请苏东坡题词留念,苏东坡挥笔写了一副对联,上联是“坐,请坐,请上坐”;下联是“茶,敬茶,敬香茶”。苏东坡的上、下联皆用了连续限制,将老和尚的心理活动刻画得入木三分。

2. 词项概括 词项概括,就是通过减少词项的内涵而扩大外延,从而使一个外延较小的词项过渡到外延较大的词项的方法。例如,对“市级三好学生”减少“市级”就过渡到“三好学生”,再减少“三好”就过渡到“学生”。这就是对“市级三好学生”的概括。

概括可以连续进行,概括到范畴就不能再概括了,因为范畴是外延最大的词项。词项概括也只能在属种关系的词项之间进行。例如:“命令→法令→法律”作为连续的概括,它是不正确的。三个词项之间不具有属种关系,违反第一条规则,犯了“概括不当”的逻辑错误。

词项的概括是由特殊转向一般,由具体转向概括的思维过程。它的作用在于用以扩大思考和议论问题的范围,或帮助我们认识事物的一般性质,即把具体问题提升到一般性高度上来认识,从而掌握事物的本质和规律。比如,中国人民解放军的“三大纪律八项注意”中的有一条纪律的提法是这样的:“不拿工人农民一点东西。”后来修改为:“不拿群众一针一线。”另外一条纪律是:“打土豪要归公。”后来改为“筹款要归公”,后来又进一步改为“一切缴获要归公”。这一改,对于军队来说,遵守纪律的范围扩大了,纪律更加严明了,人民军队的本质更加鲜明了。

3. 定义 定义是明确词项内涵的逻辑方法。

[例1]生产关系是人们在生产过程中发生的社会关系。

[例2]根据产品之间的销售关系,产品可分为独立品、互补品、条件品和替代品。

一个完整的定义是由三部分组成的,即被定义项、定义项和定义联项。

被定义项是其内涵或外延有待明确的词项。如[例1]中的“生产关系”和[例2]中的“产品”。被定义项既可以是关于事物本身的词项,也可以是反映事物的性质和关系的词项,通常用Ds来表示。

定义项是用来明确被定义项内涵或外延的词项。如[例1]中的“人们在生产过程中发生的社会关系”和[例2]中的“独立品、互补品、条件品和替代品”。定义项既可以是表达事物、性质、关系的词语或符号,也可以是一个语句,通常用Dp来表示。

定义联项是联结被定义项和定义项的语词。在一般情形下,其左方是被定义项,右方是定义项(但法律条文中的定义为了突出被定义项的特点,往往把定义项放在前面,而把被定义项放在后面)。定义联项通常由“是”“就是”“即”“称为”“是指”等语词来表达。

定义的公式是：Ds 就是 Dp。

基本的内涵定义方法是属加种差定义，即定义项由被定义项的邻近属词项和种差构成，可用公式表示为：

被定义项=种差+邻近属词项

属加种差定义方法的具体步骤为：第一，找到被定义项邻近的属词项。第二，找到种差，即可以将被定义项所反映的对象与包含在同一属中其他种事物区别开来的特有属性或本质规定。第三，用种差限制邻近属词项以构成定义项。第四，用适当的定义联项将被定义项和定义项联结，形成一个完整的定义。如我们给“法律”下定义时，首先，要找到其邻近属词项“规范”；其次，找到其与同属于“规范”的道德、宗教以及风俗习惯等种词项的区别——种差：“由统治阶级制定或认可的，由国家强制力保证实施的，具有普遍约束力的”；然后用“种差+邻近属词项”构成定义项，即“由统治阶级制定或认可的，由国家强制力保证实施的，具有普遍约束力的规范”；最后，用适当的定义联项将被定义项和定义项联结，形成对“法律”的完整定义，即“法律是统治阶级制定或认可的，由国家强制力保证实施的，具有普遍约束力的规范”。

一个词项的属词项往往是多层次的。属加种差的定义方法给词项下定义时，要先找出被定义项的邻近属词项，但“邻近属词项”是相对而言的。究竟应选择哪一个作为属词项，要根据解决问题的实际需要而定。例如“人”这一词项的属词项有“生物”“动物”“脊椎动物”“哺乳动物”“灵长目动物”等，而“人是能够制造和使用生产工具的动物”这一定义则是以“动物”作为邻近的属词项，其原因即在于定义所要求的是把人和其他动物区别开来。

由于事物的特有属性或本质属性是多方面的，基于研究的不同需要，可以从不同的角度揭示事物的特有属性，因而就可以找出不同的种差。正是由于种差的多样性，使得属加种差方法作出的定义也是多种多样的。主要类型有：

性质定义，是以被定义项所反映的对象的性质为种差的定义。

[例1]商品是用来交换的劳动产品。

[例2]人是能制造和使用工具的动物。

发生定义，是以被定义项所反映的对象产生或形成情况为种差的定义。

[例1]结婚是男女双方依照法律规定的条件和程序，缔结夫妻关系的行为。

[例2]电子商务是通过计算机和网络来进行的商务活动。

功用定义，是以被定义项所反映的对象的功能作用为种差的定义。

[例3]温度计是测量温度的仪器。

[例4]物价指数是衡量物价总体水平变动情况的指数。

关系定义，是以被定义项所反映的对象与另一对象之间的关系为种差的定义。

[例5]资产负债率是指企业负债总额与企业全部资产的比率。

[例6]从合同是具有关联性的两个合同中必须以他种合同的存在为前提，而自身不能独立存在的合同。

下定义规则主要有:

定义必须相应相称。定义项的外延与被定义项的外延必须具有全同关系。如果定义违反这条规则,就会出现“定义过宽”或“定义过窄”的逻辑错误。

定义不能循环。定义项中不得直接或间接地包含被定义项。违反这一规则就会犯“同语反复”或“循环定义”的逻辑错误。

定义尽可能肯定。违反定义的这一规则将导致“定义离题”的逻辑错误。

定义必须清楚确切。违反定义的这一规则将导致“定义含混”“以比喻代定义”等逻辑错误。

4. **划分** 划分,是以对象的一定属性标准,将一个属词项分成若干个种词项,以明确其外延的逻辑方法。

[例1]根据发生根据的不同,可以将债分为合同之债、不当得利之债、无因管理之债和侵权行为之债。

[例2]民事权利根据其作用的不同,可以分为请求权、支配权、形成权和抗辩权。

从结构上讲,划分是由三个部分组成的,即划分的母项、划分的子项和划分的标准。

划分的母项就是其外延被划分的属词项,如[例1]中的“债”,[例2]中的“民事权利”。划分的子项就是从母项中划分出来的各并列的种词项,如[例1]中的“合同之债、不当得利之债、无因管理之债、侵权行为之债”,[例2]中的“请求权、支配权、形成权、抗辩权”。划分的标准是将一个属词项划分为若干个种词项时所依据的对象的一定属性。如[例1]中的“债的发生根据”,[例2]中的“民事权利的作用”。

划分不仅能明确词项的适应范围,而且还可以把属于大类的小类区别开来,帮助我们区分对象。对思考和论述问题,对于科学研究和日常的工作、学习都有重要的意义。在科学研究中,要对大量的资料进行分类研究;在经济管理工作中,要对大量的信息、数据分类研究;学校要对学生情况进行分类排队;商业工作要对商品分类;医院要对病人进行分类就诊;图书馆要对书籍分类整理;仓库要对物资进行分类存放;机关要对文件分类来存档等。这些都离不开划分。

要对一个词项作出正确的划分,除了掌握划分对象的相关知识以及划分方法外,还必须掌握划分的规则:

划分必须相应相称。划分所得各子项的外延之和必须全同于母项的外延。

违反这一规则将导致“划分不全”或“多出子项”的逻辑错误。如果子项的外延之和小于母项的外延,即将本应属于母项的子项遗漏,就是“划分不全”;若子项的外延之和大于母项的外延,即将本不属于母项的对象当作子项,就是“多出子项”。

每次划分的标准必须同一。每一次划分的标准只能是同一个,不允许对一部分子项的划分采用一个标准,而对另一部分子项的划分又采用其他标准。违反划分的这一规则将导致“多标准划分”的逻辑错误。

[例3]合同划分为诺成合同、实践合同、要式合同和不要式合同。

这一划分就犯了“多标准划分”或“混淆根据”的逻辑错误。因为“诺成合同”与“实践合同”是根据合同的成立是否以交付标的物为要件而划分的，而“要式合同”与“不要式合同”则是根据合同的成立是否需要采用特定形式或程序来划分的。

划分的子项必须互相排斥。划分后所得的子项外延之间必须是不相容的全异关系。只有遵守这一规则，才能保证把属于母项的每一个对象划分到一个子项中去，而且也只能划分到一个子项中去。反之，如果子项不是互不相容的，就使得一些对象既属于这一子项，又属于那一子项，从而导致混乱。

违反划分的这一规则将导致“子项相容”或“重叠划分”的逻辑错误。

[例4]合同分为有名合同、无名合同和混合合同。

这一划分为就犯了子项相容的逻辑错误，因为无名合同包括单纯无名合同和混合合同，混合合同与无名合同是相容的关系。

二、直言命题及其直接推理

（一）直言命题

直言命题就是直接陈述对象具有或不具有某种性质的简单命题。在性质命题中所作的断定是直接的，因此也叫作直言命题。直言命题也称性质命题。一般形式：所有（有些、这个）S是（不是）P。

[例1]凡商品是有价值的。

[例2]所有人不是长生不老的。

[例3]有些被告是有罪的。

[例4]有些经理不是大学生。

[例5]这个人是秘书。

[例6]那个人不是工程师。

直言命题由主项、谓项、联项和量项四部分构成。

主项是表示被陈述对象的词项。如[例1]中的“商品”、[例2]中的“人”等，通常用大写字母S表示。

谓项是表示被陈述对象性质的词项。如[例1]中的“有价值的”，[例2]中的“长生不老的”等，通常用大写字母P表示。

联项是表示主项和谓项之间的联结的语词。包括肯定联项“是”和否定联项“不是”。以“是”作联项的直言命题称作肯定命题。如[例1]。以“不是”作联项的直言命题称作否定命题。如[例2]。在语言表达中，肯定联项有时可以省略，例如，“证据属实”。否定联项则不能省略。

量项是表示主项所指称的对象数量范围的语词。量项有全称量项、特称量项和单称量项。全称量项表示该命题陈述了主项所指称的对象的全部，即断定主项的全部外延。表示全称量项的语词通常有“所有”“一切”“任何”“凡”等。全称量项可以省略。如[例1]就可省略量项“凡”变为“商品是有价值的”。省略量项，其含义不变。特称量项表示该命题至少陈述了主项所指称的对象中的一个,即断定主项的部分外延。表示特称量项的语词通常有“有的”“有些”“有”等。特称量项不能省略。特称量项“有的”等,只是陈述在某一类事物中有对象是否有某种性质,至于有多少对象是否有这种性质则没有做出明确的陈述,少者可以是一个,多者可以是全部。因此,当一个具有特称量项的命题陈述某类中有对象具有某种性质时,并不必然意味着该类中有对象不具有这种性质,反之亦然。这就说明,特称量项的含义是“至少有一个”,它并不排斥全部。单称量项表示该命题陈述了主项所指称的某个对象,即断定某一个别事物。表示单称量项的语词通常有“某个”“这个”“那个”等。当主项是单独词项时单称量项可以省略。省略量项,其含义不变。

全称肯定命题,陈述主项的全部对象都具有某种性质的命题。也就是陈述主项的外延都属于谓项的外延的命题。如[例1]。

全称肯定命题形式为:所有S都是P。用符号表示为:SAP。简记为:A。

从主项同谓项外延间的关系看,全称肯定命题陈述了S的全部外延都和P的外延相重合,但没有陈述S的全部外延是否和P的全部外延相重合。而当S和P具有全同关系或真包含于关系时,S的全部外延都和P的外延相重合。

全称否定命题,陈述主项的全部对象都不具有某种性质的命题。也就是陈述主项的外延和谓项的外延是相互排斥的命题。如[例2]。

全称否定命题形式为:所有S都不是P。用符号表示:SEP。简记为:E。

从主项同谓项外延间的关系看,全称否定命题陈述了S的全部外延都排斥在P的全部外延之外。而只有当S和P具有全异关系时,S的全部外延才排斥在P的全部外延之外。

特称肯定命题,陈述主项的对象至少有一个具有某种性质的命题。也就是陈述主项的外延中至少有一个对象包含在谓项的外延之中的命题。如[例3]。

特称肯定命题的形式为:有S是P。用符号表示为:SIP。简记为:I。

从主项同谓项外延间的关系看,特称肯定命题陈述了至少有一部分S的外延和P的外延相重合,但没有陈述究竟有多少S的外延和P的外延相重合,也没有陈述这些S的外延是否同P的全部外延相重合。而当S和P具有相容关系,即全同关系或真包含于关系或真包含关系或交叉关系时,都有至少一部分S的外延和P的外延相重合。

特称否定命题,陈述主项的对象至少有一个不具有某种性质的命题。也就是陈述主项的外延中至少有一个对象不包含在谓项的外延之中的命题。如[例4]。

特称否定命题的形式是:有S不是P。用符号表示为:SOP。简记为:O。

从主项同谓项外延间的关系看,特称否定命题陈述了至少有一部分S的外延与P的全部外延是相排斥的,但没有陈述究竟有多少S的外延排斥在P的全部外延之外。而当S和P具有真包含关系或交叉关系或全异关系时,都有至少一部分S的外延排斥在P的全部外延之外。

单称肯定命题,陈述主项指称的单个对象具有某种性质的命题。如[例5]。

单称肯定命题的形式是：这个 S 是 P。用符号表示为：SaP。简记为：a。

单称肯定命题陈述的主项和谓项外延间的关系，与全称肯定命题陈述的主项和谓项外延间的关系完全相同。单称肯定命题也陈述其主项和谓项外延间的关系是全同关系或真包含于关系。当 S 与 P 所表示的词项之间具有全同关系或真包含于关系时，SaP 都是真的。正因为如此，将单称肯定命题作为全称肯定命题处理。

单称否定命题，陈述主项指称的单个对象不具有某种性质的命题。如[例 6]。

单称否定命题的形式是：这个 S 不是 P。用符号表示为：SeP。简记为：e。

单称否定命题陈述的主项和谓项外延间的关系，与全称否定命题陈述的主项和谓项外延间的关系完全相同，单称否定命题也陈述其主项和谓项间的关系是全异关系，当 S 和 P 所表示的词项之间具有全异关系时，SeP 总是真的。正因为如此，将单称否定命题作为全称否定命题处理。

直言命题的逻辑性质，一般只讨论 A、E、I、O 四种。其真假特征决定于主谓项之间的上述五种关系，具体如表 3.1 所示。

表 3.1

A / B / C		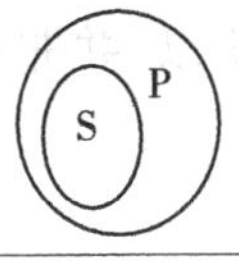		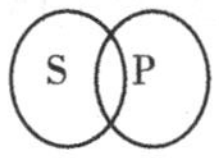	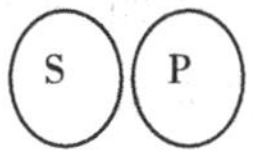
A	+	+	-	-	-
E	-	-	-	-	+
I	+	+	+	+	-
O	-	-	+	+	+

（注 A：S 与 P 的外延关系，B：命题的真假，C：命题的种类；“+”表示真，“-”表示假）

（二）对当关系

对当关系是同一素材的直言命题的即主项和谓项分别相同的 A、E、I、O 之间的真假关系。

同素材的 A、E、I、O 四种命题之间的真假制约关系有：反对关系、下反对关系、矛盾关系、差等关系。用一个正方图形来表示，也就是所谓“逻辑方阵”。如图 3.8 所示。它的每一个角表示一种命题，每一条线表示两种命题之间的一种关系。

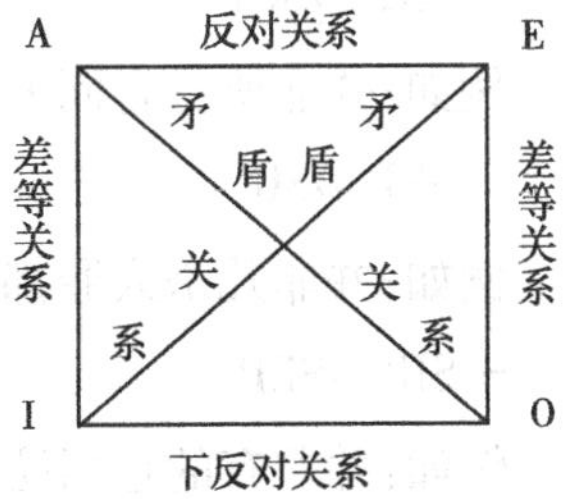

图 3.8

（三）直接推理

基于对当关系的有效推理，是以一个直言命题为前提推出另一个直言命题为结论的演绎推理。

1. 反对关系的对当推理的有效方式：

①SAP→¬ SEP

例如：所有抢夺罪都是故意犯罪，所以，并非所有抢夺罪都不是故意犯罪。

②SEP→¬ SAP

例如:所有诈骗行为都不是道德行为,所以,并非所有诈骗行为都是道德行为。

具有反对关系的两个命题之间必有一假,那么,当一个问题告诉我们,几句话中只有一句为假,而又找不到矛盾关系的命题时,就可以寻找反对关系的命题来解决问题。

2. 下反对关系的对当推理的有效式为:

¬ SIP→SOP

例如:并非有的有限责任公司是上市公司,所以,有的有限责任公司不是上市公司。

¬ SOP→SIP

例如:并非有的侵犯财产罪不是故意犯罪,所以,有的侵犯财产罪是故意犯罪。

具有下反对关系的两个命题之间必有一真,那么,当一个问题告诉我们,几句话中只有一句为真,而又找不到矛盾关系的命题时,就可以寻找下反对关系的命题来解决问题。

3. 矛盾关系的对当推理的有效式为:

SAP→¬ SOP

例如:所有渎职罪的主体都是国家工作人员,所以,并非有的渎职罪的主体不是国家工作人员。

SEP→¬ SIP

例如:凡放火罪都不是过失犯罪,所以,并非有的放火罪是过失犯罪。

SIP→¬ SEP

例如:有的兼职律师是教师,所以,并非所有的兼职律师都不是教师。

SOP→¬ SAP

例如:有的民事诉讼参加人不是当事人,所以,并非所有的民事诉讼参加人都是当事人。

¬ SAP→SOP

例如:并非所有合同的主体都是合格的,所以,有的合同主体不是合格的。

¬ SEP→SIP

例如:并非凡杀人罪都不是过失犯罪,所以,有的杀人罪是过失犯罪。

¬ SIP→SEP

例如:并非有的正当防卫是要负刑事责任的,所以,所有的正当防卫都不是要负刑事责任的。

¬ SOP→SAP

例如:并非有的醉酒的人犯罪不负刑事责任,所以,所有醉酒的人犯罪都要负刑事责任。

具有矛盾关系的命题之间必有一假必有一真,那么,当一个问题告诉我们,几句话中只有一句为真,或者只有一假时,就应该考虑一下,这几句话之中是否存在矛盾关系的命题来解决问题。即:发现矛盾、避开矛盾和超越矛盾。

4. 差等关系的对当推理的有效式为：

SAP→SIP

例如：所有作案者都有作案时间，所以，有的作案者有作案时间。

¬ SIP→¬ SAP

例如：并非有检察院是审判机关，所以，“凡检察院都是审判机关”是假的。

SEP→SOP

例如：凡不能正确表达意志的人不能作证，所以，有些不能正确表达意志的人不能作证。

¬ SOP→¬ SEP

例如：并非有社会主义法律不是公法，所以，“社会主义法律都不是公法”的说法是荒谬的。

在真的方面，特称从属于全称，全称真则特称真；在假的方面，全称从属于特称，特称假则全称假。

将同一素材的 A、E、I、O 命题的对当关系推理归纳为如表 3.2 所示。

表 3.2

推知 类型 / 已知真	A	E	I	O	类型 推知 / 已知假
A	真	假	真	假	O
E	假	真	假	真	I
I	不定	假	真	不定	E
O	假	不定	不定	真	A

（四）变形推理

直言命题词项的周延性问题，是指某种直言命题对其词项（主项和谓项）的外延数量的反映情况。如果某种形式的命题反映了一个词项的全部外延，那么该词项就是周延的；如果某种形式的命题没有反映一个词项的全部外延，那么该词项就是不周延的。

S、E、I、O 四种直言命题的主、谓项的周延情况可列表表示，如表 3.3 所示。

表 3.3

命题种类	S	P
SAP	周延	不周延
SEP	周延	周延
SIP	不周延	不周延
SOP	不周延	周延

从上表可以看出，全称命题的主项都是周延的，特称命题的主项都是不周延的；否定

命题的谓项都是周延的,肯定命题的谓项都是不周延的。即词项的周延性是由直言命题的量项和联项决定的。主项周延性由量项决定,量项全称则主项周延,量项特称则主项不周延。谓项的周延性由联项决定,联项肯定则谓项不周延,联项否定则谓项周延。

直言命题变形推理,就是通过改变作为前提的直言命题形式从而推出结论的推理。它也是直接推理。

所谓改变前提命题的形式是指:第一,改变前提的质,即把前提的联词由肯定变为否定,或由否定改为肯定。第二,改变前提的主项与谓项的位置,即把前提的主项改为谓项,把谓项改为主项。

直言命题变形推理有换质推理、换位推理及二者综合形式。

1.**换质推理** 换质推理是通过改变作为前提的直言命题的质,从而得出结论的推理方法。就是通常说的换一种说法:肯定的用否定说,否定的用肯定说。其规则有:

第一,将肯定联词改为否定联词,或者将否定联词改为肯定联词。

第二,用与前提谓项具有矛盾关系的词项作为结论的谓项(P 上的横线"-"表示否定)。

第三,在结论中仍然保留前提的主项和量词。

据此,直言命题 A、E、I、O 都可以进行换质。

A 命题的换质:从全称肯定命题的前提,推出全称否定命题作为结论。其有效的推理形式为:$SAP \rightarrow SE\overline{P}$。

例如:凡犯罪行为都是违法行为,所以,凡犯罪行为都不是不违法行为。

E 命题的换质:从全称否定命题的前提,推出全称肯定命题作为结论。其有效的推理形式为:$SEP \rightarrow SA\overline{P}$。

例如:管制不是附加刑,所以,管制是非附加刑。

I 命题的换质:从特称肯定命题的前提,推出特称否定命题作为结论。其有效的推理形式为:$SIP \rightarrow SO\overline{P}$。

例如:有些合同是非有效合同。所以,有些合同不是有效合同。

O 命题的换质:从特称否定命题的前提,推出特称肯定命题作为结论。其有效的推理形式为:$SOP \rightarrow SI\overline{P}$。

例如:有的被告不是有罪的。所以,有的被告是无罪的。

换质推理要注意:结论的谓项只能是与前提谓项具有矛盾关系的词项,而不能是与前提谓项具有反对关系的词项。例如:"有的遗产继承人是子女,所以,有的遗产继承人不是父母。"这一换质推理无效,因为"子女"与"父母"是反对关系,而不是矛盾关系。

2.**换位推理** 换位推理是通过改变作为前提的直言命题主项和谓项的位置从而得出结论的推理方法。就是通常说的倒过来讲。其规则有:

第一,前提中的主项变成结论的谓项,前提的谓项作为结论的主项。

第二,不得改变前提的质。

第三,前提中不周延的词项在结论中也不得周延。

据此,A、E、I 命题可以进行换位,O 命题不能换位。

A 命题的换位:从全称肯定命题的前提,推出特称肯定命题作为结论。其有效的推理形式为:SAP→PIS。

例如:所有犯罪行为都是违法行为,所以,有的违法行为是犯罪行为。

注意:SAP 换位后不能得到 PAS,因为 P 在前提 SAP 中是不周延的,而在 PAS 中是周延的,这就违反了换位推理的规则。例如,不能由“所有犯罪行为都是违法行为”推出“所有违法行为都是犯罪行为”。

E 命题的换位:从全称否定命题的前提,推出全称否定命题作为结论。其有效的推理形式为:SEP→PES。

例如:防卫过当不是正当防卫,所以,正当防卫不是防卫过当。

I 命题的换位:从特称肯定命题的前提,推出特称肯定命题作为结论。其有效的推理形式为:SIP→PIS。

例如:有的犯罪主体是单位,所以,有的单位是犯罪主体。

O 命题不能换位。因为 O 命题的主项是不周延的,如果换位,前提中 O 命题的主项作为结论中否定命题的谓项就变为周延了,这违反换位法规则。

换位推理,可以更好地从两个不同的方面去了解主项和谓项所反映的客观事物之间的联系,更清楚地揭示出前提命题中主、谓项的周延情况,有助于人们更好地思考问题和表达思想。

3. **换质位推理**　换质位推理是对前提既换质又换位,从而得出结论的直接推理。它是换质推理和换位推理的综合运用,可以交替连续进行。例如:

原判断:已满十六周岁的人犯罪,应当负刑事责任。

换　质:已满十六周岁的人犯罪,不是不用负刑事责任的。

再换位:不用负刑事责任的都不是已满十六周岁的人犯罪。

再换质:不用负刑事责任的是未满十六周岁的人犯罪。

再换位:有的未满十六周岁的犯罪是不用负刑事责任的。

这样,同一项法律规定,可以根据实际的需要从多个角度去全面了解,准确运用。

先换质,再换位。

$SAP \rightarrow SE\bar{P} \rightarrow \bar{P}ES \rightarrow \bar{P}A\bar{S} \rightarrow \bar{S}I\bar{P} \rightarrow \bar{S}OP$ ($\bar{S}I\bar{P} \rightarrow \bar{P}I\bar{S} \rightarrow \bar{P}OS$)

$SAP \rightarrow PIS \rightarrow PO\bar{S}$($PIS \rightarrow SIP \rightarrow SO\bar{P}$)

$SIP \rightarrow SO\bar{P}$

$SOP \rightarrow SI\bar{P} \rightarrow \bar{P}IS \rightarrow \bar{P}O\bar{S}$

先换位,再换质。

$SAP \rightarrow PIS \rightarrow PO\bar{S}$($PIS \rightarrow SIP \rightarrow SO\bar{P}$)

$SEP \rightarrow PES \rightarrow PA\bar{S} \rightarrow \bar{S}IP \rightarrow \bar{S}O\bar{P}$($\bar{S}IP \rightarrow PI\bar{S} \rightarrow POS$)

$SIP \rightarrow PIS \rightarrow PO\bar{S}$

$SOP \rightarrow$(不能换位)

[例1]所有犯罪行为都是危害社会的行为,所以,不危害社会的行为不是犯罪行为。

其推理过程为:$SAP \rightarrow SE\bar{P} \rightarrow \bar{P}ES$

[例2]防卫过当不是正当防卫,所以,正当防卫是非防卫过当。

其推理过程为:$SEP \rightarrow PES \rightarrow PA\bar{S}$

[例3]所有抢夺罪都是故意犯罪,所以,有的非抢夺罪不是故意犯罪。

其推理过程为:$SAP \rightarrow SE\bar{P} \rightarrow \bar{P}ES \rightarrow \bar{P}A\bar{S} \rightarrow \bar{S}I\bar{P} \rightarrow \bar{S}OP$

由此可以看出,换质法和换位法的交替使用,既可以先换质,也可以先换位;既可以换质、换位各进行一次,也可以多次连续交替进行,换到O命题为止。究竟如何使用,要根据需要与可能。注意:I判断不能先换质再换位,但可以先换位再换质。如,"$SIP \rightarrow PIS \rightarrow PO\bar{S}$";O判断不能换位,只能从先换质开始。换质位法没有自己特别的规则,可以先换质再换位,也可以先换位再换质,但要遵守换质法和换位法的规则。另外,换质位以后还要注意语句通顺。

三、三段论

(一)定义

三段论是由包含着一个共同词项的两个直言命题为前提,推出一个新的直言命题作为结论的推理。也称直言三段论,属于间接推理。例如:

所有的人(中项)都会犯错误(大项), (大前提)

我(小项)是人(中项), (小前提)

所以,我(小项)也会犯错误(大项)。 (结　论)

任何一个三段论都是由三个直言命题构成的,其中两个是前提,一个是结论。任何一个三段论都有并且只有三个不同的词项。这三个词项分别叫作中项、小项和大项。中项是指在两个前提中都出现而在结论中不出现的词项,用M表示。小项是作为结论主项的词项,用S表示。大项是指作为结论谓项的词项,用P表示。小项和大项都在前提和结论中各出现一次。

三段论的两个前提,一个称大前提,一个称小前提。大前提是指含有大项的前提,小前提是指含有小项的前提。推理形式可表示为:

$$\begin{array}{l} MAP \\ \underline{SAM} \\ SAP \end{array}$$

三段论中项的媒介作用十分重要。只有通过它的联系,才能确定小项和大项间的相容或排斥关系。如果前提中只有两个不同的词项,或者有四个不同的词项,就没有起媒介作用的中项,因而也就构不成一个三段论。例如,由"国有企业一直控制着我国国民经济的命脉”和“上海宝山钢铁集团公司是国有企业”得出“上海宝山钢铁集团公司一直控制着我国国民经济的命脉”这一错误结论。其原因就在于前提中实际上是四个词项，被误认为中项的语词“国有企业”，在大前提中是集合词项，在小前提中却是非集合词项，并不是同一个词项，无法起到媒介作用，也就构不成一个三段论。

（二）规则

正确进行三段论推理，必须遵守两个必要条件：前提真实，形式正确（符合推理规则）。三段论一般规则有七条：

中项至少周延一次。违反这条规则的错误称为“中项不周延”。

前提中不周延的词项，在结论中不得周延。违反这条规则有“大项误周”“小项误周”的错误。

两个否定前提不能必然推出结论。

前提有一个否定，结论必否定；结论否定，前提必有一个否定。

如果两个前提都是肯定的，则结论必是肯定的。

两个特称命题作前提，不能推出必然结论。

如果前提中有一个是特称的，那么结论必是特称的。

（三）格

由于中项所处的位置的不同，三段论有四个格：

第一格：中项在大前提中是主项，在小前提中是谓项。

结构：M—P

<u>S—M</u>

S—P

规则：①小前提必须是肯定的。

②大前提必须是全称的。

例如：所有的公民都要奉公守法，

各级领导干部都是公民，

所以，各级领导干部都要奉公守法。

第二格：中项在大、小前提中都是谓项。

结构：P—M

<u>S—M</u>

S—P

规则：①前提中必须有一个是否定的。

②大前提必须是全称的。

例如：凡作案人都要到现场，

某甲没有到过现场，

所以，某甲不是作案人。

第三格：中项在两个前提中都是主项。

结构:M—P

M—S

S—P

规则:①小前提必须是肯定的。

②结论必须是特称的。

例如:盗窃罪是侵犯财产罪,

盗窃罪是故意犯罪,

所以,有的故意犯罪是侵犯财产罪。

第四格:中项在大前提中是谓项,在小前提中是主项。

结构:P—M

M—S

S—P

规则:①如果前提中有一个是否定的,则大前提全称。

②如果大前提是肯定的,则小前提全称。

③如果小前提是肯定的,则结论特称。

④任何一个前提都不能是特称否定命题。

⑤结论不能是全称肯定命题。

例如:有些干涉他人婚姻自由的是犯罪行为,

所有犯罪行为都要被追究刑事责任,

所以,有些要被追究刑事责任的是干涉他人婚姻自由的行为。

日常语言表达,常见的有第一、二、三格,第四格很少用。三段论的每个格都有其各自特殊规则,这些具体规则是根据三段论的基本规则结合各格的特殊形式推导出来的。三段论各格必须遵守自己的规则,否则无效。仅遵守各格的具体规则,不一定是有效的。但如果违反了各格的具体规则,则必定无效。

三段论各格在实际运用中有着各自的作用。

第一格的特点是:以一般原理为前提,推出特殊场合的结论。它最为明显地表现出演绎推理的特点,它能够得出A、E、I、O四种类型的任何一种命题为结论,所以,传统逻辑称它为“典型格”或“完善格”。

第一格的应用最为广泛,凡是需要运用一般原理解决特殊场合的问题,人们都是运用第一格。这一格在司法实际工作中有着特别重要的作用。所以,通常还被称为“审判格”。司法工作的重要原则之一,就是“以事实为依据,以法律为准绳”。“准绳”就是一般原理,“事实”就是特殊场合。在刑事审判工作中,确定某被告人犯罪或给犯罪人量刑时,运用的就是第一格的形式。

例如:凡故意非法损害他人健康的行为都是故意伤害罪,

某被告人的行为是故意非法损害他人健康的行为,

所以,某被告人的行为是故意伤害罪。

这是运用第一格的形式进行定罪的一个实例，它以法律规定"凡故意非法损害他人健康的行为都是故意伤害罪"这个一般原理为大前提，以"故意非法损害他人健康"的特殊场合之一——"某被告人的行为"为小前提，从而推出"某被告人的行为是故意伤害罪"的结论。

第二格的特点是：结论一定是否定的。因此常用来区别不同的对象，被称为"区别格"。在刑事审判工作中，确定某人的行为不是犯某罪，往往是运用第二格的形式。

例如：凡诬告陷害罪都是指捏造事实，向国家机关告发，意图陷害他人的行为，

某人的行为不是捏造事实，向国家机关告发，意图陷害他人的行为，

所以，某人的行为不是诬告陷害罪。

第三格的特点是：只能得出特称结论。因此，凡是需要驳斥某一全称命题时，人们常用第三格得出与这一全称命题相矛盾的特称命题，以达到目的。第三格也被称为"反驳格"。

例如：失火犯罪不是有犯罪动机的，

失火犯罪是犯罪，

所以，有的犯罪不是有犯罪动机的。

当我们要反驳"所有犯罪都是有犯罪动机的"这一全称肯定命题时，便可构造上例三段论，得到"有的犯罪不是有犯罪动机的"这一特称否定命题的结论。根据直言命题间的对当关系，可知所要反驳的命题为假。

第四格在实际中运用不多，这里不作讨论。

（四）省略三段论

在日常讲话或文章中，三段论可以是两句话，即省略一句话。这种没有明确表现出大前提或小前提或结论的三段论，称之为省略三段论。

[例1]该被告犯罪的时候不满18岁，所以，该被告不适用死刑。

[例2]凡司法干部都应当熟悉法律，你也应当熟悉法律。

[例3]诬告陷害他人是犯罪行为，而犯罪行为是会受到法律制裁的。

由于省略，有时也会使一些虚假前提或无效形式被掩盖起来。要善于把被省略的部分加以补充，使省略三段论恢复成一个完整的三段论，以便于检查出可能存在的逻辑错误。

恢复省略的三段论，判断省去的是哪一部分，再补充省去的部分。

确定已知的命题是两个前提还是一个前提一个结论。如果省略的是某个前提，那就要进一步确定省略的是大前提还是小前提。倘若已知的前提中含有小项，则已知前提为小前提，省略的为大前提；倘若已知的前提中含有大项，则已知前提为大前提，省略的为小前提。如果省略的是结论，那就依据两个前提中中项所处的位置，按规则推出结论。如果所得三段论的形式是符合规则的，则该省略三段论的形式就是有效的；反之，就是无效的。

在恢复省略三段论时要注意：不能为了避免省略三段论恢复后出现形式错误而违反

它的原意进行恢复;而如果对省略三段论原意的理解存在歧义,那么,在恢复时所补充的命题应力求是真实的。

[例1]有些损害合法利益的行为不是犯罪行为,例如,紧急避险就不是犯罪行为。

[例2]未经查证属实的证据是不能作为定案依据的,这个证据是未经查证属实的。

[例3]有的被告人表情紧张,所以,有的被告人是罪犯。

根据上述恢复三段论的步骤和语境,可判定[例1]省略了小前提"紧急避险是损害合法利益的行为",[例2]省略了结论"这个证据是不能作为定案依据的"。将它们恢复为完整的三段论后,既不违背原意,又合乎推理规则,因而均是有效的。[例3]省略的是大前提,但怎样将大项"犯罪"和中项"表情紧张"组成补充的大前提呢?根据规则,由于这个三段论的结论是肯定的,所以被省略的大前提应该是肯定的。若补充的大前提为"所有的罪犯都是表情紧张的"或"所有表情紧张的都是罪犯",显然,这两个命题都是虚假的。若补充为"有的罪犯是表情紧张的"或"有的表情紧张的是罪犯",虽然这两个命题都是真实的,但补充哪一个,都会犯"中项不周延"的错误。总之,这个三段论恢复完整以后,或前提虚假,或形式无效,因此,它是错误的。

【自测题】

一、选择题

1. 某国政府决策者面临的一个头痛问题就是所谓的"别在我家门口"综合症。例如,尽管民意测验一次又一次地显示公众大多数都赞成建立新的立交桥,但是,当决策者正式宣布计划拆迁某地住户的房屋时,总遭到该地居民的抗议,并且抗议者总有办法使计划搁浅。(　　)

以下哪项也属于上面所说的"别在我家门口"综合症?

A. 某教授主张宗教团体有义务从事慈善事业,但他自己拒绝捐款资助非洲饥民。

B. 某员工要求聘用他的单位给他增加薪水,单位没有答应,结果他愤然辞职。

C. 某政客主张所有官员必须履行个人财产公开登记,他自己却递交了一份虚假的财务登记表。

D. 某汽车商主张和外国进行汽车自由贸易,以有利于本国经济,但要求本国政府限制外国制造的汽车进口。

E. 某企业鼓励员工化妆上班,一天,一名女员工由于没有化妆上班,该企业就开除了她。

2. 按甲乙双方的协议,由乙方承建的某项建筑工程尚未完工就发生倒塌事故。在对事故原因的民意调查中,70%的人认为是使用的建筑材料伪劣;30%的人认为是违章操作;25%的人认为原因不清,需要深入调查。

以下哪项最能合理地解释上述看起来包含矛盾的陈述?(　　)

A. 被调查的有125人。

B. 有的被调查者后来改变了自己的观点。

C. 有的被调查者认为事故的发生既有建筑材料伪劣的原因,也有违章操作的原因。

D. 很多认为原因不清的被调查者实际上有自己倾向性的判断,但是不愿意透露。

E. 调查的操作一定出现技术性差错。

3. “常在河边走,哪有不湿鞋?”搞财会工作的,都免不了有或多或少的经济问题,特别是在当前商品经济大潮下,更是如此。

以下哪项如果是真的,就最有力地削弱了上述断定?(　　)

A. 这个说法宣扬的是一种“人不为己,天诛地灭”的剥削阶级世界观。

B. 随着法制的健全以及打击经济犯罪的深入,经济犯罪已经受到严厉的追究与打击。

C. 由于进行了两个文明建设,广大财会人员的思想觉悟与敬业精神有了明显提高。

D. 万国投资信托公司房产经营部会计胡大泉,经营财务 30 年,分文不差,一丝不苟,并勇于揭发上司的贪污行为,多次受到表彰奖励。

E. “慎独”是中国的传统美德,这种美德必将发扬光大。

4. 王五说:“我公司是经济效益很好的企业,所以,我厂是优秀企业。”李六讲:“不过我公司销售假名牌,不是诚信经营的,因此,谈不上优秀企业。”

李六的说法使用了以下哪项作为前提?(　　)

(1)有些销售假名牌的企业不是优秀企业。

(2)凡销售假名牌的企业都不是优秀企业。

(3)凡优秀企业都是诚信经营的。

A. 仅(1)

B. 仅(2)

C. 仅(3)

D. 仅(2)和(3)

E. (1)(2)和(3)

5. 科学不是宗教,宗教都主张信仰,所以,主张信仰都不科学。

以下哪项最能说明上述推理是不成立的?(　　)

A. 所有渴望成功的人都必须努力工作,我并不渴望成功,所以我不必努力工作。

B. 商品都有使用价值,空气当然有使用价值,所以空气当然是商品。

C. 不刻苦学习的人都成不了技术骨干,小张是刻苦学习的人,所以小张能成为技术骨干。

D. 台湾人不是北京人,北京人都说汉语,所以说汉语的都不是台湾人。

6. 某电视广告:这酒嘛,年头要长一点,工艺要精一点。好酒,可以喝一点。(广告者打量手中的酒鬼酒)嗯,酒鬼酒,可以喝一点。

为了使广告结论“酒鬼酒,可以喝一点”成立,需要补充下面哪一个前提?(　　)

A. 茅台酒是中国最著名的好酒

B. 酒鬼酒年头很长

C. 五粮液和酒鬼酒都是好酒

D.酒鬼酒工艺很精

7.某公司举办围棋赛,两轮比赛下来剩下4人,实力相当,甲战胜了乙,乙战胜了丙。甲和丙将要比赛,有人预测:

A.甲赢

B.丙赢

C.两人战成平手

D.甲可能赢,也可能输

从逻辑看,你认为以上哪项预测最有可能?(　　)

8.某厂情况:(1)有些新员工进厂就当了机关干部。(2)在该厂的改选中,所有党员职工都支持李宏当厂长。(3)所有机关干部都反对李宏当厂长。

如果上述情况属实,以下哪项关于该厂的推断必定是真的?(　　)

A.所有新员工都是党员

B.有些党员职工是机关干部

C.有些新员工是党员

D.并非所有党员职工都是新员工

E.某些机关干部是党员

二、分析题

1.某经理说:"春节前工商部门将进一步掀起打击滞销的假冒伪劣产品的新高潮。"

该句子对"假冒伪劣产品"的限制正确吗?

2.某领导说:"这次被收缴的赃物中,除了180余件文物外,还有衣服、照相机、录像机、计算机、现金等,仅这些物品就值4万多元。"

该句子的"赃物"概括准确吗?

3.1985年,张某与丈夫离婚,女儿由丈夫抚养,儿子由张某抚养。不久张某患了精神病,儿子自行到其父亲那里生活,再也没有与张某联系。1999年2月,张某不慎烧伤,张某的妹妹为其交纳了医疗费用3万元,并把张某送至敬老院。

张某的妹妹认为,根据《中华人民共和国婚姻法》(以下简称《婚姻法》)有关规定,子女对父母有赡养扶助的义务。因此,儿子、女儿应履行赡养义务。故诉至法院要求儿女赡养。

张某的儿子、女儿以母亲没有履行对子女的抚养义务为由认为不应赡养母亲。

请用逻辑学知识分析:上述法律规定属于什么类型的命题?张某儿子、女儿的抗辩是否成立?

4.在某住宅小区居民中:(1)大多数中老年教员都办了人寿保险;(2)所有买了四居室住房的居民都办了财产保险;(3)所有办了人寿保险的都没办理财产保险。

请问:A.所有办了人寿保险的都是否买了四居室住房?

B.大多数中老年教员都是否买了四居室住房?

5.有人说:"为人民服务"的观点过时了,"为奖金而服务"的观点才是时髦的。在社会主义初级阶段的今天，实行“按劳取酬，多劳多得”，谁多劳，谁就多得奖金，而谁的生活也就好。所以，谁生活好就说明谁是多劳了……

你认为这个观点正确吗?

6. 下列三段论的省略式，省略的是大前提、小前提，还是结论? 它是怎样的一个命题?

(1)我们是马克思主义者，所以，我们不应当割断历史。

(2)我们必须旗帜鲜明，因为坚持真理必须旗帜鲜明。

(3)祖国的统一是大势所趋的事业，而大势所趋的事业是任何人都阻挡不住的。

7. 顽固派的诡辩，鲁迅先生在《论辩的魂灵》一文中揭露了顽固派的诡辩手法，指出，按照顽固派的说法：“卖国贼是说诳的，所以你是卖国贼。我骂卖国贼，所以我是爱国者。爱国者的话是最有价值的，所以我的话是不错的，我的话既然不错，你就是卖国贼无疑了!”

请分析上述说法中的逻辑错误。

8. 一般来说，经理按步骤逐步进行分析推理的决策过程被认为是优于依靠直觉作出决策的过程。然而一项近期的研究发现，顶级经理明显地比绝大多数中、低级经理更多地应用直觉决策，这就证明：直觉比谨慎、讲求方法的推理实际上更有效。

问：要结论成立，需要补充什么样的前提?

第二单元　命题逻辑

【案例导入】

某电脑公司非常注重微笑服务，对客户做到“露出八颗牙齿微笑”，投诉服务态度问题的客户减少了，公司领导很高兴。一天，售后服务部员工小伟接待了一位客户，客户着急说他刚买一个月的电脑出了问题。小伟一听就明白是客户不懂电脑所致，于是向客户解释出问题的原因。可是解释了半天，客户还是一脸茫然的样子。最后，小伟微笑着对他说：“看来您还是没明白，我建议……”话没说完，客户一下子就火了。他说小伟嘲笑他不懂电脑，明明是电脑有问题，不仅不承认，还想把责任推到客户身上。说完就去找经理投诉。事后经理批评小伟不该嘲笑客人。小伟说：“我哪是嘲笑他，我是按要求对他露出八颗牙齿微笑!”

请问：你对小伟的服务态度有什么看法? 他说话怎么说才妥当?

【能力目标】

理解命题逻辑的基本概念和推理形式；应用推理规则分析语言形式的正误。

【知识点】

联言命题及其推理；选言命题及其推理；假言命题及其推理。

一、联言命题及其推理

(一)联言命题

联言命题是陈述若干事物情况同时存在的命题。

[例1]这个会议室宽敞并且明亮。

[例2]电子商务在我国出现的时间虽然不长,但是它发展很快。

[例3]他不但能力强,而且品行好。

联言命题由联结词“并且”等和肢命题构成。联言命题的肢命题称为联言肢,一个联言命题的联言肢至少有两个,具有两个以上联言肢的联言命题与具有两个联言肢的联言命题,其逻辑性质是相同的。

联言命题的逻辑联结词“……并且……”,可用合取词“∧”表示。联言命题又称为合取命题。联言命题逻辑联结词的语言形式,除“……并且……”外,还有“既是……又是……”“……又……”“不但……而且……”“虽然……但是……”“……也……”“……而……”等。

一个二肢的联言命题的形式为:p 并且 q。也可以表示为合取式:$p \wedge q$,读作“p 合取 q”。

联言命题是陈述若干事物同时存在的命题,因此,一个联言命题的真假,归根结底取决于它的各个联言肢是否同时都是真的,也就是说,只有在联言肢都为真的情况下,联言命题才为真。如果联言肢有一个为假,那么,联言命题就是假的。

联言命题“$p \wedge q$”的逻辑性质可以用真值表表示,如表3.4所示,“+”表示真,“-”表示假。

表3.4

p	q	$p \wedge q$
+	+	+
+	-	-
-	+	-
-	-	-

联言命题的联言肢任意改变前后顺序,不引起联言命题逻辑值的变化;使用联言命题表达思想,不仅要求联言肢同真,还要求肢命题之间有某种内在的联系。

(二)联言推理

联言推理就是根据联言命题的逻辑性质进行推导的推理。有两种推理形式:

1. **分解式** 由联言命题的真,推出各个肢命题真的联言推理形式。

p 并且 q

所以,p(q)

也可以把这种形式用蕴涵式(即前提蕴涵结论)表示为:

$$(p\wedge q)\rightarrow p(q)$$

也就是说,当 $p\wedge q$ 为真时,p 一定为真,q 也一定为真。因此,联言推理的分解式是前提蕴涵结论的,是有效式。

[例 1]前途是光明的,道路是曲折的。

所以,前途是光明的(道路是曲折的)。

2. 合成式 由全部肢命题真推出这些肢命题组成的联言命题真的联言推理形式。

p

q

所以,p 并且 q

也可以把这种形式用蕴涵式表示为:

$$p,q\rightarrow(p\wedge q)$$

当 p 真 q 也真时,$p\wedge q$ 一定是真的。因此,联言推理的合成式是前提蕴涵结论的,是有效式。

[例 1]成功意味着付出艰苦的劳动,

成功意味着采取正确的方法,

所以,成功意味着付出艰苦的劳动并且采取正确的方法。

二、选言命题及其推理

(一)选言命题

选言命题是陈述若干事物情况中至少有一种情况存在的命题。

[例 1]这篇讲话稿或者是李秘书写的,或者是张秘书写的。

[例 2]在选举时,要么投赞成票,要么投反对票,要么投弃权票。

选言命题由联结词"或者"等和肢命题构成。选言命题的肢命题称为选言肢。选言肢可以有两个,也可以有两个以上。具有两个以上选言肢的选言命题与具有两个选言肢的选言命题,其逻辑性质是相同的。

选言命题,按其联结词的逻辑特性不同,即各个选言肢之间是否可以并存的情况,可将其分为相容选言命题和不相容选言命题两种。

1. 相容选言命题 相容选言命题是选言肢可以同时为真的选言命题。如[例 1]。选言命题的命题联结词的语言形式,除了"……或者……"外,还有"……可能……也可能""也许……也许……"等。相容选言命题的逻辑联结词"……或者……"可用析取词"$\vee$"表示。选言命题又称为析取命题。

一个两支的相容选言命题的形式是:p 或者 q。

也可以表示为析取式:$p\vee q$。(读作 p "或者"或"析取" q)

在相容选言命题中,至少一个选言肢真,又可不止一个选言肢真。也就是说它的肢命题至少有一个是真的。如果所有选言肢都为假,那么选言命题为假。

相容选言命题"$p\vee q$"的逻辑性质可用真值表表示,如表 3.5 所示。

表 3.5

p	q	$p \vee q$
+	+	+
+	–	+
–	+	+
–	–	–

2. 不相容选言命题 不相容选言命题是就是选言肢不能同真的选言命题。如[例2]。

不相容选言命题的命题联结词的语言形式,“或者……或者……二者必居其一”“不是……就是……”等。不相容选言命题的逻辑联结词“要么……要么……”可用析取词“$\dot{\vee}$”表示。

一个两支的不相容选言命题的形式是:要么 p 要么 q。

也可以表示为析取式:$p \dot{\vee} q$。(读作“要么 p 要么 q”或“p 不相容析取 q”)

在不相容选言命题中,选言肢不能同真,也不可能同假。

不相容选言命题“$p \dot{\vee} q$”的逻辑性质可用真值表表示,如表 3.6 所示。

表 3.6

p	q	$p \dot{\vee} q$
+	+	–
+	–	+
–	+	+
–	–	–

在使用选言命题时,经常会遇到选言肢是否穷尽的问题。所谓选言肢穷尽与否,就是指选言命题是否反映了事物的全部可能情况。如果一个选言命题的选言肢是穷尽的,就能保证至少有一个选言肢是真的。如:“人之死,或系自杀,或系他杀,或系自然病死,或系意外事故死亡,四者必居其一。”反之,如果一个选言命题的选言肢不是穷尽的,那么就不能保证至少有一个选言肢为真,这样的选言命题就可能假。如:“萨达姆总统之死,要么系战死,要么系意外事故死亡。”一个选言命题,如果选言肢穷尽,它就一定是真的,但是,一个真的选言命题,其选言肢不一定是穷尽的。因为只要一个选言命题满足了“至少有一个选言肢是真的”这个条件,它就是真的。如:“林肯总统之死,要么系自杀,要么系他杀。”

(二)选言推理

选言推理就是前提中有一个是选言命题,并根据其选言肢之间的关系而推出结论的推理。选言命题有相容和不相容之分,所以选言推理也可分为相应的两类。

1. **相容选言推理** 以相容选言命题为前提的选言推理是相容选言推理。它有如下两条规则：

（1）否定一部分选言肢，就要肯定另一部分选言肢；

（2）肯定一部分选言肢，不能否定另一部分选言肢。

根据以上规则，相容选言推理的有效式为否定肯定式，其结构形式为：

p 或者 q
非 p（或非 q）
所以，q（或 p）

也可以用蕴涵式表示：

$$[(p \vee q) \wedge \neg p] \rightarrow q$$
$$[(p \vee q) \wedge \neg q] \rightarrow p$$

从选言命题的真值表可以看出，当 $p \vee q$ 为真，并且 p 为假时，q 一定是真的，当 $p \vee q$ 为真，并且 q 为假时，p 一定是真的。所以，相容选言推理否定肯定式是有效的。

［例 1］该案的作案人或者是甲，或者是乙，
现已查明该案的作案人不是甲，
所以，该案的作案人是乙。

相容选言推理中有一种无效的推理形式即肯定否定式，其推理形式为：

p 或者 q
p（或 q）
所以，非 q（或非 p）

［例 2］某奶粉畅销，或因物美，或因价廉，
某奶粉畅销是因为物美，
所以，某奶粉畅销不是因为价廉。

这种推理是无效的，可以从选言命题的真值表中看出。当 $p \vee q$ 为真并且 p 为真时，q 可真可假。因此从 $p \vee q$ 和 p，不能必然推出 $\neg q$；同理，从 $p \vee q$ 和 q 也不能必然推出 $\neg p$。

另外，根据一个相容选言命题是真的，只需要一个选言肢是真的，即使别的选言肢是假的，该选言命题仍然是真的。可以以任一命题为真前提而得出以这个命题为一选言肢，并附加另一选言肢构成的选言命题为结论的推理形式。即肯定肯定式：

p
所以，p 或者 q

也可以把这种形式用蕴涵式表示为：

$$p \rightarrow (p \vee q)$$

［例 1］他是秘书，
所以，他或者是秘书，或者是经理，或者……

［例 2］在犯罪过程中，自动放弃犯罪是犯罪中止，
所以，在犯罪过程中，自动放弃犯罪或自动有效地防止犯罪结果的发生，是犯

罪中止。

从选言命题的真值表可以看出,当 p 为真时,$p \vee q$ 一定是真的,所以,选言推理肯定肯定式是有效的。

2. **不相容选言推理** 以不相容选言命题为前提的选言推理是不相容选言推理。它有两条规则:

(1)肯定一部分选言肢,就要否定其余选言肢;

(2)否定除一个选言肢以外的选言肢,就要肯定这个未被否定的选言肢。

根据以上规则,不相容选言推理的有效式有两种:肯定否定式和否定肯定式。

肯定否定式:

要么 p 要么 q
p(或 q)
所以,非 q(或非 p)

也可以用蕴涵式表示:

$$[(p \dot{\vee} q) \wedge p] \rightarrow \neg q$$

$$[(p \dot{\vee} q) \wedge q] \rightarrow \neg p$$

从不相容选言命题的真值表可以看出,当 $p \dot{\vee} q$ 为真,并且 p 为真时,q 一定是假的,当 $p \dot{\vee} q$ 为真,并且 q 为真时,p 一定是假的。所以,不相容选言推理肯定否定式是有效的。

[例 1]这支钢笔要么是李秘书的,要么是张经理的,
这支钢笔是李秘书的,
所以,这支钢笔不是张经理的。

否定肯定式:

要么 p 要么 q
¬ p(或¬ q)
所以,q(或 p)

也可以用蕴涵式表示:

$$[(p \dot{\vee} q) \wedge \neg p] \rightarrow q$$

$$[(p \dot{\vee} q) \wedge \neg q] \rightarrow p$$

从不相容选言命题的真值表可以看出,当 $p \dot{\vee} q$ 为真,并且 p 为假时,q 一定是真的,当 $p \dot{\vee} q$ 为真,并且 q 为假时,p 一定是真的。所以,不相容选言推理否定肯定式是有效的。

[例 2]某甲和某乙订立的合同要么有效,要么无效,
某甲和某乙订立的合同并非无效,
所以,某甲和某乙订立的合同有效。

无论相容选言推理还是不相容选言推理,在以否定肯定式推理时,其选言前提务必穷尽一切可能情况,否则,一旦遗漏真实情况,推理就无效。例如:一位秘书对经理说:"许多

人都说你是工作狂，你得改一改，不然早晚你会累死的。”经理说：“难道你要我无所作为做懒汉吗？”在这里，经理有这样一个推理：我要么做工作狂，要么做懒汉；我不要做懒汉；所以，我要做工作狂。在这个推理中，作为主要前提的不相容选言命题，其选言肢不穷尽（遗漏了“做正常工作者”这一可能情况），因而不能确保这个不相容选言推理是正确的。

三、假言命题及其推理

（一）假言命题

假言命题是陈述某一事物情况是另一事物情况存在的条件的命题。

［例1］如果一个人得了肺炎，那么他会发烧。

［例2］只有保持长期社会稳定，才能持续发展社会经济。

［例3］当且仅当一个三角形是等角三角形，该三角形才是等边三角形。

假言命题陈述的是两个事物情况之间的条件，两个事物情况分别是前件和后件。作为条件的事物情况是前件，作为依赖条件而存在的事物情况是后件。连结前件后件的语词就是联接词。

1. **充分条件假言命题**　充分条件假言命题是陈述某一事物情况是另一事物情况充分条件的假言命题。如［例1］。充分条件假言联结词有：“如果……那么……”“如果……则……”“假如……便……”“若是……就……”“倘若……便”“只要……就”“哪怕……也……”“就算……也……”等。

“如果”后面的肢命题称作假言命题的前件，用p表示；“那么”后面的肢命题称作假言命题的后件，用q表示。

充分条件假言命题的形式为：如果p，那么q。

联结词“如果……那么……”用蕴涵词“→”表示：$p \to q$。

假言命题是陈述事物情况之间的条件关系的命题，因此，一个假言命题的真假就只取决于其前件与后件的关系是否确实反映了事物情况之间的条件关系。

充分条件假言命题陈述前件蕴涵后件，如果有前件却没有后件，这个充分条件假言命题就是假的。“$p \to q$”的逻辑性质用真值表表示，见表3.7。

表3.7

p	q	p→q
+	+	+
+	–	–
–	+	+
–	–	+

2. **必要条件假言命题**　必要条件假言命题是陈述事物情况之间具有必要条件关系的

假言命题。如[例2]。必要条件假言命题的联结词主要有“只有……才……”“必须……才……”“除非……才……”“除非”“才”等。“只有”后面的肢命题称作假言命题的前件,用p表示;“才”后面的肢命题称作假言命题的后件,用q表示。

必要条件假言命题的形式为:只有p,才q。

联结词“只有……才……”可用逆蕴涵词“←”表示:p←q。

必要条件假言命题陈述前件是后件的必要条件,即没有前件就没有后件,如果没有前件也有后件,这个必要条件假言命题是假的。也就是说,当其前件假后件真时才假,别的情况都真。“p←q”的逻辑性质用真值表表示,见表3.8。

表3.8

p	q	p←q
+	+	+
+	–	+
–	+	–
–	–	+

3. **充要条件假言命题**　充要条件假言命题就是陈述事物情况之间具有充要条件关系的假言命题。如[例3]。充要条件假言命题的联结词主要有“当且仅当……则(才)……”“如果……那么……”“并且只有……才……”“如果……就……,如果不……就不……”“不……不……,若……则(必)……”“只要并且只有……才……”“只有而且只要……就……”(末两例,要注意词语间的搭配)等。

联结词“当且仅当……则……”可用等值词“↔”表示,读作“等值于”。“当且仅当”前的肢命题称作充要条件假言命题的前件,用p表示;“当且仅当”后的肢命题称作充要条件假言命题的后件,用q表示。

充要条件假言命题的形式是:p当且仅当q。也可表示为等值式:p↔q。

充要条件假言命题“p↔q”陈述了其前件p和后件q同真或者同假,所以它的逻辑性质是:有前件必然有后件,没有前件必然没有后件。当有前件却无后件,无后件却有前件时,命题就是假的。即要使充要条件假言命题真,当且仅当前件p和后件q的真假情况是相同时才能实现,因此,充要条件假言命题又叫等值命题。“p↔q”的逻辑性质用真值表示,见表3.9。

表3.9

p	q	p↔q
+	+	+
+	–	–
–	+	–

续表

p	q	p↔q
–	–	+

（二）假言推理

1. **充分条件假言推理**　充分条件假言推理就是根据蕴涵词或充分条件假言命题的逻辑性质进行的推理。就是一个前提为充分条件假言命题，另一个前提和结论为性质命题的假言推理。充分条件假言推理有两条规则：

①肯定前件就要肯定后件，否定后件就要否定前件。

②否定前件不能否定后件，肯定后件不能肯定前件。

根据规则，充分条件假言命题推理有两个有效式：

（1）肯定前件式。肯定前件式是在前提中肯定假言命题的前件，结论肯定假言命题的后件的推理形式：

如果 p，那么 q
p
所以，q

也可以用蕴涵式表示为：

$$[(p\to q)\land p]\to q$$

［例 1］如果先履行债务的一方履行债务不符合约定，那么后履行一方有权拒绝其相应的履行要求。
先履行债务的一方履行债务不符合约定。
所以，后履行一方有权拒绝其相应的履行要求。

（2）否定后件式。否定后件式是在前提中否定假言命题的后件，结论否定假言命题的前件的推理形式：

如果 p，那么 q
非 q
所以，非 p

也可以用蕴涵式表示为：

$$[(p\to q)\land\neg q]\to\neg p$$

［例 2］如果某甲是案犯，那么某甲有作案时间，
某甲没有作案时间，
所以，某甲不是案犯。

根据规则，充分条件假言命题推理有两个无效式：

（3）否定前件式。

如果 p，那么 q
非 p

所以,非 q

也可以用蕴涵式表示为:

$$[(p\to q)\land\neg p]\to\neg q$$

[例3]如果某甲是案犯,那么某甲有作案时间,

事实上某甲不是案犯,

所以,某甲没有作案时间。

(4)肯定后件式。

如果 p,那么 q

q

所以,p

也可以用蕴涵式表示为:

$$[(p\to q)\land q]\to p$$

[例4]如果某甲是案犯,那么某甲一定到过作案现场,

事实上某甲到过作案现场,

所以,某甲是案犯。

[例3][例4]的推理之所以无效,是因为它们违反了规则②。

2. **必要条件假言推理** 必要条件假言推理就是根据反蕴涵词或必要条件假言命题的逻辑性质进行的推理。就是一个前提为必要条件假言命题,另一个前提和结论为性质命题的假言推理。必要条件假言推理有两条规则:

①否定前件就要否定后件,肯定后件就要肯定前件。

②肯定前件不能肯定后件,否定后件不能否定前件。

根据规则,必要条件假言命题推理有两个有效式:

(1)否定前件式。否定前件式是在前提中否定假言命题的前件,结论否定假言命题的后件的推理形式:

只有 p,才 q

非 p

所以,非 q

也可以用蕴涵式表示为:

$$[(p\leftarrow q)\land\neg p]\to\neg q$$

[例1]只有当事人在合同上签字,合同才生效,

当事人没有在合同上签字,

所以,合同未生效。

(2)肯定后件式。肯定后件式是在前提中肯定假言命题的后件,结论肯定假言命题的前件的推理形式:

只有 p,才 q

q

所以,p

也可以用蕴涵式表示为:

$$[(p \leftarrow q) \land q] \rightarrow p$$

[例2]只有他认识错误,他才能改正错误。

他改正了错误。

所以,他认识了错误。

根据规则,必要条件假言命题推理有两个无效式:

(3)肯定前件式。

只有p,才q

p

所以,q

也可以用蕴涵式表示为:

$$[(p \leftarrow q) \land p] \rightarrow q$$

[例3]只有某甲有作案时间,某甲才能是案犯,

事实上某甲有作案时间,

所以,某甲是案犯。

(4)否定后件式。

只有p,才q

非q

所以,非p

也可以用蕴涵式表示为:

$$[(p \leftarrow q) \land \neg q] \rightarrow \neg p$$

[例4]只有保护好环境,经济才能持续发展;

经济不能持续发展;

所以,没有保护好环境。

[例3][例4]的推理之所以无效,是因为它们违反了规则②。

3. **充要条件假言命题推理** 充要条件假言命题推理就是根据等值词或充要条件假言命题的逻辑性质进行的推理。就是一个前提是充要条件假言命题,另一个前提和结论为性质命题的假言推理。必要条件假言推理有两条规则:

①肯定前件就要肯定后件,肯定后件就要肯定前件。

②否定前件就要否定后件,否定后件就要否定前件。

根据规则,充要条件假言命题推理有四个有效式:

(1)肯定式。一个前提为充要条件假言命题,另一个前提为该假言命题前件(或后件)的肯定,从而得出肯定该充要条件命题后件(或前件)的结论的推理形式:

当且仅当p,才q

p(或q)

所以,q(或 p)

也可以用蕴涵式表示为:

$[(p \leftrightarrow q) \wedge p] \rightarrow q$

$[(p \leftrightarrow q) \wedge q] \rightarrow p$

[例1]当且仅当这个企业属于国家所有,它才是国有企业,

这个是国有企业,

所以,这个企业属于国家所有。

[例2]某甲因正当防卫造成损害而承担民事责任,当且仅当某甲正当防卫超过必要的限度时,才会造成不应有的损害。

某甲进行正当防卫超过必要的限度,造成了不应有的损害,

所以,某甲应因正当防卫造成损害而承担民事责任。

(2)否定式。一个前提为充要条件假言命题,另一个前提为该假言命题的前件(或后件)的否定,从而得出否定该充要条件假言命题后件(或前件)的结论的推理形式:

当且仅当 p,才 q

¬ p(或¬ q)

所以,¬ q(或¬ p)

也可以用蕴涵式表示为:

$[(p \leftrightarrow q) \wedge \neg p] \rightarrow \neg q$

$[(p \leftrightarrow q) \wedge \neg q] \rightarrow \neg p$

[例3]当且仅当木星是自身发光的天体,它才是恒星,

木星不是自身发光的天体;

所以,木星不是恒星。

[例4]某甲当且仅当他触犯了法律,才应受到法律制裁,

某甲不应受到法律制裁,

所以,某甲没有触犯法律。

[例1][例2][例3][例4]的推理之所以有效,是因为它们符合推理规则。

【自测题】

一、选择题

1. 某电脑销售部向顾客承诺:本部销售的电脑在一个月内包换,一年内免费包修,三年上门服务免收劳务费,因使用不当造成的故障除外。

以下哪项所讲的是该销售部应该提供的服务?(　　)

A. 某人在该销售部购买的一台电脑,三个月后软驱出了问题,因维修部修不好它,要求免费更换软驱。

B. 计算机实验室从该销售部购买的20台电脑,50天后才开箱安装。结果发现有一台的显示器不能显示色彩,要求更换。

C. 某校购买 9 台电脑,没过一个月,鼠标丢了两个,要求该销售部免费补齐。

D. 小明从该销售部买了一台电脑,6 个月后感染了计算机病毒,造成储存文件丢失,要求赔偿损失。

E. 李才从该销售部购买一台电脑,一年后键盘出现故障,要求半价更换新键盘。

2. 一桩投毒谋杀案,作案者要么是甲,要么是乙,二者必居其一;所用毒药或者是毒鼠强,或者是乐果,二者至少其一。

如果上述断定为真,以下哪项推断一定成立?( )

Ⅰ. 该投毒案不是甲投毒鼠强所为,因此,一定是乙投乐果所为。

Ⅱ. 在该案侦破中,发现甲投了毒鼠强。因此,案中的毒药不可能是乐果。

Ⅲ. 该投毒案的作案者不是甲,并且所投的毒药不是毒鼠强。因此,一定是乙投乐果所为。

A. 仅仅Ⅰ　　B. 仅仅Ⅱ

C. 仅仅Ⅲ　　D. 仅仅Ⅰ和Ⅲ

3. 小明承诺:“如果明天不下雨,我一定去听音乐会。”

以下哪项为真,说明小明没有兑现承诺?( )

Ⅰ. 天没下雨,小明没去听音乐会。

Ⅱ. 天下雨,小明去听了音乐会。

Ⅲ. 天下雨,小明没去听音乐会。

A. 仅仅Ⅰ　　B. 仅仅Ⅱ

C. 仅仅Ⅲ　　D. 仅仅Ⅰ和Ⅱ

4. 并非王经理负责研究开发或者负责销售服务工作。

如果上述断定为真,以下哪项陈述一定为真?( )

A. 王经理既不负责研究开发也不负责销售服务

B. 王经理负责销售服务但不负责研究开发

C. 王经理负责研究开发但不负责销售服务

D. 如果王经理不负责销售服务,那么他负责研究开发

5. 某发展中国家所面临的问题是:要维持它的发展,必须不断加强国内企业的竞争力;要保持社会稳定,必须不断建立养老、医疗、失业等社会保障体系。而要建立社会保障体系,则需要企业每年为职工缴纳一定比例的社会保险费。如果企业每年为职工缴纳这样比例的社会保险费,则会降低企业的竞争力。( )

以下哪项结论可以从上面的陈述中推出?

A. 这个国家或者可以维持它的经济发展,或者可以保持它的企业竞争力。

B. 如果降低企业每年为职工缴纳社会保险的比例,则可以保持企业竞争力。

C. 这个国家无法维持它的经济发展,或者不能保持它的社会稳定。

D. 这个国家的经济发展会受到一定影响。

二、分析题

1. 1993 年 7 月 15 日,某市公安局接到报案,该市东区的一个四合院内发生一起凶杀

案,被害人是一个孤寡老人。侦察人员勘查现场之后,对院里的其他住户进行调查取证。住户甲说,7月10日中午,他看到一个中等身材的男青年来找受害人;住户乙说,他看到一个中等身材的男青年来找受害人;住户乙说,他看到这个男青年左眼角下面有一颗黑痣;住户丙说,男青年说话带河北口音。

请问:如何根据调查口供初步确定犯罪嫌疑人,缩小侦察范围?

2. 这份统计表格的错误,或者是由于材料不可靠,或者是由于计算有错误。经查证:这份统计表格的材料不可靠。所以,这份统计表格的错误是由于计算有错误。

问:这个推理可靠吗?

3. 一个社会是公正的,必须满足以下条件:第一,有健全的法律;第二,贫富差异是允许的,但必须同时保证消灭赤贫和每个公民都事实上有公平竞争的机会。

根据上述条件,最能得出以下哪项结论?

A. 某社会有健全的法律,同时又在消灭了赤贫的条件下,允许贫富差异的存在,并且绝大多数公民都事实上有公平竞争的机会。因此,某社会是公正的。

B. 某社会有健全的法律,但这是以贫富差异为代价的。因此,某社会是不公正的。

C. 某社会允许贫富差异,但所有人都由此获益,并且每个公民都事实上有公平竞争的机会。因此,某社会是公正的。

D. 某社会不存在贫富差异,但这是以法律不健全为代价的。因此,某社会是不公正的。

4. 某公司项目计划讨论会上,项目经理说:"根据本公司目前的财力,我认为湿地别墅和绿岛花园这两项工程最多上一个。"总经理说:"我不同意。"

作为秘书,你能正确理解总经理的意思吗?

5. 请构建一个反二难推理驳斥以下错误的二难推理?

如果有困难,便不需要努力去做,努力也白费;

如果没有困难也不需要努力去做,不努力也行;

或者有困难,或者没有困难;

总之,不必努力去做。

第三单元 归纳逻辑

【案例导入】

点子大王秦老师最近又要贡献一个点子给都市报业集团。秦老师分析了目前报纸的发行时段:早上有晨报、上午有日报、下午有晚报,真正为晚上准备的报纸却没有。秦老师建议他们办一份《都市夜报》,打开这块市场。谁知都市报业集团却没有采纳秦老师的建议。

请问:这是为什么?

【能力目标】

掌握归纳逻辑的基本概念和推理形式;应用推理规则分析语言形式的正误;解决工作事务中的逻辑推理问题。

【知识点】

了解归纳推理和类比推理的性质、种类、形式与规则。

一、归纳推理

凡是从个别知识的前提推出一般的结论的推理,称之为归纳推理。现代名称之为或然性推理,即前提真实,结论只是可能真的推理。可以是个别到一般,也可以是一般到个别。归纳推理是以某类思维对象中一部分或全部分子(或小类)对象具有或不具有某种属性为前提,推出该类全部对象也具有或不具有某种属性为结论的推理。例如:

狗是胎生的,

马是胎生的,

羊是胎生的,

虎是胎生的,

……

所以,哺乳动物都是胎生的。

当人们将无数种哺乳动物考察完后,发现都是胎生的,就理所当然得出了“哺乳动物都是胎生的”的结论,但后来人们发现鸭嘴兽虽是哺乳动物,却不是胎生的。这一发现就推翻了上述结论。可以看出,归纳推理的结论是或然的。

归纳推理的思维过程是从个别到一般,前提必须是真实的,前提和结论之间没有必然联系,结论超出了前提的知识范围。

(一)完全归纳推理

完全归纳推理是根据某类事物的每一个对象具有(或不具有)某种属性,推出该类对象都具有(或不具有)某种属性的推理。例如:

直角三角形内角和是180°,

锐角三角形内角和是180°,

钝角三角形内角和是180°,

直角三角形、锐角三角形、钝角三角形是三角形的全部类型,

所以,三角形的内角和是180°。

完全归纳推理的逻辑形式:

S_1是(或不是)P,

S_2是(或不是)P,

S_3 是(或不是)P,

……

S_n 是(或不是)P,

S_1、S_2、S_3……S_n 是 S 类的全部对象,

所以,所有的 S 都是(或都不是)P。

完全归纳推理在前提中考察的是某类的全部对象,结论的知识范围没有超出前提的知识范围,因此,前提与结论的联系是必然的。应用完全归纳推理要获得正确的结论,必须遵循以下三点:

第一,每一前提必须是真实可靠的。如果前提中有不真实的命题,那么就不能得出真实的一般性结论。第二,必须毫无遗漏地考察一类事物中的全部对象,否则得出的结论就不是必然的了。第三,思考问题“依据”的恰当性,否则也不能得出必然真的结论。例如:

硫酸(H_2SO_4)含有氧元素(O),

硝酸(HNO_3)含有氧元素(O),

磷酸(H_3PO_4)含有氧元素(O),

硼酸(H_3BO_3)含有氧元素(O),

高氯酸($HCLO_4$)含有氧元素(O),

醋酸($HC_2H_3O_3$)含有氧元素(O),

硫酸、硝酸、磷酸、硼酸、高氯酸和醋酸是所有酸,

所以,凡酸都含有氧元素(O)。

这个完全归纳推理的结论是错误的,因为它违反了第二条规则,没有穷尽所有的酸,它遗漏了盐酸(HCL)和氢氟酸(HF),而这两个酸中恰恰不含有氧元素(O)。

作为论证方法,人们还经常运用完全归纳推理去作论证。为了论证某个一般性的结论,可以考察与此有关的一切对象,然后对这些对象一一确认。最后通过完全归纳推理,就可以证明这个一般性结论是真实的。例如,我们要检验某厂全部新产品 A、B、C 都是合格的,就要逐一检验新产品 A、B、C 全部合格:

新产品 A 是合格的,

新产品 B 是合格的,

新产品 C 是合格的,

所以,该厂的全部新产品都是合格的。

完全归纳推理只适用于份子数量有限的一类事物。当考察的事物数量很大,甚至是数量无限时,就无法使用它,而要运用不完全归纳推理了。

(二)不完全归纳推理

不完全归纳推理是根据某类事物的部分对象具有(或不具有)某种属性,从而得出该类对象具有(或不具有)某种属性的推理。例:

6=3+3,

$8=3+5$，

$10=3+7=5+5$，

$12=5+7$，

$14=3+11=7+7$，

……

6、8、10、12、14 是大于 4 的偶数，

所以，所有大于 4 的偶数都可以写成两个素数之和。

这是用不完全归纳推理提出的著名的哥德巴赫猜想。

不完全归纳推理的逻辑形式：

S_1 是（或不是）P，

S_2 是（或不是）P，

S_3 是（或不是）P，

……

S_n 是（或不是）P，

S_1、S_2、S_3……S_n 是 S 类的部分对象，

所以，所有的 S 都是（或不是）P。

不完全归纳推理的结论断定的范围超出了前提所断定的范围，属于或然性推理。但它在人们的科学研究和实际工作中，仍然有着重要作用，它突出了完全归纳推理的局限性，其所得的结论可以提供假说。根据不完全归纳推理是否揭示了被考察的对象与其属性之间的因果联系，不完全归纳推理可以分为简单枚举推理、科学归纳推理、求因果归纳推理等。

1. **简单枚举推理** 简单枚举推理是根据某类事物中部分对象具有（或不具有）某种属性，并从未遇到相反情况，从而推出该类事物全部对象都具有（或不具有）某种属性的不完全归纳推理。它的逻辑形式：

S_1 是（或不是）P，

S_2 是（或不是）P，

S_3 是（或不是）P，

……

S_n 是（或不是）P，

S_1、S_2、S_3……S_n 是 S 类的部分对象，

并且没有遇到反例，

所以，所有的 S 是（或不是）P。

例：某市民营企业甲经济效益好，民营企业乙经济效益好，民营企业丙经济效益好，民营企业甲、乙、丙是某市民营企业的部分对象，并且考察中没有遇到反例，可以得出结论：某市民营企业经济效益都好。

简单枚举归纳推理的前提只考察了一类事物中的部分对象的情况，在没遇到相反情

况下,就推出一般性结论,结论具有或然性,一旦发现相反的情况,结论就会被推翻。数学家华罗庚对此或然性作过通俗而形象的说明:“从一个袋子里摸出来的第一个是红玻璃球,第二个是红玻璃球,甚至第三个、第四个、第五个都是红玻璃球的时候,我们立刻会出现一种猜想:‘是不是这个袋子里的东西全部都是红玻璃球?’但是,当我们有一次摸出一个白玻璃球的时候,这个猜想失败了。这时我们会出现另一种猜想:‘是不是袋子里的东西都是玻璃球?’但是,当我们有一次摸出来的是一个木球的时候,这个猜想又失败了。那时,我们又会出现第三个猜想:‘是不是袋子里的东西都是球?’这个猜想对不对,还必须加以检验,要把袋子里的东西全部摸出来,才能见分晓。”

要克服其不足就要注意两点:第一,被考察的事物对象数量要尽可能多,范围要尽可能大。考察的对象越多,考察的范围涉及各种各样的环境条件,漏掉相反情况的可能性就越小,结论的可靠程度也就越高。反之,如果考察的对象很少,范围不大,漏掉相反情况的可能性就越大,结论的可靠性就越低,就难免会犯“以偏概全”的逻辑错误。第二,注意考察有无反例。只要出现一个反例,就不能得出结论。如果在一些可能出现相反情况的场合,注意了反例并且真的没有发现反例,那么就说明结论的可靠性程度较高。对于“轻率概括”这种错误,可以用搜集“反例”来纠正。比如,近年来会展业对很多城市经济特别是第三产业发展有强劲的拉动作用,于是许多城市望风跟进大办会展业,结果不仅没有带动自己的经济发展,反而造成一些浪费。究其原因,就是因为只看到会展的成功,没有注意会展的失败,自以为凡是会展都一定会成功拉动经济发展,结果吃了“轻率概括”的大亏。

2. 科学归纳推理 科学归纳推理,是对某类事物被考察对象与其具有(或不具有)某属性之间的因果联系的科学分析,推出该类事物全部对象都具有(或不具有)某属性的一般性知识的不完全归纳推理。它的逻辑形式:

S_1 是(或不是)P,

S_2 是(或不是)P,

S_3 是(或不是)P,

……

S_n 是(或不是)P,

S_1、S_2、S_3……S_n 是 S 类的部分对象且它们与 P 之间有因果关系,

所以,所有的 S 是(或不是)P。

例:已知金加热体积膨胀,银加热体积膨胀,铜加热体积膨胀,铁加热体积膨胀,因为加热它们分子间的凝聚力减弱,分子间的距离增大,导致它们体积膨胀,而金银铜铁都是金属,所以,金属加热体积膨胀。

科学归纳推理是建立在知其所以然之上的,结论的可靠性较强。当我们观察到金受热之后体积膨胀,银受热后体积膨胀,通过分析,认识到这些金属受热之后体积膨胀的原因在于:它们受热之后,分子之间的凝聚力减弱,相应地分子间的距离就会增大,从而导致体积膨胀。在上述观察及分析之后得出结论:所有金属受热后体积都会膨胀。这样的结论就比仅靠观察更多的金属受热情况而得出的结论可靠性高得多。在这种情况下,前提

的数量不具重要作用。恩格斯说得好：十万部蒸汽机并不比一部蒸汽机能更多地证明热能转化为机械运动。

科学归纳推理能使人们的认识由个别上升到一般或发现事物的普遍规律。俗称“个案分析”“解剖麻雀”等都是科学归纳推理。认识麻雀的内脏构造和特性，不必要也不可能解剖世间所有麻雀，只要解剖几只麻雀，就可以得出“麻雀虽小五脏俱全”的结论。原因就在于个别麻雀包含所有麻雀的本质和一般性。在经济工作中经常用到科学归纳推理，对预测、决策和论证有很好的作用。比如，1998 年 4 月 27 日，美国一架波音 737 飞机从檀香山起飞不久，巨大的爆炸把前舱顶盖掀开了一个足有 6 米的大洞，使机舱里的地板变形到后舱看不到前舱的程度。然而飞机还是成功地降落在附近机场。除一名空姐在爆炸时被气浪从舱顶抛出殉职外，机上 89 名乘客无一伤亡。波音公司经过原因分析，得出结论：这次事故主要是由于飞机太旧、金属疲劳所致（这架飞机已飞了 20 年，起落过 9 万次，大大超过了保险系数）。这个事例足以证明波音公司的飞机质量相当过硬。波音公司借此大做文章，加大广告宣传，其销量大增。

3. **求因果归纳推理**　求因果归纳推理就是根据某类事物的部分对象与另一部分对象的因果联系，概括出一般性结论的推理。

19 世纪中期，英国著名哲学家穆勒在前人（培根）的研究基础上，提出了探求因果联系的五种归纳方法，即：求同法、求异法、求同求异并用法、共变法和剩余法，人们统称为穆勒五法。根据这五法进行的归纳推理就是求因果归纳推理，是根据部分场合某一研究现象与该现象出现之前或之后的若干情况之间具有某种关系，推出所有场合该与其所有的先行或后行情况之间都具有这种关系的结论的不完全归纳推理。求因果归纳推理的前提和结论之间体现着有关现象间的因果联系。从被研究现象出现的时间顺序方面看，我们必须在先于结果的现象中寻找原因，在后于原因的现象中寻找结果。

(1)求同法推理。求同法推理，在被研究现象出现的若干场合中，如果只有一个情况是这些场合共同有的，那么这个唯一共同的情况与被研究现象之间可能有因果联系。求同法推理形式为：

场合	有关情况	被研究现象
(1)	A、B、C	a
(2)	A、D、E	a
(3)	A、G、F	a
…	……	…

所以，A 与 a 之间可能有因果联系。

例如，有人为了探索长寿的原因，调查走访了 20 多位百岁以上的老人后，发现他们尽管有生活在山区的，也有生活在平原的；有长期吃素的，也有喜欢吃肉的；有从来滴酒不沾的，也有爱好喝几口的……但有一点是共同的，那就是他（她）们都性格开朗、心情舒畅。于是得出结论说：“性格开朗、心情舒畅，同人的健康长寿有因果联系。”

求同法推理是“异中求同”，即在各种不同的情况中寻求唯一相同的情况。“异”是指各个场合的其他情况各不相同,“同”是指各个场合中都有一个共同的情况 A,也即是从被研究现象出现的各个不相同的场合中,通过排除不同的因素,找出唯一相同的因素来判明因果联系。

求同法得出的结论是或然的。例如,某村庄早饭时间过后多家报告中毒,甲说,他家里人发生了呕吐、昏迷现象;乙说,他家里人发生了呕吐、昏迷现象;丙也有同样的说法。现在要寻找呕吐、昏迷的原因。调查发现,该村住户的居住条件都不相同,中毒者的年龄、健康状况也不相同,但有一个情况是共同的——同饮一口井的水。那么我们可以初步判断,井水可能是引起呕吐、昏迷的原因,但不必然是。因为,还可能是其他共同情况比如,空气污染所致。

要提高求同法推理结论的可靠性,就要注意:

第一,要尽量增加可比较的场合。

第二,各场合是否还有其他共同的情况。

第三,严格注意在“不同情况”中是否存在着因果联系。

(2)求异法推理。求异法推理,如果在被研究现象出现和不出现的两个场合中,其他有关情况都相同,唯有一个不同的情况且这个不同的情况仅出现在被研究现象存在的场合,那么,这个唯一不同的情况与被研究现象之间可能有因果联系。求异法推理形式为:

场合	有关情况	被研究现象
(1)	A、B、C	a
(2)	—、B、C	—

所以,A 与 a 之间可能有因果联系。

例如,采用完整的葡萄做原料酿制的红酒,都含有一种能有效减少血液中胆固醇含量的化学物质;但是,用去皮的葡萄酿制的白酒却不含这种化学物质。由此可以推断:这种化学物质只存在于葡萄的表皮中。

求异法推理是“同中求异”,“同”指两个场合除有 A 和无 A 之外,其余情况相同;“异”是指一个场合有情况 A 和被研究现象 a,另一个场合没有情况 A 和被研究现象 a。也就是说,求异法是把被研究现象出现和不出现的正反两个场合中的相关因素加以比较,排除相同的因素,寻找出唯一的不同因素,进而确定因果联系。

应用求异法推理时应注意以下两点:

第一,两个场合是否还有其他差异情况。

第二,两个场合唯一不同的情况,是被研究现象的整个原因,还是被研究现象的部分原因。

求同求异并用法推理,在被研究现象出现的几个场合(正事例组)中,如果都有一个共同情况出现,而在被研究现象不出现的几个场合(负事例组)中,却都没有这个情况出现,那么这个唯一共同情况与被研究现象之间可能有因果联系。求同求异并用法推理形式为:

场合		有关情况	被研究现象
正事例组	(1)	A、B、C	a
	(2)	A、D、E	a
	(3)	A、F、C	a
…		……	…
负事例组	(1)	—、B、G	—
	(2)	—、D、N	—
	(3)	—、F、G	—
…		……	…

所以,A 与 a 之间可能有因果联系。

例如:我国唐代著名医学家孙思邈对脚气病进行了研究。他发现富人患这种病的人较多,穷人患这种病的人很少。他通过进一步的观察、比较后发现富人的性格、脾气、身体状况、生活习惯等情况各有差别,但有一个共同点是吃去净米糠、麸皮的细面白面;穷人的情况也各不相同,但也有一个共同点,即吃的多是含有米糠、麸皮的糙米、粗粮。于是他得出结论:富人得脚气病是由于食物中缺少米糠、麦麸引起的。于是,他试着用米糠、麸皮来治脚气病,结果果真灵验。

这里,被研究现象是脚气病是怎么得的。为寻找得脚气病原因,把被研究现象出现的场合(富人得病)编成正事例组;把被研究现象不出现的场合(穷人不得病)编成负事例组。在正事例组的各个场合中,只有一个共同的情况,即吃去净米糠、麸皮的细米白面,其他情况都不尽相同,可以用求同法推理得到一个结果。在负事例组的各个场合中,也只有一个共同情况,即吃的多是含有米糠、麸皮的糙米粗粮,其他情况也都不尽相同,又可以用求同法推理得到一个结果。在此基础上,比较正负事例组,吃不吃含有米糠、麸皮的糙米粗粮是二者的差异之处,这样,可以得出结论:不吃含有米糠、麸皮的糙米粗粮是富人得脚气病的原因。

(3)求同求异并用法推理。求同求异并用法推理是“两次求同,一次求异”。应用这种方法实际上要经过三个步骤:第一步,比较被研究现象 a 出现的正事例场合,运用求同法推理得知,凡有 A 情况就有现象 a 出现;第二步,比较被研究现象 a 不出现的负事例场合,运用求同法推理得知,凡无 A 情况就无现象 a 出现;第三步,比较正负两组场合,根据有 A 就有 a,无 A 就无 a,运用求异法推理即可得知 A 与 a 有因果联系。由于求同求异并用法推理在考察有关情况时,可能忽视本是相关的情形,故而其结论也是或然的。

运用求同求异并用法推理时应注意:

第一,尽量在每组场合中考察更多的场合。

第二,选择负事例组的各个场合时,应尽量选择与正事例组场合较为相似的场合。

第三,先行的共同情况必须是唯一的。否则,结论不可靠。

共变法推理,如果在被研究现象发生变化的几个场合中,其他有关情况都不变,唯有一种情况相应地发生变化,那么,这个唯一相应变化的情况与被研究现象之间可能有因果

联系。共变法推理形式为:

场合	有关情况	被研究现象
(1)	A_1、B、C	a_1
(2)	A_2、B、C	a_2
(3)	A_3、B、C	a_3
…	…	…

所以,A 与 a 可能有因果联系。

例如,把栽种的向日葵植株,分为四组来做实验。第一组不进行人工辅助授粉;第二组进行一次;第三组隔几天进行一次,共两次;第四组进行三次。结果,人工辅助授粉一次的增产 13.5%;授粉两次的增产 17.3%;授粉三次的增产 25.1%。可以看出人工辅助授粉效果是十分显著的。

某企业,如果资金利用率为50%,利润增加70%;资金利用率为60%,利润增加90%;资金利用率为90%,利润增加100%;其他情况都没有变化,那么资金利用率的提高就是利润增加的原因。

(4)共变法推理。共变法推理是指在"同中求变",即在其他有关情况都保持不变的条件下,寻求唯一与被研究现象发生相应变化的情况。如果许多情况都在变化,就很难确定哪个情况与被研究现象有因果联系。显然在自然条件下,要做到这一点是很困难的。所以,共变法推理通常是在人工控制的条件下应用的,因而其结论的可靠性程度也较高。但在最终的原因未得到证实之前,它的结论仍是或然的。

运用共变法推理时应注意:

第一,与被研究现象发生共变的现象必须是唯一的,否则,结论便不可靠。

第二,两个现象间的共变关系有一定的限度,超过限度就会失去原来的共变关系。

第三,要区分有因果联系的共变现象和无因果联系的共变现象,以免找错原因。

第四,共变的不一定就有因果关系。

(5)剩余法推理。剩余法推理,如果已知某一复合现象与另一复合现象之间有因果联系,又知前一现象中某一部分与后一现象中某一部分有因果联系,那么前一现象的剩余部分和后一现象剩余部分之间可能有因果联系。剩余法推理形式为:

复合情况 A、B、C、D 与被研究的复合现象 a、b、c、d 有因果联系

B 与 b 有因果联系

C 与 c 有因果联系

D 与 d 有因果联系

所以,A 与 a 有因果联系。

例如,打开台灯开关,台灯不亮,就有几个可能情况:停电了,灯泡坏了,开关失灵了,保险丝断了,线路不通了。要使台灯亮,就得检查这些情况。如果发现没有停电,没有烧钨丝,开关是好的,保险丝没有断,那么,就剩下一个可能,线路不通了。即线路不通是台

灯不亮的原因。

剩余法推理是“余果中求余因”，即已知两个复合现象之间有因果联系后，把其中已确定了有因果联系的部分除去，再从剩余的结果中分析原因。由于剩余法推理不能保证将各种因果联系都研究穷尽，可能还有其他因素未被研究，因而其结论也具有或然性。

应用剩余法推理时应注意：

第一，必须确知被研究的复合现象中的一部分现象（b、c、d）是由复合现象中的某些情况（B、C、D）引起的，并且剩余部分（a）不可能是这些情况（B、C、D）引起的。否则，结论就不可靠。

第二，复合现象的剩余部分（A）不一定是一个单一的情况，还要可能是个复合情况，在这种情况下，人们就必须进一步研究、探求剩余部分的全部原因。

二、类比推理

类比推理就是根据两个或两类对象在某些属性上相似或相同的特点，从而推出他们在其他属性上也相同或相似的推理形式。其逻辑形式如下：

A 对象有 a、b、c、d 属性

B 对象有 a、b、c 属性

所以，B 对象也具有 d 属性

例如，我国南方那些地方的地形、水文、土壤和温度、湿度、光照等适合种黄岩橘，而由于美国的加利福尼亚州与我国南方那些种植黄岩橘的地方有相似的条件。所以，推测：美国的加利福尼亚州也能种植黄岩橘。黄岩橘本是我国浙江的特产，后来被成功引种到美国的加利福尼亚州。

类比推理是建立在事物之间的“类同”上的，对象 A 和对象 B 都有属性 a、b、c，两者可能是“同类”。这样，对象 A 具有属性 d，则推测对象 B 也有（可能有）属性 d。公式中的 A 和 B，可以是两个不同的事物，也可以是两类不同的事物，通过比较，从一个个别推出另一个个别的认识，从一类推出另一类的认识。它既不是从一般到个别，也不是从个别到一般，而是从个别到个别，从一般到一般的推理形式。结论不是必然的，前提真结论未必真。把某个（或某类）对象所具有的属性推广到与之相似的另一个（或一类）对象上去，从而结论的范围超出了前提的范围，前提并不蕴涵结论。

提高类比推理的可靠性要求：

第一，尽可能多地确认类比对象的相同或相似属性，相同属性越多，结论的可靠性就越大。

第二，力求从两个或两类事物本质属性进行类比。前提中确认的相同本质属性的东西越多，结论的可靠性就越大。

第三，在前提中确认的相同属性与推出属性之间应有联系。类比推理据以进行的属性与推出属性之间的联系越密切，其结论就越可靠。

应用类比推理时应注意：

第一,由于类比推理的结论具有或然性,所推出的结论只是与类比物的属性相似而不是完全相同,所以不能作为直接证明或直接解释的手段。

第二,在具体思维过程中,应当综合运用各种推理方法,把它们与演绎推理和归纳推理结合起来,从而提高结论的可靠程度。

第三,将类比推理和修辞学上的比喻区别开来,比喻是帮助人们加深对事物的认识,而不是推出新的结论。类比推理是由已知推出未知,使人们获得新知识。

【自测题】

一、判断题

1. 下列结论能否用完全推理得出?(　　)

(1)地球上所有的洲都有矿藏。

(2)冷在三九,热在中伏。

(3)在24和28之间没有质数(凡仅被1或自身整除的数叫质数)。

(4)燕低飞,披蓑衣。

(5)天体的运行,四季的交替,原子内部的运动,生物的变化,社会的发展,都是有规律性的。

(6)春夏秋冬周而复始。

2. 保护森林资源已到了刻不容缓的地步了。因为,据统计,在20世纪50年代,我国的森林覆盖率为19%,60年代为11%,70年代为6%,80年代为4%。随着森林覆盖率的逐年降低,植被大量损失,洪涝灾害也逐年严重。由此可见,森林资源的被破坏,是造成洪涝灾害的主要原因。

问:以下哪项所使用的求因果推理与上文最为类似?(　　)

A. 俗话说,说话听声,锣鼓听音。经观察,各种物体的发声现象都伴有物体上空气的振动。因此,可以断定,物体上空气的振动是发声的原因。

B. 把一群鸡分为两组,一组喂食精米,另一组喂食带壳稻谷。经过观察,喂食精米的一组鸡都得了一种病,两脚无力,不能行走,症状与人得的脚气病相似。而另一组喂食稻谷的鸡却没有得这种病。由此推断,带壳稻谷中含有某种精米中所没有的东西,它是避免得脚气病的原因。进一步研究发现,这种东西就是维生素B1。

C. 意大利的一位科学家进行了一项实验,在四个广口瓶中,放进肉和鱼,然后盖上盖子,或蒙上纱布,苍蝇进不去,结果一个蛆都没有产生。在另外四个广口瓶中放进同样的东西,敞开瓶口,苍蝇能飞进去产卵,结果肉和鱼很快就生了蛆。因此,他断定,苍蝇产卵是鱼肉生蛆的原因。

D. 在有空气的玻璃罩里通电击铃,随着抽出空气量的变化,铃声越来越小。如果把空气全部抽出,则完全听不到铃声了。由此可以断定,空气多少是发出声音大小的原因,空气的有无是能否听到铃声的原因。

E. 棉花是植物纤维,疏松多孔,能保温;积雪有40%~50%的空气间隙,也是疏松多

孔，也能保温。虽然两者很不相同，但两者都是疏松多孔。由此可以断定，疏松多孔的东西是保温的原因。（求同法）

F. 某人在一个晚上看了两个小时的书，又喝了几杯浓茶，结果一晚上没睡好觉。第二天晚上他又看了两个小时的书，抽了几支烟，结果又是一晚上没睡好觉。第三天晚上他又看了两个小时的书，喝了几杯咖啡，结果还是失眠。结果他认为：失眠的原因是每天晚上看了两小时的书。

二、分析题

1. 试分析下列各题中使用了何种逻辑推理？

（1）在实验室里，将新鲜牛肉放上大肠杆菌和沙门氏菌，然后分割为数量相同的两块，分别放在两个消毒后的实验柜里。所不同的是一台柜子安置了辐射线照射器，而另一台没有。过一段时间后，同时打开两台柜子，照射过辐射线的牛肉依然新鲜，没照射辐射线的牛肉，已经腐烂。由此初步断定辐射线照射可以使牛肉保鲜。

（2）有一个农业试验站曾做过这样的试验：用10克、20克、40克、80克、160克重的马铃薯分别播在同一块田里，施同样的肥料。结果10克重的产量是245克，20克重的产量是430克，40克重的产量是565克，80克重的产量是940克，160克重的产量竟达1090克。这说明选用大个的薯块作种，可以提高产量。

（3）在第二次世界大战期间的1942年2月里，英国军事人员发现许多炮台上的炮瞄雷达有的突然受到干扰，因而失灵。当时他们猜想，可能是德国军人使用了某种反雷达的新式武器。后来，经过多次研究发现，尽管各国的环境、观察的仪器、观察时间不同，但每当炮瞄雷达一旦对着太阳时，就会受到同样的干扰。于是，科学家得出如下结论：炮瞄雷达受干扰不是因为德国人使用了新式武器，而是太阳时刻发射的无线电波的干扰。

（4）人们根据经验认为，蛆是由肉变成的。为了验证这个说法是否正确，意大利的医生雷地做了以下这个实验：

1668年，他把两块肉分别放在两个容器里，一个容器盖上细布，苍蝇不能进入；另一个容器不盖细布，苍蝇可以自由进入。结果表明，盖了细布的容器肉没有长蛆，未盖细布的容器肉都生了蛆。由此，雷地得出结论：只有苍蝇产过卵的肉才能生蛆。

（5）长期生活在又咸又苦的海水中的鱼，它们的肉却不是咸的，这是为什么？科学家们考察了一些生活在海水中的鱼，发现它们的鳃片上都有一种能排盐分的特殊构造，叫"氯化物分泌细胞"组织。科学家们又考察了一些生活在淡水中的鱼，发现它们虽然在体形、大小、种类等方面不同，但它们鳃片上都没有这种"氯化物分泌细胞"组织。由此可见，具有"氯化物分泌细胞"组织是海鱼在海水中长期生活而肉不具有咸味的原因。

2. 下列类比推理是否正确，并给出理由。

（1）人脑能进行数学运算，电脑也能进行数学运算；电脑有制造者；所以，人脑也有制造者。

（2）地球和月球都是太阳系的球形星体，都能自转和公转，又知地球上有生物，所以，月球上也有生物。

(3)太阳是被上帝创造用来照亮地球的。我们总是移动火把照亮房子,决不会移动房子去使房子被火把照亮。因此,是太阳绕地球旋转,而不是地球绕太阳旋转。

(4)明代有一个“罚人吃肉”的故事:有个叫李载仁的人,避乱江陵,后在高季兴署做观察推官。此人不食猪肉。一天,他应召见上司,方骑上马,就有两个家仆斗殴。李载仁很恼火,命令他的随从取来饼和猪肉,责令两个斗殴的家仆面对面地吃饼和猪肉,作为对斗殴者的惩罚,还告诫他们说:“下次若敢再犯,还要在猪肉上加上酥油。”

第四单元　逻辑规律

【案例导入】

一天,某公司的总经理召集经理开会,研究公司有些产品税后收益降低的问题。本来应该在会上讨论出一个解决办法并作出有效决策的,但是,由于几位经理离开了讨论的中心而泛泛地谈了20多个不同的问题,结果于事无补,没有真正解决问题。究其原因:(1)他们对要处理的问题缺乏一个共同的概念;(2)他们对什么是问题没有一个共同的看法;(3)他们把问题、原因和决定都混为一谈了;(4)他们研究整个工作没有一个有条理的方法;(5)他们没有选择重要的几个问题集中讨论;(6)他们对于所研究的任何问题也无法确定其原因所在;(7)他们虽然全力以赴,但是漫无边际而毫无效果;(8)他们从一个问题到另一个问题,没有确定性,最终也不知道解决了什么问题。

你对此有何感想?

【能力目标】

了解逻辑思维的基本规律的内容和要求;理解逻辑基本规律的性质和作用范围;能在实际思维过程中自觉运用和遵守逻辑基本规律;能发现并纠正违反逻辑规律的各种逻辑错误,保证思维的确定性。

【知识点】

同一律、矛盾律和排中律的内容、要求、适用范围及其作用。

一、同一律

(一)什么是同一律

同一律:在同一思维过程中,每一思想与自身具有同一性。每一词项、每一命题都必须是确定的,都必须与自身保持同一。用公式表示为:“A是A”,即“A→A”。

公式中的“A”表示任一思想、任一词项、任一命题。“A→A”表示前件真则后件真。同一思维过程的同一思想,真假值相等。同一思维过程指同一时间、同一关系(方面)、同一对象。在同一思维过程中，每一思想的自身都具有同一性。

（二）同一律要求

第一，必须保持词项确定的内涵和外延。在同一思维过程中，一个词项，原来反映什么对象就要一直指称这一对象，而不能随意变更。对话的主题或话题不能随意变换。交流双方对同一词项和命题有共同的理解或解释。

第二，必须保持命题的确定性。一个命题陈述什么就陈述什么，并且其前后的陈述应当一致。同样，一个命题是真的就是真的，是假的就是假的，也不能随意变更，否则也会发生思维混乱。上述无效会议这个案例，究其根源，就在于他们在讨论中随意变更问题，思想没有确定性，使得问题的讨论变得漫无目的、毫无条理，损害了工作效率。

第三，要求推理和论证有同一性。一方面，要求在推理或论证中所运用的词项、作出的命题必须保持同一。另一方面，要求在对某一个问题的思考、表达、论证过程中，要有确定的思考对象，有个确定的范围，不能随意转移讨论的问题，不能任意以另外的问题取代原来的问题。例如在“发展旅游业利大于弊”（香港中文大学）与“发展旅游业弊大于利”（上海复旦大学）的辩论中，正方香港中文大学一辩是这样开头的：“今天的辩题是：‘发展旅游业利大于弊’。我是正方，我将首先说明发展旅游业的定义。旅游业基本上是一种吸引外国人来消费的行业，它的发展帮助国家吸取外汇。”反方一辩一针见血地指出：“听了对方辩友的发言，我倒有几个问题想请教一下：第一，旅游、旅游业、发展旅游业是不是一回事？第二，旅游业是不是主要吸收外国旅游者的消费行业？”

同一律要求思维自身保持同一，并不反对思维的发展变化。同一律的逻辑要求，是以同一思维过程为前提的。如果思维过程不同了，时间、条件变化了，对同一对象也会使用不同含义的词项、命题。例如，“人民”这个词项，在我国不同的时期就有着不同的内容，反映不同的对象。在抗日战争时期，是反映一切抗日的阶级、阶层和社会集团；在解放战争时期，是反映一切反对美帝国主义和国民党反动派的阶级、阶层和社会集团。客观事物发展变化了，人们的思维也要随之发展变化。但是，在同一历史时期，“人民”的内涵和外延又是确定的。

在思维过程中，如果违反同一律的要求，就会出现以下逻辑错误：

混淆词项是无意识违反同一律的要求，把不同的词项当成同一个词项来使用所犯的逻辑错误。这种逻辑错误主要是由于思想模糊、认识不清或缺乏逻辑素养，不善于准确使用词项来表达思想而造成的。混淆词项的错误常常在词义相近或一词多义的情况下发生。例如：中国人是勤劳的，我是中国人，所以，我是勤劳的。推理中“中国人”就是两个不同的词项，混为一谈就产生“混淆词项”错误。

偷换词项则是故意违反同一律的要求，将不同的词项当作同一词项来加以运用的情况。偷换词项是辩论中论敌经常使用的诡辩手段之一，其目的在于颠倒黑白，混淆是非，使人上当受骗。比如，在刑法中，“正当防卫”与“防卫过当”是两个完全不同的词项，也是确定罪与非罪的重要界限，但是在司法实践中，一些别有用心的人，往往故意混淆这两个词项的区别，并最后用“正当防卫”偷换“防卫过当”达到逃避罪责的目的。

转移论题是指无意识违反同一律的要求,使议论离开论题所犯的逻辑错误。如这段议论:“有的企业拖欠民工工资比较严重,这个问题不解决好将引发激烈的社会矛盾。不过,政府也应该好好检查自己的投资行为。因为好大喜功,乱上项目,是造成拖欠民工工资的重要原因。现在,责备谁也没有用,关键是通过法律手段来解决这个棘手问题,给民工讨个公道。因为民工毕竟为我国的城市发展和经济建设付出了许多。很多民工指望着那么点血汗钱养家糊口,或去为家人治病。想一想,民工还真不容易。但是,民工的自我保护意识不强,没有签订合同,使得讨回工钱变得困难起来。看来,讨回民工工资的问题不是一下子就能解决的。今后,民工们一定要提高自我保护意识,签订劳动合同;劳动权益保护部门也一定要加大执法力度,加强检查和监督,切实保护民工的合法权益。”这些议论东拉西扯,使人不知所云。

偷换论题是指故意违反同一律的要求,用某一论题暗中代替另一论题而犯的逻辑错误。比如,被告人贪污公款80万元,在法庭上自我辩护:“我贪污公款是有罪的。但我参加工作时是吃苦耐劳的,由于单位偷盗现象严重,不到两年时间,看到贪污盗窃事件好几起,也没见受到什么惩处。于是我从看不惯到看得惯,进而跟着干。因此,我贪污是单位管理混乱和领导官僚主义造成的,我冤啦我。”很明显,“我贪污公款是有罪的”与“我贪污是单位管理混乱和领导官僚主义造成的”并不是同一个论题,这种强词夺理的诡辩就是用偷换论题为自己开脱罪责。

(三)同一律的作用

同一律的主要作用是保证思维具有确定性:

第一,遵守同一律是正确认识事物的必要条件。

第二,遵守同一律有助于人们正确地交流思想。

第三,同一律是反驳谬误和揭露诡辩的有力武器。

正确理解和准确运用同一律,要注意以下几个问题:

第一,同一律要求概念、命题保持同一性是有条件的,不是无条件的。

第二,同一律要求保持思想的确定性,并不否认思想的发展变化。

第三,同一律只在思维领域起作用。

二、矛盾律

(一)什么是矛盾律

矛盾律是指:在同一思维过程中,两个互相否定的思想不能同真,必有一假。用公式表示为:“A不是非A”,即“$\neg(A\wedge\neg A)$”。

“A”表示一个思想,“非A”表示与“A”相互否定的思想。“A不是非A”的意思是A这个思想不是非A这个思想,A和非A在同一思维过程中不可能都是真的。“$\neg(A\wedge\neg A)$”的意思是A和非A不能同真,必有一假。例如:一个年轻人很想到爱迪生的实验室里工作,爱迪生亲自接见了他,这个人满怀信心地对爱迪生说:“我有一个伟大的理想,那就是我想发明一种万能溶液,它可以溶解一切物品。”爱迪生听罢,惊奇地问:“什么,那么你用什么器具放置这种溶液呢?”年轻人被爱迪生问得哑口无言。这位年轻人言论中有自相矛盾的思想,万能溶液可溶解一切物品,而溶液又必须有器具来装,对包装的器具不能溶解,不就不是万能溶液了吗?

(二)矛盾律要求

在同一思维过程中,对于不能同真的命题不能同时予以肯定。

第一,不能同时用两个相互否定的词项,“A”和“非 A”指称同一对象。比如,我们不能同时说张三既是“犯罪嫌疑人”,又是“非犯罪嫌疑人”;也不能同时认定某犯罪行为既是“抢夺罪”又是“抢劫罪”。这样,就会出现逻辑矛盾。

第二,不能同时肯定两个互相矛盾或互相反对的命题同真,必须肯定其中一个是假的。例:“李某是优秀律师”与“李某不是优秀律师”。“所有的被告都有罪”与“所有的被告都无罪”。“盗窃罪必然是故意罪”与“盗窃罪必然不是故意罪”。“如果甲的陈述可靠,那么乙是作案人”与“甲的陈述可靠,但并非乙是作案人”。都不能同时加以肯定。

第三,要注意避免隐含的矛盾。如:“最大限度地满足人们的需要,这个社会主义的经济规律是斯大林制定的”。这里规律与制定也包含了自相矛盾。因为规律是不以人的意志为转移的,是第一性的,人们只能发现、认识、尊重、利用,而不能创造、制定。

违反矛盾律产生的逻辑错误就是“自相矛盾”或“两可”。是指在同一思维过程中,对同一对象既肯定它具有某种属性,同时又否定它具有某种属性,即对反对关系、矛盾关系的命题同时加以肯定,都断定为真。

比如,基督教的上帝创世说。说是上帝在海边边走边想如何来创造世界,最后他命令一个小鬼沉下海去,从海底拿出一块泥土。世界就是上帝用这个小鬼从海底拿来的这块泥土创造出来的。这种理论含有明显的逻辑矛盾:世界既然是上帝创造的,那么在上帝创造世界之前,世界是不存在的,海与泥土也是不存在的;但是,上帝又是用海底的泥土创造了世界,那就是说在上帝创造世界之前,世界已经是存在的,上帝创造世界是荒诞无稽的。

必须对矛盾律有一个深入的理解,一方面在自己的思想言论中尽量避免自相矛盾;另一方面善于运用矛盾律揭露他人思想和言论中的逻辑矛盾。比如,“任何真理都是相对的”。既然任何真理都是相对的,那么“任何真理都是相对的”就成了绝对真理。“高压勿近,一触即死,违者罚款。”既然“一触即死”,还怎么“罚款”?“对于会议的争论,我不发表任何意见,因为我以为这种争论不解决实际问题,对他们两派的观点我都不同意。”既然“不发表任何意见”,为何又“对他们两派的观点我都不同意”呢?显然,都是犯了“自相矛盾”的逻辑错误。

(三)矛盾律的作用

矛盾律的主要作用是要排除思维过程中的逻辑矛盾,从而保证思想的前后一贯性,即不矛盾性。无论是一席话、一篇文章或者一个理论体系,一旦其中出现了逻辑矛盾,就意味着一定包含有不真实的、虚假的命题,因而,它们必定会丧失可靠性,成为无价值的东西。在辩论中,如果能指出对方的论述中包含有逻辑矛盾,也就意味着对方论述中有错误。因而,矛盾律通常也是人们反驳谬误、揭露诡辩的强有力的工具。

运用矛盾律应该注意:

第一,矛盾律的规范作用是有条件的。即在同一时间、同一方面,对同一对象的论断而言。但在不同关系下或着眼于不同方面,对同一对象分别作出两个相反的论断并不违反矛盾律的逻辑要求。

第二,矛盾律要求在思维中避免自相矛盾,并不否认客观事物自身的矛盾。逻辑矛盾既不是客观现实中存在的矛盾,也不是现实矛盾在思维中的反映,而是专指思想的自相矛盾。

第三,矛盾律要求对于下反对关系的命题没有制约作用。

三、排中律

(一)什么是排中律

排中律是指:在同一思维过程中,两个互相矛盾思想不能都假,必有一真。排中律就是排除属中的情况的意思。两个相互矛盾的命题不会同时都是假的,其中必有一个是真的。用公式表示为“A或者非A”,即“$A \vee \neg A$”。

“A”表示任意的词项或命题,“非A”表示对“A”的否定。“A”与“非A”是具有矛盾关系的词项;是矛盾关系或下反对关系的命题。A词项或者非A词项,A命题或者非A命题,二者不能同假,至少有一真。

A与非A之间必有一真,不可能同假。A与非A穷尽了一切可能,或者A真,或者非A真,二者必居其一。在同一思维过程中,要使思想明确,并保持确定性,必须在两个不能同假的命题中作出选择,或者肯定A,或者肯定非A,不可能有第三者。

排中律适用于两个不可同假的命题,即适用于具有矛盾关系或下反对关系的命题。

(二)排中律要求

在同一思维过程中,对两个互相否定的思想不能都不承认,即两个互相否定的思想不能同时为假,必须肯定其中一个是真的:

第一,在词项方面,排中律要求在同一思维过程中,对同一对象不能既断定无性质A,又断定无性质¬ A。例如,对于“员工跳槽”问题,不能既否定“禁止跳槽”,又否定“允许跳槽”。“既不禁止又不允许”的情况是不存在的。必须或者是“禁止”,或者是“允许”,二者必居其一。对任一行为来说,如果该行为不是合法的,就一定是非法的,不是非法的,就一定是合法的。二者必居其一。

第二,在命题方面,排中律要求在同一思维过程中,对相互下反对或矛盾的命题不能都否定。例:“某人正当防卫超过一定限度”与“并非某人正当防卫超过一定限度”。“有些证人是诚实的”与“所有证人都不是诚实的”。“有盗窃罪是故意犯罪”与“有盗窃罪不是故意犯罪”。都不能同时加以否定,而必须肯定其中之一是真的。

违反排中律的逻辑错误:

“两不可”的错误:对两个相互矛盾的命题全部否定。如“有鬼和无鬼”,有人说不论有鬼和无鬼我都不赞成,这就犯了“两不可”的错误。

不置可否的错误:在两个相互矛盾的命题之间,无所断定,不作明确的回答,采取似是而非,骑墙居中的态度。唐武则天时的宰相苏味道在职 8 年,处理事情很不果断,这样办也行,那样办也行。他常说:“处理事情不能决断明白,只要模棱以持两端就行了。”这样,即使发生错误,也可以辩解,不负失职的责任。后人给苏味道取了一外号:苏模棱,讽刺他讲话做事态度不鲜明,不置可否,不作明确决断。

(三)排中律作用

排中律的主要作用在于保证思想的明确性,要求人们在含有真命题的两个命题中不能持完全否定的态度,即“两不可”,必须承认其中一个是真的。

排中律只是正确思维应遵守的规律,它并不否认客观事物本身有可能存在两种以上的情况,也不否认事物发展过程中存在着某种过渡和中间状态。比如:“这种行为是合法的”与“这种行为是犯罪的”,这两个命题并不是矛盾关系,虽不可同真但可同假。因此,同时否定二者,并没有违反排中律。如果我们将排中律的要求绝对化,就有可能导致形而上学的非此即彼的思维方式。同时排中律也不排除人们对事物尚未明确而采取的“二不择一”的态度。在人们对事物尚未认识充分、准确之前,采取既不肯定也不否定的态度并不违反排中律的要求。另外,排中律也不适合处理“复杂问语”的问题。所谓“复杂问题”是指一种不正当的问语,它隐含着对方没有承认或根本不能接受的假设。对复杂问语回答,不论是肯定还是否定,其结果都得承认这个错误的假设。比如,某法官问某被告人:“你去办公室之前在做什么?”这就是一个复杂问语,其假设是“该被告人曾去过办公室”。无论被告人回答“做了什么”或“没做什么”,其结果都等于首先承认了去过办公室。

正确运用排中律时应注意:

第一,排中律只在一定条件下起作用。它一般要受到一定时间、一定方面和同一对象这三个条件的限制,如果改变其中的一个或几个条件,就可以同时肯定或否定两个矛盾命题,并不违反排中律。

第二,区别两个命题是矛盾关系还是反对关系。两个反对关系的命题不能同真,但可以同假,即其中至少有一个是假的。因此,对两个反对命题,只能根据矛盾律,指出其中至少有一假,而不能根据排中律指出其中必有一真。

第三,在我们的实际思维活动中,有时会出现两种相互矛盾的思想,由于种种原因,还不能很快作出结论,需要进一步加以考虑,这种情况也不违反排中律,因为我们还没有作出判断。

【自测题】

一、选择题

1. 商业伦理调查员:××钱币交易所一直误导它的客户说,它的一些钱币是很稀有的。实际上那些钱币是比较常见而且容易得到的。

××钱币交易所:这太可笑了。我所是世界上最大的几个钱币交易所之一,我所销售给你的钱币是经过一家国际认证的公司鉴定的,并且有钱币经销执照。

××钱币交易所的回答很没有说服力,因为它(　　)。

A. 故意夸大了商业伦理调查员的论述,使其显得不可信

B. 指责商业调查员有偏见,但不能提供足够的论据来证实他的指责

C. 没能证实其他钱币交易所也不能鉴定他们所卖的钱币

D. 列出了××钱币交易所的优势,但没有对商业伦理调查员的问题作出回答

E. 没有对"非常稀少"这一意思含混的词作出解释

2. 某商用测谎器广告:员工诚实的个人品质,对于一个企业来说至关重要。一种新型的商用测谎器,可以有效地帮助贵公司聘用诚实的员工。著名的AA公司在一次招聘面试时使用了测谎器,结果完全有理由让人相信它的有效功能。有1/3的应聘者在这次面试中撒谎。

以下哪项最能说明上述广告存在漏洞?(　　)

A. 上述广告只说明面试中有人撒谎,并未说明测谎器能有效测谎。

B. 上述广告未说明,为何员工诚实的个人品质对于一个公司来说至关重要。

C. 上述广告忽视了:一个应聘者即使如实回答了某个问题,仍可能是一个不诚实的人。

D. 上述广告依据的只有一个实例,难以论证一般性的结论。

E. 上述广告未对AA公司及其业务进行足够的介绍。

3. 一项提议中的法案要求在新建房屋中安装遇火自动启动的消防装置。但是,一个房屋建筑商认为:由于90%以上的室内着火是由家庭成员扑灭的,所以,室内消防装置只能有限减少室内起火所造成的财产损失。

以下哪项最能削弱建筑商的观点?(　　)

A. 大部分人没有接受过如何灭火的训练。

B. 由于新房在该市住房的比例极小,所以,该法案的使用范围将极窄。

C. 在新房内安装烟雾探测器的费用明显低于消防装置的安装费用。

D. 室内起火所造成的家庭财产损失,绝大部分是家庭成员不在家时所发生的火灾造成的。

4. 在甲A足球联赛最后阶段,四个球迷有如下预测:

甲:弘远队必然不能夺冠。

乙:弘远队可能夺冠。

丙:如果国安队夺冠,那么鲁能队即为季军。

丁:冠军是国安队。

如果四人的预测只有一个人的预测是假的,可推出以下哪项结论?(　　)

A. 冠军是弘远队

B. 甲的预测为假

C. 乙的预测为真

D. 鲁能是季军

E. 丁的预测为假

5. 一家珠宝店的珠宝被盗，经查可以肯定是甲、乙、丙、丁中的某一人所为。审讯中，四人是这样说的：

甲："我不是罪犯。"

乙："丁是罪犯。"

丙："乙是罪犯。"

丁："我不是罪犯。"

经调查四人只有一人说的是真话。以下哪项断定为真？（　　）

A. 甲说的是假话，因此，甲是嫌犯。

B. 乙说的是真话，丁是嫌犯。

C. 丙说的是真话，乙是嫌犯。

D. 丁说的是假话，丁是嫌犯。

E. 四人说的全是假话，丙才是嫌犯。

二、分析题

1. 一些人在互联网上就什么是"男子汉"的问题展开了热烈的讨论。有人发表了如下议论：男子汉绝非"奶油小生"；男子汉应该是有理想、有抱负、敢作敢为、铮铮铁骨的男人；"男子汉"是勇敢、坚毅、力量的代名词。可惜目前中国的男子汉太少了。据说，光是北京市，就有上万名找不到男子汉的大姑娘。不过，2000 年人口普查的统计数字表明，我国 20 ~ 50 岁的男人比同一年龄段的女子还略多一点，看来男子与女子的比例并没有失调。可见，我国的男子汉并不算少，只是分布不合理而已。

请分析上面这段文字有无逻辑错误？如果有，犯的是什么逻辑错误？

2. 江南才子唐伯虎被邀到一个富翁家里为富翁之母生日绘画题诗。他挥毫而就一幅《蟠桃献寿》图后，紧接着信笔题诗，并边写边高声吟诵："这个婆娘不是人。"

这第一句吟完，满座宾客皆惊，富翁也做出愤怒已极的样子。"不是人"，这还了得，竟敢在老母亲寿辰时当众辱骂之！刚想发作，但唐伯虎又高声吟出了第二句："九天仙女下凡尘。"

这下四座宾客转惊为喜，富翁也随之喜形于色。谁知第三句又道："儿孙个个都是贼。"

这又使得大家惊得发呆，富翁又转喜为怒。当富翁正要下逐客令之际，唐伯虎又高声读完最后一句："偷得蟠桃奉至亲。"

这下子，满座宾客赞叹不已，称唐伯虎真不愧是能画善诗的江南一流才子。富翁也对诗话赞不绝口，于是阖家欢喜。

你知道为什么富翁家会阖家欢喜吗？

3. 一个叫小军的小伙子给他的女朋友小红写信："亲爱的，为了你，我准备奋不顾身地横渡大洋，毫不犹豫地跳进深渊；为了见到你，我要克服任何困难……星期天我准时到你那里，如果不下雨的话……"

请问,小红会相信小军的话吗?

4. 在一起强奸案中,被害人指控被告人捆绑其双手将其强奸,在法庭上被告人的辩护律师为了证明被告人不是强奸而向被害人作了如下提问:

律师:“请被害人回答,你与被告人在案发前就熟悉吗?”

被害人:“只见过一次面,谈不到熟悉。”

律师:“在被告人将你双手捆绑之前,你有没有打过或掐过被告人?”

被害人:“没有,他身高马大,我怎么敢打他呢?”

律师:“这就怪了! 那为什么被告人身上有一块紫色的斑痕和一块红色的斑痕……”

被害人连忙说:“那是他身上原来就长的胎记,不是我打的。”

律师:“你连他身上长胎记都知道,你还说你对他不熟悉?”

被害人吞吞吐吐,不能自圆其说。

请问:律师是怎么揭露被害人的谎言的?

5. 一次,华盛顿家里丢了一匹马,他获悉是邻居偷的,第二天一早,华盛顿同一位警官一起到邻居家去索讨。但是,不管华盛顿如何说明情况,他的邻居死不认账,口口声声称自己农场里的马都是他自己辛辛苦苦喂大的。这时,专门来处理此事的警官问华盛顿:“先生,请问您的马有什么特殊的地方? 比如马的身体上有什么记号等。”华盛顿没有回答,他在邻居家的农场里转了一圈,很快找到了自己家的马,他走到马的前面,迅速用双手捂住了马的双眼,问邻居:“这匹马确实是你养大的吗?”“当然,这绝对没有错。”邻居语气十分坚决。

“好,那么请你告诉我,这匹马的哪一只眼睛是瞎的?”华盛顿。“是右眼。”邻居支支吾吾地回答。华盛顿放开蒙住右眼的手,马的右眼并不瞎。“啊呀,我记错了,真不好意思,”邻居的脑筋非常灵活,连忙改口说,“马的左眼是瞎的。”华盛顿又十分从容地放开蒙住左眼的手,结果一看,马的左眼也不瞎。“我又说错……”邻居还想找理由狡辩。这时,站在一旁多时的警官说话了:“是的,先生,您错了。事实已经证明这匹马不是您的,您必须把这匹马交还给华盛顿先生。”这位华盛顿先生就是后来成为美国第一任总统的乔治·华盛顿。

问:华盛顿是怎样使居心不良的邻居露馅的?

第四部分 写作基础

【案例导入】

马蔚华始终记得艾青的那句话：人生的路虽然漫长，但紧要处只有一步。“让我重新选择，我还会如此选择。”马蔚华说。在这15年中，马蔚华导演了奠定招行发展基础的“三步两转”。“三步”即业务网络化、资本市场化、管理国际化；“两转”是指两次转型，第一次转型是优化结构，第二次转型是提升效率。

在经手海南发展银行的破产案之后，马蔚华身上烙下了稳健的管理风格。然而，稳健并不意味着保守。刚到招行时，马蔚华虽已50岁，但对新技术和新潮流的把握能力令人惊叹。1999年，互联网刚刚兴起。比尔·盖茨的一句话给马蔚华很大的刺激。比尔·盖茨说：“你们这些传统银行，如果不适应改变，就是21世纪即将灭亡的恐龙。”当时，马蔚华就感到了压力。

那时，招行业务规模偏小、竞争优势不明显。他果断地抓住了互联网兴起带来的历史机遇。招行于1999年推出了中国境内第一个系统的网上银行“一网通”，并以此为基础逐步构建了包括自助银行、电话银行、手机银行等在内的网络服务体系。从今天看来，马蔚华称，“一网通”和此前推出的“一卡通”成了发展零售银行的两个轮子。

这段话写的是什么，在写作上有什么特点，采用了哪些写作手法？

【能力目标】

学会根据写作目的观察和发现写作素材；掌握写作中的立意选材的基本方法、培养不同文体的谋篇与布局写作技巧能力；形成良好的语言素养和写作创新意识；具备一定的文体写作能力。

【知识点】

写作观察的基本要求及观察层次；写作立意及选材的主要方法；写作中谋篇布局的基本程序及文章结构；语言表达的基本方式与文章修改方法。

第一单元　写作观察

【案例导入】

地产黄金十年,成就了许多富豪,许家印就是其中一位。

许家印的奋斗历程与恒大的崛起奇迹,既是中国改革开放三十多年历史的缩影,也呈现了与同一个时代企业家类似的拼搏路径。不过,许家印的成功有着其个人特质。他野心大、执行力强,对问题有异乎寻常的洞悉能力,把跟人打交道当作一种乐趣。相比万科、保利等企业,恒大起步较晚,1997年才正式成立。所以从一开始,许家印认定恒大身处"红海",要用极速去追赶其他地产商。他避开与实力强劲的对手在一线城市的正面交锋,转身投入到二三线城市拿地建项目,而且要求周转速度极高。许家印运营恒大的办法是"紧密型集团化管理"。他对自己的谋略充满信心,认为公司发展最快的方法就是贯彻他的主张。这种对各个分公司的垂直化管理,保证了恒大在全国化扩张中不走弯路、规避风险、节省成本和最终的标准化运营。

【能力目标】

通过本单元的系统学习理解写作观察与一般观察的不同,掌握写作观察的基本要求;能用写作观察的方法和技巧描写观察到的人、物和事,培养良好的写作观察意识和写作想象力。

【知识点】

写作观察的内涵及要求;写作观察的三个层次;写作观察能力的培养。

一、写作观察的内涵及要求

著名艺术家罗丹曾经说过:"世上不缺少美,而是缺少发现美的眼睛。"生活中无所不有,就看你有没有留心观察它。如果你留心观察了,你会发现很多微妙而有趣的东西。

(一)写作观察的内涵

写作观察是指写作主体自觉的、有预期目的的认识、理解外在事物的一种感知活动。是人对现实认识的一种主动方式。鲁迅在《给董永舒》的信中说:"此后如要创作,第一须观察。"

(二)写作观察能力的构成要素

写作主体的观察能力具体表现在观察主体对观察对象,即自然、社会和人生的注意力、鉴别力和联想力三个方面。

1. **注意力**　注意力是心理活动对一定事物的指向和集中的能力。要学好写作就要做生活的有心人，时时处处调动自己的注意力，用自己的视觉、听觉、嗅觉、味觉以及内心审视，去观察了解事物的本来面目。

2. **鉴别力**　观察主体在集中注意力的同时，还要善于从比较中鉴别“同中之异”或“异中之同”，发挥对客体的鉴别能力，以求观察准确。黑格尔在《小逻辑》中说：“假如一个人能见出显而易见之异，譬如说能区别一支笔与一匹骆驼，我们不会说这个人有了不起的智慧；……我们所要求的，是要能看出异中之同，或同中之异。”印象派画家莫奈曾经面对同一垛稻草，根据早晨、阳光下、月色中等不同时间的观察，画出了同一题材的15幅不同色彩的画，这表明他的观察鉴别能力不同凡响。鉴别能力强，才能在别人司空见惯的东西上发现出不同的美来。

3. **联想力**　联想是由一事物想到另一事物的心理过程，它建立在事物之间的沟通点上，即相近、相似、相关、相应、相反或者在某一点上有相通之处。在观察过程中，要极力展开联想，让众多表象进入大脑，形成完整印象，为写作提供丰富的材料。王蒙的《夜的眼》，就是由于他外出办事，在迷宫一样的宅区里，一盏昏黄的路灯引起他的联想，进而创作出来的。

（三）写作观察的基本要求

观察是创作的出发点和基础，观察深入，感受才能深刻，反映也才能透彻。但深刻的感受源于我们看世界的眼光的独特和清新。写作主体必须以深入细致的观察力，时刻保持对客观事物和社会生活的敏感，才能创造出能够准确反映现实的作品。因此，在写作观察中，要遵循下列一些观察的基本要求。

1. **观察要全面**　所谓全面，就是对事物的全貌、事物的发展全过程、事物构成部分，以及事物彼此之间的关系，从头至尾、由此及彼地进行观察。

首先，要选好观察点。苏轼有一句诗：“横看成岭侧成峰，远近高低各不同”（《题西林壁》）。一座庐山，横看、侧看、远看、近看、高处看、低处看，都会呈现出不同的面貌，其他事物也大多如此。而“两个黄鹂鸣翠柳，一行白鹭上青天。窗含西岭千秋雪，门泊东吴万里船”更是从多方位观察的。因此，写作时要根据需要进行观察点的选择。观察点的选择要力求独特、新颖。好作文的可贵之处就在于与众不同，如果别人写什么你就写什么，别人从哪个角度写你也从哪个角度写，就会落入巢窠。最好找一个独特的观察角度，这样写出的作文才会有新鲜的见解，才会有较高的价值，从而成为一篇优秀的作品。

法国著名小说家莫泊桑初学写作时，去拜福楼拜为师。福楼拜指导他：“为了要描写一堆篝火和平原上的一株树木，我们要面对这堆火和这株树，一直到我们发现了它们和其他的树、其他的火有不相同的特点的时候。”又告诉他：“当你走过一个坐在自己店门前的杂货商前面，走过一个吸着烟斗的守门人面前，走过一个马车站前面时，请你给我描绘一下这个杂货商和这个守门人……使我不至于把他们同任何别的杂货商人、任何别的守门人混同起来，还请你只用一句话就让我知道马车站有一匹马同它前前后后五十来匹是不一样的。”

福楼拜的话告诉我们，在观察的过程中，不能流于一般的观察，要善于发现同类事物间存在的那种“不相同”“不一样”之处。也就是要抓住这一事物区别于同类事物的主要特征。在观察过程中善于选择宜于表现事物特征的最佳观察点,抓住事物的主要特征。只有这样,才能在写作中创造出鲜明生动的艺术形象。

其次,要讲究观察顺序。在对事物观察的过程中,要注意安排一个合理的顺序。例如观察一个建筑物或实物,往往按照由远到近,由上到下,由外到内的顺序观察,观察景物可以由远及近,由静及动。如《林海》的作者就是按岭、林、花的层次来观察的,先观察“海”的主体、落叶松;再观察“海”的边缘、白桦树和“海”中树与树之间的各种小花豆……这样,既从整体突出了大兴安岭“千山一碧、万古长青”的美丽景象,又分层展示了大兴安岭“深的、浅的、明的、暗的、绿得难以形容的各种色彩”,深化了主题,明确了中心。

2. **观察要精细** 观察精细就是指从不同的侧面、不同的角度去观察事物,并能透过现象看到本质,发现其内部规律,把握住事物的个体特征。观察必须做到精细和准确,否则就认识不到事物的本质,甚至会有所歪曲。如有个学生写雾景:“大雾白茫茫一片,花坛里的白花经雾一打,显得格外精神,散发出诱人的清香。”雾里看花,是一朦胧之景,如何看得到花的“精神”之处,这是想当然地去写,是缺乏观察的表现。观察不单单是感官的接受,而是能动的思维活动。只看不想,事前无计划,事中不动脑,事后不整理,这样的观察往往收效甚微,也是观察的大忌。

在这方面,古人已为我们作出了表率。例如写“春”,有“春风又绿江南岸”(视觉)“红杏枝头春意闹”(听觉)“踏花归来马蹄香”(嗅觉)“暖风熏得游人醉”(味觉)“吹面不寒杨柳风”(触觉)等。

下面是一段关于初雪的描写:

> 白雪像小银珠,像小雨点,像柳絮杨花,纷纷扬扬为我们挂起了白茫茫的天幕雪帘。抬头透过稀疏的雪帘望去,那远处的高楼大厦,隐隐约约,好像在雾中,宛如在云里,显得特别好看。初下雪时,往往雪片并不大,也不太密,如柳絮随风轻飘,随着风越吹越猛,雪越下越密,雪花也越来越大,像织成了一面白网,丈把远就什么也看不见了。那雪花洁白如玉,它是天宫派下的小天将,还是月宫桂树上落下的玉叶呢?雪花像美丽的玉色蝴蝶,似舞如醉;像吹落的蒲公英,似飘如飞;像天使赏赠的小白花儿,忽散忽聚,飘飘悠悠,轻轻盈盈,无愧是大地的杰作!只见眼前的雪花像蝴蝶一样调皮,一会儿落在屋檐下,一会儿落在树枝上,还不时飘在行人的脸上。像棉絮一般的雪,像芦花一般的雪,像蒲公英的带绒毛的种子一般的雪,在风中飞舞。雪后,那绵绵的白雪装饰着世界,琼枝玉叶,粉装玉砌,皓然一色,真是一派瑞雪兆丰年的喜人景象。

这段文字细致地描写了瑞雪初下的情景,文字对下雪全过程的描绘,非常细致生动。显然,没有全面、细致的观察,不可能写出这样生动的细节。

所以,观察精细就要从“小”察起。一说观察,有人就只想到那精彩的场面、感人的事例,似乎只有这些才值得观察。其实不然,自然界的一草一木、一花一叶,大雪后的田野、细雨中的青山;潭中鱼儿怎么游泳、林中鸟儿怎么唱歌,由静态到动态,由个体到群体,都是观察的对象。父母兄弟的生活习惯、性格脾气、工作学习;老师同学的容貌神情、言谈举止、兴趣爱好;亲朋好友的穿着打扮等都是观察的内容。要做生活的有心人,不能"视而不见,听而不闻"。总之,要从"小"察起,这样,你会觉得生活中有永远观察不完的内容,会逐步养成观察的习惯,提高写作的观察能力。

3. **观察要抓住特点** 观察还要注意发现特点。事物之间因互相联系而存在,有联系就可以作比较,有比较就容易找出不同点,这些不同点就是它们的特点。特点简单地说就是事物不同于其他事物的特性。事物除了具有共性外还具有个性,即特殊性。这个特殊性就是特点。比如,把狗和马作比较叫相异比较观察;把骡子与马作比较叫相似比较观察;把一匹马和一匹马作比较叫相同比较观察。为了使写作能真实生动地描绘这个五彩缤纷的世界,给读者留下深刻的印象,必须抓住事物的特点来写。所以,我们在观察事物的时候,一定要学会抓特点来观察。例如:

一阵清风从我脸上拂过,我睁开眼睛:天色已经破晓。还没有一个地方泛出朝霞的红晕,但是东方已经发白了。我迅速地站起身来,沿着烟雾茫茫的河边回家去。我还没有走两里,在我的周围,在广阔而湿润的草地上,在前面那些发绿的小丘上,从树林到树林,在后面漫长的尘埃道上,在闪闪发亮的染红的灌木丛上,都流注了清新如燃的晨光。起初是鲜红的,后来是大红的、金黄色的……

一个晴朗的秋天的早晨,六点钟。我在井冈山的茨坪宾馆的窗前,眺望对面那些被幽暗环抱的山峰。其中,有一个峰顶,最先被透过山外青山而探路过来的一道朝阳光辉所照红。它先是微红的,然后浅红了,然后,像一朵燃烧的火焰似的火红了,深红了,以至像一朵迎向天空,欲放未放的荷花的紫红了。红得耀眼,红得美丽。一转眼,太阳已上升。那个红色的峰顶也一变而为翠绿色的峰顶。只见翠绿的群峰环抱着茨坪的黎明,一切被照彻。井冈山上的太阳,比哪儿的都更光亮,明净。

毫无疑问这两段文字都是写的"天空晴朗,万里无云"的景象,但是又各具特色。前者是大草原,广阔而平旷,晨光可以一泻千里。后者是井冈山,重峦叠嶂,朝阳只能透过山外青山而探照过来。草原是近景,可以很细致地观察。井冈山是眺望,作者就只写了那一座高峰的姿影。

二、写作观察的三个层次

人们在生活中,接触各种事物,参加各种实践,不时会产生种种心理活动。在写作过程中也是如此。整个写作过程就是复杂的心理活动过程。文学写作是人的一种特殊的精神生产,它对写作主体的心理能力具有特定的要求。写作主体对生活的发现、把握、评判和传达,主要依赖的就是人的各种心理能力。正因为写作主体具有特殊的心理能力,他才有较丰富的心理行为,才能全方位地去感受生活,创造出能打动读者心灵的作品,给人带来美好的精神享受。

(一)写作观察中的感觉

每一篇文章,都是心灵的感悟,都是有感而生的。如果没有内心的感觉体验,则不会写出优美的字句来。因此,写作观察中的感觉并不只是对生活的一般感觉,它更是一种独特感觉,一种审美感觉,一种诗意感觉。写作者只有把这种生活感觉独特地转化成审美的诗意的感觉,才能独创性地表现生活。

1.写作观察中感觉的内涵 写作观察中的感觉是人对于客观事物的综合反映的心理特征。带有浓厚的主观感情色彩,有赖于人的五官开放。也就是说,写作主体对外界事物的感觉,不仅要充分发挥各种感觉器官的作用,借以知觉各种客观事物,而且要对客观事物的各种属性、各个部分及其相互关系作出综合的、整体的反映。因此,感觉就是作者对自然环境和社会生活的主观能动的反映。强烈的感觉是在作者的情绪、情感的强烈作用下产生的。离开了情绪、情感,就没有强烈的感觉。

2.写作观察中的感觉能力培养 第一,要五官开放,身心兼用。感觉能力是一种带有浓厚主观感情色彩的对于客观事物的综合反映能力。这种能力的作用有赖于五官开放,身心兼用。也就是说,写作者对外界事物的感觉不仅要开放各种感觉器官,充分发挥人的外感觉器、内感觉器和本体感觉器的功能,而且要开动脑筋积极思考,去分析各种感觉、知觉,并由大脑指挥自己的行为。

第二,要五官开放,整体感觉。人的感觉具有整体性,我们在感觉某一事物的时候,要从多方面感觉该事物的各种属性。人类生活的世界不是平面的,而是立体的。这是一个有形有体、有声有色、有香有臭、有动有静、有生有死、有分有合、有真有假、有美有丑、有阴有阳的客观的实体。这种立体的客观实体的属性不是单一的,而是多方面的、具有整体性的。而且,我们写作主体对这个客观实体的感觉也是具有整体性的。这种感觉的整体性表现在我们感觉某一事物的属性时,各种感觉、知觉往往作为一个整体发挥感觉的作用。例如,从鲁迅对百草园的描写中,人们就可以看到这种感觉的整体性。

第三,要五官开放,具体感觉。能否积极通过直接或间接的感觉具体感觉人类的复杂的、丰富的感情。这是一个写作者是否能够在文章中生动、具体而又准确、充分地表达情感活动的关键。不论是生而即有的基本情绪,还是社会需要的高级情感,我们都要以积极的态度,通过各种途径,深入各种场合,采用各种方式、方法,具体地去感觉、去体验。例如,愤怒这种情绪的产生在人的机体上有什么变化,写作者只有自己对某人某事发生愤怒之后才能具体地感觉和体验到:呼吸是怎样加快,又是如何短促,心跳怎样加速,毛发如何竖起,胸部怎样剧烈起伏,以及怎样横眉张目,紧握拳头。

第四,要五官开放,独特感觉。培养感觉能力,要注意从生活中发现自己独特的感觉。这种感觉往往会因其独特性而使写作者有所创新。这种不同于他人的独特的感觉,是一种宝贵的发现,只属于作者个人所有。一旦把这种独特的感觉形诸文字,就会产生动人的艺术力量。因此,写作者特别要注意培养自己对于生活的独特的感觉能力,并且努力表现这种感觉的独特性。

第五,要五官开放,通觉感觉。通感是人们的视觉、听觉、嗅觉、味觉、肤觉等各种不同的感觉器官的“暂时联系”或“接通”。这时,在作者的感觉中,颜色似乎有温度,声音仿佛有形象,冷暖宛若有色彩和重量。例如《荷塘月色》中有:“微风过处,送来缕缕清香,仿佛远处高楼上渺茫的歌声似的。”朱自清用优美的文句写出了他的感觉：由嗅觉感觉到的荷花清香，幽远缥缈好像是由听觉感觉到的远处歌声。这种通觉感觉是写作者的一种重要的心理能力。如果没有这种心理能力，而仅模仿他人的语句，则只能学到皮毛，不可能从根本上获得通感，也不可能真正掌握和运用通感。

（二）写作观察中的感受

感受是指写作主体对客观事物的刺激产生相应的感觉、知觉所呈现的富有情感和个性的心理活动，即通过感觉知道外界事物的个别属性，再进一步了解、综合，形成事物的整体形象。它经历了三个阶段，即感觉、知觉、表象。

1. 写作观察中感受的内涵 感受不同于观察。观察侧重于客观方面，着眼于捕捉客体的具体形貌；感受侧重于主观方面，着眼于主体的情感活动。感受总是在观察的基础上进行的。鲁迅先生说：“对于任何事物，必须观察准确、细致、透彻，才好下笔。”比如说，人们高兴的时候要笑，伤心的时候要哭，这是人之常情，可是有时候也有特殊的情况，至深的悲痛常无眼泪，极大的欢乐却往往是热泪盈眶。“笑”也有各种各样的笑，如哄堂大笑，捧腹大笑，嫣然一笑，掩口而笑……表示友好、亲切的微笑；表示敌意、轻蔑的冷笑。我们都看准确了吗？理解透彻了吗？

2. 写作观察中感受能力的种类

（1）从感受器官来看有“五觉”感受。有视觉感受、听觉感受、嗅觉感受、味觉感受、触觉感受等。这些感受网络在认识和把握对象世界中彼此交叉、融合，甚至替代，形成综合感受，以多角度、多层次，全面而形象地感知和表现世界。例如同样写春天，调动不同的感觉器官来写会有不同的效果，如“春风又绿江南岸”，主要动用的是视觉感受；“红杏枝头春意闹”，主要动用的是听觉感受；“踏花归来马蹄香”，主要动用的是嗅觉感受；“吹面不寒杨柳风”，主要动用的是触觉感受。这些根据不同感受器官得到的独特感受，生动而形象地写出了春天的不同景象。

（2）从感受的方式来分有直接感受和间接感受。直接感受，就是作者亲自到社会生活中去，动用听、嗅、味、触等感受，体察、验证生活。例如法国作家小仲马，他写作《茶花女》，就是根据自己的爱情故事写成的。他青年时候与叫一个莆丽赛丝的姑娘相爱，最终在父亲大仲马的干扰下有情人未成眷属，姑娘死去，后来他根据自己切身的痛心感受写下了成名作《茶花女》。间接感受，指非自己亲身体验而是借助于阅读与耳闻，从而了解众多信息的一种感受。例如法国作家大仲马，他写作《基督山伯爵》，就是根据他在一次警察局的档案里阅读到的材料写成的，他看到一个名叫《金刚石和复仇》的故事，里面有关于告密、寻宝、复仇等情节，他根据这些素材改编、想象而写出了《基督山伯爵》。

3. 写作感受能力的形成 感受能力不仅是写作主体由外向内的摄取能力，而且也是内在心理的加工能力。除了积极参加社会实践外，写作主体还应在以下三个方面努力：

（1）培养敏锐的感知能力。感知是感觉和知觉的合称，是构成人类认识过程的初级阶段。要提高感知能力，必须训练五官的灵敏度。作者要有“蜗牛般的眼观四方的目力，狗一般的嗅觉，田鼠般的耳朵”。要开放五官，集中精力，敏锐地感知事物，不失时机地追踪与摄取具有写作价值的信息,训练洞悉事物的敏感力。

(2)扩展丰富的情感趣味。丰富的情感体验是文章丰富生动的土壤。司马迁说:“屈平之作《离骚》,盖自怨生也。”(司马迁:《史记·屈原列传》)贝多芬创作《热情奏鸣曲》时,他正与特丽丝热恋。对描写对象无态度,对笔下人物无情感的写作是不存在的。为此,作者要对自己的生活进行多元化的情感体验,要深入到各式各样的人物的内心世界去,观察、体验他们的心理、情感及其独特的表现和细微的变化,以此丰富自己的情感生活经验。

(3)追求独特的体悟能力。感受具有浓厚的主观色彩,这是因为任何感受都是一种心理活动。每个人的生活经验、知识积累、兴趣爱好、心境情绪各有差异,因而也就产生不同的感受。如自然景色黄昏,有人赞美它色彩斑斓,有人描述它残阳如血。而在诗人闻一多的笔下,黄昏却变成了有生命的、充满青春活力的小伙子:“太阳辛苦了一天/赚得一个平安的黄昏/喜得满脸通红/一气直往山洼里狂奔。”可见,作者善于运用求异思维,从别人认定的外物意蕴中体悟出新的意蕴。

(三)写作观察中的感悟

文章有感而发,写出来才是最好的作品。这里的“感”就是指的感悟。感悟是写作的生命,在写作学习中,要培养人文精神做一个生活的有心人。只有将自己对生活的感悟转变成写作内容,才能写作出上乘之作。

1. 写作观察中感悟的内涵 写作感悟就是作者在对现实生活的感受中有所领悟,悟出了其中之理,悟出了其中之道,它其实是对观察对象包含的哲理意味的探寻。写作感悟能力是由人的各种素质(如心理、文化、智力等)综合而成的。在写作观察中,要做生活的有心人,用心去观察身边的世界,从平平常常的小事到惊险奇特的大事,都能以一份好奇去体察和思考,以几分细腻去寻觅平凡生活的真善美,以多样情怀去挖掘生命的智慧和哲理。感悟对于写作成功如此重要,但我们不能把感悟看得那么神秘,感悟力每个人都有,只是程度有深浅而已。诚如林语堂先生所言,“宛如天地间有此一句话,只是被你说出而已”,所以我们一旦有感悟,只要把它及时抓住,就能写出“人人心中皆有,人人笔下皆无”的佳作。

2. 由感觉—感受—感悟的写作心理过程 感觉—感受—感悟是整个写作心理行为过程中的三阶段,前二者是基础层面的东西,而感悟则是思想升华层面的东西,当然是思想日臻成熟、德才学识达到一定水准时的表现。一位优秀的写作者,会重视理性思考在感受中的作用,但应注意的是,理性应当从感受中产生,忠实于感性的渗透升华,而非带着思想的框框先入为主,这就违反了艺术的真实性。生活的每个过程,主体如果将全部的情感融入,可以激发出一种新的生命感悟。在充满生命创造的文学写作活动中,这种生命感悟对艺术表现显得尤其重要。

3. 写作观察中感悟能力的内容 现实生活丰富多彩,我们观察到的很多事件也都释放、折射着生活的色彩,但由于在观察中感悟上存有差异,产生的效果就各不相同。

(1)生活真实与艺术真实的感悟。车尔尼雪夫斯基说过:“文学或学术工作通常总是渐渐使人离开那个所谓平淡无奇的社会方面的直接生活。可是这些方面却是生活的根本要素。一切灵感、道德、美感等的生活根本在这基础上得到发展。”将生活里的小事“化平淡为神奇”的艺术手法使我们了解了生活与艺术的关系。感悟生活的能力提高了,“美”的事物就会从文中表现出来。

(2)生活矛盾与立意新颖的感悟。从哲学中我们知道世间万物中无不包含着矛盾。契诃夫说过:“我为你把这生活真实地,也就是艺术地写出来,你就会在那里看见你早先没看见过、没有留意到的东西,以及生活的反常、生活的矛盾。”观察和发现现实生活中的矛盾,写出这种矛盾,使文章避免平铺直叙,而能生动感人。这就需要在观察和积累中增加思考和感悟的兴趣,调动起灵感思维,使文章立意新颖,且有深度;使中心主题高屋建瓴,发人深省。

(3)生活底蕴与情感态度的感悟。叶圣陶先生在《论写作教学》中指出:“写作的根源是发表的欲望。正如同说话一样,胸中有所积蓄,不吐不快。”当我们对生活的感受和情绪达到了比较丰满的程度,心中的写作欲望便逐渐萌动和强化,在成熟到呼之欲出的时刻,受到恰当的点拨,就不可抑制地产生了通过文字倾泄心绪的写作冲动。这样的写作,对人有一种宣泄的快乐和轻松,而不是外来压力下的额外负担与沉重。如此从胸中流淌出来的文字,必然神满气足,情韵生动,激荡人心,是血肉生命转移为另一种具有高品位的生命存在形式。罗丹说的“发现美的眼睛”就是人们在学习和生活中锻炼出来的感悟能力。只要我们用心去观察生活,积极地思考人生,深入地体验情感,那么,写作的感悟能力就一定会得到加强,我们就会拥有一双发现美的眼睛。

三、写作观察能力的培养

叶圣陶先生说过:“写作材料的来源普遍于整个生活里。”观察是人们摄取客观事物的第一扇窗口,观察与写作的关系很密切,它可以获取第一手材料,是人们获得写作材料的主要途径。那么,如何培养我们的写作观察能力呢?

(一)写作观察能力培养的基本原则

写作观察能力的培养是个长期的工作,一开始可能达不到预期的目的,但是只要注意把握以下三个原则,观察能力就会逐渐地提高。在写作观察能力培养中应把握的基本原则是由易到难原则、全神贯注原则和持之以恒原则。

(二)写作观察意识的培养

1. 培养写作观察中“练习”的意识 写作观察是一种练习,是对我们每个观察的人的五种感官的训练,即对眼、耳、鼻、舌、手的训练。要意识到观察决不要仅仅局限于“用眼看”。广义的更有实际意义的观察是指要将人的五官全部调动起来:用耳朵去聆听,用身体去感受,更重要的是要用心、用脑去思索,这样的观察才会更加细腻、深刻。观察就是这种搜集信息的练习。就是练习用眼睛、鼻子、耳朵、舌头、手等方面获取写作材料的练习。

2. 培养写作观察中“贮存”的意识 写作也是这样,应把材料存足,且很有规律地编排好。把每天用眼看的、用耳听的、用鼻嗅的诸多材料在脑中记住,这叫内贮信息;把了解到的材料记在笔记本上,这叫外存信息。每天都搜集,每天都记录,时间长了,你的信息量就大大增加了,写作时就有话可说了。因此,要注意培养写作观察中的“信息贮存”意识。

观察过程中要注意运用好“烂笔头”。好多同学每天看到的挺多,思索的也挺多,但是不善于随时记下来,这样就会使观察到的材料付之东去,许多有价值的东西也会白白浪费掉。

3. 培养写作观察中“坚持”的意识 在写作观察中不能犯“脑热病”,三分钟的热度对于写好作品是没有益处的,要将观察生活、思索生活贯穿于生活的每一天,这样才会写出妙文佳作来。写作必须持久而深入广泛地观察万物,从前人的著作中吸收精华。福楼拜教导莫泊桑时说:“要长时间很注意地去观察,以便发现别人没有发现和没有写过的特点。任何事物里,都有未曾被发现的东西,……为了描写一堆篝火和平原上的一棵树木,我们要面对着这堆火和这棵树,一直到我们发现了它们和其他的树、其他的火不相同的特点的时候。”学会观察对于写作有着巨大的奠基和推动作用,离开了观察,你往往会感到难以下笔。

(三)写作观察行为的培养

写作观察需要身体力行。那么,怎样才能感悟那本来“视而不见”的生活,从而发现生活?这需要从写作观察的行为培养开始。

1. 培养写作观察的习惯 良好的习惯是成功重要的条件,观察是一种好习惯。观察并不是一个任务,而应是一种习惯。对于任何事件、任何时间都可以试着去观察。比如我们上街买东西,必然看见各种各样的人和事,听到各种各样的声音,看到了、听到了,这就是观察;再如学生每天都要上课,都从宿舍走到教室,一路上看到的东西不可能都与昨天相同,哪些不同呢?找出了它们的不同,你就是在观察了。除了校外,校内也可以观察。上体育课你可以留心别人的动作;课间的同学交流,你可发现各人不同的爱好……这样久而久之,便会形成一种良好的习惯。有了这种好习惯,写作就有话说了。

2. 在观察中培养发现美、感受美的能力 五彩缤纷的大自然,丰富多彩的社会生活,人情百态的一个个人。应该说是各具特色,也是美不胜收的,是很值得我们去观察和欣赏的,也是我们学习不尽的源泉。如果我们不具备观察的能力,或者在观察时还不能发现和感受这些生活的丰富多彩,我们就写不出来,特别是写不出美和美的感受来。这说明什么?这说明我们在生活中还不会发现美,还不能感受美,甚至在观察中即使发现了美,却没有能抓住美。这能不说是一种遗憾吗?所以在观察中我们就要着力地去发现美、感受美、抓住美。总之,学会观察,是写作入门的重要途径之一。

3. 在生活观察中培养写作的感悟能力 感悟是写作的重要能力,写作缺乏感悟,写出的文章就像空心的竹子,有形无心。用心观察生活必然会有所感悟,只是自己能否意识到这种感悟并变成笔下的文字,这就需要一些功夫了。为此,写作的感悟能力也是需要实践和训练的。主要是:(1)用心观察生活,用感悟写作生活;(2)借鉴别人的“感悟”,快速提升感悟力;(3)勤写日记,不断积累感悟成果。

【自测题】

一、问答题

1. 什么是观察？

2. 你喜欢观察吗？为什么？

3. 你以前有哪些观察的小窍门？

二、分析一篇散文对人、事、物观察的特点。

三、仔细观察你最近接触到的三个人，记下他们从外貌到语言到行动上的不同特点，并写成一篇观察笔记。

四、阅读下面的材料，根据你的感受口头述说你的体会。

在暴风雨后的一个早晨，一个男人来海边散步。他发现在沙滩的浅水洼里，有许多被昨夜暴风雨卷上岸的小鱼。它们被困在浅水洼里，回不了大海，太阳出来后，它们将被蒸干、晒死。

男人继续朝前走，他忽然发现前面有一个小男孩儿，走得很慢，而且不停地在每个水洼旁弯下腰去——捡起水洼里的小鱼，并且有力地把它们扔回大海。这个男人停下来，注视着拯救小鱼们生命的小男孩。这时，他问道："孩子，这水洼里有几百几千条小鱼，你救不完的。""我知道。"小男孩头也不抬地回答。"哦，那你为什么还在扔？谁在乎呢？""这条小鱼在乎！"男孩一边回答，一边捡起一条鱼扔进大海，"这条在乎，这条也在乎！还有这条、这一条、这一条……"

五、根据下列提示，并按照自己的观察感觉—感受—感悟和写作意图，重新调顺序，安排内容框架，为《知识分子的修养之道》一文写一个详细的提纲（所用事例、论据用提示性语言写入相应的纲目下）：

(1)识大体，察根本，胸怀坦荡；

(2)不慕虚荣，不出风头，多干实事；

(3)待人宽厚，处世清和，有节有度；

(4)专心本职工作，追求事业成就；

(5)凡事独立思考，不盲从时潮；

(6)起居适时，饮食适宜，锻炼身体。

六、观察一个人的习惯动作和癖好，往往可以了解一个人的性格、心理和情绪等，例如手指脚趾经常无意识抖动、晃动的人，往往有些神经质；而经常啃指甲、吃手指的人，心理往往不够成熟。根据你平时的观察积累以及想象，反过来概括一下以下情景中不同人的行为、习惯。

在卖给游客东西时：

(1)淳朴的山里人，多半________________________________；

(2)精明的小商贩，往往________________________________；

面对他们的兜售：

(1)年轻的小夫妻,总是______________________________;

(2)稳重的中年人,常常______________________________。

七、阅读下面一则古代寓言,根据你的想象,写一段枭在决定东徙时的心理活动。

枭逢鸠,鸠曰:"子将安之?"枭曰:"我将东徙。"鸠曰:"何故?"枭曰:"乡人皆恶我鸣,以故东徙。"鸠曰:"子能更鸣,可矣;不能更鸣,东徙犹恶子之声。"

八、阅读下面的材料,自选角度(就"水的五德"中的"一德"或"两德"展开论述),自拟题目,联系实际,写一篇不少于800字的议论文。

曾经协助丰臣秀吉统一全日本的大将军黑田孝高,他善于用水作战,曾用水攻陷了久攻不下的高松城,因此在日本历史上有"如水"的别号,他曾写过"水五则":

(1)自己活动,并能推动别人的,是水。

(2)经常探求自己的方向的,是水。

(3)遇到障碍物时,能发挥百倍力量的,是水。

(4)以自己的清洁洗净他人的污浊,有容清纳浊的宽大度量的,是水。

(5)能蒸发为云,变成雨、雪,或化而为雾,又或凝结成一面如晶莹明镜的冰,不论其变化如何,仍不失其本性的,也是水。

这"水五则"也就是"水的五德",是值得参究的,我们每天要用很多的水,你有没有想过水的作用,要怎样学习它呢?

第二单元　立意与选材

【案例导入】

中国改革开放35年来最重要的两个成就,一是制度创新,二是企业家阶层崛起。在制度建设上,中国确立了社会主义市场经济体制;企业家阶层与市场经济体制相伴而生,中国企业家既是每一个时代的先行者和"弄潮儿",又是推动时代变革、重塑中国面貌的重要力量。市场经济的确立,也是政府不断对市场松绑、经济去管制的过程,企业家精神在这一过程中得到释放和激发,这种政府和市场的互动,最终也促成中国对民营经济从禁止到许可,再到鼓励和扶持。在一波波的创业浪潮中,那些勤于奋斗、敢于冒险的人撞线而出,成为领风气之先者,也成为中国的先富阶层。按照中国市场化改革和企业家创业时间、企业壮大时间,我们将改革开放以来的中国企业家划分为四代:草根派、92派、改制与海归派和梦想派。

试分析这段话在写作的立意和选材上有什么特点?

【能力目标】

通过本单元的系统学习使学生掌握文章写作过程中立意和筛选主题思想的基本思

路;能通过自己的思考尝试挖掘材料的内涵,提升立意的深度;通过阅读与比较,掌握选材的基本要求。

【知识点】

写作中的立意、基本要求及主题表现方式;写作中选材的标准及选材料的方法;写作想象力的培养。

一、写作中的立意

清人王夫之说:“意犹帅也,无帅之兵,谓之乌合。”没有统帅的军队是乌合之众,没有主题的文章就没有灵魂,没有生命。立意像一根红线贯穿全文,成为文章的中心。

(一)立意和主题

立意,就是作者在文章中对问题所持的观点及评价。文章质量的优劣,其决定因素首先在于立意。文章没有立意,或者立意不突出,就如一盘散沙。

1. **立意的释义** 何谓“立意”,《现代汉语词典》将“立意”解释为“命意”。“立”是动词,指的是“从诸多对象中加以甄选然后确定”,“意”是“出自作者内心的意思或意愿”。由此,“立意”就是“根据写作目的确定文章主旨或中心的过程”。

2. **主题的内涵** 立意的过程就是确立主题思想的过程。任何写作都包括两个有机连接在一起的组成部分:一是写作主体所描写论述的主要对象、主要问题;二是写作主体对问题的评价和反映,亦即作者对问题所持的观点、态度、印象和感受。前者称为主题,后者称为思想。两者统一起来称为主题思想,即主题。

(二)立意的标准

俗话说“意高则文胜”。立意作为一篇文章的灵魂所在,是我们进行写作的第一要务,应在新颖、深刻、正确、集中的基础上不断求深、求高、求新,唯有如此,才能做到“意到力到”,立意高远。判定一篇文章的立意是否深邃、高远、有创新,理论上讲,可以从几方面来看:一是文章有没有在深度上有所建树,在某个或某些方面是不是有超越大众化的见解甚至创见;二是有没有对自然社会和人类的关注;三是有没有深远的历史感和现实感;四是有没有预见性;五是有没有健康的审美情趣与高尚情操;六是有没有哲理性的思考。这些可以下面几个标准来衡量。

1. **新颖** 所谓立意的新颖,是指写作过程中,要选取新的角度来确立主题,善于异向开掘,克服陈旧的思维定势,打破常规去思考、分析,发人之未发之言。写作之道是“文贵创新”。郑板桥说:“删繁就简三秋树,领异标新二月花。”韩愈也曾说:“唯陈言之务去。”这都是强调创新。文章尤其讲究一个新字,如新主题、新角度。比如一直以来写蜜蜂的文章不算少,通常大部分文章都是直接赞美蜜蜂的勤劳。而杨朔的《荔枝蜜》却与众不同,他通过描写生命短暂却努力贡献的小蜜蜂,由新的视角引申歌颂了那些努力奉献、不求回报的默默无闻的普通劳动者,是文学上很出色的一笔。

2. **深刻** 立意深刻是指写作要注意挖掘生活底蕴,反映事情本质。深刻的立意来自深入的思考,写作之前我们要多问几个为什么,揭示问题产生的原因,给人以启示。人无我有,人有我精,力求挖掘出事物最本质的东西来。比如,只从刻苦学习方面来分析一个学生成绩优秀是不够深刻的,若能再进一步阐述他为什么会刻苦,为什么能持之以恒,或者就学习态度、学习兴趣、学习方法、学习习惯等方面进行分析,挖掘出他刻苦学习的原因和动力,这样的立意,就显得深刻多了。鲁迅说过"选材要严,开掘要深"。其中"选材要严"指的就是提炼主题要选好、选准材料,立足所掌握的全部材料。"开掘要深"指在立足全部材料的基础上提炼主题时一定要挖掘得深刻些,不仅要正确认识和研究客观事物,重要的是透过事物的表象准确地把握事物的内部联系,发现带有规律性的东西。

3. **正确**　正确是文章立意的第一要义,所谓正确就是要保证文章的感情和思想观点正确,符合客观事物的本质和规律,符合我国基本政治原则,符合人的基本道德要求,能给人以积极的启发。

立意正确,就是要求文章主题符合客观事物的本质和规律,表达出来的思想观点和情感要健康、积极向上。符合新时代精神,切合相关材料内容。立意正确是写作的基本要求,也是评价文章的重要标准。一般来说,立意要与目前倡导的"爱国守法、明礼诚信、团结友善、勤俭自强、敬业奉献"等社会公德相一致,要与开拓创新、奋发有为、与时俱进的新时代精神相一致,要与环境保护、人与自然和谐相处等新世纪意识相一致。如果是根据材料写作,立意千万不能脱离或偏离材料。

4. **集中**　立意集中是指写作应紧贴主题行文,表达一个中心。"作文之事,贵于专一,专则生巧,散乃人愚。"无论多么复杂的事情,主旨不能分散。一篇文章如果既想说明这个问题,又想阐述那个观点,东拉西扯,必然立意不明确。其实,想面面俱到肯定会面面不到位,况且一篇文章只能有一个中心,与其"贪多嚼不烂",不如集中笔墨表现一个中心,即使是通过数件事来表现中心,也要做到紧贴中心行文,目标始终如一,着墨于材料与中心的结合点,使材料蕴涵的力量全部直指中心。

例如,《企业家精神》有一段:

> 不管时代怎么变化,企业家精神都是一样的,那就是冒险、坚持、付出、专注、创新与梦想。其中,最重要的两条标准,一是创新或者叫敢闯敢试,二是坚持精神。王健林说:"凡是成功的企业家或者卓越的企业家都接近神经病!什么意思呢?就是自己相信自己这个故事,相信我能做成,失败5次、10次甚至更多次也不怕,接着再干,还真就能获得成功。如果没有这种坚持、锲而不舍的精神,这种执着或者坚信是不可能成功的,一个人太圆滑或者太容易放弃是不会成功的。"南存辉也认为:"人的精力是有限的,能够集中精力干好一件事就很不容易。"陈东升则感叹一辈子只做一件事,他说:"当你什么都想要的时候(未必能成功),其实你只要一个就能胜出。"李彦宏说:"你有超出旁人的付出,你通过自己的努力解决了问题,因此就会产生成就感,从中获得的成长是十分宝贵的。"

文章将企业家的精神特征以不同企业家的话语集中表达出来,时代气息浓,把作者的真情实感充分地、恰到好处地融入到企业家的话语中,读后令人产生同感,令人深思,立意有震撼力。

（三）主题的提炼

主题是作者在文章中通过各种材料所表达的基本思想，它渗透、贯穿于文章的全部内容，体现着作者写作的主要意图，包含着作者对文章中所反映的客观事物的基本认识、理解和评价。主题在不同的文体上有不同的表述，人们习惯上把记叙性文章的主题叫主题思想或中心思想，议论性文章的主题叫作中心论点，某些应用类文章的主题称为主旨或基本观点。在我国传统的文章理论中，主题叫作“意”或“主脑”。

一般来讲，大部分的文章在动笔写作前已有了明确的主题，也有极少部分文章在动笔之后的具体写作过程中形成主题。就一般而言，文章动笔前最好先提炼出主题，因为，只有主题明确了，才能根据主题的需要选择材料，进而谋篇布局、遣词造句。如果主题不明确，写作时往往无从下手，或者想到哪儿就写到哪儿，何处该起，何处该收，哪些应详，哪些该略，都没有依据。清人刘熙载说：“古人意在笔先，故得举止闲暇；后人意在笔后，故至手忙脚乱。”“凡作一篇文章，其用意俱要可一言以蔽之。扩之则为千万言，约之则为一言，所谓主脑者是也。……主脑既得，则制动以静，治繁以简，一线到底，万变不离其宗，如兵非将不御，射非鹄不志也。”（《艺概》）他强调了在动笔之前明确主题的重要性，并指明了主题在选择题材、谋篇布局过程中的作用。

主题如此重要，那么，怎样提炼文章的主题呢？

1. **充分占有材料**　主题的提炼，要立足于作者占有的全部材料。因为只有作者占有的材料充分，才能根据材料提炼出正确的观点和理论来，才能防止以偏概全，以点代面，才能避免主题的片面性。写文章时，必须尽量占有一切有关的材料，充分认识它们的社会的、历史的含义，为提炼或深化主题提供扎实的基础。马克思写《资本论》，曾阅读了几万部书，摘录笔记二百五十余本；姚雪垠创作《李自成》，曾摘录了几万张历史资料卡片；路遥写作《平凡的世界》，为了把握小说中人物的历史背景，把几十年的《人民日报》《光明日报》《陕西日报》《参考消息》和《延安日报》的全部合订本一张一张地翻看，重要的事件记录下来，重要的文章复印。他们的作品之所以能有宏大的思想和生活的容量，是因为占有充分的材料。

占有材料不充分，就可能出现忽略典型材料的失误，这样，就抓不住事物的本质，确立的主题也是肤浅的。

2. **抓住主要矛盾**　提炼主题总是从分析题材入手的。面对一件事或若干件事，怎样着手分析呢？应当从分析事物的矛盾入手。矛盾就是问题，把题材里面包含的问题找出来，如果有两个以上的问题，就比较一下，找出更重要的问题，也就是主要矛盾，并找出正确解决矛盾的办法，这样，比较有意义的主题就形成了。写议论文，这样说似乎比较容易理解，因为写议论文的目的就是解决现实中存在的问题。如果没有问题，就没有议论。记叙文也是一样。写记叙文的目的归根到底也是解决现实生活里的问题。作者通过对所写事物的肯定或否定、提倡或反对、歌颂或批评乃至贬斥，来表明作者对解决某个问题的态度。

3. **特点和需要的结合**　提炼主题,首先要考虑的是题材本身的特点,即某个题材可以说明什么问题。脱离题材本身的特点,把没有必然联系的某种思想硬贴上去做主题,那是不可能为读者所接受的。但是,一个题材,特别是内容比较丰富的题材,往往不止一个特点,往往可以说明好几方面的问题。在这种情况下,提炼主题就要把题材本身的特点和客观需要结合起来考虑。如果题材的某个特点刚好能回答社会上某个迫切需要解决的问题,刚好触动了广大群众心灵上绷得很紧的那根弦,根据这个特点提炼出来的主题,就会有很强的社会意义,体现了这一主题的文章,就会发挥比较好的作用。

4. **和同类文章比较,尽可能出新意**　写相同题材的文章,要尽可能考虑到同类题材文章主题所达到的高度,如果能写别人所未写,那就有了新意。鲁迅的杂文《论"费厄泼赖"应该缓行》,第一次提出了"打落水狗"的主张,澄清了当时思想界的一些糊涂观念,主题不仅深刻,而且特别新颖。魏巍的《谁是最可爱的人》,第一次提出志愿军是我们最可爱的人,说出了人民群众想说而没能说出的话,因而这一思想不胫而走,很快为全国人民所接受。这些事例说明,在主题的发掘上,如果能够"出新",文章所达到的效果肯定可以大大超过那些主题没有新意的作品。

5. **注重选择角度**　主题的创新往往与作者的观察角度有关。作者在观察社会生活、客观事物时,不同的观察角度会获得不同的体验、感受,从而产生不同的思考。这正如苏东坡所言:"横看成岭侧成峰,远近高低各不同。"写文章很容易碰到相同的题材。题材相同,观察角度、切入点不一样,文章给人的感觉就不一样。1923年仲夏之夜,朱自清和俞平伯同泛六朝金粉遗址秦淮河,同以《桨声灯影里的秦淮河》为题行文,朱自清笔下的秦淮河无论是追索、描摹虚幻的美景,还是抒写充溢心中的"充满幻灭的情思",都被涂抹上了一层浓重的个性色彩和自我情调。俞平伯则以超然物外的心情写出了秦淮河上泛舟的乐趣。听桨声、赏灯影、叙哲理,于悠然中寄托了自己深情绵邈的情怀。同样题目的文章,给人的感觉却迥然不同,朱自清的是细腻而深秀,俞平伯的是细腻而委婉。同是缠绵的情致,朱自清的是缠绵里多含着眷恋悱恻的气息,俞平伯的则是缠绵里蕴涵着温煦浓郁的气氛。

6. **反复进行提炼**　除了课堂上的命题作文,必须在规定的时间里确定主题并完成写作外,一般文章主题的提炼常常不是一次完成的。这是因为客观事物是复杂的,事物又是不断发展变化的,人们要深刻地认识事物,要有一个循序渐进、由浅入深的过程,甚至需要反复研究,不断深化,经过多次认识上从感性到理性的飞跃。显然,要提炼出一个深刻的文章主题,需要反复多次进行。著名作家刘心武在谈到小说创作时说:"主题不是事先拟定出来的,而是无数在我心中时时拱动的生活场景,大量牵动我感情丝缕的人和事,经过多次交融、剪裁、提纯、冶炼……直到构思接近完成时才初步凸现,直到写成后才明确起来的。"这种"多次交融、剪裁、提纯、冶炼……"就是对主题进行反复提炼的过程。

(四)表现主题的方式

荀子说:积土成山,风雨兴焉;积水成渊,蛟龙生焉。意即积累泥土成高山,风雨就会在此兴起;积累水流成为深渊,蛟龙就会在这里生长。从写作角度来看,要使文章能"兴风雨”“生蛟龙”，就必须有丰富的积累。积累材料，积累情感，积累生活经历甚至积累语言。而这一切都需要睁大双眼，做生活中的有心人，观察生活，感悟生活。

1. **片言据要法**　要使文章主题鲜明集中、结构严谨又形象鲜明，应该聚焦构思，抓住要点。即构思时，选择某一形象点作为构思组材的突破口，将立意、选材、抒情聚焦于这一形象点上，借助这一点聚拢散文所选择的材料、所安排的结构与所抒发的情感，以突出文章的文思与情思。这一文章构思法概括地说就是“片言据要法”。所谓“只语立骨居要法”，即以某个形象点或某一词句甚至一个字作为全文构思立言之本，作为全文结构的枢纽、选材的着眼点、形象刻画的集中点和情感抒发的聚焦点，使其成为表现文章主题思想的文眼和结构的枢纽。所谓“片言”，意味着所确定的“只语”要起到架起文章骨架、树起文章主旨和突出抒情的作用，它最好具有某种意象特征。所谓“居要”，即所确定的具有立骨作用的“片言”要居于文章的显眼位置，以收到“片言居要，熠熠生辉”的效果。这一突出文思和情思的构思法，将使文章的内容和形式、情感与形象达到完美的统一。

2. **侧面烘染法**　写文章可以直接地从正面着笔，也可以间接地从侧面着笔。一般是以正面为主，侧面烘染是正面的辅助，二者又常常是紧密结合在一起使用的。侧面烘染就是不说本意，只说与此有关的事物，达到烘托本意的目的。正如茅盾指出的：“问题的要点是在考虑到读者的必有的想象力，而在正面描写以外辅以侧面的烘托，应当是由侧面的烘托来救济正面描写的不足。”侧面烘染法是一种很富有表现力的艺术手法，特别是有些正面描写不容易奏效，从侧面写，着墨不多，就能收到正面用很多笔墨难以达到的表达效果。风是看不见的，正面写就有一定的困难，古代画家吴道子的画，却从人物衣带的飘动上，使人感到风在吹拂，人称“吴带当风”。齐白石以“蛙声十里出山泉”为题作画，不画蛙，而画一群出入于泉水中的小蝌蚪。朱自清不写父亲的正身、五官，而刻画父亲的背影。最最出色的侧面描写就是清代刘熙载《艺概》中所指出的“暗影知竿”之法，他说：“绝句取径深曲，盖意不可尽，以不尽尽之。正面不写写反面，本面不写写对面、旁面。须知睹影知竿乃妙。”达到了侧面烘染的目的。因此，侧面烘染就是从侧面、背面着笔，用烘托渲染的方法来表现主题的写作形式，是通过对周围人物的言谈反映，从侧面来衬托要写的人物的写作方法。

3. **托物言志法**　托物言志法，就是指借助外界的某种事物来表明自己的好恶爱憎的情感，把自己的思想感情寄托在某种外物之上的一种写作方法。运用这种方法写作，可达到举浅近事物表达深远的思想感情，写寻常之物表达重大主题的目的。我们学习运用这种方法，可以使文章显得既深刻含蓄、饶有韵致，又具体形象、可感性强。它的特点是通过状写事物，感物而生情，托物而言志。它是先写物，但不就物论物，不停留于物本身，而是将物清晰地展示在读者面前之后，再赋予物更深一层含意。由物而生情，通过抒发情怀，表述事理，来突出文章主题。采用托物言志法写的文章的特点是用某一物品来比拟或象征某种精神、品格、思想、感情等。要写好这样的文章，就要掌握好“物品”与“志向”，“物品”与“感情”的内在联系。首先是物品的主要特点要与自己的志向和意愿有某种相同点和相似点。其次，描述时，自己的志向要以物品的特点为核心。物品要能表达自己的意愿。托物言志的写作方法,最常用的有比喻、拟人、象征等。

4.以反取正法 俗话说:“不见高山,不知平地。”事物的特点往往在正反比较中得到显现。我们描写时,往往通过正反比较的方法来突出事物或人物的特点。采用以反取正对照比较法要注意抓住所要描写的事物或人物最显著的特点并与其他作比较。这样才能给读者以深刻的印象和启示。采用对照比较法还要注意表达作者自己的思想感情和倾向性。这样才能使文章感人。抓住同一事物或人物不同特点进行比较时,要注意找出矛盾点,这样才能引起读者的注意。因此,以反面取正法,就是用相反的人物或事物来衬托所要表现的人物的写作方法。例如,林嗣环的《口技》,在写口技人表演时,就写“满座宾客无不伸颈侧目,微笑、默叹”来反衬。当口技人表演到救火场面时,“宾客变色离席,奋袖出臂,两股战战,几欲先走”。这是以宾客受感染的情景来烘托出口技人的高超技艺。运用以反取正衬托法,要注意反衬双方的对比度,要把握住分寸。反面衬托建立在相反相成的基础上,超出常情,给人的印象特别深刻,艺术效果很好。

二、写作中的选材

俗话说:“巧妇难为无米之炊。”选材,是整个写作过程中极其重要的环节,是决定文章好坏成败的关键,是写好文章的最重要的“物质”保证。有人说,选好材料是写作成功的一半。此话一语破的。这也正如做衣服,款式、做工固然很重要,但是选好布料是前提。试想,布料质量低下,是假冒产品,款式、做工就是再好,做成的衣服能让人称心如意吗?

(一)选材的标准

选材与立意有密切的关系,是写作的两个密切关联的重要内容,前者是“写什么”,后者是“为什么写”。缺少“意”,就事记事,再好的材料也是一堆毫无价值的“废料”;“意”不明确或不深刻,写出的文章就称不上是好文章。因此,选材要服务于立意。然而写作时,选什么“材”又往往不完全受“意”的限制,好的材料往往可以丰富、扩展文章的主旨,给读者留下隽永的回味。

好的选材有三条标准:第一,切合文章的旨意。这一条至关紧要,也最难把握。材料和旨意的切合度怎样,凭直观感觉不易判定,最好是在材料初步选定后,就把文章的基本格局构想出来,再从这个格局出发来审视所选定的每一个材料。这样做,材料的切合度就比较容易显现出来,使用与否,也就有了把握。第二,有比较丰富的意蕴。意蕴,就是材料的内在含义。意蕴丰富才能引发读者的情思,给读者以某些启示。一件材料有无意蕴,要先用读者的眼光来看,要用心感受它,你果真动了情,那就是有。这种鉴别方法是很有效的,不妨一试。第三,要新一点。这一条不言自明,凡是别人没有用过的都可以算作新,有一点时代色彩自然更好。

(二)选材的方法

选材是决定写作成败的关键一步棋。新颖而能很好凸现中心主题的题材,往往是写作取得成功的前提。对于选材一般要求题材新颖,真实可信,体现出积极向上的时代风貌。在现实的写作实践中,如何才能做到这一基本要求呢?一般而言,我们要掌握下列一些选材的基本原则和方法。

1. **选材的基本原则** (1)选熟知的材料;(2)选独特的材料;(3)选具有时代性的材料;(4)选精华的材料;(5)小角度选材。

2. 写作选材的基本方法

(1)选材的"新"——大中取小。文贵新奇,这种"新"和"奇",不仅表现在文章立意方面,同样也体现在文章的选材和构思上。在写过程中,就选材来说,容易出现写作选材面比较狭窄,选材内容比较陈旧,甚至虚构杜撰,缺乏真情实感的情况;就构思来说,容易产生构思平淡无奇、波澜不惊、缺乏曲折离奇之感的现象,主要原因就在于缺少选材方法的训练。为此,在选材中要做到新,尽量就要从大中取小。

(2)选材的"奇"——平中取奇。第一,变换人称角度。很多同学在写作时,大多采用第一人称,围绕自己的生活经历去谋篇布局,表情立意。这样写给人一种真情实感,当然值得提倡。但如果我们试着改换一种角度,比如用第三人称去写,却能创造出更广阔的写作空间,会产生豁然开朗之感。有一篇写"母爱"的文章,作者没有站在"我"的角度去写,而是选择了"母亲"的视角,从自己孩子的出生,上学,到参加工作,处处是母亲的表白和体验。这样就打破了传统的构思习惯,更感受到了"母爱"的真实。

(3)写出曲折变化。苏东坡有诗云:"横看成岭侧成峰,远近高低各不同。"欲扬先抑、跌宕起伏,设置悬念、连缀场景、打破传统模式造成的视觉疲劳,自然给人一种新鲜视觉的冲击。

(4)突破传统视点。同选材一样,构思也要新颖独特。想别人所未想,写别人所未写,突破大众化的传统写作思维,这也是写作构思所追求的。

三、写作想象力的培养

写作想象是构成创作和创新活动的重要因素,是人的天性。想象,是指在原有感性形象的基础上,创造出新形象的心理过程。没有想象,就没有创造。爱因斯坦对想象力极为推崇,他曾说过:"想象力比知识更重要,因为知识是有限的,而想象力概括着世界上的一切,推动着进步,并且是知识进化的源泉。"

(一)想象的含义

想象是人对自己头脑中的已有的记忆表象进行加工改造而创造新形象的心理过程。想象是人类创造活动的最重要的心理机制之一,任何创造(包括物质生产活动中的创造和精神生产活动中的创造),都离不开想象。黑格尔曾明确地指出,"想象是创造的"。它的基本特征是生动新颖的形象性。想象在写作中的具体作用主要是:推动构思的进行,突破时空的限制,塑造典型形象等。

想象能力是指在写作过程中,为了表达情意的需要,对大脑已有的表象进行加工改造,从而创造新形象的能力。德国著名学家黑格尔说:"最杰出的艺术本领就是想象。"写作虽不同艺术创作,但同样需要比较丰富的想象力。爱因斯坦指出:"想象力比知识更重要。因为知识是有限的,而想象力概括着世界的一切,推动着进步,并且是知识进化的源泉。"是的,一个人的知识是静止的、封闭的、有限的。而想象力是运动的、开放的,想象力是能动的知识。如果把知识比作"金子",那么想象就是"点金术",能使知识活化,能进行创造。想象具有创造性,对于写作而言,想象尤为重要。离开了想象,文章就成了断翅的鸟儿,飞不起来。

(二)想象的种类

根据想象的方式和形成的过程来看,想象可以分为再造想象、创造想象和幻想三类。

1. **再造想象**　依据语言、文字、图形、符号或别人对某一事物的描述,在头脑中唤起相应的新形象的心理过程,称为再造性想象。不管是新闻文体、应用文体的写作,还是文学创作,都离不开再造想象。再造想象常用的方式主要有接近想象、相似想象、原型想象、推测想象等。再造想象对于写作有着重要的意义。如根据历史资料去创作诗歌、小说、戏剧等,姚雪垠的长篇历史小说《李自成》就是根据历史资料创作的;把小说、传记改编成电影剧本,如电影剧本《野山》就是根据贾平凹的小说《鸡窝洼里的人家》改编的;新闻文体、应用文体等的写作,主要也是凭借再造想象。当然,以上这些并不限于再造想象,而总是或多或少地融合了一些创造想象。

2. **创造想象**　创造想象是不以现成资料的描述和图片的显示为依据,而是依据自己头脑中原有的记忆表象,进行加工改造、分解、综合,从而独立创造新形象的过程。创造想象常用的方式主要有具象想象、情化想象、层进想象、变态想象、合成想象等。创造想象对于写作的意义特别重大。一切典型的艺术形象,一切神奇美妙的艺术境界,都是从创造想象中孕育、形成和完善的。如《西游记》中的孙悟空,《安娜·卡列尼娜》中的安娜等皆是作者创造想象的结晶。

3. **幻想**　幻想是指向未来的特殊现象。较之创造想象,它离现实较远,幻想出来的东西不论怎样清晰鲜明,也不能马上付诸实现,而创造想象出的东西可以很快付诸实现。幻想在写作中有何作用呢?幻想可以产生绚丽多姿的神话,如《精卫填海》《夸父逐日》《女娲补天》等;幻想还能产生令人神往的科幻作品,如《太空学校》《超人》等。

(三)想象力的培养

乐于和善于想象是青年人的天性。那么,如何有效地培养写作的想象力,发展写作思维呢?

1. **以丰富的生活为基础**　一个人想象能力的强弱,与他脑中所贮存的记忆表象的数量和质量有密切关系。他头脑中贮存的表象丰富、深刻,他的想象力就开阔透彻。可以说,想象是扩大了的或重新加以组合了的记忆,是人的感官所能得到的材料和记忆所保存的材料的创造性的重新组合。因此,作者要提高想象能力,应以深厚的生活积累为基础,力求在自己记忆的仓库里储存更多的信息,以供想象选择、组合、排列,以期获得新的形象。

2. **以高度的理性为指导**　从根本上讲,想象作为人的一种特殊的思维活动,它本身就包括理性的成分,而这理性的成分在想象中又起着支配和指导的作用。因为想象首先要对原有表象进行分解,然后进行选择、取舍,这就离不开迅速、灵活、正确地辨析、比较、判断。至于表象的重新组合就更需要高度的理性——即综合与创造的能力。如列夫·托尔斯泰的名著《安娜·卡列尼娜》中的安娜就是作者对生活中许多原型加以综合、提炼而形成的一个活生生的典型。又如罗曼·罗兰的巨著《约翰·克里斯多夫》中的主人公克里斯多夫，就是作者以大音乐家贝多芬为原型加以综合、提炼、再创造而形成的一个活生生的典型。用鲁迅的话说，即“杂取种种人，合成一个”。

3. **以强烈的激情为动力**　作者在深厚的生活积累中储存起来的表象只有在激情的触发下才能鲜活起来。可见强烈的激情是作者想象的动力，它犹如热能，可以让想象中的事物按照情感的需要变成各种形态，能使想象中的事物成为情化物。在激情的驱使下，作家常常会忘却自己的存在，或将虚幻的想象境界视为真实的存在，或将自己幻化成想象境界中的某一人、某一物。福楼拜创作《包法利夫人》时曾大声疾呼：“包法利夫人就是我，照我写的！”郭沫若也公开宣称：“蔡文姬就是我——照我写的。”总之，要想获得想象力，作者要有饱满的激情，要重视情感的积累，加强自己的“情绪记忆”。

4. **积累知识，丰富表象**　想象的基础和前提是知识，没有知识的积累就不可能产生丰富的想象。人们想象出来的新形象，都不是凭空产生的，这些新形象都需要在大量的直接经验和间接经验的基础上组合而成，由此可见只有在日常生活中积累、储备大量的知识、经验，想象才能够展翅翱翔。

（四）写作想象力的突破

想象是写作的需要。想象力的突破可从以下几个方面来考虑：

1. **从大处着眼，胸藏百万甲兵，要胸怀天下，有时代责任感，情趣高尚**　平时不仅要博采众长，更要做一个胸怀天下和人民、有时代责任感、情趣高尚、有独立思想、胸藏百万甲兵的人，而不做那种人云亦云、碌碌平庸之辈。要知“作好文必先做好人”“台上一分钟，如下百日功”的道理。平时我们要热爱生活、关注人生、体察世态人情，做一个内心充实、知识渊博、有创见的人，同时要广泛阅读，勤于思考，提高理论水平，擦亮自己的眼睛。如此，在生活中学会思考，在思考中学会生活，你便会拥有自己的思想，胸藏百万甲兵。

2. **从小处着手、精心锤炼主旨，从多角度联想，从不同角度进行思考，寻找多种答案**　确定文章的题目后，抓住材料的关键词句，从不同的角度提炼成一个判断、一个明确的观点，然后比较筛选确定主旨，最后用自己的话把这种主旨表达成明确的观点。

例如，写作材料是以“包装”为写作主题：“当今社会人们对‘包装’再熟悉不过了，——日用的消费品哪样不是包装得精美诱人？明星出场哪个不是光彩照人？……包装可以带来惊人的经济效益，可以遮盖缺陷，甚至也可以掩盖罪恶……”

可以试着变换角度立意：①包装是有价值的，是必要的，但我们要善于发掘事物的本质，不能被事物华丽的包装所迷惑。②我们要学会包装自己、推销自己，但更要使自己有内涵、有实力、有质量，不能“金玉其外，败絮其中”。③“酒好不怕巷子深”的观念要更新，我们保证质量，有丰富的内涵还不够，还要有美的包装，使更多的人理解我们，认识我们，相信我们。④包装使我们失去了真实，失去了真诚，面对曾经使我们感动的生活，我们已失去了敏感的触觉，所有的只是机械的思想。⑤包装不但现在有,古代也有,不但用于产品,更可用于人。史书上那一位位的明君贤相,有许多都是史官和后人包装的结果。我们要善于揭开面纱,看清历史的真相,以"鉴于今"。⑥……

3. 准确选择主旨 从多种角度或答案中选出最佳最新的角度、答案来立意。使己论"透析事理,升华哲理,富含历史感,具有预见性"。选择主旨的标准有三:一是切合题意,二是作者最熟悉、感悟最深,三是新颖。立意高远,文章自然不差。

4. 要注意想象的合理性 写作时,可以自由想象,上天入地都可以,但必须合理。做到合理,使读者读了想象虚构的作文,也会感到信服。读者信服了,就是一篇好文章。在写作时,要注意想象的合理性,以便让人觉得写出来的东西真实可信,引起人们的共鸣。

5. 想象要"对题" 大家知道,写文章必须要"对题",如果文不对题,即使下笔千言,驰骋万里也是劳而无功。同样,想象也要"对题",否则,再奇异的想象也仅是一堆废料而已。

例如用一个"○"做题目,告诉学生,圆是可以想象成很多不同的物体的,请你把这个圆想象成另一个物体,要求以圆的想象物作为描写重点,写一篇文章。有个同学这样写:"在茫茫的宇宙中,小珊瑚乘坐宇宙飞船去太空遨游。哗,世界真大啊!小珊瑚叫了起来,那是月亮,那是星星,那是太阳……小珊瑚在太空中自由地遨游。她看到了不少稀奇的东西,她想,我回到地球上,一定要好好学本领,用丰富渊博的知识探索这无穷的宇宙。"这段想象显然不"对题",因为文中写的不是圆的想象物,虽然月亮、星星、太阳也是圆的,但文章没有以此为描写重点,作者写的是小珊瑚遨游太空的情景,而不在表现这些圆的想象物的本身。而另一个同学的想象却十分"对题"。他是这样写的"空中悬着一个圆——蔚蓝色的。噢,那是我们赖以生存的地球。它不断地转着,为人类无私地奉献着。人们啊,你可曾看见它在呻吟!它身上那蔚蓝色的水已不再蔚蓝,可恶的黑漆漆的油污严严实实地铺盖在上面;它引以为荣的深绿色的大片森林也不再郁郁葱葱,可恶的伐木器正发出令人战栗的狂笑声……地球在呻吟,快救救它吧!"这位同学描写地球这个想象物,虽难度较大,但他却能用描写与抒情相结合的笔法写出地球遭受的种种污染和破坏,构思独特,发人深省。因此,想象时应"对题"想象,不能任其信马由缰,作远离文题的想象。

6. 让正确的思想情感支配自己的想象 鸟儿展翅翱翔,看起来似乎疾飞自如,无拘无束,但其实它也不能想飞多高就能飞多高,它要受地球环境的支配,无论怎样飞,它都无法飞出地球大气层。一个人的想象可以纵横恣肆,但如果认为人的想象不受任何支配和制约,那就错了。其实,一个人想象什么,朝哪个方面想,想象的范围有多大,都和他的思想感情、认识水平有很大的关系,无形中都受到思想感情的支配。例如,有一次,安徒生接到出版商佛林齐寄来的信和三幅画,佛林齐要求安徒生写一个故事,以配合三幅画。安徒生看到其中一幅画:一个穷苦小女孩拿着一包火柴,心弦猛然颤动起来,并产生了强烈的共鸣——安徒生出生在丹麦一个贫寒的家庭,对于在贫苦中所受到的苦难自然也感受深刻,当他看到这幅穷苦小女孩拿着一包火柴的画时,他的想象力迅速张开了翅膀,他一口气写下了《卖火柴的小女孩》这篇催人泪下的童话。可以看出,安徒生对那个贫苦的卖火柴的小女孩寄予了无限的同情和爱。正因为他对穷人有着深深的同情,所以在下笔写《卖火柴的小女孩》时，他的这种思想感情在指挥着他的想象活动，使他朝着应有的方向想象。一个对劳苦大众的痛苦生活漠不关心的人，无论如何是写不出这样的文章来的。因此，要使自己的文章有丰富而感人的想象，就必须要做一个有理想、有道德、有爱心、有同情心的人。记住："没有感情这个品质，任何笔调都不可能打动人心。"

【自测题】

一、人生难免有离别。离别是一种难舍的情绪，总是那样令人伤感、令人回味。请你以《送别》为题，写一篇记叙文：

A. 材料：每天早上我去上学，妈妈都送我出家门。

A. 立意：表现妈妈对我的关心。

B. 材料：我的一个亲人或朋友将要到远方去，我到车站送他。

B. 立意：表现出亲人或朋友之间真挚难舍的感情。

C. 材料：我的一个好友因犯罪去伏法，我为他送别。

C. 立意：表现好友的后悔和对我的教育。

D. 材料：我去远方读书，临行时我心爱的小狗送了我一段又一段路。

D. 立意：表现人与动物之间的真情。

E. 材料：我爷爷去世了，在下葬时，我为他送别，忆起过去的种种情景。

E. 立意：表现亲人之间的"死别"悲情。

二、指出下列立意思想的错误之处。

1. "吃得苦中苦，方为人上人。"（错误）

2. "我们应该尽量帮助别人，这样你有困难时，别人才会帮助你。"（功利）

3. "我们一定要努力学好文化知识，以便将来能找到轻松的工作，过上舒适的日子。"（自私）

4. "天下乌鸦一般黑，这个社会上没有一个好干部，全是坏东西。"（偏激）

三、请提炼下列文字的主旨。

一个乞丐趴在地上，在暖洋洋的阳光里昏昏欲睡。突然，一个身影挡住了光亮，在他身上投下一片阴影，乞丐睁眼一看，是个西装笔挺的绅士。乞丐伸出脏手："给点钱吧！"绅士说："可以，你给我把这堆砖头搬开，我就给你一百元。"乞丐白了他一眼："我的手断了，腿瘸了。""可你还有一只手，一条腿啊。"乞丐把面前的一堆砖头一块块地搬到墙角，绅士也如约付了钱，乞丐忽然明白了，他也可以靠劳动吃饭的。后来乞丐不做乞丐了，再后来，他进了一家修理公司成了一位有名的机修师。

四、阅读下面文字，根据要求作文。

一个青年来到绿洲，碰到一位老先生，年轻人问："这里如何？"老人家反问："你的家乡如何？"年轻人回答："糟透了！我很讨厌。"老人家接着说："那你快走，这里同你的家乡一样糟。"后来又来了另一个青年问同样的问题，老人家也同样反问，年轻人回答说："我的家乡很好，我很想念家乡的人、花、事物……"老人家便说："这里也是同样的好。"旁听者觉得诧异,问老人家为何前后说法不一致。老者说:"当你以欣赏的态度去看一件事,你便会看到许多优点;而以批评的态度去看,你便会看到无数缺点。"

根据你的联想和感悟,自定立意,自拟标题,文体自定(诗歌除外),写一篇文章,不少于600字。

五、请你仔细观察生活中喜欢的一种事物,发挥联想和想象,写一段托物言志的文字(参考下列例文)。

例文1:《苔藓》

苔藓,竟是这样一种很不起眼的绿色小生命:它没有云杉的挺拔高大,也没有花儿那样的阵阵清香。它只是一片矮矮的小生命,成千上万挤挤挨挨地生长在一起,默默无闻地点缀着大地。它在阴暗潮湿的角落,甚至在人迹稀少的冰雪极地,也照样顽强地生长。苔藓是那么微小,甚至难以区分它们的茎和叶呢!这种植物,虽然没有可以炫耀的花朵和果实,但是它们那种坚忍不拔的生命力却是值得赞扬的。

我爱苔藓,因为它有着坚忍不拔的生命力。

例文2:《火柴》

火柴,细细的身子,绿色的头,它们平常而又渺小。近百根火柴睡在一个小小的盒子里,虽然挤挤拥拥,但是它们还是排列得整整齐齐,默不作声。等待着,等待着人们用上它们的那一瞬。它们为人类作出的贡献看上去简直微不足道,可是,如果没有火柴,能烹出香甜可口的饭菜吗?当火柴为人类作出贡献的一瞬,也就是它们生命的最后一刻。它们牺牲了自己,燃起了一团熊熊的火。它们不像蜡烛,用紫红光焰和洁白如玉的外衣打扮自己;更不会在燃烧的时候像蜡烛那样淌下伤心的眼泪,怜惜自己。它们毫不犹豫,"嚓"地一声,转眼就成了灰烬。这短暂的生命,竟给人类带来了光和热,所以,我说它们是伟大而崇高的!

六、上网查阅科学家袁隆平的事迹,以袁隆平所说的"我毕生的追求就是让所有人远离饥饿"为切入点,写一篇不少于500字的文章。

七、什么叫"用事实来说话"?写作为什么要"用事实来说话"?

八、以《××,您真是我学习的榜样》为题,写一篇短文。要求用具体事例来表现人物的特点和品质。

九、以《一件难以忘记的事》为题,写一篇短文,要求选取、写出藏匿在自己心底的材料。

十、什么是典型的材料?写作时为什么要注意选取典型的材料?如何选取典型的材料?

十一、写一位自己最尊敬的人,要求选取典型的材料来表现人物,自拟题目。

十二、冰心老人曾说:"美的真谛应该是和谐。这种和谐体现在人身上,就造就了人的美;表现在物上,就造就了物的美;融汇在环境中,就造就了环境的美。"

请认真思考,结合现实人生,在总体把握的基础上,选取一个侧面,一个角度构思,写一篇不少于800字的文章。题目自拟,文体自定,不要套作,不得抄袭。

十三、世界人口如按目前每40年翻一番计算,700年后全世界人口将达到千万亿。到那时,山脉、沙漠都住满了人,真要“无立锥之地”了。而我国又是世界上人口最多的国家,控制人口增长当然是一个重大的问题。

请认真思考,结合现实,在总体把握的基础上,选取一个角度构思,写一篇不少于800字的文章。题目自拟,文体自定,不要套作,不得抄袭。

第三单元　谋篇布局

【案例导入】

欣赏法国作家莫泊桑的短篇小说《项链》,分析文章的精巧构思:项链原是赝品直到最后才通过路瓦特的女友道破,不仅使女主人公大吃一惊,而且读者也会感到意外。因为在描写中作者已作了三处必要的铺垫和巧妙的暗示:一处是借项链时,她的女友佛莱斯彻夫人表现得相当大方,毫不迟疑地说:“当然可以!”二是当路瓦特夫人惴惴不安地去还项链时,佛莱斯彻夫人竟“没有打开盒子看”,这已说明项链本不是什么贵重首饰。当路瓦特夫人去买项链时,珠宝店老板“查看了许多账簿以后”说:“……我只卖出这个盒子!”这也说明项链与盒子本不是原配的。这样的谋篇布局增加了情节的波澜,引人入胜,令人回味、深思。

【能力目标】

通过本单元的系统学习,使学生初步掌握不同文体写作的谋篇布局方法和写作思路,能根据掌握的写作材料构思文章框架,并掌握文章开头结尾、过渡照应等起承转合的基本技巧。

【知识点】

写作谋篇布局的基本含义、写作思路,不同文体写作的构思程序;文章的起承转合、开头结尾的一般写作方法。

一、谋篇、布局

(一)谋篇布局的含义

谋,这里指的是计谋;篇,就是指的一篇文章;布局,即是对某事物的整体结构所作出的规划安排。所谓谋篇布局就是谋划文章的篇章结构。结构,就是文章内容的组织和构造。文章谋篇布局的好坏,直接影响表达效果。好的谋篇布局,会使主题鲜明突出、内容层次清楚、衔接自然、前后照应得当,整篇文章显得集中、完整、统一和谐,达到文章内容和形式完美结合,从而增强它的表现力和感染力。如果不讲究谋篇布局信笔挥写,文章杂乱无章,即使文章主题再好,材料再新颖生动,也很难表达清楚,吸引读者。

词和句好比是砖、瓦等建筑材料,认真遣词造句,保证了这些建筑材料的质量。但这些建筑材料应该按照怎样的格局来安排呢?这就要设计蓝图。谋篇是从总体上考虑,根据确定的中心,根据已有的材料,写成一篇什么样的文章;布局是对材料作具体安排,前后顺序,详略得当。

(二)写作的思路

写作思路是写作运思的路径,是文章构思的轨迹,是作者思考问题、认识问题的途径,也是思考、认识问题的逻辑思维的方向。认清事物总是按一定的秩序发展,才能正确地认识事物之间的联系,这种认识的秩序就是思路。写作的基本思路模式主要有以下几类:

1. **存在基本式** 存在基本式包括纵式和横式两种。纵式是时间发展的思路模式,横式是空间展开的思路模式。如《景泰蓝的制作》介绍景泰蓝的制作程序,是以时间先后为序的,属纵式思路。而《从百草园到三味书屋》一文,以两处空间为中心来写人、叙事、写景、表现思想感情,随着空间的变换,人、事、景、物、情也相应发生了变化,这是空间展开的横式思路模式。

2. **关系基本式** 关系基本式包括并列式和层递式两种。并列式思路模式是各层次之间的关系平列,在一般情况下层次的先后顺序可逆。例如记叙文《任弼时同志二三事》,它通过一些典型的事例,具体生动地反映了任弼时同志忠诚革命事业、工作认真负责、密切联系群众、坚持原则、生活十分朴素等优秀品质,各层次的内容没有明显的主次深浅的区别,其先后的顺序是允许调整的。层递式模式是指写作的各层次之间层层推进、步步深入,层次的先后顺序不可逆。如《反对自由主义》一文,依次分析了自由主义的表现、危害、根源和性质,层层深入地论述了反对自由主义的必要性。

3. **比较基本式** 比较基本式包括对比式与类比式两种。对比式是比较两种事物(或事理)的差异性的思路模式。例如《有的人》《变色龙》及《改造我们的学习》的第三节,都是对比式。类比式是比较两种或多种事物(或事理)的类似性的思路模式。如《陋室铭》就属于这种思路模式。对比式与类比式这两种基本思路模式,可组合成对比类比复合思路模式。如李斯的《谏逐客书》的第四段,对比分析了“用客”治国与“逐客”资敌的两策,从理论上驳斥了“逐客”之过,这其中又用了“大山不让土壤,故能成其大;河海不择细流,故能就其深;王者不却众庶,故能明其德”的类比,这就组合成了对比、类比复合思路模式。

4. **相对基本式** 相对基本式包括总分、点面、抑扬、因果等式。总分式是既从总体上又从各个局部(或各个侧面)来分析事物、阐明事理的一种思路模式。包括先总后分式、先分后总式、先总后分再总三种模式。如叶圣陶的《两种习惯养成不得》和布丰的《松鼠》等。点面式是从“面”上作概括的介绍、阐述,又从“点”上作具体的描述、分析,将广度与深度有机地结合起来的一种思路模式。如乌识途的《我们打了一个大胜仗》。抑扬式是通过对同一事物的褒和贬的映衬,来突出作者对该事物的某种认识的一种思路模式。包括欲扬先抑(如贾平凹《丑石》)、欲抑先扬(如鲁迅《弟兄》)。因果式即揭示事物因果联系的思路模式。这种思路模式有由因推果和由果找因两种形态。如《叔向贺贫》,先写“果”——贺贫,再写“因”——阐明贺贫的一番道理，由果找因。这些基本思路模式，进行多元的组合（交叉、重叠、渗透），就可以形成多种多样极富个性的复合思路模式。

例文：

（1）读下面一段文字，按要求作文。

一把坚实的大锁挂在大门上。钥匙来了，它瘦小的身子钻进锁孔，那大锁就啪的一声打开了。铁棒奇怪地问：“为什么我费了那么大的力气也打不开，而你却轻而易举就把它打开了呢？”钥匙说：“因为我最了解它的心。”

这是一则寓言故事，故事中的锁、铁棒和钥匙都具有象征意义。请根据材料，写一篇文章。立意自定，文体自选，题目自拟，不少于800字。

（2）展示论点、结构提纲。

论点：拥有打开心锁的钥匙

结构提纲：第1节：心锁是什么？第2节：为什么要拥有打开心锁的钥匙？第3节：怎样才能拥有打开心锁的钥匙呢？第4节：分论点1。第5节：分论点2。第6节：分论点3。第7节：总结。

[写作思路范例]：拥有打开心锁的钥匙

①心锁者，心结也。心锁是志之不立的失落，心锁是情之难抒的惆怅，心锁是九天揽月五洋捉鳖，心锁是报国无门壮志难酬，心锁是忧国伤时经世济民。古今中外，世人之心锁何其多哉！何以打开世人之心锁？必须拥有打开心锁的钥匙。（是什么）

②打开心锁的钥匙，犹如漆黑夜空的启明星；打开心锁的钥匙，犹如巨轮航海的指南针；打开心锁的钥匙，犹如点燃奥运圣火的火炬；打开心锁的钥匙，犹如老师手中的粉笔。（为什么）

③怎样才能拥有打开心锁的钥匙呢？（过渡）

④拥有打开心锁的钥匙，必须志存高远。（怎么办）

⑤拥有打开心锁的钥匙，必须勤字为先。

⑥拥有打开心锁的钥匙，必须坦然。

⑦人生一世，草木一秋。雁过留声，人过留名。谁拥有打开心锁的钥匙，谁就拥有世界。愿有志者都拥有这把钥匙。（总结）

（三）谋篇与布局的要求

文章要写得精彩，巧妙的构思、新颖的形式至关重要。古人说：“凡制于文，先布其位，犹夫行阵之首次，阶梯之有依也。”力求写作的“构思精巧”，作文的“精致巧妙”。写作的内容要通过组织安排才能表达出来，主题也要通过结构来加以凸现，所以，轻视结构是错误的。结构完整，言之有序，结构合理，这是对写作谋篇布局的基本要求。

1. **完整连贯，首尾圆合**　所谓完整是指文章的结构布局有头有尾，首尾圆合，通篇一体。所谓连贯即通篇一贯。这实际上是要求行文思路保持连贯与清晰。思路的连贯性在写作中的体现，就要以形式的连贯来体现文意的连贯。文章的部分与部分之间，片段与片段之间，前言与后言之间，都要紧密连接，以一贯之，开头、结尾力求照应。这样文章的结构才能严谨、完美。

2. **严密紧凑,顺理成章** 茅盾说:“整个架子中的任何部分不论大小,都是不可缺少的。少了任何一个,便损坏了整体美,好比自然界中的有机体,砍掉了它的任何小部分,便使这有机体成为畸形的怪物。”这告诉我们,在谋篇布局时,要精心安排层次、段落、过渡、照应、开头、结尾,要使之衔接紧凑,前后勾联,节节顾及,防止脱节,顾此失彼。

3. **疏密相间,错落有致** 在文章的谋篇布局中,安排层次、段落时长短要适当搭配,其密度不要均等。要根据主题表达的需要,有详密,有疏略,使全篇布局疏密相间,错落有致。安排疏密,除要根据主题表达的需要外,还要根据读者对象来决定。凡读者易于了解的地方,布局要疏朗,反之,布局要详密。总之,要做到有的放矢,合理安排,才能使文章错综其势、舒缓自如,给人一种抑扬顿挫、节奏铿锵之感。

4. **波澜起伏,曲折变化** 文贵波澜起伏,最忌平铺直叙。袁枚说:“凡作人贵直,而作诗文贵曲。”说明了文章谋篇布局应该崇曲忌直。只有这样,文章才能婉转致意、顿挫、生姿。谋篇布局的波澜起伏和曲折变化,反映了客观事物的错综复杂和曲折变化,同时,谋篇布局的斗折弯转、腾挪跌宕,这样会使文章增色添辉,进一步增强文章的可读性。

(四)谋篇与布局的内容

谋篇布局就是按照中心思想的需要,把选好的写作材料进行组织、安排、加工、裁剪、运用,使之条理化、系统化、科学化,成为一篇文章的过程。而谋篇布局是否得法是写作成败的一个重要环节。写作提倡求异思维,在谋篇布局上,尽可能新巧。

1. **从文章的内部结构着手谋篇布局** 任何一篇文章,只要有一贯到底的思路,一脉贯通的逻辑,它就必然有一缕贯穿的线索和脉络。写作时,精心布局其内部结构至关重要,它可以使文章结构严密、条理清晰、流畅贯通。

(1)线索。线索就是贯穿在整篇文章中使情节发展和思想感情发展的路线。这种情节线索和感情线索像链条一样,无形地将文章的人物、事件和景物,构成一个严谨的艺术整体。写作有了线索,才能把材料安排得体,贯穿有序,积篇而成章。一般来说,线索有以下两种:①单线。有的文章,情节比较简单,头绪比较单纯,只有一条线索,称单线。如鲁迅的《故乡》以搬家为线索,把自己所要写的人、事、景、物串连到这条单线上,多面不散,杂而不乱,文章的结构显得相当严密。②复线。有的文章情节比较复杂,头绪也比较纷繁。有两条及两条以上的线索,称为复线。在复线中只有一条是主要的,这叫作主线,其余称为副线。还有的两条线索平行发展,称为平行线索;两条线索交叉发展,称为交叉线索;两条线索一明一暗,称为明线和暗线。鲁迅的《药》也设置了明线和暗线:小栓治病是明线,夏瑜牺牲是暗线。

(2)脉络。脉络是作者观察、认识事物问题时思维活动过程的路线。写作脉络是作者观察事物、分析问题的思维活动在文章中的再现,也是客观事物的规律性、条理性和人们认识事物的规律性、条理性的辩证统一。即思想的表达,不仅要有顺序,而且各个次序内容之间要有严密的连接关系。这种连接关系,有衔接关系、并列关系、总分关系、转折关系、因果关系,但不论何种关系,都要合乎逻辑,合乎思维形式,使文章流畅贯通,内容在逻辑上周严缜密,无懈可击。

2. 从文章的外部结构着手谋篇布局

(1)层次和段落。层次和段落既有区别又有联系。层次着眼于思想内容的划分;段落侧重于文字表达的需要。一般地说,层次大于段落,即几个段落表达一个层次;但也有的时候,段落的划分恰好与层次一致,即"层次"等于"段落"。层次和段落是结构的重要内容,其划分是谋篇布局中的重要环节,必须认真对待。

层次的安排方式:

①记叙文体安排层次的方式有以下六种:

第一,以时间的推移为顺序安排层次。这是纵式结构。如刘白羽的《长江三日》,全文按照时间的推移划分为三个层次,写连续三天在长江上航行所见的不同景象。

第二,以空间的变换为顺序安排层次。这是横式结构。如李健吾的《雨中登泰山》就是以空间的变换为顺序来安排层次的。随着作者的浏览路线,先看到的先写,后看到的后写,层次分明,井然有致。

第三,它通常采用"欲扬先抑"的手法,以作者的主观感受、认识发展、感情变化为契机安排层次。如马烽的《我的第一个上级》,就是用这种方法安排层次的,作者认识发展的每一阶段,都形成一个层次,先抑后扬,曲折跌宕。这种以"我的感情为依据的层次安排方法,多用于抒情较强的文体。

第四,以化合物的意识流动为顺序安排层次。这是心理结构。它通常用内心独白、自由联想、象征暗示等手法来显示化合物的意识流动。如王蒙的《春之声》就是以化合物的流动为顺序来安排层次的。

②议论文体安排层次的方式有以下四种:

第一,总分式。即各个层次之间是总分关系。这种安排层次的方式,有先"总"后"分",如毛泽东的《改造我们的学习》;先"分"后"总",如毛泽东的《反对自由主义》,"分"是指本论部分的分析论证。"总"是结论部分,结论部分常见的内容有:总结全文,点明题旨,指明方向,提出希望。

第二,并列式。即各个层次之间是并列关系。如瞿秋白的《鲁迅精神》就是并列式结构。文章的各个部分有着各自的独立性,从各个侧面论述了鲁迅精神,从而突出了文章的主题。

第三,递进式。即各个层次之间是递进关系。如陶铸的《崇高的理想》全文共分四个部分阐述实现共产主义是最崇高伟大的理想,这个理想一定要实现。全文围绕中心论点,逐层深入地展开论述,层次清楚,说理透彻,逻辑性强。

第四,对比式。即将一对相反的材料,对照起来安排,形成反差,从而有力地突出主题。如毛泽东的《改造我们的学习》一文,把我党二十年来在学风上的主观主义错误态度与马克思、列宁主义的正确态度进行了鲜明的对比,有力地突出了文章的主题。

(2)过渡和照应。过渡和照应是使文章内容前后连贯的一种重要结构手段。谋篇布局要求结构严密、衔接自然、前后贯通、成为有机的整体,这就需要安排过渡和照应。

过渡的安排有两种:一是内容转换或事件转换的交换处、时间转换或事件转换的交接转折处。如鲁迅的《藤野先生》中"我"在东京生活一段时间后,安排了一个过渡:"到别的地方看看,如何呢?"接着便自然提到仙台的情况。地点转换了,需安排过渡,这是很典型的例子。二是表达方式和表现方法变动时。由记叙转为议论,或由抒情转为描写时,需要安排过渡。记叙事件采用倒叙、插叙,如鲁迅的《祝福》由倒叙转入顺叙时安排了一个过渡:"然而先前所见所闻的她的半生事迹的继片,至此也联成一片了"。先写祥林嫂已死去的结局,然后用一过渡,追叙她的一生,使倒叙与顺叙紧密联系起来。

照应是指文章前后内容的关照和呼应。照应能起到强调文章内容的作用,能引起读者注意。照应的方式有两种:一是结尾和开头相照应。如鲁迅的《一件小事》,从篇法上看,开头运用反写法,突出了小事的重要,最后的结尾用反照法,对比出小事的深刻意义,突出了作品的主题。从语言上看,做到了"首尾相援"。开头提出一个问题(点题),在文章结束时解决,给人的感觉严谨。下面就是一个典型首尾呼应的例子。

开头是:我从乡下跑到京城里,一转眼已经六年了。其间耳闻目睹的所谓国家大事,算起来也很不少;但在我心里,都不留什么痕迹,倘要我寻出这些事的影响来说,便只是增长了我的坏脾气,——老实说,便是教我一天比一天地看不起人。但有一件小事,却于我有意义,将我从坏脾气里拖开,使我至今忘记不得。(注:点题)

中间写事:写黄包车车夫……

结尾是:这事到了现在,还是时时记起。我因此也时时熬了苦痛,努力地要想到我自己。几年来的文治武力,在我早如幼小时候所读过的"子曰诗云"一般,背不上半句了。独有这一件小事,却总是浮在我眼前,有时反更分明,教我惭愧,催我自新,并且增长我的勇气和希望。

二是正文和标题相照应。这种照应其目的在于点明主旨,突出中心。如魏巍的《谁是最可爱的人》正文与标题几次照应,文中的三个故事都安排了一段文字与标题照应。

(3)开头。俗话说"万事开头难"。开头好,便能帮助读者清楚地了解文章的内容。开头是文章结构中必不可少的有机组成部分,起到强调和突出文章主题的作用。在设计开头时,要字斟句酌,做到精确简练、言简意赅,使之有利于文章结构的完整,有利于读者明确全文的内容并从中受益。常见的开头方法有:开门见山法,如《改造我们的学习》;点明意图法,如《为了忘却的纪念》;开篇扣题法,如《背影》;概括题意法,如《一件珍贵的衬衫》;交代时地法,如《老山界》;起句设问法,如《给青年们的一封信》等。

例文:(开门见山法)《达芬奇的内裤与外裤》(作者:穆胜)

商业道德这玩意儿,对于企业来说就像是内裤,有的人穿了,有的人没穿。但在大多时候,你永远不可能知道他们是不是"空挡",因为他们没必要对着你把外裤脱下。至于媒体监督,不管是善意还是恶意,就像是一片海滩,营造的是一种"扒下外裤"的氛围。

巴菲特有句名言:"只有当潮水退去,才知道谁在裸泳。"在这点上,不得不佩服潘石屹。据传,十几年前,他常常受到无良媒体的敲诈。对方最常说的一句话:"负面新闻已经排好版了,拿广告来换吧!"思量再三,潘石屹反其道而行之,主动出了两本书——《现代城批判》和《投诉潘石屹》，把自己的错误、客户的投诉和同行的攻击一一陈述。如此一来，反而显得坦荡，再没有人来敲诈他。

道理很简单，反正自己也穿了内裤，不过就是身材差点，有什么不敢亮出来的？所以从这个角度来说，你不能说达芬奇是完全没问题的。“好莱坞”这个自产自销的子品牌可能是其伤疤，所以在面对央视的进攻时，其不免乱了阵脚，才会求助于“相关人士”进行“内裤外穿”。殊不知，这种办法反而会显得不太真实。不如学学潘石屹，干脆脱下外裤，亮出身材。

换个角度，我们来看看媒体和公众在这个事件中扮演了什么角色。也许，这才是整个事件最值得我们关注的地方。

有个“疑邻窃斧”的故事，是说当我们相信一个人时，他所有的不好都变成了好，为了维护心中那份好，我们宁愿选择相信那些不该相信的。然而，当我们反感一个人时则恰恰相反，我们甚至会选择不信那些本该相信的。

情感的变化往往对理性的判断起着重要的影响作用。我们将一些人神化，并将另一些人妖魔化，前者是造神运动，后者是道德围剿。

苏丹红、三聚氰胺、锦湖轮胎、瘦肉精、地沟油……当一系列阴暗逐渐暴露时，我们自然而然地将达芬奇放入了这一队列，并习以为常地开始谴责。理由很简单，无商不奸。在这样的氛围中，我们不敢相信质监机构，更不敢相信商家的王婆卖瓜。于是，我们率先就设定了商家欺骗消费者的假设。

也许我们反对的，不是“达芬奇”本身，而是心中那个被预设了角色的“达芬奇”。但事实上，“高利润”与“商业道德”并无本质关系。买卖双方你情我愿，只要企业没有伪造产品信息，产品质量能达到行业标准，“高利润”就是合理的。君子爱财，只要取之有道，也应赢得尊重。

如果我们的媒体能够保持自己的客观与独立，如果我们的公众能够少一点感性的愤怒，多一点理性的思考，如果我们的监管机构能够多争取一点公信力……只有当消费者都不用再围绕心中的那个恶人形象而进行“有罪推定”时，这种宽容的环境才能让企业真正坦诚相见，才能真正引导商业道德的净化。

（注：“达芬奇”家居股份有限公司天价家具被指造假，“好莱坞”为其中一款产品）

该文采用开门见山法的开头，一开始就提出“商业道德”的企业核心问题，并就达芬奇的产品质量进行了拷问，一针见血，发人深省。

(4)结尾。通常说“头难开，尾难收”。好的结尾，能使文章“清音有余”，耐人寻味，因此文章的结尾也不能掉以轻心。常见的结尾方法有：总结归纳法，如《花儿为什么这样红》；自然收尾法，如《最后一课》；诗词收尾法，如《驿路梨花》；指示方向法，如《放下包袱，开动机器》；富有哲理的篇末点题法，如《故乡》；出人意料发人深省法，如《项链》等。

3. **在分析综合基础上的谋篇布局**　当确立了文章的立意后，下一步就是安排行文。立意思维是解决“写什么”的问题，结构思维解决“怎么写”的问题。首先，要根据材料与中心的密切关系程度，安排详与略，决定细节描写所在。其次，要安排文章的思路。文章思路对于文章的表意很重要,顺序清楚、思路清晰有助于文章的表意。对材料进行排序时,要分析它们之间的关系,是因果关系还是相似关系,顺序要合乎逻辑,就得遵照材料之间的一定关系,巧妙安排。

4. 在变换结构基础上的谋篇布局 变换的方法在结构思维中的优势主要体现在选材上。横向上看,平常的道理或情感以另类的材料来体现,可以令人耳目一新;平常的生活可以因叙述角度的不同而充满情趣;所谓的“烘云托月”,体现的就是这种结构思维特点。《陌上桑》里美女罗敷的美动人心魄,得益于恰当的侧面烘托。可以说,变换的路径引导写作者走向一个无限广阔的结构思维境界。纵向上,可以设计时机的变换,写自己对某种事物的认识过程,开始可以写一般情况下的认识,或者自己以前的认识。然后就写因为情况发生变化,对该事物有了新的认识。在这个角度时机发生变换的条件下,在对比中,凸显这个立意,文章水到渠成,自然结束,如行云流水,既能给人以启迪,又能给人以享受,做到形式与内容的完美统一。

(五)不同文体写作的构思程序

元代学者程瑞礼说:“作文,以主意为将军,转换开阖,如行军之必将军号命。”《程氏家塾读书分日程》这是说文章主“意”犹如三军统帅,是文章的灵魂和核心。而谋篇布局就是按照文章的灵魂和核心进行综合考虑,合理安排,使文章的各部分构建成一个相互联系的有机体。为表达主题寻找最有效的文章布局,力求文章内容与形式的和谐统一。因此,不同的文体写作的构思程序不同。

1. 记叙文的结构与写作思路 记叙文的结构指的是文章中组织材料和编排内容的具体形式,主要包括开头和结尾、段落和层次、过渡和照应等。它们在体现文章结构的总体设计中,各自承担着不同的任务。作者在写作记叙文组织材料时,无论运用哪一种记叙方式,都必须将材料构成一个有机整体,因此优秀的记叙文或者以时间的转移、空间的变换、思想感情的发展为记叙的线索,或者以具体的问题或物品贯穿全文,以此为记叙的线索,总之都有一条清晰的线索。阅读时我们只要抓住了统领全篇的线索,就能对文章的结构有一个条理清楚的认识。

记叙文是以写人记事为主的文章,其常见的结构和写作思路大致有以下五种:

(1)按照时间顺序来写。人物的性格成长、事件的发生发展,总是处在一定的时间“线条”上的,所以,一般人在写记叙文时往往会自觉不自觉地按照时间顺序来安排文章的结构。如《走一步,再走一步》一文就采用了这种结构,该文先叙述“我”怎样被困在悬崖上,又是如何在父亲的指导下摆脱困境的,最后通过议论的方式来揭示自己的人生感悟。像这样的结构安排就使该文在线索上十分明晰,很有特点。

(2)按照空间顺序来写。人物的活动和事件的展开都要以一定的空间为背景,所以,在写记叙文时可以按照空间顺序来安排文章的结构。这种结构的记叙文,作者或者处于固定的观察位置,然后由此分别观察处于不同位置的几个事物(不同的方位),或者处于行动之中,按照行动路线,逐个展现观察到的不同事物(不同的角度或移步换景)。但不管是哪一种情形,“空间”的不断“转移”使文章条理清楚、内容充实就成了这种结构记叙文的最大优点。例如某同学创作的记叙文《紫藤萝瀑布》就属于这一类的文章。作者按照由远到近的顺序来描写所看到的紫藤萝花。在描绘家乡的文章里，一般都使用这种文章结构。

(3)按时空交互的方式来写。“时空交互的方式”结构，顾名思义，是指将时间和空间相互糅合在一起，以此来组织材料和编排内容的一种结构。这种结构的记叙文，其内容一般都是时间跨度较大，而空间转移又比较频繁的人事等。采用“时空交互的方式”结构，有利于对处于不同时段不同空间的人事等有条理地进行叙述。

(4)“逐层深入式”的结构。逐层深入的写法符合人物性格形成、事件发生发展的规律，也是我们认识事物的普遍规律。所以，“逐层深入式”的结构也是记叙文常用的一种结构。这种结构比较容易掌握，因为只要我们能让文章在内容前后上表现出某种“意思”的“递进”。(“逐层深入式”结构的记叙文，有时也是按照顺序来行文的，特别是写人之类的记叙文。一般来讲，是按照这样的思路：“相遇—相识—相知”或“误解—理解—支持(感激或赞美等)”。

(5)“并列组合式”结构。“并列组合式”的结构，就是将有关“意思”相近的内容“并列组合”在一起，以达到充分揭示主旨目的的一种文章结构。如《邓稼轩》一文就是采用了这种结构。

2. 散文的结构与写作思路　散文的特点是形散而神不散，能够始终保持文章的中心思想做到“形散而神不散”，明确并把握中心，用心去感受体会，表达出自己的真实情感或者意见及主张。散文也是一种虚实结合，因实出虚的艺术，要以客观外物铺开心灵之路。散文的常见结构和写作思路归纳起来通常有以下几种形式：

(1)线状结构。线状结构，就是各个情节组成部分按时间的自然顺序、事件的因果关系顺序连接起来，呈线状延展，由始而终，由头至尾，由开端到结局，一步步向前发展，虽然有时倒叙、插叙和补叙，但并不改变整个情节的线式格局。线状结构有单线式和复线式之分。

(2)网状结构。以人物的心灵为中心点，以人物的意识、心理活动为辐射线构成情节，其结构如蛛网般，就是网状结构。

(3)画面结构。以景物、场面为主体的画面式情节单元的组合，即为画面结构。

(4)象征情节结构。全部情节单元紧紧围绕着某个形而上的抽象理念——意识、观点、思想、感觉而展开和进行，理念是情节的内核，是情节片断之间的连接线索。

(5)写实结构。写实结构是“新写实”小说所采用的情节结构。

(6)“散文化”结构。“散文化”结构的特点：一是故事情节呈现为散文的片断，就如同散文的叙事是片段事件的连缀，而不是有头有尾的连贯故事一样。二是形散而神不散，即通过片断事件的叙述和自然景物以及社会风情的描绘，创造出生动的意境，表达特定的主体情感。

3. 议论文的结构与写作思路　议论文的结构思维过程和记叙文有所不同，首先要求结构的严密性，说理的正确性，因此在选材上有着严格的要求。语言的逻辑性要求更高。它的结构思维过程是这样的：

(1)围绕中心论选取典型材料。选取典型事例作为论据是议论文结构思维的第一步。在这个选材过程中,中心论点是指挥棒,根据中心论点的需要选取能证明论点的材料,材料要确凿可信。选取恰当的材料作为议论文的论据,是支撑论点的重要手段,所以一定要避免不恰当或者似是而非的材料。有一些材料似是而非的原因是表述重心的失误,是由于作者对材料分析理解错误造成的,是结构思维能力欠缺的表现。要克服这个缺点,必须多训练。

(2)安排合理的逻辑顺序。议论文的思路相对于记叙文比较固定,但是在逻辑性上要求非常严格,所以只有拥有相应的逻辑思维能力的人才能写好议论文,这是毋庸置疑的道理。段与段之间的衔接过渡、整篇文章的起承转合,一定要按照材料和论点之间的逻辑关系安排。是因果关系的基本安排纵向推理思路,材料和论点是功能关系的才用横向的并列式结构,而议论文的语言表达要求严谨周密也是个思维问题。可见,分析、综合、角度切换能力对于结构思维训练的重要性。

二、结构文章能力的训练

结构文章能力的训练即谋篇布局的训练,这需要与确定中心的训练同时进行。训练谋篇布局,实际上就是训练围绕中心选择、组织、安排材料,使中心能管住材料,材料能服务于中心。所以从阅读中学习布局谋篇,首先要学习作者是怎样确定中心的。文章的中心来自于对客观事物的认识。任何事物都有外显的部分和内涵的部分。外显的通过观察可以一望而知,对于内涵的部分要认识清楚就一定要学会归纳和总结。

(一)起、承、转、合——文章布局的一般规律

起承转合之间的关系,起中有合,合中有起,这是首尾呼应,而承与转皆兼顾起合,这是上下勾连,一脉相承。所以四者之间互相依存、互为作用,有着严密的逻辑性,体现着很强的辩证关系。

起笔宜开不宜合,或单刀直入、或启人思考、或引人注目,变化多端,以自然为佳;承接或正起反接,或正接反起,以顺畅为妙,承后之转折,或一转,或两转,或三转,或四转……迂回曲折,愈转愈折,才是上乘;合即结尾,或明揭题旨,或耐人寻味,或启人遐想,以有力取胜。

例如鲁迅先生的《拿来主义》一文,作者先从“送去主义”写起,说“但我们没有人根据了‘礼尚往来’的仪节,说道:拿来!”这就是破题,也就是“起”。接着分析“送去主义”的实质和危害,提出“拿来主义”的鲜明主张,这是“承”。那么,怎样实行“拿来主义”呢?作者提出要运用脑髓,放出眼光,自己来拿,原则是先占有,后挑选,这是“转”。最后说:“总之,我们要拿来。我们要或使用,或存放,或毁灭。那么,主人是新主人,宅子也就会成为新宅子。然而首先要这人沉着、勇猛、有辨别、不自私。没有拿来的,人不能自成为新人,没有拿来的,文艺不能自成为新文艺。”这便是“合”了。起承转合实际上是我们思维的逻辑规律,符合这样的逻辑规律,我们写的文章便自然会做到结构完整、严谨,层次分明、条理清晰了。

例文:《性灵之光的乍现》

文章开头写道:

性灵之光埋藏于人性深处,我们将守护着它,让它永远灿烂,永远光明。

这就是破题,即“起”。

接着作者写道:

曾几何时,柴可夫斯基、贝多芬,响彻历史长河的名字将《蓝色多瑙河》《命运交响曲》带入我们的生命,那高雅的古典音乐旋律时如清凉的溪涧之风带着维也纳的气息拂面而来,如炎炎的火山燃起生命的热情和愿望。

这是“承”。

然后作者笔锋一转:

时至今日,广告已成铺天盖地之势,连世界名曲也进入了某些品牌的广告。当古典音乐的优雅俨然成为不登大雅之堂,当名曲在青少年心中已和商品、市场紧紧联系,当如莺啼燕语般的旋律已然成为广告的附庸而被商业化的时候,我仿佛看见那性灵之光毫无保护地被雨打风吹,风雨飘摇。

武侠小说和言情小说的风靡说明了什么?它们何以吸引青少年读者而让《红楼梦》《聊斋志异》静坐墙角?浅薄易懂也许是法宝之一,主人公冲动鲁莽似乎更攻下青少年的软肋,但是一时的欢愉并不能解精神之饿,只能助长对俗文化之瘾。眼见虚度时间阅读的浑浊之浪浩然袭来,青少年本身抵御之力又弱,不难想见其巨大的危害。

这即是文章的“转”了。

最后是“合”:

人类历经艰险,趟过历史长河,创造了不计其数的灿烂文化,亦在希冀性灵之光在大地上坚定地照亮,照亮我们自己,照亮整个未来。天边,我已看到那性灵之光的乍现……

(二)开头、结尾的一般方法

讲究开头结尾,目的在于更好地表达内容。古人对文章有个十分形象的说法,即文章要“凤头、猪肚、豹尾”,文章除内容要充实外,开头要漂亮,“首句标其目”,结尾要有力,“卒彰显其志”。开头要响亮,“起句当为爆竹,骤响易彻”。

1. 开头的一般方法　开头关系到文章的基调,问题的提出,矛盾的产生。开头写得美,给人以兴趣,能吸引人读下去,往往是作家思考最多的地方。高尔基说:“开头第一句是最难的,好像在音乐里定调一样,往往要费很长的时间才能找到。”

如“山,好大的山呵!起伏的青色群山一座挨一座,延伸到远方,消失在迷茫的暮色中”是《驿路梨花》的起句,用饱含感情的感叹句起笔,既形成悬念,又激荡读者感情,还能把读者一下子领入暮色迷茫的群山之中,这样的开头醒人耳目。文章起句虽不“奇峰突兀”,但言简意深,能叩击读者思维的门扉。

如《窗外》的开头“聪明人说,眼睛是灵魂的窗户。我说,窗户是房子的眼睛。”

又如《另一种“拉祖配”》文章的开头这样写:“人一‘阔’,就有人攀附,活着的自不必说,就是死了几十,几百,几千年的,也会有人去认亲的,不是排出过杨老令公的第几代子孙么？蓝翎同志给这类社会现象取了个名字，叫作‘拉祖配’。”生活中“拉郎配”人们熟知，就某种社会现象创造性地“发明”了“拉祖配”，发人深省。但不管怎样开头，开门见山也好，形成悬念也好，激发感情也好，引人入胜也好，总要根据主题和表达的需要来写。开头最忌绕弯子，说不到点子上。平实、朴素也是好的，平中寓情、寓理，对表达主题同样起着积极导人的作用。

因此，常见的开头方式有——

(1)开门见山，揭示主题。写文章直截了当谈本题，简洁明了，不拐弯抹角。比如毛泽东同志的《反对自由主义》一文的开头：

我们主张积极的思想斗争，因为它是达到党内和革命团体内的团结使之利于战斗的武器。每个党员和革命分子，应该拿起这个武器。

但是自由主义取消思想斗争，主张无原则的和平，结果便腐朽庸俗的作风发生，使党和革命团体的某些组织和某些个人在政治上腐化起来。

叶圣陶同志的《任瑞卿老先生》也是开门见山式开头：

山东平度县马疃完全小学校长任瑞卿老先生，今年68岁。他担任教师47年，越来越有劲，他说：“我虽然年纪大了，还愿意跟年青的教师们并驾齐驱，决不示弱。”

(2)交代写作动机。交代写作目的，原因。直述人事，写景渲染气氛；抒情感染读者。好处是容易引起读者共鸣，引起读者兴趣，打动读者的心。引文兴起议论或叙述，关心问题。比如朱德《母亲的回忆》的开头：

得到母亲去世的消息，我很悲痛。我爱我母亲，特别是她勤劳一生，很多事情是值得我永远回忆的。

再比如鲁迅的《为了忘却的纪念》的开头：

我早已想写一点文字，来纪念几个青年的作家。这并非为了别的，只因为两年以来，悲愤总时时来袭击我的心，至今没有停止，我很想借此算是竦身一摇，将悲哀摆脱，给自己轻松一下，照直说，就是我倒要将他们忘却了。

(3)交代人物、时间、地点或环境等情况。比如鲁迅的《药》是这样开头的：

秋天的后半夜，月亮下去了，太阳还没有出，只剩下一片乌蓝的天；除了夜游的东西，什么都睡着。华老栓忽然坐起身，擦着火柴，点上遍身油腻的灯盏，茶馆的两间屋子里，便弥漫了青白的光。

再比如小说《小英雄雨来》在开头时交代雨来的生活环境，为后来雨来为什么能逃生作铺垫。开头是这样的：

晋察冀边区的北部有一条还乡河，河里长着很多芦苇。河边有个小村庄。芦花开的时候，远远望去，黄绿的芦苇上好像盖了一层厚厚的白雪。风一吹，鹅毛般的苇絮就飘飘悠悠地飞起来，把这几十家小房屋都罩在柔软的芦花里。因此，这村就叫芦花村。12岁的雨来就是这村的。

2. 结尾的一般方法 文章结尾犹如一首乐曲的终了，应清音缭绕，给人以深刻的印象。明朝人谢榛在《四溟诗话》中说：“结句当为撞钟，清音有余。”结尾与文章的开头一样，怎样设计,采取什么形式收尾,同样要根据写作主旨的需要。最常用的形式是总结全文式。结尾是文章很重要的部分,它告诉读者结果。结尾一定要水到渠成,一定要简洁、巧妙,要留有余地。不要画蛇添足,不要什么都讲清楚了,还喋喋不休,没完没了,生怕读者不明白,我们要相信读者的理解能力。常见的结尾方式有以下几种。

(1)总结全文,深化主题。比如毛泽东同志的《改造我们的学习》一文的结尾:

我们走过了许多弯路。但是错误常常是正确的先导。在如此生动丰富的中国革命环境和世界革命环境中,我们在学习问题上的这一改造,我相信一定会有好的结果。

再比如杨朔的散文《茶花赋》开头是久在异国他乡,怀念祖国的面貌,结尾是总结全文,升华。点明了文章的主题。

《茶花赋》的开头:久在异国他乡,有时难免要怀念祖国的。怀念极了,我也曾想:要能画一幅画儿,画出祖国的面貌特色,时刻挂在眼前,有多好。我把这心思去跟一位擅长丹青的同志商量,求她画。她说:"这可是个难题,画什么呢?画点零山碎水,一人一物,都不行。再说,颜色也难调。你就是调尽五颜六色,又怎么画得出祖国的面貌?"我想了想,也是,就搁下这桩心思。

《茶花赋》结尾:一个念头忽然跳进我的脑子,我得到一幅画的构思。如果用最浓最艳的朱红,画一大朵含露乍开的童子面茶花,岂不正可以象征着祖国的面貌?我把这个简单的构思记下来,寄给远在国外的那位丹青能手,也许她肯再斟酌一番,为我画一幅画儿吧。

(2)提出希望,指明方向,鼓舞壮志。结尾提出希望,带有号召性和鼓舞性,激励读者用实际行动响应。例如毛泽东同志的《星星之火,可以燎原》一文的结尾,是一篇有希望的结尾。星星之火,可以燎原,作者用了三个排比句告诉人们中国革命快要到来。提出了希望,指明了方向,给人以激情,产生信心。

但我所说的中国革命快要到来,决不是如有些人所谓"有到来之可能"那样完全没有行动意义的、可望而不可即的一种空的东西。它是站在海岸遥望海中已经看得见桅杆尖头了的一只航船,它是立于高山之巅远看东方已见光芒四射喷薄欲出的一轮朝日,它是躁动于母腹中的快要成熟了的一个婴儿。

(3)含蓄深刻,发人深思。文章不光有表面的意思、文字的意思,还要含蓄发人深思。只有含蓄才能不直白,只有含蓄才能发人深思。例如鲁迅先生《故乡》的结尾很富有哲理性、发人深思:

我在朦胧中,眼前展开一片海边碧绿的沙地来,上面深蓝的天空中挂着一轮金黄的圆月。我想:希望本是无所谓有,无所谓无的。这正如地上的路;其实地上本没有路,走的人多了,也便成了路。

总之,结尾形式可多种多样。但用什么形式来结尾,关键在于两个方面:一要紧扣写作主旨,即使是宕开去,也必须有内在联系。二是要与全文的笔调协调,不能给人以外加之感。文章结尾最忌虎头蛇尾,尾细而弱,与"虎头"不相称。当然更不能没有结尾,使文章残缺不全。文章的开头和结尾是一个整体,要注意前后呼应,要与全文内容协调一致。

【自测题】

一、下面有四道作文题目,请你先认真读题,然后再仔细斟酌一番,看看它们各可以采用怎样的模式结构来写作。

1. 命题作文:《独一无二的我》

2. 半命题作文:《________改变了我》

要求:先将题目补充完整,再交流。横线上可填入表示某个具体人、物等内容的词语。

3. 材料作文:读我所写的《暑假你补课了吗》一文,读后你能从这篇文章联想到哪些人物或事件呢? 想一想,然后将你联想到的内容整理出来,将要点摘抄在本子上,然后和大家谈一谈,讲一讲。

4. 话题作文:在我们学习和生活的校园,肯定有许多曾给我们留下过深刻印象的师生。那么,现在就请你以"师生印象"为话题写一篇记叙文,写写他们中的一位或几位吧。

要求:题目自拟,立意自定;要有真情实感。

二、试阅读文章《人生储蓄罐》的一段文字,并回答下列问题。

15年前的那年夏天,当第一场高考的铃声刚结束,我兴冲冲地奔出考场。蓦然间,我看到了在考场外等待着我的父亲:熟悉的身影,矮小的个头下,依然蜷曲着那条残疾的腿,用脚尖顶着地。与往日不同的是,他的一双大手还托着一块好大的西瓜。或许为了早点看到我,或是让我更方便看到他,他站在最显眼处,就这样被太阳晒着,炙热的阳光下,他汗流满面。为了我奔出考场的刹那能有一口可以消暑的东西吃,他就这样执着地站着望着。也在那年夏天,我被父亲顺利地送进了大学的校门。四年后,当我迈出大学校门时,他却患上了肺癌而且是晚期,没多久,他就走了,带着对儿女的无限眷恋。古人云:树欲静而风不止,子欲养而亲不待,他留给了我无尽的遗憾。也因此我对天下所有的父亲怀有一份别样的感激情怀。

1. 该文章是采用何种谋篇布局的方法来写作的,表现了什么主题思想?

2. 作者在写作选材上有什么特点?

三、读下面一段文字,按要求作文。

有位书法家对一位用废纸练字的人说:"如果你用最好的纸来写字,你可能会写得更好。"那人很奇怪地问其原因,书法家笑而不答,只写了一个"逼"字。那人顿悟:这是让他借纸逼自己写好字。

又有一则谚语:"如果你想翻过墙,请先把帽子扔过去。"

许多时候,我们总把希望寄托在明天,总觉得自己的人生草稿还很多。其实,属于我们的人生草稿是极其有限的。人生有别,怎样才能在自己有限的人生草稿上写出最好的字呢?

请以"人生草稿"为话题,自定立意,自选文体,自拟标题,写一篇不少于800字的文章。所写内容必须在话题范围内。

四、阅读下列作文题，写作主体提纲。

一位撑杆跳选手，一直苦于无法超越一个高度，他失望地对教练说：我实在是跳不过去。教练问："你心里在想什么？"

他说："我一冲到起跳线时，看到那个高度，就觉得自己跳不过去。"

教练告诉他："你一定可以跳过去。把你的心从杆上跳过去，你的身子就一定会跟着过去。"

他撑起杆又跳了一次，果然一跃而过。

要求全面理解材料，但可以选择一个侧面、一个角度构思作文。自主确定立意，确定文体，确定标题，不要脱离材料的含意作文。

五、近年来，在课堂教学之外，以下现象也大量进入了我们的视野，请看一组社会广角镜头。

镜头一：武侠小说风靡了几代读者，其实，以侠为人格理想，是一种由来已久的精神传统。言情小说则往往将花样年华与感伤情调交织在一起，这都是作品吸引众多青少年读者的原因。

镜头二：《大学时代》《同桌的你》等流行歌曲唱出了莘莘学子的生活，幼稚与成熟，青春与成长，追求与迷惘，是一种难解的情结。在校园的绿草地上总有它的一席之地。

镜头三：时至今日，广告已呈铺天盖地之势，连世界名曲也进入了某些品牌的广告。于是，高雅的古典音乐在一些青少年的耳中成了商品而非音乐旋律。

除此之外，还有各种卡通音像制品、韩剧、休闲报刊以及时装表演，等等。因此，需要对当今的文化生活作一番审视和辨析，并谈谈它们对你的成长正在形成怎样的影响……

请写一篇不少于800字的作文（不要写成诗歌）；题目自拟。

第四单元　表达与修改

【案例导入】

1994年3月18日，微软巨头比尔·盖茨第一次访问中国，并在北京的香格里拉饭店发表了一场激情洋溢的演讲，目的是在偌大的中国市场推广Windows95中文版。期间，一位在中关村打工的年轻人好不容易挤进会场，并得到一个向盖茨提问的机会，"Windows的未来是什么？"，"计算机的心脏"，这位世界IT业巨头脱口而出。满心喜悦的年轻人还要求盖茨为他题写赠言，盖茨送给他了一句寻常而又带有激励的祝福，"祝你成功！"

这个留言的瞬间被一位敏感的路透社记者捕获，随后这一张照片同盖茨访华的新闻一并刊载于美国《时代周刊》，当然，照片中的这位年轻人还只是一位"群众演员"而已，在盖茨的印象中或许没有留下一丝痕迹。

但10年之后,盖茨一定会努力回忆当初那一位瘦削的中国青年,因为他的微软帝国尚未涉足的巨大空间,竟然被这位机械制造专业毕业的小伙子率先打开了闸门,并且其影响正逐渐在全球范围内蔓延开来。

这位段文字叙述有些什么特点?如果你要对这段叙述进行重新写作,应该怎样表达?

【能力目标】

通过本单元系统的学习,使学生形成较好的文章修改意识,能对自己写作的文章进行有效的修改,同时掌握不同文体的语言表达方式,掌握文章修改的基本方法。

【知识点】

不同文体的语言表达方式;文章修改的意义及修改的基本方法。

一、语言表达的基本方式

语言表达是人们生活和学习交流的重要手段,表述特定内容所使用的特定的语言方法和手段,这就是表达方式。语言的表达方式是文章构成的一种形式要素,它随着语言表达的产生发展而逐步形成,是写文章时所采用的反映社会生活、表达思想感情、介绍事物事理的方式和手段。语言表达方式是指用语言把思想感情表示出来时所采取的方法和形式。常用的语言表达基本方式有叙述、描写、抒情、议论、说明五种,也是我们常说的文体形式。

(一)叙述的视角和方法

叙述,指的是把人物的活动、经历和事件发展变化过程交代出来的一种表达方式。它是写作中最基本、最常用的表达方式。各类文体都要用到这种方式。叙述的基本特点是在于陈述"过程"。人物活动的过程,事物发生发展变化的过程,前因后果,来龙去脉,构成叙述交代和介绍的主要内容。叙述是记叙性文章的主要表述方法,用它来展开情节,交代人物活动和事件经过。同时,议论说理的文章与应用性文体也离不开它,用它可以介绍事实材料与交代写作经过。

1.叙述的视角 叙述在选定其对象之后,要解决的首要问题是确定视角。对于视角,有人从外视角和内视角来分析;有人从固定视点和移动视点来把握;但最直接地影响叙述效果的还是人称的选择。

(1)第三人称。第三人称是一种最"古老"的叙事视角。它是指叙述者以局外人的口吻,叙述"他"或"他们"的事情。第三人称,是最自由灵活的叙述角度。它可以根据写作的需要,随意转换时间、空间,因而它是多角度、多方位的,它可以对人物、场景作外部观察,也可以进入人物内心直接展示众多人物的心理。

(2)第一人称。第一人称叙述,是以"我"(或"我们")的视角来观察和感受,并以"我"的口吻来叙述其所见、所闻、所思、所感。它是一种单向视角,其中的"我"可以是作者,也可以是文章中的人物。第一人称叙述容易形成真实、亲切的格调,带有鲜明的主体特征和主观抒情意味。它既适合于内心独白式地呈现人物的内心世界，又适合于讲故事式地叙述事件，从而在组织篇章结构时显得自由洒脱、无所拘束。

(3)第二人称。第二人称，是以“你”（或“你们”）为对象的叙述。因此，它自然具有一种双向交流的对话性质。有人把它叫作“对向视角”。这种视角能紧紧抓住读者，使之有一种参与感。第二人称的突出长处在于它的“透视性”。它便于作者挖掘人物的意识，也便于读者探究人物的内心世界。

2. **叙述的方法**　叙述，从不同的角度有多种划分方法，而最通常的是按叙述的先后顺序，分为顺叙、倒叙、插叙、补叙和平叙。

(1)顺叙：顺叙是按时间的推移、空间的自然序列、作者或人物的思想感情发展的进程、人物活动的次序或事件的始末进行叙述。这是一种最基本、最常用的叙述方法。它循着事物发展的程序，符合人们的接受心理和阅读习惯，便于把叙述内容表述得条理清楚、自然顺畅。运用顺叙要区分主次，讲究详略，注意疏密相间，防止平铺直叙。

(2)倒叙：倒叙是先把叙述事件的结局或事件发展过程中某个突出片断提到前边来写，然后再按事件的发生发展顺序展开叙述，称为“倒插笔”。倒叙强调了事件结果或高潮，容易造成悬念，形成波澜，引人入胜。采用这种方法一定要根据表达的需要，不应强行运用。要注意起笔的“倒叙”与后文的“顺叙”部分的衔接，使之连接紧密，过渡自然。如沃勒在《廊桥遗梦》的开头即写道：“从开满蝴蝶花的草丛中，从千百条乡间道路的尘埃中，常有关不住的歌声飞出来。本故事就是其中之一。1989 年的一个秋日，下午晚些时候，我正坐在书桌前注视着眼前电脑荧屏上闪烁的光标，电话铃响了。”作品采用倒叙的笔法来叙述，先写叙述者的现在，然后再回忆故事主人公年轻时的一段恋情，使小说充满怀旧的色彩。

(3)插叙：插叙是在叙述过程中，根据表达内容的需要，暂时中断主线，插入相关的事情或必要的解说。插叙结束后，仍回到叙述主线上来。插叙的内容可以是对往事的回忆联想，可以是对某些情况的诠释说明，还可以是对人物、事件、背景的介绍。插叙补充丰富了人物，事件及背景，使文章内容得以充实，叙述曲折，形成断续变化，使行文错落有致。

(4)补叙：补叙是在叙述过程中对前文涉及的某些事物和情况作必要的补充、交代。它的作用在于对前文所设伏笔作出回应，或对前文中有意留下的接榫处予以弥合。补叙，可以使内容完整充实，情节结构完善，使记叙周严、不留破绽。

(5)平叙：平叙也叫分叙，是对同一时间内发生在不同地点的两件或多件事情所作的平行叙述或交叉叙述。这也就是传统小说中常说的“花开两朵，各表一枝”。对那些紧系于同一主干事件中的分支进行叙述时，多采用交叉叙述，这可以把头绪纷繁的人与事表现得有条不紊，并且突出了紧张气氛，增强了表达效果；对那些联系不甚紧密，而又由同一主线贯穿的几个人、事、物进行叙述时，则多采用齐头并进的平行叙述。这可以把平行发展的事件交代得眉目清楚，显得从容不迫，而读者则可以同时看到平行的各个事件，从而获得立体的感受。

（二）描写的特点与分类

描是描绘，写是摹写。描写就是用生动形象的语言，把人物或景物的状态具体地描绘出来。描写是把描写对象的状貌、情态描绘出来,再现给读者的一种表达方式,是一种"形神兼备"的表述方法,是记人、叙事、写景类文章的主要表述方法之一。

1. 描写概述　描写要具体形象地描绘任务和事物的状貌。因此,它的基本特点是描绘形象。它所追求的表达效果是用文字绘形绘声绘色地再现客观事物的"样子",让读者如见其人,如闻其声,如临其境。用色彩鲜明、立体感强、生动形象的文字语言把表述对象的状态,生动、具体地描绘出来,给人以栩栩如生、身临其境之感。

2. 描写分类

(1)细描与白描。细描是指使用大量生动、贴切的比喻,绚丽的文字,斑斓的色彩,进行浓笔涂沫的写法。例如《荷塘月色》的一些段落。

白描是指以质朴的文字,抓住人物或事物的特征,寥寥几笔就勾勒出人物或事物形象的写法。鲁迅在《作文秘诀》中写道:"白描却没有秘诀。如果要说有,也不过是和障眼法反一调:有真意,去粉饰,少做作,勿卖弄而已。"(《南腔北调集》)例如朱自清的《背影》对父亲的描写就是这样。也可以说,白描实际上是用叙述的方式进行描写。

(2)静态描写与动态描写。静态描写是指平面地静止地对人物或景物进行描写。如《子夜》一开头,描写黄昏时苏州河外白渡桥的景色,就是用这种方法来表现20世纪30年代旧上海畸形的繁华的情景。

动态猫写是指以动来写静,或把物用拟人化的手法进行描写。如朱自清《绿》中所写的梅雨亭:"这个亭踞在突出的一角的岩石上,上下都空空儿的;仿佛一只苍鹰展着翼翅浮在天宇中一般。"

(3)人物描写。刻画人物形象,离不开对人物的描写。丁玲说:"有许多人物是我们大家都熟悉的。但是要把这个人物画出来,让读者认得、理解、体会,引起自然的爱憎,是需要许多手法的!"常用的人物描写手法有正面描写和侧面描写两种。①正面描写:即直接描写人物的外貌、心理和行动。②侧面描写:即不从正面去描写人物,而是从对其他人物、事件的叙述和描写中渲染气氛、烘托人物的描写方法。对于正面描写和侧面描写,在具体描写人物时,也应根据主题需要,按照情节发展的具体情况,考虑是用正面描写还是用侧面描写,抑或是兼用正面描写和侧面描写。

(4)环境描写。环境描写是指对人物与之发生直接关系的那种外界条件——社会和自然的描写。人物的活动,事件的展开,总是在一定社会环境、自然环境中进行的。"人创造环境,同样环境也创造人。"(马克思、恩格斯《德意志意识形态》)因此,写人记事常常需要对环境进行描写。环境描写分为两类:①自然环境描写:即景物描写,是对人物活动的自然景物进行的描写。景物描写的作用主要有:写景衬托人物心情、写景点明时间地点、写景表现人物关系、写景表现人物性格。例如《祝福》的开头与结尾写祝福时的景色气氛,以乐景反衬祥林嫂的悲剧,更增强了作品对旧社会的批判力量。高尔基的《海燕》、茅盾的《雷雨》则采用象征手法写景。②社会环境描写:社会环境是指人物活动的处所、背景、氛围等;而从广义上来说,是指一定的历史时期的社会生活、人际关系的总和。社会环境描写必须具有鲜明的时代色彩。如同王愿坚写红军的作品,《七根火柴》的社会环境与《普通劳动者》的社会环境就不同；当代的作品，更是具有鲜明的时代色彩，如不少作品进行环境描写时表现出的环保意识，就是过去时代的环境中所不可能有的。进行社会环境描写，要努力画好“风俗画”。高尔基说：“不可忘记：除风景画之外，还有风俗画。”例如鲁迅《风波》开头所写的江南农村晚饭时的情境，就是一幅颇具特色的风俗画。

（5）物体描写。在写作中，我们既要描写人物，又要描写环境，还要描写物体，即描写各种动物、植物和各种无生命的物体——自然界客观存在的物体和人类发明、创造出来的器物、用具等。这种物体描写，也称为“状物”。状物是对物体的描摹，类似绘画中的“写生”。

状物的目的在于使读者对所描摹的物体有一个准确而鲜明的具体印象。状物的要求是以形写神，形神兼备。也就是说，状物要从“摹形”和“传神”两方面下功夫。“摹形”就是要逼真地描写物体的大小、形状、颜色和质地。“传神”就是要描写物体内在的神态，使描摹的物体具有感染力，从而引起读者情感的共鸣，或联想，或启迪。“传神”要与“形似”结合起来，切忌外加。状物应按一定的顺序进行。其顺序与观察顺序有关，与物体本身构造有关，也与主题表达的需要有关。按观察顺序状物，通常是依据人们的观察习惯，由部分到整体，由表面到内部，或是由形状、色彩到位置、结构。按物体的构造状物，其顺序可以是由上到下，由前而后，从左至右，或由主要部分到次要部分，或由外部结构到内部结构。按主题表达需要状物，它的顺序必须与物体的主要内容相呼应，以体现物体内蕴的意义。总之，状物应注意艺术性，尽量写得有知识性、趣味性，以引人入胜。

（三）抒情类别与要求

抒情就是抒发和表现作者的感情。它是抒情文体中的主要表达方式，在一般的文学作品和记叙文中，也常常把它作为重要的辅助表达手段。它是以形式化的话语组织，象征性地表现个人内心情感的一类文学活动，它与叙事相对，具有主观性、个性化和诗意化等特征。

1. 抒情的特点　抒情是直接或间接地抒发内心感情的一种表达方式。“情动于中而形于言。”抒情，是文章打动读者、感染读者的重要手段。抒情，是抒情诗、抒情散文的主要表述方法；在叙事性的作品中，它常常与叙述、描写、议论等结合运用。在议论说理的文章中，作者一般很少直抒感情，而是通过对某种观点的论证，体现作者的爱憎感情。记叙中运用抒情表达方式，能增强文章的感染力，突出文章的中心。因此，作为一种特殊的文学反映方式，抒情主要反映社会生活的精神方面，并通过在意识中对现实的审美改造，达到心灵的自由。抒情是个性与社会性的辩证统一，也是情感释放与情感构造、审美创造的辩证统一。

2. 抒情表达方式类别及要求

（1）借景抒情法。借景抒情又称寓情于景，是指作者带着强烈的主观感情去描写客观景物，通过景物来抒情。它的特点是“景生情，情生景”，情景交融，浑然一体。在文章中只写景，不直接抒情，以景物描写代替感情抒发，也就是王国维说的“一切景语皆情语”。如杜甫的《春望》：“国破山河在，城春草木深，感时花溅泪，恨别鸟惊心。”诗人通过对花鸟草木的描写来抒发亡国的忧愤、离散的感伤。在写作中,抒情而不直写情,绘景而不止写景,借景抒情,情以景兴,能使文章含而不露,蕴藉悠远,情丰意密,深切动人。

(2)触景生情法。触景生情,是指触及外界景物而引起情思、感叹述怀的方法。这种方法可以先写景,再抒情;也可以先抒发对景物的感受,然后再描写景物;还可以把二者交织起来,一边写景,一边抒情。写景是为了抒情,笔在写景,却应当"字字关情"。如刘白羽的《急流》就是一篇运用触景生情法的佳作。文章的前一部分主要是写景,作者首先是描写闽江江水的绿,再写江中急流的险,然后笔锋一转,重点描写急流中的飞舟。写"绿",写"急流",写"飞舟",都是为写船上的勇士作铺垫。面对这幅急流飞舟、惊心动魄的画面,作者触景生情:在那紧急关头,是激流勇进,还是急流勇退呢?结论是只能前进,不能后退,因为"只要你稍微一怯弱,一动摇,那船便会撞碎在尖厉的岩石上"。作者抒发了不畏艰难险阻、激流勇进、知难而上的情怀。情从景出,扣人心弦。

(3)咏物寓情法。咏物寓情,是指通过描写客观事物来表达自己思想感情的一种表现手法。咏物寓情的关键在于"寓"。它的特点是,只描写物象,不直接抒情,作者将所要表达的思想感情寄寓在对物象的具体描绘之中,通过比喻、拟人、象征等方式,委婉曲折地表现作者的思想感情。如流沙河的《藤》,就是运用了咏物寓情的手法。

他纠缠着丁香,往上爬,爬,爬,……终于把花挂上树梢。丁香被缠死了,砍作柴烧了。他倒在地上,喘着气,窥视着另一株树……

这里写的是"藤",但影射的是那种趋炎附势、踩着别人的肩膀向上爬的人。作者把自己对这种政治投机商的愤恨与蔑视的感情,寄寓在对"藤"的物性的描写之中,达到了形象性与抒情性的高度和谐与统一。咏物寓情,将思想感情化作生动的形象和具体的画面,不仅使读者在潜移默化中接受作者的思想观点,而且文章也因此而显示出情意深邃、韵味隽永的艺术魅力。

(4)咏物言志法。咏物言志,是指有感于外物而述志抒怀的方法。它与咏物寓情的区别是:咏物寓情只状物,不直接抒情;以状物代替抒情;咏物言志既状写事物,也直接抒怀,因物生情,有感而发。如许地山的《落花生》就是咏物言志之作。文章首先"咏物",描写花生的可贵品质:"它只把果实埋在地底,等到成熟,才容人把它拔出来。"然后"言志",说明做人的道理:要做有用的人,不能做表面好看而对别人没有益处的人。咏物言志,既有物象,又有情志,情志因物象而显得具体,物象因情志而饶有韵味。二者相融相汇,相映生辉。

(5)直抒胸臆法。直抒胸臆,就是作者或作品中的人物,不借助于任何别的手段,直接地表白和倾吐自己的思想感情,以感染读者,引起共鸣。直抒胸臆的特点是:不要任何"附着物",而是思想感情直截了当地宣泄;不讲究含蓄委婉,而是思想感情毫无遮掩地袒露。这种直陈肺腑的抒情方式,往往显得坦率真挚,朴质诚恳,很能打动人心。如魏巍《谁是最可爱的人》,在介绍志愿军战士的几个英雄事例后,写下了这样一段抒情文字:

朋友们,用不着多举例。你已经可以了解我们的战士是怎样的一种人,这种人是什么一种品质,他们的灵魂是多么美丽和宽广。他们是历史上、世界上第一流的战士,第一流的人！他们是世界上一切伟大人民的优秀之花！是我们值得骄傲的祖国之花！我们以我们的祖国有这样的英雄而骄傲，我们以生在这个英雄的国度而自豪！

作者饱含深情，直抒胸臆，表达了对志愿军战士的无比崇敬和热爱之情。

（6）融情于事法。融情于事，指通过叙述事件来抒发感情，让感情从具体事件的叙述中自然地流露出来，感染读者。这种渗透着感情的叙述，读者品味起来就更觉得真诚可亲。如朱自清的《背影》，写父亲给儿子道别时买橘子的那一段叙述文字情真意切、感人至深。

我看见他戴着黑布小帽，穿着黑布大马褂，深青布棉袍，蹒跚地走到铁道边，慢慢探身下去，尚不大难。可是他穿过铁道，要爬上那边月台，就不容易了。他用两手攀着上面，两脚再向上缩；他肥胖的身子向左微倾，显出努力的样子。这时我看见他的背影，我的泪很快地流下来了。

这一段叙述文字，朴实无华，把慈父的爱子之情和儿子对父亲的感激之情表达得淋漓尽致。

（7）融情于理法。融情于理，就是把感情寄寓在说理之中，理中含情，既可以使情具有深度、厚度，又可以使理闪烁出充满个性色彩的情思，拨动人的心弦。如林觉民的《与妻书》就是一篇融情于理的美文。为了向妻子最后一次表白自己的心志和爱憎，作者并非情意缠绵，泪语柔情，而是以理代情："吾至爱汝，即此爱汝一念，使吾勇于就死也……助天下人爱其所爱，所以敢先汝而死，不顾汝也。汝体吾此心，于啼泣之余，亦以天下人为念，当亦乐牺牲吾身与汝身之福利，为天下人谋永福也。汝其勿悲！"作者将爱妻之情与"勇于就死"之理熔为一炉，以含情之笔说理，以明理之言诉情，感人肺腑，催人泪下。

（四）议论类别与要求

议论就是作者对某个议论对象发表见解，以表明自己的观点和态度。它的作用在于使文章鲜明、深刻，具有较强的哲理性和理论深度。在议论文中，它是主要表达方式；在一般记叙文、说明或文学作品中，也常被当作辅助表达手段。

1. 议论的特点 议论即议事论理，是运用事实材料和理论材料进行逻辑推理阐明观点的一种表达方式。它的主要特点：一是证明性，即通过摆事实、讲道理，或证明自己观点的正确，或驳斥对方观点的错误。二是以理服人，用说理的办法，以概念、判断、推理等逻辑形式，直接对客观事物进行分析、评论、证明。在日常生活中人们经常用到议论，说长道短，论是说非。在写作时，更要进行议论，以交流思想、宣扬观点、阐明理论来影响读者。

在写作中，议论经常使用，例如调查报告、总结、通报等文体，经常在叙述事实、说明情况的基础上，表明对人物、事件、问题的评价。指示、决议、会议纪要等公文，也常用议论来阐明党和国家的方针、政策，让下级机关和群众理解和执行。一般议论文中，议论是最主要的表现方法，贯穿全文始终。论点、论据、论证三要素齐备。运用议论要注意，一要庄重，对任何事物的评价要实事求是、以理示人、以理服人。

2. 议论的分类 议论主要分为两大类，即"立论"和"驳论"。立论称"证明"式文章，驳论称"反驳"式文章。在说理性的文章中，议论是一种主要的行文方式，它要求论点明确、论据充分、论证周密。

3. 议论三要素 一篇或一段完整的议论,通常由论点、论据和论证三要素组成。

(1)论点:即作者的观点。论点是文章的灵魂,是选择材料的依据,是论证的出发点和落脚点,在全文中起统帅作用。写作时注意:论点应正确、鲜明、有现实意义;论点一经确立,在写作时就必须紧紧把握住中心论点来选择结构,不能缩小、扩大或者转移论点;对提出论点的方法要进行恰当的选择。

(2)论据:即证明观点的证据。论据是论点的基础。论点是在论据的基础上推论出来的,没有充分可靠的论据,论点只是一个空洞的口号。因此,论据在议论中十分重要。

写论据首先要考虑用什么作论据,可以是事实:事实论据。如可靠的事例,历史性资料,人证,物证,统计数字,等等。也可以是理论:理论论据。如社会科学理论、自然科学理论、权威人士的言论,还有格言、寓言、谚语等。其次要充分注意对论据的要求。一要真实。材料须是客观存在的、具体可靠的、真实无疑的、令人可信的;二要典型。材料须反映事物的本质,具有代表性;三要充分。材料是必要且足够的,有很强的说服力。

学习写作论据,要克服或改正以下毛病:一是论据不足,空谈理论,有实无虚。二是堆砌材料,论据臃肿,有虚无实,材料淹没了观点。三是论点论据互不统一,使论点站不住脚。四是材料不真实,瞎编假造。

(3)论证:即组织论据证明论点的方法,它好像一条线,把论点和论据有机结合起来。用证据来说明的过程,即怎样证明如何写好论点、论据和论证。论证方式有:归纳论证(归纳法);演绎论证(演绎法);类比论证(类比法);引证论证(引证法);因果论证(分析法);举例论证(例证法);引中论证(归谬法),等等。

4. 论证的表达方式

(1)证明(立论):证明是指正面阐述自己的观点,说明它是正确的,从而把论点建立起来。证明又称“立论”,其方法主要有:

举例:是一种用真事实例作为论据进行立论的论证方法。夹叙夹议,就是用“叙”表述事实材料,提出论据“议”并进行评论,证明自己的观点。

分析:是一种通过分析问题进行论证的方法。要求作者通过分析问题、剖析事理,来揭示论点和论据间的因果关系,从而证明观点的正确,以确立论点。

引证:是一种通过引用经典名言或科学公理、常识常理作为论据来证明论点的论证方法。要注意的是,被引用的言论、事理必须经得起考验,是客观真理。还要注意引用不可过多。

对比:也是一种例证法。它与一般例证法不同的是除了举例外,还要用事例加以比较,突出事物本质,确立论点。这种方法的好处是,在比较之中,容易开启人们的思想,扩展人们的眼界。它比一般论证包涵更丰富的内容,道理也说得较为透彻。

类比:这是一种通过打比方来证明论点的方法,是一种形象化的论证方法。论证时可以讲故事、打比方、引用成语典故,以此说明抽象的道理。

(2)反驳(驳论):这是一种反证法,作者通过议论,设法证明对方论点是错误的,从而驳倒对方,树立起自己的正确论点。

反驳有三种方法:

反驳对方的论点。即直接反驳对方论点的错误。具体写法有:一是用事实证明对方论点的错误。这是例证法在反驳中的运用。但这里不是用事实证明什么对,而是证明什么错。二是剖析论点的错误及危害性。三是引申对方论点,以暴露其谬误。四是建立对立的新论点,以驳倒对方论点。

反驳对方的论据。错误的论点有时是建立在虚假、错误的论据的基础上的;有的是捏造的事实和理由。从驳这些论据入手,将对方的论据驳倒了,其论点也就无法成立。

反驳对方的论证。错误的论点,有为它服务的论据,也有它的论证过程。对方论证过程中的逻辑推理错误一经揭露,其论点也就不攻自破。这是“以子之矛攻子之盾”的方法。

(3)记叙文中的议论

在记叙文中,议论是由叙述和描写引发出的对事物的感想、认识和评价,是在关键处的画龙点睛之笔。但不宜多用、滥用。记叙文在发表对所叙事件发表意见、主张和看法时,就要用到议论的表达方式。

记叙中议论的位置和作用有:第一,用在文章的开头,起统领全文、点明中心、引出下文的作用,并能使文章的主题思想得到鲜明的表达,同时能使文章条理分明,层次清楚。是揭示记叙的事物所蕴含的道理和意义。第二,用在文章的结尾,一般是为了提高对所叙事物的认识,深化文章的主题思想,点明和加深所叙事物的意义,起画龙点睛的作用。如《走一步,再走一步》。有的议论用在文章的结尾部分是为了与文章开头相照应,使文章结构更加严谨。第三,用在文章的中间,起承上启下的作用,使事与事之间紧密地连接起来,使文章结构显得严谨。总之,议论一般用于记叙文开头,是解决为什么要记叙的问题;用于中间是为了起衔接作用,加强上下文的联系;用于文章结尾是为了收缩全文、深化中心、画龙点睛。

记叙文中的议论句一般就是记叙内容的中心,就是揭示具体事物所具有的思想意义的话。所以,在概括归纳记叙文中心思想的时候,要注意抓住这些议论句,通过议论句来看作者对所写事物的评价,这是了解文章中心思想的重要途径。

(五)说明类别与要求

说明在写作中使用广泛,如解说词、广告词、说明书、简介等文体,主要是用说明的方法来写的。其他文体如经济文书、科技文书、诉讼文书、行政公文等,也常常借助说明的方法解释事理,剖析事理。

1.说明的概念 说明是指用简明扼要的文字,把事物的形状、性质、特征、成因、关系、功用等解说清楚的表达方式。这种被解说的对象,有的是实体的事物,如山川、江河、花草、树木、建筑、器物等;有的是抽象的道理,如思想、意识、修养、观点、概念、原理、技术等,目的是使读者对事物的形态、构造、成因、性质、种类、功能,对事理的概念、特点、来源、演变、关系等有一个鲜明的了解和认识。

说明虽然是以说明为主要表达方式的一类文种,但若没有其他表达方式(如叙述、议论、描写等)的恰当配合,则无法圆满地完成向读者介绍事物、解释事理的任务;而从学习写作说明的角度讲,如果能确切了解表达方式的综合运用在说明中的重要作用,注意准确使用叙述、议论等方式来辅助说明,说明就能写得有声有色,文采斐然。

2. 说明的类别　按照不同的标准,说明可分为不同的类别:

(1)依据说明对象与说明目的的不同,说明可分为事物说明和事理说明两大类。

事物说明的说明对象是具体事物,即通过对具体事物的形状、构造、性质、特点、用途等作客观而准确的说明,使读者了解、认识这个或这类事物。事理说明的说明对象是某个抽象事理。将抽象事理的成因、关系、原理等说清楚,使读者不仅能知其然而且能知其所以然,明白这个事理"为什么是这样"是其主要目的。因此,不管是事物说明还是事理说明都要求作者对说明的对象进行真实的介绍。事物说明是对事物进行详细介绍的表达形式,而事理说明是对道理进行详细介绍的文体形式。区别是前者针对事物,后者针对道理。

(2)根据说明语言的不同特色、表达方式的使用情况的不同,把说明分为平实的说明和生动的说明两种。平实的说明就是根据事实没有任何修辞的说明,而生动的说明又叫文艺性说明,文艺性说明是通过文艺的形式介绍科学知识的说明。

3. 说明的特点　说明的特点是"说",而且具有一定的知识性。这种知识,或者来自有关科学研究资料,或者是亲身实践、调查、考察的所得,都具有严格的科学性。为了要把事物说明白,就必须把握事物的特征,进而揭示出事物的本质属性,即不仅要说明"是什么",还要说明"为什么"是这样。应用性说明一般只要求说明事物的特征,阐述性说明则必须揭示出问题的本源和实质。

说明是客观地说明事物的一种文体,目的在于给人以知识:或说明事物的状态、性质、功能,或阐明事理。《中国石拱桥》属于后者,它以赵州桥和卢沟桥为例说明中国石拱桥"不但形式优美,而且结构坚固"的特征。《大自然的语言》属于前者,文章科学地说明了物候学知识。说明事物特点和阐明事理是说明的两种类型。

二、文章修改

好文章是改出来的,修改是写作的重要组成部分,是写作的继续和深入。善于修改,对自己来说是一种能力和一种良好的习惯。修改是写作的重要环节,一篇好文章,必须经过反复修改才能定型,写作修改是培养写作能力的有效途径。

(一)修改及修改的意义

修改,指的是修改文章的错误缺点,使之尽善尽美。通常所说的修改,主要是指行文后对文章初稿从内容到形式进行多方面的修正与润饰加工,直到定稿的过程。因此,文章修改是写作过程的最后一道"工序",是写作的最后一个步骤,也是很重要的一个步骤,类似于生产过程中产品的精修、检查、验收。

对于写作修改,有的人心理上有种种障碍;有的想改却不知如何改;有的缺乏耐心,虎头蛇尾;有的对自己作文抱着轻率的态度,不想改或奉命改。

从文章具有广泛的社会影响来看，修改具有重要的意义，文章是社会交流的一种传媒，是写给别人看的，修改文章是作者对社会负责，对读者负责的表现。正如老舍在《我怎样学语言》中说的那样：作者对自己的宽大便是对读者的不负责。

修改文章的目的是使写出的文字更好地表达思想，合乎规范。北宋文字家欧阳修每次文章写成后，总要贴在墙上，进出都要认真看看以便随时改定，有时一篇文章改到一字不留。王安石字斟句酌，成就了“春风又绿江南岸”这样的名句；贾岛再三推敲，留下了遣词用语的千古佳话；还有杜甫念诗给老婆婆听的故事。曹雪芹写《红楼梦》就自言：“批阅十载，增删五次。”美国作家海明威写《永别了，武器》，最后一页修改了30多遍。托尔斯泰的《安娜·卡列尼娜》前后经过十二次精心修改才完成。著名小说家杨沫花了六年心血，重写和修改六七次而写成《青春之歌》。叶圣陶、吕叔湘、张志公、朱德熙等语文教育的老前辈都非常重视文章的批改。因此，修改是写作的一个不可缺少的重要步骤，是提高文章质量的有效途径。俗话说：“文章不厌百回改”“善作不如善改”，就说明修改与写作之间的密切关系。从这个意义上说一篇好的文章不是“写”出来的而是“改”出来的。

从文章复杂的产生过程来看，也必须重视修改。构成文章的要素是多方面的，有内容问题、形式问题，牵涉到主题、材料、结构、语言等方面。文章质量如何，不仅在于作者的文学技巧，还在于作者的思想修养、知识修养、生活阅历、思维能力等方面。文章修改也是提高写作的一种手段。写作初稿完成后，面对已起草好的文稿，应先整体浏览，从全局出发，看文章中心是否明确，是否有新意，看所选材料是否紧紧围绕中心；然后再考虑文章整体框架方面的环节：看文章结构是否紧凑，布局详略是否合理，过渡是否自然；最后才考虑句式的选用，进行词语的锤炼。只有从全篇入手进行修改，才能统观全局，从大的背景上权衡得失，局部修改才能有依据，才能有效提高写作水平。由此看来，善于修改，对自己来说是一种能力和一种良好的习惯。

（二）修改的方法

修改是创作优秀作品的重要环节之一。修改文章，也要掌握一定的方法，往往是从内容和语言两个方面着手。内容的修改一般有“读、删、增、改”四种，而语言上的修改一般是修改有毛病的字、词、句和把字、词、句改得更有文采。那么，我们应当怎样提高写作的修改能力呢？

1. **观点** 观点即一篇文章的主题思想或中心思想、论点，它是作者在文章中要表达的最核心的（内容），是文章的主旨，是提纲挈领的道理，是作者在文章中努力通过各种细节来阐明的中心。文章观点的表现形式可以是明示的，也可以是含蓄的；可以是理性的概括，也可以具有浓厚的感情色彩，但它必须是鲜明的。正如托尔斯泰所说：“文章的思想仅仅是正确的是远远不够的，还应该善于把这些思想表达得大家都能明白。”因此，写作的观点修正是一项很重要的工作。

那么怎样修正观点，做到中心突出呢？一是要修正文章的观点，要做到主题单一，中心明确。修改文章时要审文章的立意，审文章的立意角度，并最终确定一个中心，整篇文章要紧扣一个中心，防止偏离题意。二是要精心选材，紧扣中心。凡是与中心思想关系密切的,对表现中心思想突出有力的材料就选用到习作中去,否则就舍弃。材料选好后,再从中选出最具新意的材料来。如果所选的材料不能紧扣话题,即使是新鲜、生动的材料,也要“忍痛割爱”。三是要巧用技法,凸现中心。修改文章要善于点明中心。在文章修改时,这一点更为重要。点题的方式多种多样:从表达方式上看,有抒情点题、议论点题、叙述点题、描写点题等。

2. **增删材料** 增删材料目的是使文章重点突出、结构严谨、内容具体、中心明确。写得过于冗杂的地方应该进行删改,能为中心服务的材料要保留。一般而言,需要删的情况有四种:一是与主题无关,或似与主题有关实则损害主题的内容;二是空洞的议论或抒情;三是内容重复的;四是开头离题太远或结尾画蛇添足的内容。需要增加的大致有三种情况,一是能突出或深化主题的要增。二是内容单薄的,可以增加内容。三是记叙文不具体的地方,可增加描写。

3. **调整结构** 文章结构是文章思路的外现,主要体现文章的层次安排、段落划分及过渡照应等,即“谋篇”和“布局”。根据表现主题的需要,把材料有步骤、有主次地组织起来,成为一个紧密、有机、统一的整体,使文章前后连贯、浑然一体。文章结构安排的基本要求要遵循以下几个基本原则:一是思路清晰,构思完整;二是有头有尾,布局匀称;三是巧妙衔接,自然过渡。

写作常见的结构模式有以下几种:一是横式结构,即把一组属于不同类别,但有内在联系的事物或景象,按照差不多相同的句子结构排列在一起,来共同表达一个主题。二是纵式结构,记叙文的纵式结构表现为通过过程的叙述来写人、叙事、写景,说明文的纵式结构常用于说明事物的过程、程序,如叶圣陶的《景泰蓝的制作》。三是转折式结构,即安排文章的结构模式。这种结构模式,指记叙事件时,顺着一个方向铺陈渲染,把读者的注意力和情感愿望吸引到与这个方向相反的方面上去,层层推向高潮,达到顶点时,笔锋陡然一转,通过另一种结局的突然揭晓,掀起波澜。

4. **锤炼语言** 写作的语言通顺不通顺,有没有病句,是作文合格不合格的重要标准。语言不通顺、病句较多,不仅说明语言功底差,而且也影响写作的立意、内容。所以写作修改时,一定要注意修改语言。语言的修改有两个层次:一是字、词的修改;二是句子的修改。

(1)字、词的修改。字和词的修改主要是改错别字(包括标点符号),这是写作修改必须要做的事情之一。对使用不正确的词的改正,放在修改病句里面一起讲。

例如,试比较下列两句话的不同意境:

那人便焦急起来,嚷道:“怕什么?怎的不拿!”

老拴还踌躇着;黑的人便抢过灯笼,一把扯下纸罩,裹了馒头,塞与老拴;一手抓过洋钱,捏一捏,转身走了。嘴里哼着说,“这老东西……”

修改成:

那人便焦急起来,说道:“怕什么?怎的不拿!”

老拴还踌躇着;黑的人便拿过灯笼,一把拿下纸罩,包了馒头,交与老拴;一手拿过洋钱,数一数,转身走了。嘴里低声地说,“这老东西……”

这是鲁迅先生在《药》这篇小说里写的,第二句是把第一句里的一些动词换成了别的动词。一下子就把鲁迅先生生动、准确、形象的描绘改没了,意境变差了。反过来说,假如先有第二句,请鲁迅先生来修改,改成第一句,修改效果就好多了。文章里的词语就要这样来修改。

在修改中要特别注意:

①使用不同词语表达同一语义的问题。有的意思,使用不同的词语都能表达出来基本语义,但表达效果却有不同。大家都知道“春风又绿江南岸”“春风又过江南岸”“春风又到江南岸”这个例子,“绿”“到”“过”是不同的词语,表达效果一样吗?

②近义词语的使用问题。上面举的那个例子,两句话里不同的词都是近义词,但使用效果就不一样。

(2)句子的修改。句子的修改,主要是修改病句。即修改搭配不当、成分残缺、误用虚词、近义词、语序不当等病句,还应当会修改成分多余、不合理重复、前后矛盾、不合逻辑等病句,做到先“清通”,后求“工巧”。

例句,体会病句的修改:

①那件往事又徘徊在我的脑海里。(往事与徘徊搭配不当。)

②当我和妈妈走上天桥时,望着川流不息的人群,都非常激动。(“都非常激动”前缺少主语“我们”。)

③我已经知道人生的艰苦和挫折,成长的道路总会是坎坷不平的。(“挫折”应当换一个更合适的近义词,改为“坎坷”,再把“艰苦”改为“艰辛”,把后面的“坎坷”改成“崎岖”。)

5. **检查文面** 由于受时间限制,特别是限时作文和应试作文,推倒重写的可能性不大,有时连重新抄录的时间都没有,这样,除了写的时候要谨慎外,在修改时也要避免大涂大抹,大的移位。可改可不改的地方,不必去改,非改不可的地方要将原字词句轻轻划掉,在两行间空白处改正,力求保持文面的整洁。因为文面给人的是第一印象,字迹潦草,文面脏乱差,让人见而生厌,没有心思仔细阅读;而字体端正、文面整洁,却能让人赏心悦目,一见倾心。

此外,有些小的地方也应给予高度重视,如不写或少写错别字,不用错标点等,如果在这些小地方出错,会让人觉得很倒胃口,影响写作质量。

总之,好文章一半在起草,一半在修改。正如叶圣陶先生所说:写完了,从头至尾看一遍,马上自己审核,自己修改,这是一种好习惯。写完了,站在读者的角度,把文章念一遍,看它是不是念起来上口,听起来顺耳,这样做是从读者的角度审核自己的文章,也是一种好习惯。这些好习惯养成了,就能培养出修改文章的能力。

【自测题】

一、按要求扩展下面的语句。要求:以原句为总说,扩写两个分说的语段,每段不超过40字。

原句:青年人读书,既要博又要专。

二、把下面的一段话改为整句。

花园里开满了红、黄、白三色鲜花,风儿一吹,犹如跳动的火焰、闪闪发光的金子和即将飘落在地上的雪花。

三、"春天真美"可拓展为"正如春天原野上柔美的风情一般,春天的景色,春天的气息,春天的花草和春天的一切,是那么地惹人爱恋,叫人留恋。"请仿照上文的句式,对"她真让人怀念"进行拓展,拓展后的句子要求突出铺陈美和形象美。

四、不用比喻句,以"想象"为表述主体,以"生活、理性、感情"为阐发点,将下面这句话的含义明明白白、丰富具体地表达出来。

"生活是想象的基地,理性是想象导航的指南针,而感情则是想象的发动机。"

五、将下列对偶句补写完整。

A. 滔滔黄河

B. 巍巍泰山

六、写一篇抒情散文,字数800字左右。

七、在下面的横线处填上恰当的词语。

真正的成功者,从来不会给自己留退路,相反,倒往往________。虽遇挫折,________;每次跌倒,________;别人放手,他________,别人后退,他________;________这种人一定能成功。在山重水复中踏出一条路来;决不气馁;随即站起;仍然坚持;仍然奋勇向前。

八、下面句子写到两种人,续写句子,使续写的句子成对比,并与前文意思一致。

天下有两种人,譬如一串葡萄到手,一种人是把最好的先吃,另一种人是把最好的留到最后吃,这两种人是有本质区别的:第一种人,留下记忆,因为________________;第二种人________________,因为________________。

九、请用一句话概括下面一段话的内容。

在庐山黄龙潭、乌龙潭、石门洞和一些小水潭中游弋着一种淡黑色、身长仅二三厘米的小鱼,这就是庐山特有的石鱼。庐山石鱼腹部生有吸盘,常常吸附于飞瀑深潭、高峡山崖石缝之间,不游动时,不容易被人发现。石鱼肉质鲜美,可与鄱阳湖银鱼媲美。

十、依次填入下面横线处的语句,与上下文衔接最恰当的一项是________。

从实物资料考察,新石器时代至商周时期的龙,________,一般都是长体,颈部也比较细,弯曲程度大,无足无爪的多。总之,这个时期的龙,与蛇的相似程度大,与________有较大的差异。

①形态大部分与蛇接近　　③特点粗体、粗颈　变曲程度小的鳍鱼、晰蜴

②大部分形态与蛇接近　　④特点粗体、粗颈　变曲程度小的鳄鱼、晰蜴

十一、同学之间互批作文。要求:①改正别人文章中的错别字和病句。②把可有

可无的句段删去。③把文中不具体的地方扩写具体。④揭示文章主旨的地方能否写得更好一些。

十二、习作修改。下发印好的一篇习作，要根据文章修改规则在旁边加上批注，比一比谁修改得好。

十三、自拟一个有特色的标题，文章 600 字以上。

当今社会，“时间即是财富”。人们的生活节奏加快，中外“快餐”应运而生。与之相伴相生的还有各种“文化快餐”：欣赏电视剧《红楼梦》《钢铁是怎样炼成的》，代替了原著的阅读；大部头中外名著的缩写本就在身边；二十四史可以直接看现成的译文；学习古诗词，熟读“名句”，说，可以显文雅，写，可以彰文采；了解明清史实，只须看影视剧的戏说、演绎……

你是怎样看待这一“文化快餐”现象的？可就其中一种或几种现象议论、说理，也可以选取某一生活片段，形象含蓄地表达你对这一问题的理解。

第五部分 常用文体写作

【案例导入】

人物：陈东，某大学学生。

案由：学校要开《基础写作》课，陈东想了解常用文体中实用文体与以前熟悉的纯文学文体的不同。

下面三段文字都写到“笑”，试结合案例分析：纯文学文体与实用文文体在语言与表达方式上的区别何在？

笑在胸腔，能扩张胸肌，加强肺部的运动，使人呼吸正常。笑在肚子里，能使腹肌收缩了又张开，及时产生胃液，帮助消化，增进食欲，促进人体的新陈代谢。笑在心脏，能使血管的肌肉加强运动，促进血液循环，加快淋巴循环，使人面色红润，神采奕奕。（高士其：《笑》）

因人而弄其态：夫子定是“莞尔”，美人势必“嫣然”。《红楼梦》里的张道士理应“呵呵”大笑；“回眸一笑”只能是杨玉环；薛大傻子“呆霸王”决不会工于“巧笑”，他一发言，常常引起“哄堂”“轰然”。（周汝昌：《谈笑》）

贾母这边说声“请”，刘姥姥便站起身来，高声说道：“老刘，老刘，食量大似牛，吃一个老母猪不抬头。”自己却鼓着腮不语。众人先是发怔，后来一听，上上下下都哈哈地大笑起来。史湘云撑不住，一口饭都喷了出来；林黛玉笑岔了气，伏着桌子哎哟；宝玉滚到贾母怀里，贾母笑得搂着宝玉叫“心肝”；王夫人笑得用手指着凤姐儿，只说不出话来；薛姨妈也撑不住，口里茶喷了探春一裙子；探春手里的饭碗都合在迎春身上；惜春离了座位，拉着她奶母叫揉一揉肠子。（曹雪芹：《红楼梦》第四十回）

【能力目标】

掌握散文、消息、通讯、广告文案等常用文体的写作知识与技巧。

【知识点】

散文写作；消息写作；通讯写作；广告文案写作。

第一单元　散　文

【案例导入】

思考：阅读下文，试就以下各位作家、学者对散文的评论谈谈你对散文的认识与理解。

林非（中国散文学会会长）：散文可以分为“广义散文”和“狭义散文”。侧重于感情因素和文学色彩的散文就是“狭义散文”，而侧重于说理性质的散文则为“广义散文”。徐迟对于狭义散文和广义散文有一个比喻，就是“狭义散文是塔尖和塔顶，而广义散文是塔基和塔身”。我个人认为这个意见是正确的。贾平凹先生提出了“大散文”的概念，其实相当于“广义散文”。也有人主张要“进化散文”，不要写“广义散文”，强调“狭义散文”。老实说，我个人更倾向于“抒情式散文”，也就是“狭义散文”。

陈平原（北京大学中文系教授）：“大散文”和“小散文”的观点，我不同意！散文的品位与每个人的年龄、经历和学问都有关系。我不认为“大散文”就是“塔基、塔身”。现在散文界的一种主流观点认为散文应该“强调自我”“追求哲学，离自己太远”。这种说法不过延续20世纪90年代有关散文“大”与“小”的观点。我还认为抒情散文不是中国散文的主流。

卞毓方（《人民日报》高级记者）：我很反感把我的文章归入“大文化散文”里面。我的文章的“大”是渗透在“骨头”里面的，不是由文章的长短来决定。

余秋雨（著名散文作家）：年纪越长，越喜欢那种大散文，大散文不是篇长的大散文。我最喜欢欧洲的两个散文家，一个是恺撒，他写的《高卢战记》是散文的开山之作。丘吉尔的《第二次世界大战回忆录》是大散文，获得了诺贝尔文学奖，不是和平奖。在这个意义上，我觉得用生命历险的方式去进行这种大文化之间的考察有可能出现在文体意义上的大构建。这个大构建在某个层次上不一定很出色，但他一定有存在的理由，这样也可以摆脱我们以前比较小家子气的某一种文体。

王充闾（辽宁省作协主席）：当前人们习惯地讲散文的趋势是一大一小。大指大散文，如文化散文、思想随笔。我觉得大散文也好，小散文也好，都有一个深入发掘的问题。它们都是从横向地来看，我觉得有一个向纵深发展的问题。从文学回归、文学本体的角度来看，有一个进一步把内容深化的问题。我所说的深度追求究竟方向在何处？从文化散文的角度来讲，应该从社会、历史和文化的层面，关注人的命运、生存意义和精神家园。

王剑冰（《散文选刊》主编）：我们有些人注重随笔或者大散文（文化散文），其实这些散文当中真正的纯美散文比较少。但我觉得作为一个散文类型，它是散文最纯粹的部分，也是散文最粗的部分。

【能力目标】

掌握散文知识，学会写作散文。

【知识点】

散文文体的含义及分类;散文的审美特征;散文的基本写法。

一、散文的含义及分类

(一)散文的含义

散文是一种既古老又新颖的重要的文学体裁,在中国古代,散文与韵文相对应,有着悠久的历史,但凡不讲押韵、对仗的一切散体文章,如史传、诸子、论说、诏策、颂赞、封禅、书记等,统称为散文。但"散文"名称直到南宋才出现,罗大经(南宋)在《鹤林玉露》中谈及:"其立意措辞,贵于浑融有味,与散文同。"此时散文才作为文体之名正式提出。进入中国现代文学进程后,散文则指用白话书写、具有文学性的美文(小品文),成为一种同诗歌、小说、戏剧等相提并论的文学体裁。可见,散文指的是以记叙和抒情为主的题材广泛、写法灵活自由而又有一定思想情趣和审美价值的一种情文并茂的文学体裁。这样的文学体裁在反映社会生活的深度与广度、表现作者丰富的思想情感和独到的审美意趣上有着独特的意义。

(二)散文的分类

对于散文的分类,有各种各样的分法,如内容分类法(文化散文、历史散文、游记散文、时事散文等)、性别分类法(男性散文、女性散文)、艺术风格分类法(幽默散文、讽刺散文)。而根据现代写作的需要,我们对散文的分类主要按照内容和表达方式的差异,大致可以分为:

1. **记叙散文** 记叙散文在内容上以记人、叙事、写景、状物为主,表达方式上侧重于叙述、描写。如果散文主要记叙人物的生平事迹、人物的肖像、心理、语言、动作,这就是记叙散文中的记人散文,如鲁迅的《藤野先生》、朱自清的《背影》等。如果散文围绕着事件的发生、发展、高潮、结局来安排叙述线索,那就是记叙散文中的叙事散文,如冰心的《往事》、吴伯箫的《菜园小记》等。如果表现对象以自然环境和社会环境或某一事物为主,表达方式又以描写为主,这就是记叙散文中的写景、状物散文,如柳宗元的《永州八记》、郁达夫的《故都的秋》、朱自清的《荷塘月色》。

记叙散文往往具有鲜明浓郁的抒情因素,其抒情不能游离于所记叙的人物和事件,要在叙述中抒情、描写中抒情,融情于事,融情于人。记叙性散文的写人并不要求全面叙写人物的生活经历和精神面貌,只需刻画人物生活经历中最感人、最有代表性的一个侧面;其记叙亦不要求写事件的全过程,不必完整地反映事件的开端、发展、高潮、结局的各个环节,并不要求详细描写复杂曲折的故事情节,只需选择作者自己感受最深、最有意义的生活片断,以简练的笔墨勾勒出富于生活和时代气息的画面。

2. **抒情散文** 抒情散文是以直接抒发作者主观感受和情怀为主要内容的散文,侧重于因人、因事、因景、因物感怀抒情,具有真实而强烈的感情色彩,富于诗的情调,感染力极强。在内容上强调抒发作者的主观情感,在表达方式上也着力于主观抒情。我国古代这类散文很多，如李密的《陈情表》、陶渊明的《归去来兮辞》、韩愈的《祭十二郎文》等。抒情散文中的抒情有些是直抒胸臆式，作者将自己火热的情感如火山迸发式地倾诉出来，感染和冲击读者的心灵，如叶梦的《羞女山》：

我曾经十分珍爱希腊断臂的维纳斯，可相形之下，那毕竟是人工的雕琢，即算栩栩如生罢，也不过人为造化而已。而羞女山呢，她不仅有惟妙惟肖的形体，还具备着豪放、坦荡的气质和神韵。她得天独厚的魅力在于：她是大自然的杰作，她是大地的女儿。她就是造化本身，这正是古往今来一切艺术家苦心追求的，然而却是可望而不可即的！她露宿苍天之下，饮露餐风，同世纪争寿，与宇宙共存，她才是真正的艺术、永恒的艺术！

作者被羞女山"惟妙惟肖的形体""豪放、坦荡的气质和神韵"所震撼，率真地表达了对大自然的礼赞——羞女山具有"同世纪争寿，与宇宙共存"的永恒之美，是"古往今来一切艺术家苦心追求的，然而却是可望而不可即的"。这种直抒胸臆式的抒情，情感热烈真挚、率直集中、语言激越、奔放，是作者情感发展到高潮的自然流露。

还有一些抒情散文的抒情是委婉含蓄式，往往是托物言志、借景抒情或寓情于事，把叙述、格写、抒情交织融合在一起运用，借助对现实生活和自然界一事一物的刻画描写，表达作者对生活的感受和真挚的爱憎。请看贾平凹的散文《河西》中的一段：

天很高，没有云，没有雾，连一丝浮尘也没有。晴晴朗朗的是一个巨大的空白呢。无遮无掩的太阳，笨重地，迟缓地，从东天滚向西天，任何的存在，飞在空中的，趴在地上的，甚至一棵骆驼草、一个卵石，想要看它，它什么却也不让看清。看清的只是自己的阴暗，那脚下的乍长乍短的影子。几千年了，上万年了，沙砾漫延，似乎在这里验证一个命题：一粒沙粒的生存，只能归宿于沙的丰富，沙的丰富却使其归以一统，单纯得完全荒漠了。于是，风是最百无聊赖的，它日日夜夜地走过来，走过去，再走过来；这里到底是多大的幅员和面积，它丈量着；它不说，鸟儿不知道，人更不知道。

当然抒情性散文抒发的感情应该是健康的、成熟的、有益的，应该是作者情感的自然流露，注意避免抒发一些颓废的、消极的情绪。

3. 议论散文　议论散文指以议事论理为主要内容的散文，也称"哲理散文""说理散文"。它要求观点鲜明，概念准确，说理充分，使人信服。议论散文或是借助具有哲理性、形象性的事物来抒发作者的思想感情，我国先秦诸子散文大多属于此；或是通过对某一事件、现象的议论来阐明某种哲理，比如鲁迅在《新青年》上发表的二十七篇"随感录"。鲁迅把自己这些短小的议论性散文称为"短评""亲感"，有时亦称为"短论"，把篇幅较长的议论性散文称为"杂文"，后来又把自己写的这一类议论性散文统称为"杂文"。

议论散文主要用文学语言发表作者对生活的见解，表达方式较多使用议论。议论散文区别于一般议论文在于：议论散文用作者直接感知的事实说理，并结合着文学语言和文学意象进行形象地、侧重情感感染地说理。如刘墉散文《真好》列举了同窗、少女、妻子、老朋友对"真好"的不同感悟，结尾动情地写道："从追求年轻的奔跃、肉体的激情、金钱的力量，到仅仅是活着，这，就是生命的历程吗？"作者最后以反问作结，增强了气势，使散文涂上了一层情感的色彩,融情于理,使读者得到的不仅仅是作者对人生的感悟,还有情感的撞击。相对而言,议论文则以事实论据和理论论据进行侧重于理智说服的说理,它在文章形式上讲究论点、论据、论证三要素齐全,讲究运用概念、判断、推理来完成抽象说理的过程,往往缺乏情感的因子。

以上对散文的分类仅仅是就一般性而言的。散文创作发展到今天,由于人们对于散文认识的不断深化与扩展,其分法也较多,称谓更是花样翻新、名目林立,诸如“大散文”“文化散文”“艺术散文”“小女人散文”“域外散文”“电视散文”,等等。

二、散文的审美特征

在中国已有的文学理论文本中,一提及散文的特征,大都以“形散而神不散”来予以概括。这种“形散”的本质意义从某个层面上讲就是指散文的洒脱与自由,但是这种“形散”不是漫无边际、可以信手涂鸦,而是有所限制的,是一种在限制下的洒脱与自由,这种限制即散文的气韵,即“神不散”。

(一)选材的广泛性与生活化

1.选材的广泛性 同小说、诗歌、戏剧文学相比,散文的取材是最为自由和广阔的。当代著名作家周立波在《1959—1961 年散文特写选序》中曾这样说道:“举凡国际国内大事,社会家庭细故,掀天之浪,一物之微,自己的一段经历,一丝感触,一撮悲欢,一星冥想,往日的凄惶,今朝的欢快,都可以移于纸上,贡献给读者。”因此,作为较少限制的散文,既可以把在国际国内所发生的一切大事作为写作的题材,也可以在寻常、普通甚至是较为世俗的生活领域选取写作素材;既可以用寻常的话语写自己熟悉的人物和记录自己亲身经历的事,也可以用极富抒情的笔调写在大自然中觅见的优美山水,描述其间令自己感动的物象;既可以通过对具体的现实生活细节的描写来传递“形而下”的沉实生活观念,也可以由具体的生活场景或某些事实出发来表达“形而上”的抽象概念。

随着社会生活的日益丰富、社会内容的日益增加和广大,在所有的文学文体中,散文最容易将人们的日常生活化为文学艺术。散文取材的范围将会得到极大的拓展,作为散文的写作者就要以灵敏的思维予以思索,在具体的社会生活中努力观察,锐意开拓,执意去发现、搜寻当代生活领域中的新材料;以崭新的思维方式、思想观念、生活方式、审美情趣和迥异于以往的理想与追求去丰富散文写作的题材。生活是散文写作取材的“根”。

2.选材的生活化 散文在取材上一方面具有广泛性的特点,另一方面又具有生活化的特征。散文形象主要是一种写实性意象,它对人们日常生活作了一种逼真性和直接性的反映。当然并不是所有的生活形象都能转化为散文意象。散文意象是经过散文作者主观体验的过滤和加工,带上了散文作者鲜明的个性色彩。这种写实性与个性化的特征奠定了散文形象最重要、最关键的再现与表现并举的审美规范。

散文的意象是写实的,不具诗歌的那种概括性和变形性,不像小说展示的是偏重于再现的艺术形象,散文这种再现、表现同时具备写实性意象,生活化与广泛性的选材特征产生了散文文体许多自身的特长。

（二）表达的自由化与灵活性

当代著名散文家柯灵在他的《散文文学的轻骑兵》一文中曾说："散文它可以欢呼、歌颂、呐喊、抨击，可以漫谈、絮语、浅唱、低吟，也可以嬉笑怒骂、妙语解颐。"作为散文的写作，你想怎么写就怎么写，你喜欢用什么样的方法就用什么样的方法，既可以任意挥洒、纵横驰骋，可以将叙述、描写、抒情、议论纳于一体，也可以把虚与实、有情与无情、真与假加以有机地糅合，由此便能使散文的文笔真正凸显出轻松活泼、跳荡洒脱的内质。

散文情境的个性化的特点导致了散文写作在表达上的灵活性与自由化。凡是被散文作者感受和体验过的日常生活中的人、事、情、物、理都能成为散文的写作题材，这比起诗歌的高度概括和浓缩生活，比起小说的精心提炼细节、用情节来塑造人物——这个艺术选材的限制被大大地淡化了。于是散文在写法上显得非常地自由和随意。

（三）创作主体的气质张扬

"散文是一种'心灵开放'的艺术，散文的焦点在于作家开放的意识和心态，在于作家生命意志的亢奋和冲动，在于一种出自于自我经验世界的真诚的情感契机，一种对生活与人生的深层感悟——或者是生活的'瞬间性'和由此在头脑中常出现的令人沉思寻味的瞬间印象，或者是对于世态人事的洞察和由此引起的心灵颤动。"散文作者"以我手写我心"，不管是记人叙事，还是抒情言志，不管是对自然景物的灵性透视，还是对社会人生的真切感悟，都是属于"自我"的、"个性"的，是至情至性的真我展示。仔细探究，表现为以下几种状态：

1. **"个性"状态特质**　每一个作者都是一个独立的主观世界。这个世界的构成因素是复杂的，个人情绪、气质、修养、人生阅历，特定情景下的情绪状态等，某方面的细微差别和变化都会使得此一世界不同于彼一世界，甚至此情此景不同于别一时刻的情境，呈现出不可重复的独特性。而"散文是一种主体性很强的文体。它重在作家主体意识的坦诚流泻。抒写作家对人生、对生活、对自然、对社会的感悟，言我之志，抒我之情，弹拨自己的声音，从而去表现自己，也表现、批判世界的各面，揭示创作主体的个性与人格，传达对人生自然社会的真知灼见。"这就使得散文呈现出写作主体的个性美。

2. **共性状态特质**　虽然览物之情，感事之意是"个性"的，但因其情和意的深刻、典型而具有一种普遍性的意义。人同此性，心同此理。这种情感的共性状态，往往使得读者在阅读之际产生一种击节叫好的冲动，出现一种情感的共振，或者意识的共鸣。李密《陈情表》写的是"乌鸟私情"，却情感天下；范仲淹《岳阳楼记》的先忧后乐的哲思震烁千古；冰心《笑》的爱意温暖数代人的心；鲁迅《一件小事》让许许多多的人沿着鲁迅的视线来深刻地反视自己的灵魂……

在散文中，创作主体的美的情操，美的哲思，美的志趣，都会自然而然地流露在字里行间，从语义到意象，会使散文呈现出一种美的境界。读者徜徉其中，与作者的心性感应，无论何种情志，何种意绪，都能产生一种"奇文共欣赏"，美景共流连的快意。

（四）描述客体的生命活力

我们常常有这样深切的体验，读一篇精美的散文，除了能使你阅读时拍案叫绝、会心首肯,获得一种满足与愉悦以外,还能留给你长久回味的空间,有的甚至让你终生难忘。读者之所以会有这样的艺术享受,除了散文作者各具特质的性情给你留下深刻印象以外,文本所描述的客体物象本身的艺术魅力也是一个重要因素。大体归纳,有以下几种情况:

1. 因描述的精彩而成永恒 描述客体在与写作主体的心志情韵遇合,被主体关注、摄入,成为主体的情意载体之后,其性质与情状会产生奇妙的变化。平常的可能变得不平常了,不起眼的可以变为美丽绝伦的,无情无义的可以成为含情含意的。作者的灵性所致,智慧所致,文采飞扬,会使客体显现出一种美的特质,让人过目难忘,甚至成为一种永恒。王勃"落霞与孤鹜齐飞,秋水共长天一色"的如诗如画的灵动美景,历来是写秋景的绝笔,让无数读者领略了秋天的生机与清爽。范仲淹的如花妙笔使洞庭湖、岳阳楼成了名胜风景。作者将人类社会与自然万物的精彩瞬间定格,使其显出美形美态而又意蕴无穷。这种美质美感不但不会随着时间的流逝而销蚀,反而会被时光的流水冲洗得更加鲜亮,更加光彩夺目。

2. 因表现的独特而成绝唱 作者的智慧描述,灵性表现,常常使客体显现的美质美态达到一种独特绝妙的境界,让后人"眼前有景道不得"。欧阳修《秋声赋》中由写声而现出秋的肃杀凄凉;柳宗元笔下的小石潭,潭中的游鱼,日影,人鱼相乐的情致,清幽雅致,堪称一绝。鲁迅《秋夜》中后园墙外的那两株树,"一株是枣树,还有一株也是枣树"呈现的独特意象;巴金分解"海上的日出"过程,写出日的沉勇与辉煌……都是不可重复的经典描述。这样的散文让人常读常新,无论哪个时代的读者,都能从中获得一种惊喜,一份美意。这就使散文所描述的客体有了一种绵长的生命活力,即使柳宗元笔下的"小石潭"早已毁弃,鲁迅《秋夜》中那"枣树"早已衰朽,都无关紧要了。它们已从散文文本中获得了永生,每一位读者都会像认识一位新朋友一样,穿越悠远时空,一睹它的风采神韵,而且会永生不忘。

(五)写气图貌的行文气势

散文的传情达意,不必像诗歌那样要凝练、浓缩、点到为止,不必受韵律、节奏的局限。也不像小说那样曲折遮掩,讲究入于情理而又出人意料。也不同于戏剧、影视,受场面、场景、时间空间制约,讲究关合、照应,讲究设置巧合等。它完全是按作者自己的意气、情绪、意图行文的。写气图貌,可以遂情遂意。

1. 开合纵横的叙述 散文的叙述可以开合纵横,意气为文。它不像小说那样,要细针密缝,讲究结构设置技巧;也不像戏剧那样,要讲究巧合偶然。它可以信马由缰,纵横驰骋,将古今中外的人、事、物汇聚于尺幅之内。记人,它不需要完整的故事情节,以展示独特鲜明的个性;叙事,它不需要精心组织矛盾冲突,写清楚来龙去脉。而是兴之所至,意之所至,或跳跃跨连,或片断组合,或娓娓道来,运笔如风,各具风采。余秋雨的散文《五城记》就是这样叙述的。大跨度地将开封、南京、成都、兰州、广州五大城市,罗列于一个文本中,东西南北中,从历史沿革、风土人情、人物故事到现代气派、现实生活,纵横捭阖,就像是一部纪录片。当然,散文也可以承担大事、复杂事的叙述,也可以写得大气磅礴、曲折宛转。余秋雨的另一篇散文《风雨天一阁》,则洋洋洒洒上万字,曲曲折折地叙述了一个私家藏书阁艰难传承的伟大传奇,将明代嘉靖年间的那位进士范钦如何广收天下书籍,建楼藏书,历经战乱风雨数百年,虽然“内忧”与“外患”频仍,而终于“岿然独存”的故事铺叙得悲壮而感人,读起来像是在读一部小说。

2. 穷声尽貌的描写　散文描写可以穷声尽貌,舒卷自如。翻开秦牧的《古战场春晓》,就如铺开一轴多姿多彩的画卷,有平畴沃野、鹅黄嫩绿的南国春景;有人来车往、熙熙攘攘的劳动场面;有三元里人民金戈铁马、威武雄壮的鏖战;有侵略者骄横跋扈、而又跪地求饶的滑稽表演;还有“软壳蛋”“叩头虫”似民族败类的丑态等。爱其所爱,恨其所恨,褒贬扬抑,力透纸背,这些画面都是一种气韵的承载体,是诗情与画意的融合,或让人赏心悦目,或使人回肠荡气。余光中在《听听那冷雨》一个散文文本中,写尽江南的杏花春雨、基隆港的霏霏冷雨;从王禹的竹楼听雨,写到雨打芭蕉、秋雨滴梧桐,写到“整个中国、整部中国的历史无非是一张黑白片子,片头到片尾,一直是这样下着雨的。”写得天潮潮,地湿湿。写得淅淅沥沥,淋淋漓漓,几乎写尽了一切的云情雨意。

3. 酣畅淋漓的抒情　当情动于衷而形诸于文时,往往笔之所至,一气呵成,成自然流淌之势。就是托物言情,依事抒情,也是选择最能引发和积聚情感的事、物写深、写透,突出最能牵动人情感的地方,细致刻画,尽情渲染,着力烘托,让你观文则动容、动情。看巴金藏报纸的事,你会满怀辛酸;读冰心的《南归》,你会禁不住流泪;跟着刘白羽在母亲河上航行,你不能不激动;随李健吾去登泰山,你也会觉着苦乐相随。散文作者是最典型的“本色演员”,他直接面对生活,面对读者,抒情写意,是倾情尽意地写,自成气韵。

4. 隐秀多姿的说理　散文的说理,不用逻辑推理,不用小心求证,三言两语之间,便可化腐朽为神奇,变平凡为非凡,将文章的审美价值提高到一个更高的层面,读来韵味悠长。也可以将深奥的事理隐藏于形象的描画之中,或者寓含于事件的铺叙之中,还可以边叙边议,边抒情边议论。这种无拘无束的行文气势,使散文自成气韵。

当然气韵有别,风采各异。或是大气磅礴,一泻千里,像张承志在《离别西海固》中说的那样,“让强劲的大海旷野的风吹拂,让两条腿疲惫不堪,让痛苦和快乐反复锤打,让心里永远充满感动”,情感鲜烈,如熊熊燃烧的火焰,你一接触就深受感染;或是内力充盈,气度不凡,如余秋雨作《道士塔》《阳关雪》,让你产生巨大的震撼;或是如宗璞的《霞落燕园》《紫萝藤瀑布》之类,流转自然,让你心驰神聚……无论呈现出何种气韵风采,都有各自独特的艺术魅力。这就使得散文具有一种区别于其他文体的气韵美。

(六)语言的流畅、活泼、灵动

散文既然是自由度最高的文学体裁,它的语言就应当呈现出与之相吻合的态势,而具有流畅、活泼、灵动的特性。流畅是指语言如流水一样的畅快与自然,活泼是指语言具有浓郁的生活气息,灵动是指语言富于灵妙、动感明显的活性。生活是充满强烈活性的,散文的语言就应当与之合拍。在语言呈现方式上,散文一般采用平实的描述语言来传达感官式的印象。比较散文、小说、诗歌描述同一对象的语言,这其中的语感差异便十分清晰:

诗歌:“它倾听远处森林的喧哗/和深谷中小溪的歌唱/它孤独地站在那里/显得寂寞而又倔强//它弯曲的身体/留下了风的形状/它似乎都将跌进深谷里/却又像是要展翅飞翔……”(曾卓《悬崖边的树》)

散文:“它们的躯干就是这样顽强地从石缝间生长出来,扭曲地、旋转地、每一寸树衣上都结痂着伤疤。向上,向上,向上是多么艰难。每生长一寸都要经过几度寒暑,几度春秋。然而它们终于长成了高树,伸展开了繁茂的枝干,团簇着永不凋落的针叶。它们耸立在悬崖断壁上,耸立在高山峻岭的峰巅,只有那盘结在石崖上的树根在无声的向你述说,它们的生长是一次多么艰苦的拼搏。”(林希《石缝间的生命》)

小说:“文登城东关有棵老槐树,不高,才一丈多,但它长得蹊跷,中枢已经老朽,可是周身又生出无数枝干,弯弯曲曲,错综交织;上面的枝条也长得出奇,犹似凤鳞龙爪搅在一起,倒垂下来。”(冯德英《山菊花》)

在上述三段对树的描述语言中,诗歌语言的主观性最强,诗歌作者实际上是用“悬崖边的树”的形象象征自己的精神和品格,它表面是写树的孤独、倔强和抗争,而深层的含义是象征诗人自己的主观情志;小说语言的客观性最强,小说作者是抓住树枝特征作了细致的勾勒;而散文语言兼有了主观性和客观性两种因素。散文作者一方面客观细致地描述了树的顽强形象,另一方面又用主观赞美的抒情语言表达了作者的感受和体验。可以说,诗歌是最主观的表现性的超现实的语言,它的语言纹路比较简约、疏朗;小说是最客观的再现性的平实语言,它的语言纹路比较细密、详尽。散文语言处于二者的中间——它主、客观并存,表现与再现并存,语言纹路疏密、精细参半。这样来看散文语言平实而又有文采的审美特征,就能产生这样的散文语言观念——散文语言应该以一种自由舒畅的姿态像小说那样平实客观地再现生活情境,也可以吸收诗歌语言的一些比喻、比拟、象征、夸张等手法来主观地表现散文情境。

三、散文写作的要求

王国维在《人间词话》中曾说“散文易写而难工”,这话是很有见地的。因为散文形式自由,题材广泛,不拘一格,只要有一定文字表达能力的人,都可以写散文,但是真正要写好,并不是轻而易举的。

(一)散文的叙事

散文的叙事是整个表现散文艺术不可或缺的组成部分,一般方法有:

1. 叙议结合法 在散文的叙事中是可以也允许结合议论的,但又不能进行长篇大段的议论,叙事与议论的有效结合,就成为散文的一大特色。在散文的叙事过程中,如果只是叙事而没有恰如其分的精妙有趣的议论,散文就会因此缺失灵气和魄力,文笔也会呆板,显得意境狭小,难以有怡然自得、云长水流的神态和姿仪。若能在叙事中夹以有益的议论,以简明扼要的议论予以巧妙的点化,散文定会增色不少。

2. 注重有效的转折 散文叙事比较注重转折。对于善于运用转折的散文作者而言,其散文就会文澜起伏、胜景无穷,就会传递出丰富的意蕴而引人入胜,就能够扣人心弦。当代著名散文家杨朔就是一个善于在散文写作中进行有效转折的行家里手,无论是在《香山红叶》《荔枝蜜》中,还是在《雪浪花》《茶花赋》里,读者都能领略到其散文因转折而富于的强烈的美感。

但是，转折是有法度的，不能为了转折而转折，转折的目的是增加散文艺术的美感和魅力；否则，就会适得其反。

3. **巧妙的蓄笔**　这里的蓄并不是指为文的含蓄之意，而是指掩藏蓄势之意，即散文作者在行文时，有意将文章的主旨掩藏起来，不露一丝一毫的痕迹，在叙事的进程中才慢慢展开，层层翻转，待文势抵达一定的高度时，猛地将闸门打开，一泻无遗，文章的题意便豁然明朗。

散文的结构形态最忌讳呆板、生硬，而善于蓄笔就能够避免。但蓄笔并不是每一个散文作者皆能够运用得好而妙的，关键就在于其是否显得自然；如若蓄得不自然，反倒会伤及散文的结构形态。

（二）散文的写人

散文的写人就是对人物的记述和书写。散文的写人与小说的写人相比，并不在于细节的描绘，也不在于对人物做全方位或整个生命历程及状态的叙写，而在于选取一个有意义和有审美价值的生活片段，或是一个感人至深的细枝末节作概括的描绘与表现。散文写人的一般方法有：

1. **淡笔熏染**　小说的写人是立体的、全方位的、综合性的，要极力表现出人物性格的丰富性与复杂性，其使用的笔墨就较为浓重。散文的写人则是片段性的、局部性的，不能施以重墨，而只能是以少许的笔墨来表现人物形象，以求得对人物描写的活性、灵泛的动态感。如鲁迅先生在《藤野先生》一文中，就是以淡淡的几笔生动地表现出了藤野先生的个性。

所谓的淡笔，并不能简单地理解为用笔的平淡，而是指以较少的文字表现出人物形象的深度与厚度。这就要求散文作者在写人时须对人物进行细致的观察、了解，对其性格、人品、内在精神等具有较为深刻的认知，然后经过浓缩，行于文中。当然，所谓的淡笔，也不是指文字越少越好，有时为了表达的需要，也不妨用笔重一些，一切都要从自己所描写的对象出发，要因人而异。

2. **细节传神**　人物形象的内在精神常常会集中于某一点上，即在某些细节上，散文作者要在较短的篇幅内将人物形象描写得有声有色、生动感人，就应当选择人物活动中所表现出的精当细节，这样才能收到以少胜多的效果，给读者留下值得反复咀嚼的回忆。在散文写人时，对细节的描写不是教条的，可以灵活运用，诸如可以局部运用，也可以将它贯穿于全文的始终，以突出人物某一方面的性格特点。

3. **从背面落笔**　在散文写作中散文作者大多采用第一人称叙述，因而散文的写人多呈间接性，不像小说那样是自始至终让人物自己在活动。也正因为如此，散文就能够通过“我”这个视角从旁人的角度介绍人物的事迹以及言语、行为、情绪、性格等特点，间或引出人物自己的活动，不必使人物自己活动。当然，间接描写并非刻意的荡气逸神，故作吞吐杨柳之笔，而是要通过间接描写达到直接描写，使所描写的人物处处存在。

从背面落笔来写人，只是一种方法，而它的目的仍然是更好更生动地表现人物，如果仅仅是追求一种标新立异的写法，就与散文的写人背道而驰了。在散文的实际写作过程中,作为一个优秀的散文作者他往往是将间接描写和直接描写紧密结合起来,从而以不同的方式对人物加以表现。这样的人物表现就能够使读者从不同的角度进行阅读时获得不同的艺术美感和享受。

(三)散文的咏物

散文的咏物就是散文作者对自身在大自然的游历中所搜集到的有关名山大川、人文景观、社会风物方面的素材的歌吟、唱咏。

大自然历来就是作家写作的一座蕴藏着丰富素材的宝库,也是作家获得写作灵感的所在。古今中外的不少散文大家都是从中获得了自己写作的灵感和丰富的材料,也从中获得了诸多有益的人生启迪,并由此出发,将大自然的风物作为自己吟咏人生或生命的象征。所以,从某种意义上讲,散文的咏物是作家在大自然的物态中找到了与自己情感、生命相契合的东西。以日月喻明君、雨露喻德泽、松竹喻节义、鸾凤喻君子、山河喻国家等皆可视为是散文作家与物的心灵相撞而闪烁出的别具情调和意义的生活艺术才能。那么,散文的咏物就成为散文艺术美不可或缺的重要部分,为散文增添了许多姿色和韵味。

散文咏物的基本方法主要有:

1. **描述景物形态法** 描述景物形态法就是散文作者运用定点换景、定景换点、点动景移等方位视点对景物具有的外在与外在形态进行描绘,以表现景物形态特征和内在意向。在具体描绘时,作者可以从不同的角度展示环境平面美、立体美,也可以从某一个侧面展现物态在自然力的作用下所具有的灵性美、姿仪美,还可以借助某种运输工具在不断的运动中凸显其动态美。在用笔上,既可以用非常朴实的毫无夸饰性的语言进行"素描",也可用情感色彩浓郁的语言对之进行夸张甚至是变形的描述,或是以轻快明朗的语言从不同的角度对之进行流转快速、变换频繁的"速写",以此来求得在多个层面展现景物千姿百态的美感。

但描述景物形态的目的并不单纯是写物描景,而是通过对景的描述表达自然美、生活美、人性美的意向。因此,描述景物的形态必须同社会生活、风土人情、民间习俗结合起来,同物象中所浸润着的社会景象相结合。这样的描述就既能够烘托、渲染出一个民族的地貌特色、自然风情、人文景观的美而富于诗意,又可以对从鲜明生动的物象背后所映射出的某些社会现象有深刻的认识,显示作者咏物的思想意义,如朱自清先生的《桨声灯影里的秦淮河》、苏联散文家索洛乌欣的《睡莲》等。

2. **借景物抒发情感法** 任何一名优秀的散文家都明白这样一个浅显的道理,咏物仅仅是作为抒发自己内在情感、表达自己某种情怀的一种手段,并不是写作的目的。所以在中外散文史上,那些通篇着意于景物,全相进行雕刻镂篆或是尽情摹写的只是少数,大多数散文作家则是咏物吟景而不在于物和景,写物画景不过是一个由头,物和景只是一个陪衬,本意却在由此产生诸多联想、想象和抒发自己对生活、人生、命运的感慨,以表达自己描物画景的真正意蕴,秦牧的《土地》就是如此。

3. **物事互映法** 所谓物事互映法就是散文作者在描绘物景的同时常常把某些印象深刻的事物联系起来叙述,通过物景的描绘和事情的叙述相结合,彼此映照来传达作者的某种思想，或传递自己对某些事情的看法。

在咏物散文的写作中，任何事物或景都不是绝对孤立的，它们的外在意向或是内在意义总是与作者所经历或亲眼目睹的某些事存在这样或那样的联系。这就会使作者在描物画景时自然而然地引发对这些事物的联想，在具体的散文文本写作时就会将这些联想融入其中，使物与事在互映下显示出各自的意味和价值。著名散文家黄秋耘先生的散文《丁香花下》就是如此。丁香花同那个陌生女子并没有直接而必然的联系，但因为作者与“她”在丁香花下有了一面之晤，而且留下的印象极深，四十年来都无法忘却，以至作者再度来到丁香花下“消磨掉整个黄昏”。丁香花不仅成为了那位姑娘心灵美的象征，也使作家的愁怨散发出一种迷离的气韵，文中的描物画景就与事有了互映之美。

关于散文写作的内容还有很多，诸如散文的诗意、意境、哲理等。总之，要写好散文，必要的艺术技巧是不能或缺的，因为任何散文都是一种艺术化了的散文，没有艺术技巧的运用，就如同一件没有经过仔细剪裁、没有任何款式、卸去了必要装饰的衣服披在一个很有气质与内涵的人的身上。所以，要写好散文须具备多种条件，包括写作者的综合素质，仅仅具有某一方面的长处还不足以写好散文。

【自测题】

一、填空

1. 广义的散文是指＿＿＿＿＿的散行文体，包括＿＿＿＿＿，其所包含的内容较为广泛而庞杂。

2. 按照内容和表达方式的差异，可以将散文大致分为＿＿＿＿、＿＿＿＿、＿＿＿＿。

3. 散文在取材上一方面具有＿＿＿＿＿的特点，另一方面又具有＿＿＿＿＿的特征。

4. 散文的叙述可以＿＿＿＿，散文的描写可以＿＿＿＿，散文的抒情可以＿＿＿＿。

5. 散文叙事的一般方法主要有＿＿＿＿＿、＿＿＿＿＿、＿＿＿＿＿。

6. 散文写人的一般方法主要有＿＿＿＿＿、＿＿＿＿＿、＿＿＿＿＿。

7. 散文咏物的基本方法主要有＿＿＿＿＿、＿＿＿＿＿、＿＿＿＿＿。

8. 记叙散文在内容上以＿＿＿＿＿为主，表达方式上侧重于＿＿＿＿＿。

9. 抒情散文在内容上强调＿＿＿＿＿，在表达方式上也着力于＿＿＿＿＿。

10. 抒情散文中的抒情有＿＿＿＿＿、＿＿＿＿＿等方法。

二、判断题（判断下面各命题的正误，对的打“√”错的打“×”）

1. 散文是一种近现代产生的重要的文学体裁，在中国古代没有散文。（ ）

2. 散文只能写真人真事，不能进行较多的艺术加工和虚构。（ ）

3. 散文在语言运用上灵活自由，精练优美，朴素自然，不受韵律的拘束。（ ）

4. 散文按照内容和题材可以分为：幽默散文、讽刺散文等。（ ）

5. 记叙散文往往具有鲜明浓郁的抒情因素，其抒情可以游离于所记叙的人物和事件。（ ）

6. 散文的记叙要求必须写出事件的全过程，完整地反映事件的开端、发展、高潮、结局

的各个环节。（ ）

7. 散文的“形散”是漫无边际,可以信手图鸿的。（ ）

8. 议论散文区别于一般议论文在于:议论散文用作者直接感知的事实说理,并结合着文学语言和文学意象进行形象的、侧重情感感染地说理。（ ）

9. 在小说、诗歌、戏剧、散文等文体中,小说的取材是最为自由和广阔的。（ ）

10. 咏物散文中的咏物吟景不在于物和景,写物画景不过是一个由头,物和景只是一个陪衬。（ ）

三、请回答议论性散文与叙事性散文、抒情性散文在叙事上相同吗? 如果你认为不同,请指出其区别。

叙事性散文写人叙事是为了交代介绍某人某事,写人叙事是手段也是目的;抒情性散文写人叙事是为了抒发情怀;而议论性散文有论点,有论题,亦有论证,它的写人叙事是为论证论点服务的。

四、苏轼在《文说》中说:“吾文如万斛泉源,不择地而出,在平地滔滔汩汩,虽一日千里无难。及其与山石曲折,随物赋形而不可知也。所可知者,常行于所当行,常止于不可不止,如是而已矣。”你是怎样理解这段话的? 苏轼这段话对你写散文有什么启发?

五、朱自清在《荷塘月色》中有这样一段话:“月光是隔了树照过来的,高处丛生的灌木,落下参差的斑驳的黑影;弯弯的杨柳的稀疏的倩影,却又像是画在荷叶上。”

有一位当代作家认为:第一句的“参差的斑驳的黑影”和“弯弯的杨柳的稀疏的倩影”都是单调而生硬的重叠。用这么多“的”,有必要吗? 为什么不能说“参差而斑驳”呢? 后面半句的原意本是“弯弯的杨柳投下稀疏的倩影”,却不分层次地连用三个“的”,读者很自然会将句式分成弯弯的、杨柳的、稀疏的、倩影。

你同意上述看法吗? 为什么? 把你的观点与理由写出来,与同学们交流、讨论。

六、阅读刘墉散文《当我们年轻时》,写一段赏析文字。

有一位女学生,长得挺漂亮,又能说善道,却年过三十五岁,还没个主。“我才不要什么主呢! 我自己是自己的主。”学生也嘴硬:“宁愿做一辈子的公主。”“她就是做公主做坏了,一直还在做她的少女梦。”别的女生偷偷说:“譬如最近,有个从美国回来的学生,我们给她做媒,那人一见面就喜欢她,偷偷讲‘这女生跟我妈妈年轻时的味道很像。’可是你知道吗,接下来出去吃完一顿饭,就吹了。”

“为什么”

“因为她带那男人去一家最贵的法国餐厅,再点最贵的东西,那男人差点出不来了。隔天就打电话给我,说这种女人他养不起。”

“养不起!”记得我大学时代的一个同学,在跟他女朋友吹的时候,也说过同样的话。

那时候大家都穷,我这位同学因为把师大发的“公费”都拿去买油画材料,所以尤其穷。跟女朋友约会,不敢往电影院,每次都朝植物园里钻。

大热天,蚊子多,他甚至带着蚊香。想必花前月下,卿卿我我,没想到才约会了几次,就拜拜了。

“这女生每次坐不久，就要往门口溜，而且每次都去广州街那个门，门外有卖甘蔗汁的，我最怕去，她偏要去，而且一去就觉得渴，害得我花钱。这种女生，生性浪费，我将来养不起！”

天哪！只为了小小几杯甘蔗汁，他就打了退堂鼓。

也使我想起自己谈恋爱的时候。

那时节，我还住在违章建筑区，父亲过世，留下的一点积蓄，吃得差不多了。我交了个女朋友，父亲在华航做事，常穿进口货，总说将来要去作空姐或去海外。她一提，我就头痛，就想打退堂鼓。出国？我想都不敢想。当空姐？不是一下子就飞了吗？

渐渐地，她不想飞了，也不再提了。她的心被我拉回地面，跟着我，住进违章建筑区。只是新婚，有一天晚上，望着天花板，她突然说：“我希望将来能有钱。”

她那几个字和灰蒙蒙的天花板，一起烙在我的心上。

好沉重的一句话啊！让我扛着，每次想起，都觉得肩头一沉。

二十多年过去了！绕了半个地球，拼出了些成绩，也有了点积蓄。可是她身上穿的，竟还是大学时代的衬衫和新婚时做的长裙。

“有钱，是要不缺，让孩子能过得好，就成了！”她说。

突然想起小时候听大人聊天，偷偷说某同事的太太，原来是上海某大舞厅的舞小姐。那时候，我才七八岁，却不知为什么，记得这么清楚。大概因为那舞小姐的儿子常跟我玩，我也常去那舞小姐家吧。

自听了那“消息”，我就用好奇怪的眼神，看他们一家。只是，舞小姐不都该浓妆艳抹、穿高衩旗袍吗？

那家的叔叔总按时下班，吃舞小姐做出的可口的菜。他家的孩子，倒是个个穿的好漂亮，据说全是舞小姐自己缝的。那时候，飘洋过海是了不得的大事，也是难事。记得有一次舞小姐去了香港，回来之后，几个熟朋友都有礼物，大家问她给自己买了什么。

“是想买点漂亮衣服。”她手一摊：“可是，看来看去，都嫌贵，又没什么机会穿，想想从前，穿也穿过了，玩也玩过了。还是买给丈夫跟孩子吧！”说着拿出了好多为孩子买的漂亮衣服。

相信我很小的时候，就有点鬼精灵，否则那样早的事，为什么能记到今天。而且在过去的四十年，常想起这一幕。觉得“那女主人”好美，像是清澈无波的湖水，映着四山的风景。

有位大学同班的女生说得好：“男生常抱怨追女生辛苦，好像做牛做马几年。他怎不想想，他大不了做牛做马几年。我们结婚以后，却要为他做牛做马几十年！”

看了许多人世沧桑，发现受婚姻改变最大的还是女人。结婚之后，男人依然那么生龙活虎地外面跑。只有女人，从结婚那一天，飞腾的心就落到地面；从怀孕的第一天，许多绮丽的少女梦，就被压在了心底。

直到有一天，孩子大了。看着女儿打扮，那斑白了头发的妇人，突然感慨地说：“想当年，你老娘也跟你一样苗条漂亮！”

第二单元　消　息

【案例导入】

思考:分析这则新闻,谈谈消息的特点及其写作方式。

女子铁心要给骗子汇80万　银行员工苦劝两小时拦下

【据南方都市报2014年4月24日讯】 佛山的王女士要汇80万给骗子。银行支行行长想尽办法劝说,她就是不相信。6名银行员工“前赴后继”,拖了2个小时,才把钱拦下来。昨日上午,因阻截电信诈骗,他们受到嘉奖,还被申报了见义勇为。

她铁了心要给骗子80万

4月4日下午3点,佛山王女士去银行取钱。

在禅城农商银行南庄杏市支行,她要求从150万元的定期存款中,提前支取80万元,打给北京农商银行的一个私人账户。她说,收款人是亲戚,借钱买房。

王女士是银行的VIP客户。邓行长跟她很熟。他觉得情况不太对,询问转账目的、收款人情况,还提醒王女士,小心被骗了。可王女士铁了心地“撒谎”。

讲道理不成,邓行长使出“拖”字诀

他也“撒谎”,让王女士回家取银行卡,说否则不能办。王女士一回家。他就给她老公陈先生打电话。陈先生慌了,让银行帮忙拖延、劝说,再不行就报警。

王女士回来了。邓行长苦口婆心地做思想工作。

陈先生打不通老婆电话。王女士却说,手机没问题。民警猜,骗子肯定一直占线,不让她挂电话。没辙,邓行长把她领到VIP窗口。他说,只有该窗口才能办。因为,正好有位VIP客户在办多笔业务,忙着呢。

3点55分,王女士等急了。

邓行长则继续“撒谎”,说过了4点,不能转账了。让她过了清明再来。

说真话不听,银行只好撒谎

王女士给骗子打电话。骗子让她换个银行。

王女士收拾了资料就往吉南支行赶。天可怜见,杏市支行一名员工刚好轮岗到吉南支行,发现VIP客户王女士来转账,说杏市支行人多。该员工赶紧给邓行长打电话。邓行长让吉南支行也帮着“骗”王女士。

骗子的业务很熟。他们告诉王女士,一次转80万元不行,那就5万元一笔,分笔转账。银行顶着压力,等陈先生赶来劝太太。下午5点,陈先生终于来了。

王女士这才说了实话。

她说,接到恐吓电话,说自己惹了官司。对方说,她在网上交易的账户已被黑,涉嫌为某某集团洗黑钱几千万元,不采取补救措施,会被罚几千万元,入狱7年。

下午4点前，不汇款，就会遭刑事处罚。

陈先生说，这是诈骗电话。

他接过王女士的电话，骗子立刻把电话挂了。可王女士还是半信半疑。陈先生只好把王女士带回家。家人轮番上阵，做她的思想工作。王女士好不容易才相信，自己真被骗了！

昨日上午，连同邓行长在内的6名员工受到禅城公安的褒奖，分别获得了荣誉证书及奖金，被申报见义勇为基金奖。这是佛山首批因阻截电信诈骗而受到表彰的个人。

【能力目标】

能够写作消息。

【知识点】

消息的含义及特点；消息的分类；消息的基本写法。

一、消息的含义、分类和特点

（一）消息的含义

“消息”一词，在我国最早见于8世纪初唐玄宗开元年间创办的邸报。现代意义上的消息是近代新闻事业发展的产物。自16世纪末现代报刊问世以来，消息越来越成为使用频率最高、使用数量最多的新闻文体，故人们常把消息称为新闻。广义的新闻是指一切新闻报道题材，包括消息、通讯、深度报道、调查性报道、解释性报道等，而狭义的新闻专指消息。一般来说，消息是一种以简要的文字迅速及时报道新闻事实的新闻体裁。

（二）消息的分类

消息的类型多种多样，根据不同的分类角度，可以将消息分为若干不同类型。

按新闻所报道事件的性质来分，有事件性新闻和非事件性新闻。事件性新闻是对新近发生的事件的报道，包括动态消息、特写性消息、简讯等。非事件性新闻与事件性新闻相对，是对刚刚发生的社会现象、社会问题、社会发展成就、可供参考的方法和信息等事实的报道，包括综合消息、经验消息、述评消息等。

按报道内容分，有政治新闻、经济新闻、科技新闻、军事新闻、体育新闻、教育新闻、文艺新闻、社会新闻等。

按媒体分，有文字消息（报纸）、广播消息、电视消息、网络消息等。

按篇幅分，有长消息（1 000字左右）、短消息（500字左右）、简讯（200字以内）等。

国内比较通行的是按消息的写作特点来分类，把消息分为动态消息、经验消息、综合消息、评述消息、人物消息等。近几年，新闻写作中又出现了深度报道等新品种。下面对常见的几种消息种类略作介绍：

1. **动态消息**　动态消息又称动态新闻，是对国内外最新动态事实的报道，具有快速、简短、客观的特点，消息中最主要的就是动态消息，动态消息是使用频率最高的新闻体裁。

学习新闻写作,首先要学会动态消息的写作,这是写好其他消息的基础。动态消息的主要功能是迅速及时地报道国内外重大事件和社会生活中刚刚发生、正在发生或即将发生的事件,反映新情况、新成就、新问题、新气象等。在动态消息的写作中,要注意用准确生动的语言叙述和展现事实现场,报道最新动态,并准备连续报道。

中方要求集中舰船加大水下扫测搜寻力度

澳军舰两次侦测到水下脉冲信号

【据中国青年报北京2014年4月7日讯】(记者 白雪)今天是马航客机失联第31天,交通运输部召开马航失联客机应急反应领导小组第27次工作会,要求集中舰船加大水下扫测搜寻力度。目前,我方有6艘舰船在澳大利亚以西海域搜寻,另有3艘舰船在印度洋东部海域搜寻。截至15时,尚未发现与马航失联客机有关的确切信息。

今早8时,中国海上搜救中心经与澳方协调,指定了我方舰船的搜寻区域。交通运输部所属"海巡01"轮"东海救101"轮和中国海军999舰、998舰在疑似海区面积为144平方千米的搜寻区域内进行复核扫测;"南海救115"和海军171舰分别在西区近6万平方千米和南区约3万多平方千米的海区搜寻并向疑似海区靠拢;"海巡31""南海救101"及海军863舰继续在印度洋东部海域搜寻。

截至12时,我交通部所属船舶在南印度洋累计搜寻145 479.9平方千米。中国海上搜救中心共协调62艘过往商船在印度尼西亚及澳大利亚以西海域搜寻161 763平方千米。

中国海上搜救中心主任、交通运输部副部长何建中强调,一是要集中舰船在疑似区域加大水下扫测搜寻力度;二是进一步加强与澳大利亚联合协调中心的沟通联系,及时研判搜救信息,合理调整搜寻区域,切实做好水下、海面、空中立体协同搜寻,并派员赴澳大利亚联合协调中心开展工作;三是认真做好我方舰船的后勤补给和自身安全工作。

【中国青年报北京2014年4月7日电】(记者 高四维)澳大利亚搜寻MH370联合协调中心今天召开新闻发布会称,澳"海盾号"军舰6日在搜寻区域北部探测到两次水下脉冲信号,特征与黑匣子信号相符,发现信号的位置与中国"海巡01"轮侦测到信号的位置相距不远。

联合协调中心负责人休斯敦称,澳大利亚"海盾号"探测到两次水下脉冲信号,第一次持续约两小时20分钟。"海盾号"按同一航线返回时,探测到两个不同的"数据连接请求"的信号,这次持续约13分钟。"值得注意的是,信号可能与飞行数据记录仪和驾驶舱话音记录仪的传送频率一致。"

休斯敦称,这是目前获得的最好线索,但仍需谨慎对待,须等待进一步确认。

"海盾号"将继续停留在原来海域,在西澳大利亚海域,用水下声波定位发射器搜寻。疑似信号海域水深达4 500米,海况复杂。搜寻海域最深达5 000米,水下自主航行器探测能力有限。

休斯敦称,国际调查专家组根据分析绘制出一幅海底地图,展现了MH370与卫星的6次握手。第6次握手之后的第8分钟出现了另外一次握手,信号与此前不同。专家组认为这一阶段可能发生一些事情，估计在此期间可能因航油耗尽而致飞机坠海。

休斯敦称，“海巡01”和“海盾号”的搜寻区域均在专家绘制的地图弧线上。数据分析显示飞机最有可能在“海盾号”所在区域坠毁，最后位置与飞机的航行速度有关。

休斯敦称，目前为止没有发现任何残骸，只有找到残骸才能解开谜团。另外，鉴于南半球的冬天快到了，即使发现信号并找到飞机残骸的准确位置，打捞的过程也会很漫长。

马来西亚政府今天举行新闻发布会，国防部长代理交通部长希沙姆丁称，正对与雷达相关的问题进行调查，关于对机长与副机长的调查与此前公布的信息一致。

今天，9架军机、3架民用飞机和14艘舰船将参与搜寻MH370的工作，搜寻区域约23万平方千米。澳“海盾号”正在其区域里持续搜寻。英“回声号”正前往中国“海巡01”号探测到脉冲信号的海域帮助搜寻。

2. **综合消息**　综合消息又称“组织性消息”，它是综合反映带全局性的情况、动向、成就和问题的报道，它属于非事件性消息，并且在非事件消息中数量最多、影响力最大。综合消息通常围绕一个中心，将不同地区、不同单位发生的具有同类性质又各有特点的事件综合在一起，从不同角度突出同一主题。综合消息综合性强、策划性强，要求占有全面、充分、典型的材料，并在提炼主题上多下功夫。

广东考研人数6年来首现下降

【据南方都市报2014年1月6日电】（记者　郑焕坚　金可镂　陈竹沁）2014年全国硕士研究生招生考试基本于昨日结束，据教育部及省教育考试院介绍，2014年广东省共有5.9万多人报名考研，相对2013年报考人数少了1 000多人，同比下降2.18%，这是6年来广东报名考研人数首次出现下降，也是10年来广东报名考研人数第三次出现负增长。

考研人数比去年下跌2.18%

自2005年至2014年10月间，广东考研报名人数总体呈现增长趋势：报考总人数从2005年的34 206人，增至2013年的最顶峰60 320人，今年则降至5.9万多人。尽管今年报考人数略有下降，但10年来广东考研人数仍然呈现总体增长趋势。

10年来广东考研报名人数出现了有涨有跌的波动，10年来广东的考研报名人数同比增长率，分别是28.63%、4.26%、-0.29%、-3.4%、8.5%、22%、9.5%、11.36%、8.81%、-2.18%，其中在2007年、2008年和2014年三次出现负增长。2008年，广东考研报名人数同比增长率一度跌至谷底，随后又出现了5年反弹局面，但到了今年考研人数再次下降。

今年在其他省份，考研报名人数也出现了下跌，例如北京、河北、湖北同比也分别下降了7%、3.8%、1.24%。

广东的考研趋势也与全国大体相同，记者统计看到，全国近10年来的考研报名人数也是总体在增长，但在2008年和今年，全国考研报名人数也是出现了负增长，其中2008年同比负增长6.8%，2014年则同比负增长2.27%。

“往年一个班1/4考研，今年仅1/10”

广州大学文学院某班60多名学生，今年该班报名考研的只有6人，仅占1/10，“往年一个班备考的起码有1/4”。

但为了“提高就业竞争力、谋求更高学历、圆名校梦”等原因,不少人仍然选择了考研。广东外语外贸大学市场营销专业应届毕业生小张表示,他在大三即决定考研,主要是为了今后更好找工作,同时把就业压力缓解到3年后,“现在很多国企的招聘硕士学历是敲门砖”。

部分高校人士表示,考研报名人数略有下降,或缘于今年应届本科毕业生就业形势比去年有所好转,“考研是很多学生缓解就业压力的一道‘阀门’,就业好,报考人数自然就少一些”。(图略)

3. **简讯** 简讯,又称简明新闻、短讯、快讯,它是事件消息中最快、最简洁明了的一种报道体裁,一般在200字以内。简讯一般在两种情况下使用,一种是重大新闻或者受众比较关心的新闻,为了突出时效性,先发一条简讯,然后再作详细报道或者追逐报道,另一种是非重大新闻,但是具有新闻价值和愉悦价值。

“爱你一生一世”

【据中国青年报2014年1月4日电】 1月3日,一对新人在上海静安区公证处颁证堂摆出心形造型。当日是2014年1月3日,因“201413”谐音“爱你一世一生”,不少新人纷纷选择在这一天登记结婚。

4. **评述消息** 评述消息又称“新闻述评”或“记者述评”,是指在报道新闻事件的同时对事实发生的背景、原因、结果、影响等进行叙述与评说的新闻报道题材。它是用叙议结合的方式来反映国内外重大事件的一种新闻体裁,它以报道事实为主,但又以评述事实为最终目的,在述评消息的写作中,一般先报道新闻事实,然后用背景材料对事实进行分析,评述消息要求夹叙夹议,亦叙亦评,述中带评,要防止有述无评、只评不述、述评脱离。

新华网评:好日子要和非洲兄弟一起过

【据新华网2014年5月12日讯】 (琴心)连日来李克强总理对非洲四国和非盟总部的访问聚焦着全球目光,李总理在非盟会议中心的演讲令人印象深刻。当李总理对现场的非洲朋友说到“和你一同笑过的人,你可能把他忘掉,但是和你一同哭过的人,你却永远不忘”这句话时,尤其令人动容。诚如所言,中非一路走来,相互扶持、休戚与共。中非友谊历经半个多世纪的洗礼,历久弥坚。中非人民亲如一家,是老朋友、真兄弟。

20世纪60年代,周恩来总理率团访问了非洲10国,奠定了中非合作的坚实基础。70年代,为了支持非洲国家的民族解放事业,中国在自身经济十分困难的情况下先后派遣了5万多工程人员赴非援建了坦赞铁路,时至今日,这条“自由之路”仍是中非友谊的象征。中国也在非洲兄弟的倾力支持下,被“抬进了联合国”。

近年来,随着中国经济的腾飞和非洲经济的快速发展,中非合作的广度和深度持续拓展,内涵不断充实,互利共赢始终是中非合作的主旋律。走向广袤非洲的中资企业,是深化中非务实合作的见证者和实施者,为增进中非友好发挥着不可替代的作用。目前在非中国企业已超过2 500多家,直接投资存量突破250亿美元。这些中国企业赴非洲投资兴业,推动了当地经济和社会发展,也实现了自身的长期、可持续发展。

“要想富,先修路”,这是中国从自身发展中摸索出的宝贵经验。要想帮助非洲朋友脱贫致富,实现快速发展,首先要帮助非洲实现区域互联互通。为此,中国企业广泛参与非洲亟需的公路、铁路、桥梁等基础设施项目建设,目前在建的埃塞亚的斯亚贝巴—阿达玛高速公路,是埃塞乃至整个东非地区的第一条高速公路。中方在肯尼亚也正在投资兴建蒙巴萨—内罗毕铁路。中国企业迄今已为非洲修建数千千米的“交通动脉”,当地人亲切地称其为“美丽中国路”。互联互通不仅实现了非洲道路交通基础设施的联通,更拉近了中非人民之间心与心的距离。

“有就业就有希望”,中国老百姓关注就业,非洲各国也概莫能外。在非中资企业注重本地化经营,为当地提供了大量就业岗位。据统计,在非中国企业中,中国员工和当地员工的平均比例大概是 1∶8。以埃塞为例,中国企业投资的东方工业园,为当地提供了 5 000 多个就业岗位,亚的斯亚贝巴—阿达玛高速公路 90%的建设者是埃塞本地员工。同样,在安哥拉的最大中资企业中信建设,目前聘用安籍员工逾 15 000 人,企业在安承建的 K. K 新城项目是迄今中方在非洲完成的最大房建项目,工程质量上佳,居住环境得到当地入住居民交口称赞,被安哥拉总统多斯桑托斯誉为“安哥拉重建王冠上最为璀璨的明珠”。

“授人以鱼,不如授人以渔”。在非中资企业建成成套项目后,会留下技术小组,同非洲分享技术和经验,帮助非洲当地人员独立运营和维护这些设施。类似中兴、华为等中国高科技企业在非洲许多国家都建有培训中心,帮助培训当地高技术人才,让“输血”变成“造血”。中国与非洲国家共同实施的“农业优质高产示范工程”和“中非农业阳光计划”,将有效提升非洲农业技术水平和农产品质量,为非洲培养大批农业技术和管理专才。这些与周总理当年提出的对非援助“目的不是造成受援国对中国的依赖,而是帮助受援国走上自力更生、经济上独立发展的道路”理念一脉相承。

“岁寒知松柏,患难见真情”,中非作为世界上最大的发展中国家和世界上发展中国家最集中的大陆,曾经肩并肩手挽手,共同迈过了艰难岁月。中非是命运共同体,追求美好生活是中非人民的共同愿望,好日子大家一起过。相信借着此次李总理访非的契机,中非互利合作之路会越走越宽,中非人民也能在共同发展中加深传统友谊,共享幸福生活。

(三)消息的特点

消息是新闻的主要文体之一,是传播媒介向社会输出新鲜信息的重要载体。消息有五个要素,即何时、何地、何人、何事、何故(When、Where、Who、What、Why),简称“五何”或“五 W”。消息是公众获取新闻的主要来源,因此必须准确地反映这“五 W”。消息的特点也是消息写作的基本要求,主要有以下几个方面:

1.**“快”**　快即迅速及时,这是消息报道的最基本要求。迅速是消息报道最基本的要求。消息的最大特点就是迅速及时,在所有的新闻报道体裁中,消息也最有条件迅速报道新闻事件。媒体之间的竞争需要迅速,受众的接受也需要迅速,能否迅速报道社会上发生的重大事件,是衡量一家媒体是否是主流媒体的一条重要的标准。

2.**“真”**　真即用事实说话,这是消息重要的特点。“真实是新闻的生命”,新闻不是“有闻必录”的事实,它要求在正确的思想指导下,站在时代的高度,去反映事物的真相,揭示事物的本质。用事实说话是消息的一个重要特征,事实是最有说服力和感染力的,只有事实内容是客观的,报道形式是客观的,新闻才具有可信性,才能充分发挥作用。

当然,消息也是要表达观点和倾向的,消息写作并非是没有立场、观点的纯客观的"有闻必录"。重要的是作者主要是通过对事实的选择和叙述较间接地流露出自己的观点和倾向,寓观点于事实之中。事实上,报道什么与不报道什么,多报道或少报道,甚至在各条新闻安排的先后顺序以及与哪条新闻"链接"上都鲜明地表明了作者的"观点和态度"。比如美国与伊拉克的战争的大量报道及外电对该战争的指斥、批评和伊拉克人民遭受的灾难。我国媒体都明确表明了我们的立场、态度和观点。胡乔木说过:"新闻是一种无形的文字,叙述者总是根据一定的观点叙述事实。"因此,作者针对事实所发表的议论,是必要之处的"点睛"之笔。

3. **"短"** 短即简明扼要,短小精悍,这是消息的突出特点。消息这一文体,对新近发生的事实要作简明扼要的及时报道。三言五语或一两句话都可以是一条消息。消息不需要对事实的来龙去脉、具体细节或人物事件作详尽的报道。消息只是按照新闻的五要素将要报道的事实传达给受众。消息一般篇幅均较短,几十字或百余字即可。

4. **"新"** 新即反映最新情况,这是消息引人关注的重要特点。新闻是反映信息、事实的。但并非任何信息、任何事实都能成为新闻。消息的"新"包含内容的"新"和时间的"新"两方面。内容的"新",就是事有新意——一件事如果能令人耳目一新,则迎合了读者好奇的心态,于是读者便愿意了解它,它才可能成为新闻。反之,一件事了无新意,难以引起读者的兴趣,读者也就不会留意,它也就成不了新闻。

二、消息的结构形式

消息的结构形式指的是消息内容的组合与构造,也就是消息的谋篇布局问题。消息结构形式的一般规律的具体要求是:反映事实的内在联系、有利于表现主题、适应受众心理、紧凑又富于变化和符合体裁特点。

国内外的记者们在长期新闻实践中不断地摸索出一些好的结构方式。把它们进行归类,分别是:倒金字塔式结构、金字塔式结构、倒金字塔和金字塔结合式结构、散文式结构、故事式结构。其中倒金字塔式是消息写作常用的基本结构。

(一)倒金字塔式结构

倒金字塔式结构是一种形象化的比喻,这种结构是将最重要、最新鲜、人们最关心的、最引人注目的新闻事实放在前面,然后按照信息的重要程度呈递减的顺序来安排,即较重要的往前放,较次要的往后靠,不大重要的放在最后面。倒金字塔式结构便于记者快速写稿;便于编辑改稿、编稿和排版;吸引受众,便于读者阅读。但是倒金字塔式结构也会导致消息枯燥、死板。

英国一对夫妇不识货

用价值3万英镑古董挡门

【据羊城晚报2014年5月7日讯】(党超峰)英国广播公司BBC报道,近期,英国赫特福德郡一对夫妻意外发现长期用来挡门的木筒，竟是来自中国乾隆年间的古董，市场保守估值3万英镑(约合5.1万美元)。

这个木筒高24厘米，产于清朝乾隆年间，木筒是用一整块紫檀木雕刻而成的，应是用来放置毛笔的笔筒。笔筒外面雕有百子图，雕工十分精细，应是皇室家庭专用。

这对夫妻称，40年来他们一直把木筒当作挡门工具，根本不了解其价值。由于最近他们想买车，于是请拍卖行专家来家里帮忙鉴定有价值的装饰品，没想到专家一进门便相中了这个木筒，经鉴定后证实该木筒为清朝乾隆年间产物。

Sworders拍卖行的负责人斯库林表示："当木筒被拍卖时，女方眼里多多少少含着泪花，不过令她高兴的是可以用拍卖所得购买新车了。"

最终，一位中国买家出价18万英镑(约合30.6万美元)将清制檀木笔筒买走。

(二)金字塔式结构

金字塔式结构又称"积累兴趣"式结构，它是倒金字塔式结构产生以前各国记者运用最广泛的消息结构形式。与倒金字塔式结构相反，金字塔式结构先从一点写起，一段比一段精彩，一段比一段具体，最后呈现事件的高潮或者最精彩的部分。金字塔式结构分为两种，一种是按照新闻事件发生的先后顺序的时间顺序式，另一种是按照新闻事件进展顺序的事件顺序式。金字塔式结构的优点是条理清楚、现场感强、事件完整、故事性强；缺点是开头平淡、不吸引人。

老妇欲进京寻初恋男友解疙瘩

53年前两人分手时一个"骗"字埋下心结

【据羊城晚报2014年5月7日讯】 53年前，初恋男友张剑英信中的一个"骗"字，令如今70岁的毕莲凤感到越来越沉重，她渴望能在有生之年找到他，解开两人的心结，还晚年一个平静。

近日，身在大连的毕莲凤打算来北京，找寻她17岁时的恋人张剑英，希望媒体能帮她找到当年家住北京宣武区槐柏树附近的他。

寻人

解开53年的"疙瘩"

张剑英老人14岁入伍，如今已有80岁高龄，年轻时在北京宣武区槐柏树附近居住，当年家中有母亲、哥哥、嫂子和妹妹，张剑英的哥哥名叫张剑平。

"你骗得了别人，骗不了我。"张剑英信中的那句回复，在53年后再次让毕莲凤的心拧出个疙瘩。

毕莲凤开始在女儿、朋友那不断念叨这段往事，"我从来不是撒谎骗人的人啊。"在老伴儿的支持下，她决定找寻张剑英，问清那个17岁时遇见的初恋情人，"在信里，他为啥要那么说。"毕莲凤说，自己越来越老了，只希望能在活着的时候找到对方，化解心结。

相识

他对她一见钟情

故事开始于1960年，那一年，毕莲凤17岁，刚刚初中毕业。

毕莲凤回忆,那年6月,当军嫂的姐姐刚刚生产,在福建仙游县郊尾镇的部队随夫生活,她从老家大连金州县三十里堡的农村赶来帮姐姐带孩子,一家人住在部队的宿舍楼里。

毕莲凤住在三楼,每天上楼下楼之间,总能碰见住在一楼的男青年。“我老去河边洗衣服,他宿舍的窗前就是小河”。

夏日的午后,毕莲凤经过窗前时,曾不经意间瞥到里面一张用椰子壳刻的人脸,毕莲凤后来知道,刻出这张“椰壳脸”的男青年叫张剑英,那时已对她一见钟情。

但在当时,毕莲凤从不敢看窗子里张剑英的脸,“一个大姑娘,怎么可能往战士的屋里看”。

一次到楼下打水,毕莲凤的暖瓶漏了底,开水把她的脚烫了一大片,惊叫引来很多战士帮忙,“人群里也有他,一脸焦急,但不敢上前帮忙”。

提亲

熟悉的“陌生人”

一周后,毕莲凤和姐姐随姐夫的部队迁往西安的军区,火车上,她到军医那里给脚上药时注意到,人群里的张剑英总盯着她看。

10月的一天,毕莲凤的姐夫突然谈起她的婚姻问题,“有人来提亲,叫张剑英,你不认识他,但你肯定见过他。”

一句话让毕莲凤紧张起来,“我心怦怦地跳,傻乎乎地不知道该说啥,那时我还没有谈恋爱的概念。”后来,姐姐以她年龄小,回绝了对方的提亲。

大年初一,张剑英委托部队政治处的干部邀请毕莲凤见面,在干部家里,毕莲凤第一次看清了张剑英的长相,“眼睛不大,头发有点自来卷,一身蓝衣裤,中等个头。”

毕莲凤记得,当姐姐将害羞的她介绍给对方时,张剑英笑着回答:“我认识。”

相恋

他对她是认真的

毕莲凤说,那一面之后,张剑英总邀她出来。那个年代的恋爱低调而简单,两人沿着街道走一走就算相处,“我们那时,连手都不敢拉,各走各的,聊天的内容就是两人家里的情况。”

在西安,姐姐帮毕莲凤在郊区的工厂找到工作。在她开始上班的前一天,张剑英把20元交到她手里,“给你买饭票用。”

平日工作忙,假期也不能让一对恋人相聚,“我周五休息,部队周日才放假。”见不到面的日子,两人靠写信维系感情。每逢出差,张剑英总会给毕莲凤带礼物——漂亮的衣服和各式毛线。

不能见面,张剑英在部队委托毕莲凤的姐夫,将他买的点心和书带给女友……

毕莲凤看得出来,张剑英对她的感情是认真的。

姐夫也帮毕莲凤打听到,张剑英政治上过硬,家在北京,人也不错。

别离

合影剪两半断了往来

1961年10月,经过姐姐、姐夫的同意,毕莲凤跟着张剑英回到他北京的家。

毕莲凤回忆说，那个傍晚，两人在北京站下了火车，乘坐公交车在槐柏树站下车，“经过一个都是松柏的公园，就是他家。”

到家后，张剑英的母亲、哥嫂和妹妹都很热情。在北京，张剑英带毕莲凤逛街、吃饭，两人还在照相馆里拍了合照。

两天后，他送她上了回大连老家的火车。

毕莲凤回到老家不久，张剑英的第一封信到了，信封里掉出两人在北京的照片，信纸上却没有思念，“写着‘强扭的瓜不甜，你把我忘了吧’。”

一句话让毕莲凤两眼泛泪，她写信追问张剑英，“这是为什么？”几个星期后，回信里的答复让毕莲凤的哀伤变成愤怒，“他说，‘你骗得了别人，骗不了我’。”

“真是不懂，感情上是他主动，我还是个小姑娘，怎么能骗他？”一气之下，毕莲凤将两人的合照剪成两半，有张剑英的部分回寄给他，连同一纸质问。从那以后，两人断了往来。

“他的那个‘骗’字，在我心里，像压了一个千斤重的秤砣。”如今，70 岁的毕莲凤已经当了外婆，但对于张剑英的误解，却无法释怀。

3 年前，毕莲凤听说张剑英转业到了铁道部，曾电话寻找未果，于是在不久前，开始委托央视及北京的媒体寻找对方下落，“我一定得找到他，把当年的疑问解开。”

老伴

希望她活得没遗憾

1963 年，毕莲凤与军医崔德林结婚，共同生活了半个世纪。与张剑英初恋，毕莲凤从未向丈夫隐瞒。5 日，80 岁的崔德林向记者表示，自己支持妻子寻找张剑英，解开她的心结。

崔德林告诉记者，这是老伴儿的故事和回忆，人活到这个岁数，“我不希望她活得有遗憾”。他还说，如果找到张剑英，他会让老伴儿和他见面，“我们可以一起聊一聊过去，也希望我们两家能常来往，成为好朋友”。

（三）倒金字塔与金字塔相结合式结构

倒金字塔与金字塔相结合式结构是在我国用得最多的一种消息结构形式，就是把倒金字塔与金字塔两种结构形式结合起来，又称双塔型消息结构或沙漏型结构。这种结构，通常在导语或开头部分用倒金字塔式结构，开门见山，新闻感强烈，发挥导语突出主要事实的作用。导语之后，主体和结尾部分一般按事件发展的顺序写，给人以具体、完整、叙述清楚的感觉，比较适合中国受众接受新闻的习惯。

乘客携移动电源，地铁车内爆炸

事发深圳，300 名乘客紧急疏散，4 人受伤

【据羊城晚报 2014 年 5 月 9 日讯】（记者　李晓旭）8 日中午 11 时 33 分，深圳地铁 4 号线一列车在会展中心站至市民中心站区间行驶时，车头第一列车厢中部发现烟雾，列车被迫停车。约 300 名乘客沿着地铁隧道步行 20 分钟，疏散至市民中心站的月台，疏散期间 4 人受轻伤。经港铁证实，当时车厢一名乘客的移动电源发生爆炸，导致有乘客恐慌地按下车尾部的紧急制动门。列车司机按规定打开车头位置的逃生门，让乘客紧急疏散。

8日下午2时30分许，港铁在市民中心站月台召开新闻发布会。港铁工作人员介绍，事发在列车的第一列车厢内，视频录像显示，当时一名乘客手中拿的移动电源忽然冒烟，由于害怕，该乘客将电源扔在车厢中部的地板上，随后发生轻微的爆炸。事发后，周边乘客开始紧张，并恐慌性地朝车尾部聚集。

港铁(深圳)总车务经理姜宜荣介绍，由于爆炸地点在第一列车厢，当时列车司机有听到声音。并且，列车6个紧急通话装置被激活，司机打开间隔门后看到微弱红光及浓烟。经司机确认，当时列车具备启动条件，按计划将继续运行至前方的市民中心站月台进行疏散。不过，在列车启动行驶50米后，有乘客将列车尾部车厢的紧急制动门打开，致使列车无法继续行驶，于是被迫进行现场疏散。

据介绍，在隧道内步行了约20分钟后，300名乘客被疏散至市民中心站月台。其间，有4名乘客感觉不适，“一个是脚轻微擦伤，还有一个因为紧张呼吸困难。”港铁表示，在疏散过程中没有出现踩踏事件。

经过深圳市消防队现场确认，此次事件原因为乘客携带的移动电源意外自爆，事件没有导致人员直接伤亡。

(四)散文式结构

散文式结构是指用自由、灵活的手法组织安排材料。这种结构像散文那样富于变化，浑然天成，形散而神不散，最重要的材料常常不写在消息的开头，而是根据表达主题的需要灵活安排。采用散文式结构写新闻，轻松、自由、活泼，突破了长期形成的导语——主体——背景——结尾几大段的写作模式。常常具有鲜活的细节描写，可在现实基础上展开适度联想，而且极富文采，既有信息价值又有美学价值。采用散文式结构写消息，一是要注意不要“离题万里”，二是要防止“支离破碎”。无论用穿插手法，还是交错展现，尽管时间和空间跳跃很大，但一定要围绕着主题展开，做到形散而神不散。

六旬母亲决意捐肾救女儿

【据信息时报2014年5月14日讯】 (记者 张秀丽，通讯员 许咏怡)昨天，来自全国各地的近50名曾接受亲属肾移植手术的供受者在广医二院一起庆祝母亲节。现场多位母亲谈及即使年迈也不惜一切捐肾救孩子一事，并表示欣慰、无悔。

“不能看着她比我先走”

“我既然能救她，我就不能眼睁睁地看着她比我先走。”昨天上午，回忆起捐肾救女儿的经历，来自湖北恩施64岁的李清秋含泪讲述。2011年，她33岁的女儿杨俊患上了尿毒症。老太太知道通过肾移植能够帮助女儿脱离疾病的折磨。可是杨俊不愿意接受母亲的肾，担心影响到母亲的健康。

接下来两年，每次透析，杨俊都饱受折磨。老太太一直陪着女儿治疗，看到女儿折磨难忍时都哀求女儿接受她的捐赠，每次女儿的拒绝都让老太太痛苦无助，“我宁愿受罪的是我”。

2013年6月6日，杨俊病危，“我已经63岁了，不能再等了。”老太太毅然为女儿捐出肾脏。移植手术完成至今，母女身体情况较为乐观，老太太含泪讲述，“谢谢我女儿听我的话，接受我的肾。”

“妈，谢谢你给我第二次生命，”已为人母的杨俊体会到一位母亲对儿女的关爱和付出。

亲属肾移植　母亲占六成

记者留意到，现场有超20位母亲年纪已经过了50岁，她们义无反顾地给了孩子第二次生命。

广州医科大学附属第二医院移植科潘光辉教授介绍，目前中国活体器官移植的一个重要特点是供受者关系仅限于近亲属或夫妻关系。其中，母亲为儿女移植的案例居多。广医二院肾脏移植开始于1987年，为广东省乃至全国开展该项技术较早的医院，从该院该移植科室的400余例来看，母亲为儿女提供肾源的占到六成。

无论是中国还是外国，消息写作都在向自由的、活泼的方向发展。因为现实生活丰富多彩，新闻内容千变万化，这就必然要求消息结构的形式也应多姿多彩，这就要不断地创造新的消息结构形式。

三、消息的内容与写法

消息一般由标题、导语、主体、背景材料和结尾等五部分构成。消息的写作具体体现在它的独特的结构形式上，作者应该根据新闻事实的内容和特点，灵活机动地设计最合理的结构。不管哪种结构，都要求有条不紊、层次清晰、服从主题需要。

（一）标题

标题是报刊的眉目、内容的精粹。它集中反映了作者对新闻事实的认识程度和观点倾向，向读者传递消息的精髓。“题好一半文”，出色的标题能吸引人，也能凸显消息的价值。消息的标题总体上要求准确、鲜明、生动、简练，但在具体运用的时候又有一些特殊性。消息的标题一般有多行、双行、单行三种类型，下面分而叙之。

1. **多行标题**　在报纸上占头版头条、反映的内容比较重要、问题比较尖锐的消息，通常要用多行标题造成气势，引起读者注目。多行标题一般由主题、引题和副题组成。

主题位置居中，又称主标题、正题、大标题，是标题中最受人注意的部分，需要简明扼要地点出主旨，概括消息的内容。

引题又称肩题、眉题或上辅题。位置在主题之上，是从属于主题的“先行官”。其作用多为介绍背景，烘托气氛，引出主题。

副题。又叫次题、子题或下辅题。位置在主题之下，常用来进一步说明、补充、解释主题。一般是次重要事实或者需要强调的观点，副题使主题更加完整。

一般将引题和副题两部分统称为辅题，字号较主题小。

例如：

全国每个家庭平均想生1.86个孩子（引题）

单独两孩不会致人口大增（主题）

政策实施不设统一时间表（副题）

《人民日报》2013年11月17日

2. **双行标题**　双行标题一般是省去引题或副题，由一引一正或一正一副构成。双行标题一般有两种情况。

第一种:引题+主题

例如:

湖南桃江一名教师涉嫌违法生育被开除公职,起诉计生部门程序违法(引题)

我未肇事,为何担责?(主题)

《中国青年报》2013年12月30日

第二种:主题+副题

例如:

华东交大:心理情景剧一票难求(主题)

心理健康教育令该校近10年无学生自杀(副题)

《中国青年报》2013年12月25日

3. **单行标题** 单行标题就是只有一个主题。它简洁明了地反映消息的中心内容,要求具体、鲜明、醒目、易记。

例如:

70后:压力山大下狂欢式怀旧来得理所当然

《中国青年报》2013年12月31日

"妈,你带了我的救命钱去哪了"

《信息时报》2014年1月7日

不同行数的主题、引题、副题结合在一起,组成了统一的标题,它们之间不是毫不相干,而是相互关联的。正确的消息标题结构应符合两个条件:一是分行自然,便于阅读,不致产生歧义;二是引题、副题与主题之间存在逻辑上的关系,并能把这种关系表达明确。

(二)导语

导语是消息特殊的开头部分,用几句话写出最重要、最新鲜、最精彩的事实或反映出事实中主要的思想和意义,以揭示主题、吸引受众。正如陆机《文赋》中所说:"立片言以居要,乃一篇之警策。"消息的导语前,往往冠以"本报讯""本台消息""××社××地×月×日电"的字样,即为消息头。消息头主要有"讯"与"电"两类。"讯"指通过邮寄或书面递交的形式向媒体传递的报道,"电"指通过电报、电传、电话、电脑等传输的报道。消息头是版权所有的标志,也可标明消息的来源,也易于让受众和编辑一下子将消息与其他体裁区别开来。消息头之后紧接导语。消息的导语有多种形式,常见的有以下几种:

1. **叙述式导语** 叙述式导语即用概述的方法,简明扼要地把最重要、最新鲜的事实写在消息的最前面。例如:

职校上周接连举办招聘会,多个专业学生不愁工作

助产士,未毕业已全就业

【据羊城晚报2013年12月23日电】 (记者 黄亮,通讯员 卢广巨)本月20日,广州医科大学卫生职业技术学院举办2014届毕业生校园招聘会,护理专业毕业生供不应求,男"准护士"更加抢手。次日,广东轻工职业技术学院也举办校园招聘会,该校"订单班"的学生也不愁工作，学成后直接进入合作的企业工作。

2. **描写式导语**　描写式导语在报道新闻事实之前，先用简明生动的语言，对新闻事件中某个最重要或最有特色的侧面或场景进行描写，使读者一开始就感受到某种强烈的气氛，产生身临其境的现场感。例如：

头卡5楼防盗网　街坊合力救女童

【据南方都市报2014年2月25日讯】（记者　梁锦弟）“快点呀，快点呀，小孩要掉下来了！”龙文友指着5楼窗户上，紧张地大喊，路人顺着指示抬头，一个小孩被卡防盗网，头部在上，脖子以下的身体悬空在外，摇摇晃晃，这惊险一幕就发生在前日下午2时许。情况紧急，路人拉起帆布做防冲措施，女孩母亲在楼上拽着孩子，经过10多分钟的努力，众人合力将小女孩救出，总算有惊无险。

3. **评论式导语**　评论式导语在开头概述最重要的事实后，立即对这一事实发表评论作出判断，把新闻事实的意义讲得更明确肯定。例如：

床租房：4个房间住了20人

【据羊城晚报2014年4月23日讯】（记者　鲁钇山，实习生　朱文晓　陈嘉玲）一种新的房屋出租方式近期在广州登陆并迅速蔓延——“床租房”，即在房屋里放上多张床，然后将每一个床位分别出租给不同的租户。在房屋租金高涨的背景下，房主们乐于通过这个办法来“创收”，而租客们也想尽量少花点钱多些积蓄去实现梦想，于是各取所需，交易火爆。

羊城晚报记者在对此现象调查中发现，“床租房”的租赁方式多不规范，在房租的诱惑下房主只想多装些床而很少关注其他，有的房屋严重“超载”，有的甚至男女混住，只拉一张布帘隔开……安全隐患诸多。

4. **提问式导语**　提问式导语采用设问的方式，把消息中要解决的问题或要介绍的经验一开始就提到读者面前，引起读者的思索和关注，然后再通过新闻事实的叙述或评述，回答所提的问题。例如《新观察家周刊·一九八三年的悲惨世界》（法）中的导语：

目前世界上究竟有没有贫困的“第四世界”？尽管在这繁荣的年代里不多见，然而它却一直存在着……

又如：

“4% GDP”教育预算怎么花？

【据中国青年报2014年3月8日讯】（记者　黄冲）今年两会，“4% GDP”的教育预算经费依然是公众最关注的焦点之一。“4%”能否落实？怎么花？怎么管？对于这些问题，人们迫切希望得到明确回答。

5. **延缓性导语**　延缓性导语不急于在开头第一段中“端”出消息的精华，而是用新鲜、活泼、形象生动的语言“逗引”读者的兴趣。例如：

深圳打车奇缘　妹子表白寻的哥

女孩被的哥感动，却后悔没有要联系方式

【据南方都市报2014年2月25日讯】（记者　黄丹）“我把心丢他车上了。”前日傍晚,深圳网友@双鱼Shania发出了这样一条微博,寻红的出租司机"一枚"。随后,被微博内容感动的网友们疯狂转发,交警也给力寻找。

另外还有摘要式、比兴式导语等。随着新闻事业的发展和读者阅读心理的变化,作者完全可以根据素材的特点和报道的需要而不断创新。

(三)主体

主体是构成消息主要内容的部分。它承接导语详细地叙述事实说明问题,用充足、具体、典型的材料对导语所作的叙述作充分的展开、详细的表述。主体的功能是充实新闻内容,为表现新闻主题服务。在有导语的消息中,主体承担三个具体任务:一是对导语提出的问题进行解释(解释"为什么");二是具体展开导语所提出的基本事实(展开"怎么样");三是补充导语中没有揭示的事实。

主体的材料安排有两种方式,一种是按时间发生的先后顺序写,例如:

外地家长"慕名"来 穗婴儿安全岛3小时4例弃婴

其中一例经劝阻后抱回,涉恶意弃婴者如何追责引争议(部分)

【据南方都市报2014年2月26日讯】 女婴在广州婴儿安全岛门口死亡,警方将其生父刑拘一事引发社会关注。尽管广州市民政局已加强对婴儿安全岛的保安监控,但弃婴还是接踵而来。前晚7点到10点,南方都市报记者在广州婴儿安全岛门口蹲守3小时,目睹4例试图弃婴者,除一对父母听保安劝阻后抱回孩子离开外,留下的3个弃婴都是病残儿。附近市民也称,最近有不少人感觉是来探路的,会在附近张望,询问情况。而如何对这些涉嫌恶意弃婴者进行追责,也引发争议。

前晚7点50分

男子千里迢迢送来脑瘫儿

前晚7点50分,位于广州白云区龙洞的"婴儿安全岛"前,一名50岁左右的男子与保安的争执,引来了路人的围观。男子旁边,一位婆婆抱着一名目测1岁左右的孩子,在男子断断续续的叙述中,大家得知孩子是名脑瘫儿。

"走到今天,家里连片瓦砖都没有了",情绪激动的男子跪倒在地哭诉,"我不是广东人,千里迢迢把孩子送到这里,我的命连一根草都不如,但是你们做好事给他一条活路吧"。几名保安只能一再劝导,争执持续七八分钟,围观路人越来越多,抱着婴儿的妇女还是执意把孩子放进了安全岛内的婴儿床上。男子和妇女随后离去。

十分钟后,广州市社会福利院工作人员带着移动婴儿床来到安全岛,先对婴儿拍照存档,然后把孩子带走。"连衣服都没有带一件来啊,不过鞋子好像是新的",围观的一中年妇女小声谈论。

前晚8点17分

两女放下婴儿便走掉

人群逐渐散去,8点17分,又有两名年轻女子疾步走来,将一名婴儿匆匆放进婴儿安全岛,保安还未赶来便仓促走掉。

福利院工作人员很快过来,但这一次,她们没有马上把孩子带走,简单查看之后叫来了急救车。“先给孩子取个名吧”，医护人员和保安商量，约半个小时后，医护人员将这个没有名字的婴儿用救护车带走。

前晚10点多

单亲妈妈求助无门弃婴

晚上10点多，婴儿安全岛周边马路行人渐少，一年轻女子抱着孩子远远走过来，后面一位老人家提着一袋小孩衣服，还拖着个行李箱。在距离安全岛100米左右的院门前，保安拦下她们。

女子透露孩子的父亲抛下她和孩子，她带着有出生缺陷的孩子生活了一年。保安一面跟她讲弃婴违法，不收超过1岁的孩子，一面介绍救助机构让她寻求帮助。“要是有落实的话，也不会有这么多人把小孩往这里送”，女子说，她是外省人，认为广州比较发达，就把孩子送过来了。

在保安的劝说下，女子哭着坐在门口，反问道：“既然你说这是违法的，那为什么要建这个岛?”保安一时也不知如何回答，只说单位小，能力有限。

另一种主体材料安排方式是按照事物的内在联系、问题的逻辑性来安排先后。例如：

多功能“市民卡”有望年内发放

水电公交等27种功能3年内分批纳入

【据京华时报2014年4月9日讯】（记者　韩旭）昨天，北京市经信委主任张伯旭做客城市管理广播“市民对话一把手”时透露，年内市民将有望拿到“市民卡”，该卡将分期分批实现一卡通用，包括水卡、电卡、公交一卡通等27张卡片的功能将逐步纳入其中。

市民卡年内有望发放

有市民反映，随着信息化发展，发卡太多反而给市民造成了不便。据统计，北京市各种卡共有27张之多，包括水卡、电卡、公交一卡通等。张伯旭表示，今年年内市民有望拿到一种“市民卡”，也就是真正的一卡通。

“目前，技术没有问题，可以一张卡片承载所有卡的功能，问题就在于后台服务分离，怎样结算？怎样把分散的后台数据资源整合?”张伯旭说，三季度将推出相应的标准，先整合一部分卡，然后分期分批进行，预计用三年左右时间完成。

页岩砖生产线将全关

张伯旭坦言，工业对于雾霾天的形成肯定是有影响的，但把工业等同于雾霾也不科学。“应该在注重生产的同时，要对排放物做科学处理，以前分配给治污部分不是很高，污染主要来源就是工业化燃煤设施排放，包括二氧化硫、氮氧化物、水泥制品的烟粉尘和喷漆挥发性有机物，也包括家具油漆等。”

张伯旭说，本市将加快产业结构调整，目前已制定了高污染企业的退出目录，现有182条，涉及石化化工等9个行业。同时，市环保局也正在研究制定家具和汽车制造的排污标准。他表示，在推进燃煤设施清洁能源改造方面，2014年已基本完成市级以上工业开发区生产用燃煤设施清洁能源改造，压减燃煤50万吨，预计到2016年工业压减燃煤将达到200万吨。

张伯旭透露,今年将累计调整退出500家污染企业,2015年将累计退出800家,并且关闭全市页岩砖生产线;到2016年会累计退出污染企业1 200家。

4G信号年底覆盖主城

“进三环似火箭,出三环如板砖。”不少网友这样形容4G网手机。对于不少市民反映的很多区域没有4G信号的问题,张伯旭透露,目前4G一期商用网正在建设,计划2014年底覆盖北京主城区和郊区县中心城区。

截至2013年底,北京市4G规模试验网已建成开通,实现东、西、北三环和两广路以内区域全覆盖以及五环内部分区域覆盖。由于4G的带宽更大、频率更高,所以4G基站的覆盖范围就小,基站布设密度就更大,选址难、取电难等问题非常突出。去年北京市各级政务部门已开放办公大楼资源支持基站建设,北京市经信委也正在组织制定《公用移动通信基站管理办法》,积极协调推进《公用移动通信基站站址布局专项规划》的制定,力争将本市的基站建设纳入法制化管理中。

对于市民所担心的基站电磁辐射问题,张伯旭表示,北京市严格执行国家环保部《电磁辐射防护规定》中规定的公众照射导出限值为40微瓦/平方厘米的标准。该标准较之美国、欧盟等其他国际标准化组织的标准更严格。

(四)背景

背景是指对新闻人物、事件产生一定影响的历史情况和现实环境。它不属于新闻事实,却有利于新闻事实的传播;它在新闻中所占的篇幅并不大,但它在新闻作品中的地位不容忽视,美国一些学者认为:“不使用背景材料,几乎没有什么报道是全面的。”背景具有交代新闻事件的历史环境、客观条件与新闻事件联系等作用。背景材料运用得恰当、妥帖,可以烘托主题、深化认识、解疑释惑,增强消息的知识性、趣味性和新闻价值,使内容丰富饱满。

消息背景从内容上看,大致分为:历史背景、地理背景、人物背景、事物背景(有的加上知识背景、社会背景)。从功用上着眼,又大致分为三类:对比性背景材料、说明性背景材料和注释性背景材料。这里主要以功用为标准来分类。

1. 对比性背景材料 对比性材料主要通过对比衬托,以突出新闻事实的意义,阐明某一主题、表明某种观点。通过对比,突出矛盾和差异,显出特点和价值。例如在反映新中国治蝗成果的报道中,插入历史上蝗虫危害如何猖獗的记载。

今年村官考试报名同比减6 000人

总体竞争比约4.4∶1,朝海丰三区竞争最激烈

【据京华时报2014年5月1日讯】 (记者 赵鹏)昨天是今年本市选聘大学生村官网上报名的截止时间。记者当日从本市人社部门获悉,大兴、通州、顺义三区的报名人数最多,均超过千人。截至昨天下午5点,报名人数刚到1.01万人,远低于去年的1.6万人。据了解,报名人数减少或与报名时间短、去年村官涨薪后今年不再涨有关。

去年,北京选聘2 400名应届高校毕业生到村任职工作,超过1.6万人报名,整体竞争比约6.6∶1。今年选聘人数为2 300人,报名刚刚破1万人,竞争比只约4.4∶1。其中,大兴区、通州区、顺义区报名人数位列前三，分别为1 312人、1 102人、1 013人。报名人数最少的是丰台区、平谷区、门头沟区，分别为422人、466人和477人。而在去年，报名人数最多的大兴区超过了2 200人；通州区和昌平区也达到1 600人左右；报名人数最少的丰台区也有600多人。

从竞争激烈程度看，朝、海、丰三区仍是村官岗位竞争最激烈的3个区县。相对其他区县选聘人数普遍有一二百人之多，这三个区县的选聘人数海淀最高只有66人，朝阳最低只有43人。最终朝阳区的竞争比超过13∶1，海淀区超过12∶1，丰台区也接近9∶1，均远远超过整体竞争水平。

据了解，报名人数与报名时间和待遇等因素有关。2012年本市选聘3 000名村官到村任职，但由于报名时间只有相对较短的16天，而且当时村官的待遇相对于公务员来说低了不少，最终报名人数只有8 600余人。

去年，报名时间有近60天，为近年来最长一次，当年报名人数超过1.6万人。此外，去年初，北京村官包括新选聘的在内，普涨近一倍工资，基本与公务员待遇"看齐"。同时对于其中符合选拔条件的优秀毕业生，经过一定程序，还可列入基层培养锻炼名单，跟踪培养。这些待遇均促进了报名人数的增长。

但是今年的报名时间仅30天，加之去年村官涨薪后今年不存在继续涨薪。众多原因造成今年村官报名比去年少，又比前年多的"中庸"状况。

2. **说明性背景材料**　说明性材料介绍新闻事实的政治背景、历史状况、地理环境、物质条件等材料，以说明事物出现的原因、条件、环境，帮助读者更好地理解消息的内容。

秦始皇帝陵考古发现秦俑　"新丁"身上现"宫臧"

【据新华网2013年11月2日电】（记者　冯国）广受关注的秦始皇帝陵"百戏俑坑"考古工作近期基本结束，在推动学术进步的谨慎态度下，让人感觉精神为之一振的主要是新出土了两类陶俑，其中一类俗称"泡钉俑"，俑身上首次发现的"宫臧"文字表明其身份尊贵，为研究"秦俑家族"和秦宫制度尤其是娱乐艺术和时尚生活等提供了鲜活的珍贵资料。

根据考古修复工作得知，在"百戏俑坑"第三过洞中命名为2012第4号俑的陶俑，通常俗称泡钉俑。其修复后通高1.57米（不含头部），其中身高1.54米，脚踏板厚0.03米。该俑整体呈站立姿，身体稍向左侧扭转，左手臂上举，右臂搭于胸前右侧，双腿分离，略呈小弓步；上身着衣，下身着裳。

专家介绍，该俑的上衣由主体、两袖组成，在主体开襟、下边缘处有纯（仿真衣服的锦边），袖口也有纯，上衣从后背处开合，左侧衽压右侧衽，上衣的肋部饰有一条带子，从肩部向下饰有9列圆形泡饰。其下裳则是由裳的主体及腰带构成，裳主体的外观呈上小下大的圆桶状，腰带被上衣遮蔽，仅露出带结，在左腹前部，带环呈滴水状；下裳后侧面有一处戳印的文字，前一字为"宫"，后一个残缺，但从大体轮廓和主要结构上判断为"臧"字。

专家考证认为，泡钉俑本身属于秦俑家族的新成员，其制作、工艺以及姿态技艺、服饰艺术等都是崭新课题。同时，作为百戏俑身体上首次发现的"宫臧"两字，其不仅是陶俑来源的证明，更是整个百戏俑群体身份尊贵的佐证，对于研究秦俑家族的身世等具有重要意义。

除了在类型和文字上的重要突破之外,泡钉俑由于在考古过程进行了现场保护,其彩绘研究也有重要发现。根据专家描绘,陶俑下肢及脚的彩绘分为两层,上层为白色,涂刷的白色颜料为骨白,底层为黑色的生漆;下裳的彩绘为两层,底色呈黄色,颜料铁黄,表层为白色,颜料为骨白;上衣的彩绘目前保留为一层紫色,采用平涂方式,但有明暗与浓淡之分,上衣的四个圆泡之间绘有八角纹。下裳的彩绘层上绘有黑、白、灰三色纹样,绘画工艺有勾、描、填、点等方式。上衣与袖口的边缘纯部,有仿锦类丝质的纹样,以带状几何纹为主,单体几何纹、枝叶纹等作为辅助纹样。总之,该俑除脚踏板外,通体涂彩绘。

在秦俑家族之中,除了泡钉俑的重要类型之外,百戏俑坑中还出土了一类双手伸直交叉腹前的短裳陶俑。作为同样出土于第三号过洞西部的第3号俑,其修复后通高1.6米(不含头部),其中身高1.57米,脚踏板厚0.03米。该俑整体上呈站立姿,两臂于腹前交抱,两腿分开;上身赤裸,下身着裳,裳由主体及腰间的腰带构成。下体等部分在彩绘下的陶胎本体均为青灰色,上身及上肢呈砖红色;陶俑通体涂有彩绘,主要以白色为主,裳的彩绘仅存局部,腰带表面残存黑色的生漆,而白色彩绘就涂在生漆表层;上身的彩绘颜色偏黄。专家认为,通过观察彩绘,均可观察出彩绘涂刷的方向与纹路,这对于秦俑研究的精细化具有重要意义。

秦始皇帝陵9901陪葬坑(俗称百戏俑坑)发现于1999年3月,当年5月进行了试掘,试掘区位于坑主体的中部,面积72平方米。2002年又进行了第二次试掘,试掘区位于第一过洞的东端,面积约20平方米。此次考古发掘是2011年至2013年配合秦始皇帝陵博物院该坑展厅的建设,经国家文物局批准后,秦始皇帝陵博物院与陕西省考古研究院联合组队,对其进行整体考古发掘,发掘面积约880平方米。

3. **注释性背景材料** 注释性材料是对新闻事件中一些不易为读者理解的内容或名词概念加以适当的解释,如人物身份、专用术语、历史典故、风俗人情等。

北京严重污染3天停车停课

有关应急预案通过,预计公共交通客流增200万人次(部分)

【据羊城晚报2013年10月18日电】 北京市委常委会16日通过《北京市空气重污染应急预案》,意味着诸多应急措施中最受关注的“红色预警日”单双号限行、停课等“六停”措施即将正式出台。业内人士指出,该《应急预案》是极端气象条件下“减缓重污染恶化”的短期应急举措,但雾霾的长远解决之道“不在应急、而在减排”。

据了解,《应急预案》将空气重污染分为四个预警响应级别,由轻到重顺序依次为四级蓝色、三级黄色、二级橙色、一级红色。

“蓝色预警,即预测未来1天出现‘重度污染’;黄色预警,即预测未来1天出现‘严重污染’或预测持续3天出现‘重度污染’;橙色预警,即预测未来持续3天交替出现‘重度污染’或‘严重污染’;红色预警,即预测未来持续3天出现‘严重污染’。”

根据环保部《环境空气质量指数(AQI)技术规定》,AQI在201至300之间为重度污染,在300以上为严重污染。

《应急预案》规定，“橙色预警日”时，“停产”“停工”“停放”“停烧”，即部分工业企业停产、部分企业限产减少30%的污染物排放，部分土石方和建筑拆除工地停工，全市烟花爆竹停止燃放，露天烧烤停止经营。“红色预警日”还将增加“停车”“停课”，即机动车单双号限行，渣土、砂石等易扬尘的运输车辆停运，中小学和幼儿园停课，总和为“六停”。

“截至目前，新《应急预案》中提及的红、橙、黄、蓝四色预警所对应的污染程度，在2013年都出现过，未来将会根据预警等级，坚决严格执行预案中的相关措施。”北京市环保局大气处处长于建华说。

（五）结尾

消息的结尾有的是对全文作概括性总结，以加深读者的印象；有的是号召和激励，使读者从中受到鼓舞；有的是对事物发展趋势的预测和展望，借以引起读者的关注；有的不把话说清楚，留给读者自己去思考。但是无论采用哪种写法，结尾都应该是主题的最后升华。

最后要补充一点，并非所有的信息都必须安排一个讲究的结尾。比如简讯的篇幅原本就短，因此无须结尾。另外，一些动态消息也比较简要，事实叙述完毕，文章自然结束，也不必再画蛇添足。

【自测题】

一、填空（在下面每个命题的空白处填上准确的内容）

1. 按消息的写作特点来分类，把消息分为________、________、________、________和人物消息。

2. ________是对具有普遍意义的典型经验或新闻人物的报道。

3. 评述消息是以________为主，但又以________为最终目的，是________和________两种作用兼而有之的宣传形式。

4. 由于深度报道能多侧面、多角度、全方位地报道事实，系统、全面、深入地报道新闻的发展过程，因而特别适合于________和________的报道。

5. 消息有五个要素，即________、________、________、________、________，简称________。

6. 消息的特点在于________、短、________、________。

7. “活”是指形式活泼，使人喜闻乐见，这是增强________的有效方法。

8. 消息的结构形式指的是________的组合与构造，也就是消息的________问题。

9. 消息结构形式的一般规律的具体要求是：________、有利于表现主题、________、紧凑又富于变化和________。

10. 国内外的记者们在长期新闻实践中不断地摸索出一些好的结构形式。把它们进行归类，分别是：________、金字塔式结构、________、________。

二、判断题（判断下面各命题的正误，对的打“√”，错的打“×”）

1. 消息中最主要的就是综合消息，综合消息是使用频率最高的新闻体裁。　（　　）

2. 深度报道突破了“一事一报”的报道方式。它着重表述“为何”“如何”两个问题。（　）

3. 金字塔式是消息写作常用的基本结构。金字塔结构一般多用于动态消息，因此，西方称它是纯新闻的处理方式。（　）

4. 倒金字塔式结构又称时间顺序式结构或编年体式结构，它是金字塔式结构产生以前各国记者运用最广泛的消息结构形式。（　）

5. 倒金字塔与金字塔相结合式结构是在我国用得最多的一种消息结构形式，就是把倒金字塔与金字塔两种结构形式结合起来，又称双塔型消息结构或沙漏型结构。（　）

6. 消息一般由标题、导语、主体和结尾等四部分构成。（　）

7. 描写式导语在开头概述最重要的事实后，立即对这一事实发表评论、作出判断，把新闻事实的意义讲得更明确肯定。（　）

8. 主体的材料安排有两种方式，一种是按时间发生的先后顺序写，另一种是按照事物的内在联系、问题的逻辑性来安排先后。（　）

9. 多行标题一般由主题、引题组成。（　）

10. 消息背景从内容上看，大致分为：历史背景、地理背景、人物背景、事物背景（有的加上知识背景、社会背景）。从功用上着眼，又大致分为三类：对比性背景材料、说明性背景材料和注释性背景材料。（　）

三、阅读下列消息，回答问题。

本报讯　（记者　叶又红）使临床医生感到头疼的耐药金葡菌，如今遇到了克星。我国开发的新一代万古霉素万迅，日前经北京、上海等地的大医院临床验证，治疗耐药金菊菌引起的各种严重感染有效率可达85%。为此，该药目前已被我国推选为基本药物。

随着各种抗感药物在临床的大量应用，各种耐药菌也随之产生，其中耐药甲氧西林金黄色葡萄球菌和表皮葡萄球菌目前已成为最重要的致病菌之一，其对青霉素类、头孢菌素及其他抗生素均已产生耐药性，治疗难，死亡率极高。因此，研制不易产生耐药性的抗生素，已成为国际药学界的热门话题。美国在20世纪50年代研制成功的第一代万古霉素，是一种具有良好作用而又不易产生耐药性的抗生素，但该药毒性较大，加之当时耐药问题不突出，使其应用受到了限制。随着目前耐药甲氧西林金黄色葡萄球菌和表皮葡萄球菌感染的增多，我国科学家开始重新认识万古霉素，经过筛选菌种、改进工艺，研究发现了比第一代万古霉素毒性小的去甲万古霉素，即新一代万古霉素——万迅。

1. 本则新闻属哪一类消息？

2. 第一段文字属于哪种体式的导语？

四、根据以下材料，写一则消息。

要求：1. 标题、导语能概括主题，引人注目；

2. 叙事完整、立意清楚；

3. 500字左右。

10月10日，是南昌大学学生自定的“无偿献血日”。这天，江西省血液中心的采血车旁增加了一个服务台,台上放着一张“为萧亚璋同学建立个人血库”的空白表格。前来献血的同学争相写下自己的名字、通信地址和联系电话。原打算将“流动血库”的人数控制在20,结果报名者多达60人。

萧亚璋是江西南昌人,2005年高分考入上海外国语大学日语系。她在校品学兼优,不幸的是,2006年10月,萧亚璋患上了“非何杰金氏恶性淋巴瘤”,身体多处病理性骨折,而且身体的造血功能被严重破坏,血色素含量不及正常人的一半。为治病,家里先后花去了10余万元,因再也无力支付巨额医疗费,萧亚璋被迫转回江西老家。

2007年9月18日,萧亚璋的遭遇在电视台播出。南昌大学2007级学生王国平看完电视,第二天便直奔医院帮助她,却发现难以给其实质性的帮助。

王国平想到了自己刚刚加入的南昌大学青年自愿者协会。得知此事,会长王雅立即召开小组长会议,考虑到大学生没有经济基础,他们决定组织和萧亚璋血型一样的同学合建一个“个人流动血库”,这样既可解决萧亚璋大量输血的急需,又可换钱。

南昌大学青年自愿者协会会长王雅,日前和20多名大学生志愿者一起,带着捐款、礼物和一份特殊的名单,匆匆向萧亚璋家中走去。他们要为这位造血功能被严重破坏的21岁同龄人,过一个特别的生日。

每一件生日礼物都让萧亚璋惊喜、感动,当她的目光停留在那份特殊的名单上时,泪水夺眶而出。上有南昌大学68名同学的通信地址和联系电话,他们的血型和萧亚璋一样,都是A型。这68名同学是南昌大学青年志愿者协会为萧亚璋建立的“个人流动血库”。

“坚强些,我们与你同在,我们是你的流动血库”——一句温馨的祝福背后,有着一个感人的故事。

“祝你生日快乐!”在同龄大学生们的祝福声中,萧亚璋脸上露出了灿烂的笑容。

第三单元　通　讯

【案例导入】

思考:比较下面的新闻,消息和通讯有哪些不同?

体操世锦赛单项决赛展开董震获吊环金牌

[本报天津10月15日电]　(记者　吕恒文)在这里进行的世界体操锦标赛,今晚开始了10个单项决赛。来自天津的选手董震不负众望,勇夺吊环比赛金牌。在团体和全能比赛中一直状态低迷的俄罗斯选手,今晚有上乘表现,他们夺走了今晚决出的另外四项比赛的金牌。

天津小伙真棒——记勇夺世锦赛吊环金牌的董震

(本报记者　吕恒文)

静静地悬垂在两条钢丝上的吊环,引起了天津观众的极大兴趣。因为今晚参加这个项目决赛的八名选手中,有一名中国国家队的选手董震,他就是“咱们天津人”。

董震这次得以入选中国体操队进入世锦赛主力阵容,与他在吊环这个项目上的实力突出有很大关系。在资格赛中,他在这个项目上的得分就排在八名决赛选手之首。由于中国男队在全能决赛时意外失误,今晚的单项决赛,教练组希望董震不受外界干扰,稳定发挥,拿下这枚金牌。

晚9时30分,当现场解说员报出“董震”的名字时,全场观众爆发出热烈的掌声。第五个出场的董震稳住情绪,手握双环,成十字水平,再接向后翻成倒十字,整套动作连环巧妙,标准到位,编排独特,最终得到了9.775分,当董震稳稳地落地后,无论是他身边的教练,还是现场的观众,都长长地舒出了一口气。大家知道,这枚金牌已属于董震了。

22岁的董震是中国队参赛选手中年龄最大的。苦练体操多年,是天津世锦赛给了他一次成名的机会。董震今天的成功,源于他的实力和难得的自信。正如他所言:“我的力量和接连经过这么多年的苦练,可以说是处于世界前列,只要不出重大失误,以一颗平常心去参加角逐,就一定能够赢得比赛。”

天津体育馆的万名观众再次以热烈的掌声,向走上领奖台的天津小伙董震表示祝贺。这掌声代表着一个共同的心愿,激励着董震向2000年悉尼奥运会挺进。

【能力目标】

能够写作各种通讯文体。

【知识点】

通讯文体的含义及分类;通讯的评论性特征;各种类别通讯的基本写法。

通讯又称“通信”,在早期的新闻报刊上,记者往往通过电报传送外界急于知道的消息,称为“电讯”。而在新闻事件发生之后,为使读者全方位了解新闻事件,提供更为详尽的事实和背景材料,记者常常采用书信方式传送新闻,故得“通信”之名。因此,通讯是一种比消息更详尽、写作手法更灵活的一种新闻报道体裁。

通讯与消息同属新闻体,但有几点区别:从容量上看,通讯容量大、事实详细,一般篇幅长;消息容量相对小些,事实概括,一般篇幅短。从报道对象看,通讯选材相对较严,消息选材范围宽。从结构上看,通讯灵活多变,而消息相对稳定。从表达上看,通讯以叙述描写为主,表达比较灵活自由,而消息以叙述为主。从报道时效上看,通讯不如消息快。

一、通讯的含义与特点

一般来说,通讯是一种比较详细而深入地报道新闻事实和人物风貌的新闻体裁。通讯是以叙述描写为主,兼以议论抒情的表达方法,及时具体地报道现实生活中的典型人物、事件、工作经验、地方风貌。通讯这一新闻体裁,可以说是中国报纸的特产。西方传媒中没有我们所说的“通讯”,它们的“新闻专稿”(又称特稿),即“比消息更详尽的新闻”,近似于我国的通讯。

通讯是一种极具生命力和发展潜力的新闻体裁，随着新闻事业的发展，对通讯的界定难以精确。人民日报记者艾丰认为现在的新闻报道有向“二文”靠拢的趋势，消息向文件靠拢，准确有余却有失生动；通讯向文学靠拢，生动有余却有失简洁。新闻报道应该向“新、短、深”改进，而通讯最有可能实现这三者齐头并进的突破。通讯有以下几个方面的特点：

（一）真实性

通讯是新闻的一种，自然要符合新闻“真实”的要求。需要特别强调的是：通讯要比消息更生动、更形象，但决不能因此一味追求故事的有趣和人物形象的完美、生动而对新闻事实添枝加叶。凡是“可能”“大概”等没有把握的材料，绝不轻易引用。对心理活动、气氛、环境等无形事实也要注意真实，绝不能无中生有、牵强附会，或强加于人。

（二）形象性

通讯，尤其是优秀的通讯，它给读者的不仅是新鲜的事实，还有生动的形象，这使它比消息更生动，更富感染力。通讯可以用比喻、象征等文学修辞手法，展现曲折生动的情节、描写充满生活气息的人物对话，以增强形象表述的逼真感和生动性。例如：

被“调剂”了23年的人生（节选）

【据中国青年报2014年5月7日讯】　（记者　黄昉苨）历经33个小时的颠簸之后，火车终于抵达了家乡达州，谢先梅从最后一节车厢厕所前巴掌大的空地上坐起来，拍拍大衣上被乘客们踩出的脚印，拖着被压变形的行李箱下车，开始了她的寻找生母之旅。

这个四川省达州市魁字岩村的姑娘，从小就知道自己是个“超生”的孩子。年幼时，村里人逗她：“你是外面捡来的。”家里人说，她是幺爸谢运才从计划生育办公室抱回来的。为了凑足交给计生办的200多元抚养费，换回这孩子，幺爸把家里两头猪都卖了。

（三）评论性

在通讯中，议论几乎成为一种必不可少的表达方法，几乎所有通讯都融进了作者对新闻事实的观点、评价。作者就新闻事实抒发感情，以增强对读者的感染力。通讯的评论要紧扣人物或事件，要善于即事生情，缘情见理，以“点睛”之笔，突出主题。例如唐宁写的人物通讯《绍兴奇人——农民知识分子胡世庆的传奇故事》，作者运用“人物自述”的方式记述了胡世庆如何自学成才，穷十年之力写成《中国文化通史》的感人事迹后，以自己的一段感受作结尾：

走出他家不远的公路上，就是车如川流人如海的中国轻纺城，这里的每日交易金额是以数千万计算的。在这个货如轮转的物质世界里，很多农民都嫌一年两季收成太慢，不愿种地了。守望一片看不到颗粒的精神田野，十年磨一剑真是异常的艰难。胡世庆仍然乐此不疲，他名片的第一行是“中国农民”，名字后面是“自由撰稿人”，由此可以看到一种已经非常稀有的与中国古代文人的洒脱和浪漫一脉相承的气质……胡世庆说他理解的中国文化的核心精神不妨用一句话来概括——“天行健自强不息，地势坤厚德载物”。而他本人，也可以说是中国传统文化土壤上特有的产物吧。

总的来讲,真实性是通讯的生命,形象性是通讯的风采,评论性是通讯的精神。能使这三者熔于一炉的作品,才算得上是一篇好通讯。

二、通讯的分类

通讯的类型一般有两种分法。一是按报道内容分,有人物通讯、事件通讯、工作通讯、风貌通讯。二是按报道形式分,有访问记、专访、特写、大特写、新闻小故事、集纳、巡礼、侧记、记者来信等。在此采用前一种分类方法,下面分述之。

(一)人物通讯

人物通讯,是指以反映人物的活动、言行、事迹及其思想为对象的新闻体裁。

人物通讯把具有新闻意义的典型人物的言行、事迹、思想作为自己的报道重点,通讯常取材于新时期涌现出来的非同平常的开拓者、改革者、先进人物、英雄模范、爱国人士、知名学者的先进事迹,反映崭新的具有时代前沿性的思想境界、革新精神,给人以教育和启发。例如反映领导干部思想作风的《县委书记的好榜样——焦裕禄》《公仆,献身在抗洪的第一线——记中共锦州市委书记张鸣岐》;反映知识分子精神品质的《一名共产党员的风骨——记中国工程院院士钟南山》(《羊城晚报》2003年7月5日)、《为中华崛起而献身的光辉榜样——记中年光学专家蒋筑英》;反映新时期军人风貌的《叶乔波:用伤痛之躯托起五星红旗》《谁是最可爱的人》等。这些通讯名篇发表后在广大读者中都曾激起过强烈的反响,对人们的精神世界起到积极的影响。

他相信人都是向好的,但从骨子里希望学生们不要太听话。他从不为分数而教,认为“那些拿高考做抓手”的人,是不懂教育。他说,中学理科教师的重要使命,是做——

科学界派往课堂的代表

【据中国青年报2013年12月4日】(记者　李斌)王笃年希望自己的学生不要太听话,也不分数至上,可他还是收获了“奇迹般”的成绩:2013年,他担任班主任的北京十一学校首届科学实验班,30名学生中有7人出国深造,17人被北大清华录取,学生的高考平均分达到680分。

他说自己向来就反感“那些拿高考做抓手”的人,认为他们是不懂教育。

可起初一些学生觉得这个身高1.83米、霸气外露的“笃爷”管得太严了。科学实验班高一开学初,王笃年一连十来天带着电脑,像一尊金刚似的坐在教室的角落里,盯着那些连十分钟都很难安静的学生上自习,“谁要是抬一下头,都可能被他点名”。还好,这种“像犯人一样被看管”的生活很快就过去了。一些学生甚至有了可以不来上课的权利。

王笃年“不守规矩”。他不被教学大纲和教学进度束缚,“标准就是学生,学生喜欢、能够接受,我就可以这么教”。他还在山东任教时,有一次对化学教研员表达不满:产品都有免检的,我的课学生喜欢,你们也认可,你查我的教案干什么?

王笃年希望学生们不要太听话。他断言一位成绩优秀的女生将来难有大的成就,因为“太乖了”。他还“提醒”一位同事:你别把女儿教育得那么听话。并鼓励小女孩:老师布置的作业,不要都做完。

科学实验班招收的学生，大都不是传统意义上的好学生，但都学有所长，个性突出。比如苏启舟，这位顶着大脑袋，被同学们称为“天才”的男生，对于应试“基本上是一窍不通”：古诗读得懂，就是不知道怎么答题；英语的单选题有时只能碰对四分之一，但听力全对。王笃年说：“我从不认为苏启舟是差生，相反，他很优秀，他可能就是不太喜欢应试，不太适合高考制度。”这名学生凭借数学获得了保送北大的资格。

有同学评价王笃年：对待学生既一视同仁又区别对待。他的脾气并不算好，说话也不会拐弯抹角，常常高声批评人，但对张羽辉这位“坐在教室的墙角，能折腾出洞来”的孩子，王老师的评价总是三个字：他还小。

张羽辉是班上最小的学生，上课老是站起来晃荡，门门都考四五十分，在高一学年结束时，差点被留级。但王笃年却对他的母亲说：“让他先跟着，我多费点工夫，到高三的时候，实在不成，咱就让他复读一年。”他还说，“把这么优秀的孩子弄下去，我担心孩子心理上不接受，逆反起来反而坏事，于心不忍。”

王老师发现，张羽辉也有坐得住的时候，拿着厚厚一本英文原版的C++语言的书，趴在电脑上，一坐一上午。张羽辉最喜欢的人工智能与虚拟现实技术，王笃年可说是一窍不通，但他相信这名学生“早晚会做成”。高中三年，这个淘气的学生果然做了三个“很厉害的项目”：在清华大学教授的指导下，模拟汽车撞车事故；做多米诺骨牌，花了一个多月时间推倒了第一块，又花了一个多月时间推倒第二块；与一名高一学生合作开发无地图找路系统。

“我从他身上看到了科学探索需要的兴趣与毫不气馁的精神。”王笃年说，还不忘替他辩解：他能看原版的英文教材，英语水平就够了，还要他怎么样？

“你得尊重个性，尊重人格，然后就是信任。我相信人都是向好的。”他对学生们称，人人皆可为尧舜。

不过，年轻时的王笃年急起来也会对学生动手，有时忍不住一巴掌就上去了。在十一学校，他难得的一次发火是因为一次评教活动，同学们面对烦琐的调查问卷表，轻率应对。事后，王笃年发了一通脾气。“对老师的尊重，是最起码的品德问题。”他说，“在物欲横流的时代里，老师们之所以坚定地选择做老师，就全靠赢得学生的赞美支撑着”，“你为了打球，连半年才有一次的赞美老师一句话的机会都放弃，太过自私、无情了”。

王笃年容许学生们犯错，但不允许出现品行方面的问题。他不认为那种开高尔夫球课、学什么上层社会课程的教育就是精英教育。“越是精英人士，越要多承担责任，要多承担就得有更多的能耐和见识，既要敢于突破，又要踏踏实实。”

他请赵一明同学谈谈自己的想法：“你认为人生的意义是什么，人生应该追求什么？”这学生平时表现出的对金钱的欲望，一直让王笃年耿耿于怀。“人生的意义在于赚很多钱，买好车，买大房子。”王笃年听罢，从鼻子里“哼”了一声，拿起一只白色的粉笔，也不说话，只是用力在桌上写下“拼搏”二字。“我当时就深受启发。”赵一明说，“他不认可那种挣大钱做大官的价值观，觉得人生就是一个奋斗的过程，在奋斗中收获快乐和意义。”

王笃年常鼓励学生要胸怀大志，别把眼睛盯着可怜的分数和找个好工作上。他在高一高二绝不会为了提高分数而教,进入高三后,才传授一点应试技巧。一次大考前,他给一位勤奋的学生布置这样的作业,"明天上午先睡个懒觉,然后让你爸妈带你去郊区溜达几十公里"。有家长要给孩子报课外辅导班,他唱反调:"别理他们,你回去告诉父母,要是有闲钱就捐点给王老师,他正愁没钱买房。"

当有家长真要对王老师表达心意的时候,孙文利听到这位同事拿着手机说:"十一学校的校规是不准老师收受家长的任何礼品,你要是能帮我找到比十一学校更好的工作,让我愿意从这里辞职,那你就过来。"

王笃年的"霸气"还表现在教学上。在科学实验班的首次家长会上,有一位家长自恃是大学教授,要求王笃年:你让学生自学这个方式,我们家孩子不太适应,还是希望你多讲。王老师的语气有点生硬,说要解决这个问题,只有两个办法,一是把孩子调出这个班,二是让孩子作出积极的改变。他还说:"我上课的这个风格,自认为是没有问题的,不会因为你一个孩子而改变。"

王笃年说:"我已经很多年没有正式地上过一堂课了。"他根据学生的问题组织课堂教学,"学生如果没有问题,那我就没什么好讲的"。他近十年来坚持"四环节教学"——自学自研、问难讨论、精讲点拨、应用评价。

他每接手一个新班,都会在第一堂课上明确地表示:"上我的课不用记笔记。"他还批评许多中学教师,把教学过程看成是"给学生解释教材"的过程,这很害人。他认为中学理科教师的主要任务,就是跟孩子们交流对知识的看法,交流解决问题的思路——"把我们自己的看法说出来,让孩子有所参照、受到启发,即使我们的看法有时并不正确。"

该怎么学习,王老师说得很清楚:拿一张纸,写上阅读中出现的问题,看着看着,问题解决了,就把它划掉。"最后学生交给我的问题,可能由最初写下的七八十个减少到了十来个甚至三五个"。这种自学不是无的放矢,王笃年和同事们合作编写的导学读本,字数大概是教材的5倍。

王笃年相信问题的力量,认为一个不会提问的学生即使把书背下来也没有用。有一个阶段,他还买了一大袋棒棒糖,谁提出好的问题就奖励谁一个。

当年也正是凭着教学上的"霸气",他敲开了十一学校的大门。2003年7月26日,他从山东诸城来到这所名校试讲,主管人事的老师请他抽到题目后准备一天再来。"我没有那么多的时间。"王笃年的霸气外露,"在北京也没有住处,抽到题目就讲吧,不用准备。"

但在33年前,王笃年可没想过要做教师,当年高考填报志愿,他首选山东大学,在填第四志愿时实在想不出什么学校,便报了山东师范大学。结果,1981年山东省师范类院校突然提前录取,把本来超过第一志愿录取线17.5分的王笃年招致门下。

大三时,他阅读了苏霍姆林斯基的《给教师的100条建议》,此书成为他一生的最爱,从此他坚定了做教师的信念,再也没有想过要离开这个行当。

王笃年的"徒弟"、中国科学院年轻的化学博士董素英,最初带着自信走进师傅的课堂,结果很惊讶,竟然听到了很多她不知道也没想过的东西。她回家对丈夫感叹:这个老师真是太厉害了。

王笃年的“厉害”是有原因的。他有备课前坚持阅读大学教材相应章节的习惯。几乎借阅了学校图书馆里所有与化学有关的书籍，常年从自费订阅的专业期刊上获取有关化学最新发展的信息。他还习惯“用化学家的眼光”看世界，设身处地从学生角度出发思考教学。

“美国《国家科学教育课程标准》有一句话：科学学科（理科）的教师，就是科学界派往课堂的代表。我很喜欢。”他说。

即使在看新闻时，他也要把其中的信息与中学教材“拼命”联系起来。比如，他要弄清楚，染头发用的颜料，为什么粘在皮肤上可以洗掉，而染在头发上却不易洗掉？在苹果成熟后期，去掉套袋后用于给苹果“上色”的反光塑料薄膜表面的金属铝又是如何弄上去的？为什么会有那么多人迷信张悟本的“绿豆”？日本海啸后的核泄漏事件为何会引起抢购碘盐事件？偶尔他会和学生们开玩笑：学好了化学，你就不会被骗，当然，你也可以去骗人。

王笃年喜欢为学生们创造争论的环境。譬如做实验，他会把全班分成几组，同一个实验由不同的人做，或者在不同的条件下做。

一次实验后，有人提问：为什么食盐水蒸发的时候，水分跑掉了，氯化钠却不跑？“你提的问题非常好，我也没想到。”王笃年说。学生就七嘴八舌地议论这事儿，有人说，在大海边会闻到腥味，是不是说明氯化钠也挥发？“其实那是错觉，但道理何在呢？”。

这时，有学生异想天开，说：“会不会是这样，海水里的氯化钠是以氯离子和钠离子的形式存在的，当带负电荷的氯离子试图离开水面时，则会受到带正电荷的钠离子牵扯，钠离子再受到别的氯离子牵扯，形成了一个离子链，最终结果是谁也逃脱不了？”

王笃年听到这种观点，不但不觉得荒谬，还有点激动，他大声说：“这种思考问题的角度真是太妙了！”

除此之外，有些人物通讯是以少数落后人物和个别反面人物为描写对象的，这种人物通讯的写作目的是引起社会警惕，维护国家的安定团结。例如反映领导干部贪污受贿走上犯罪道路的《“湖南第一贪”的悔悟》，如反映青年大学生走向歧途的《绿叶，为何在春天里凋零?》

（二）事件通讯

事件通讯是一种详细报道具有典型意义新闻事件的新闻体裁。这类通讯通过对典型事件发生、发展、结局的描述，或反映举世瞩目的重大事件、重大科学发现，拓宽读者的胸襟、视野。例如中美建交三十周年、2009 年新中国成立六十周年阅兵仪式、山东济南全运会开幕等，都是事件通讯经常报道的内容。或反映社会主义建设新成就、体现时代主旋律的社会新风尚和人们新的思想境界、道德水平的重大事件。或揭露社会改革中的种种阻力，寻找解决矛盾的办法，推动社会改革的健康发展。或暴露生活中的阴暗面，揭露社会上存在的不正之风。

中美建交三十周年通讯：回首开启中美关系大门

【据新华社北京 2009 年 12 月 31 日电】　30 多年前，中美打开两国重新交往的大门。如今，在几代中国领导人、七任美国总统和中美两国人民的共同努力下，两国关系不断前进，成为当今世界最富生机和活力，最为重要的双边关系。“我们是两个如此不同的国家，有不同的历史、不同的文化、不同的理念……两个这么不同的国家能相处这么久、两国关系能这么活跃,我认为应归功于双方不同寻常的努力。”1972年时任美国总统特别军事助理的布伦特·斯考克罗夫特日前在回首中美关系30年发展历程时感慨道。(略)

(三)工作通讯

工作通讯又称为经验通讯,是报道和分析工作中的经验或问题,从中找出某些带规律性的东西,以此指导、推动实际工作的一种新闻体裁。对全局工作起到启发、指导和推动作用是工作通讯的主要目的。工作通讯不同于工作总结、经验总结,它必须用事实说话,要写得具体生动,有血有肉,文理并茂。工作通讯的着眼点是某项工作应该怎么做或不应该怎么做。它没有中心人物和中心事件,只有中心工作,因此在工作通讯的写作中一定要避免写得枯燥。

短命建筑“来袭” 谁为损失埋单?(节选)

【据新华网2014年5月5日】 核心提示:近期,“短命建筑”频频“来袭”:4月初,浙江奉化一幢居民楼突然倒塌造成1死6伤;无独有偶,江苏常熟“25岁”居民楼多处裂缝且房屋门窗已变形;4月25日,哈尔滨市松北区松北大道119号团结家园小区3号楼楼顶保温房盖被大风掀翻,落地的房盖砸中停在楼下的9辆车;5月3日,广东茂名高州市深镇镇良坑口村一座在建石拱桥突然坍塌,当场死亡5人。我国在建筑质量和监管方面的立法不可谓不多不严,但劣质建筑依然大行其道的主要原因依然在于监管不严、执法不力,除苦口婆心地说服监管部门再给力些外,我们更期待能有更严厉的惩治渎职者的措施出台。

求解建筑“短命”困局:如何不再发生?

监管缺失致“短命建筑”频现 职能部门需勇于担当

近年来,“短命建筑”倒塌事件屡有发生。梳理新闻报道,我们不难发现,在“短命建筑”背后,隐藏着诸多造成悲剧的必然因素。“短命建筑”究竟应由谁来担责?尽管答案不一,但可以肯定地说,施工单位违法建设和某些监管部门的不作为,是联手推倒幢幢楼房的罪魁祸首。

治“短命建筑”靠良心,更要靠法律

对此,拷问建筑寿命为何如此之短的确应提上议程。一方面,楼薄薄、楼脆脆、楼歪歪等现实案例无疑是对建筑质量的有力控诉,亦是对监管失职的严厉举报。虽然有人称建筑质量与建筑寿命不能画等号,但保证建筑质量在眼下看来更显迫切。另一方面,大拆大建是不少城市的特色,即便建筑质量达标,往往也免不了被拆迁的命运,因为城市的规划是“规划规划,纸上画画,墙上挂挂,橡皮擦擦,最后能不能实施,全靠领导一句话”。

终身负责不是说说而已

如果说,仅限于纸面上的规定,制定出来其实不难,关起门来请专家炮制就行。而后续的配套性规定不能出台以及不能从机制体制上解决国内建筑寿命整体不高的不良现状,终身负责不过是一句讨喜的空话。

新华网评:莫让短命建筑再害人

我国在建筑质量和监管方面的立法不可谓不多不严,但劣质建筑依然大行其道的主要原因依然在于监管不严、执法不力。除苦口婆心地说服监管部门再给力些外，我们更期待能有更严厉的惩治渎职者的措施出台，再加上热心网民对短命建筑的随手拍和对监管部门的持续追问，我们相信，围观既然能改变舌尖上的浪费，也终会遏制短命建筑的滋生。

（四）专访通讯

专访通讯又称访问记，是记者对新闻人物或某人物或某单位、部门进行专门采访或专题访问的一种新闻体裁。专访通讯一般以问答的形式为主，间或穿插一些现场情景的摹写、背景材料的介绍。如《财经》杂志2001年11月这一期上的《龙永图：谈判是这样完成的》就生动地描述了我国历经15年的艰苦谈判，从黑发人谈成白发人，最终进入WTO的历史过程。专访通讯常常被分为人物专访、事件专访、科学专访、地方风物专访和问题专访等。例如：

陪量子力学玩到82岁（节选）

【据中国青年报2014年5月7日讯】（在生命的最后时光，82岁的物理学家钱伯初似乎还沉浸在讲台上，嘴中含混地冒出“方程”“数据”这样的字眼。

就在他病重的最后几个月，兰州大学物理学院的一位年轻老师带着孩子去病房探望老人，钱伯初躺在病床上和他聊了两个多小时的量子力学。直到孩子饿哭了，钱先生才容许他离开。

2014年4月30日，钱伯初走了。他完成了自己的誓言：“我想在讲台上讲到80岁，还是讲我的基础课。”今年春节前，他还受邀在西安交通大学讲授量子力学。

此前，糖尿病一直以惊人的速度侵蚀着老人的身体。食道下支架的时候，钱老还和主治医生谈笑风生，一切仿佛还来得及。但最终食道癌还是无情地带走了他。

（五）风貌通讯

风貌通讯又称概貌通讯、旅途通讯或旅行通讯，是指着重描绘现实生活的变化、日新月异的面貌，以及社会变化、时代风尚、社会现状、建设情况、风土人情的一种新闻体裁。风貌通讯是我国最古老的通讯体裁之一，它以舒展轻快的笔触，将人、事、景、物融于风貌之中，展示一幅幅“风景画”“风土画”“风情画”“风俗画”。例如2001年12月31日《光明日报》B2版上《冬季请来黑龙江》的通讯，就是记写“黑龙江四季皆美，但最美丽、最神奇、最动人心魄的还是黑龙江的冬季”的一篇风貌通讯。风貌通讯也有侧重于写社会风貌的，2002年4月15日，《经济日报》用五个整版发表记者马秀莲采写的《在延安的山村里——下乡采访笔记》，引起强烈反响，去年7月30日至8月9日，这位记者前往延安延川县农村采访。在达连沟等村，记者与农民同吃同住，一起下地劳动，对当地农民的生产、生活状况进行了深入调查。文章通过对三个农民家庭现状的调查，展示了经过20多年的改革开放，特别是扶贫工程的实施，老少边穷地区农村的面貌的巨大改变。

风貌通讯也可用来报道重要的建筑工程、展览会、陈列馆的风姿或内容。如《人民英雄永垂不行——瞻仰首都人民英雄纪念碑》，该通讯就对天安门前的人民英雄纪念碑巍峨雄伟、庄严朴素的风姿作了全面细致的描述。风貌通讯在报刊上经常以“手记”“侧记”“散记”“巡礼”“见闻”“纪行”等形式出现。例如：

胡锦涛主席检阅共和国武装力量侧记(节选)

【据新华社2009年10月1日电】 (记者 曹智 李宣良 陈辉)万众屏息,亿万颗心在等待共和国又一个庄严时刻。

“向前,向前,向前,我们的队伍向太阳……”

2009年10月1日10时9分,在激昂的军乐声中,一辆红旗牌检阅车驶出天安门。中共中央总书记、国家主席、中央军委主席胡锦涛,身着中山装,神采奕奕地站立在检阅车中央。

这是新中国60华诞庆典中举世瞩目的一幕——走过82年辉煌征程的人民军队,将在这里集中展示我军听党指挥、服务人民、英勇善战的精神风貌和有效履行新世纪新阶段历史使命的强大力量,集中展示我军捍卫国家安全与发展利益、维护世界和平的坚强决心。

此刻,由人民解放军、武装警察部队和民兵预备役部队8 000余名官兵、500多台装备组成的14个徒步方队、30个装备方队,如挺拔的峰峦、坚固的城垛,沿长安街绵延向东;陆、海、空三军航空兵151架战鹰编成的12个空中梯队从华北地区7个机场起飞编队……

(六)新闻故事

新闻故事又称新闻小故事,通过事物的某一侧面或人物活动的某一片段,反映社会生活中的新人新事或好人好事的一种新闻体裁,主要形式有新闻速写、新闻素描和新闻花絮。新闻故事的篇幅短小,像“豆腐块”,但以小见大,寓意深刻;它多半是一人一事,矛盾集中,情节生动,故事比较完整。新闻故事有时借鉴我国古代通俗小说的一些写法,着重刻画人物,但是不以写人物为主,而是以讲故事为主。例如:

荔湾龙溪小学
女作家“龙舟学校”教扒龙舟
鼓励孩子们实地走访充实知识

【据羊城晚报2014年5月7日讯】 (记者 李春晖)“划龙船的手要往外弯,这样可以更好使力,而且不用伤着后边的人。”随着“龙舟水”频频来临,人们开始感受到“龙舟鼓”的气氛。昨日,以龙舟教学为特色的荔湾区龙溪小学邀请国家一级作家、广东省民间文艺协会副主席曾应枫到校讲解广州本土龙舟文化。曾应枫讲解幽默,并展示划龙舟的动作,引起阵阵掌声。

“广州很多地方的粽子,原意是为了孝敬水中的龙王。”曾应枫的讲解吸引了不少同学认真记笔记。她说,她到过广州很多特色龙舟的地点作实地考察,一些地方的龙舟头尾各绑一只粽子,比赛完结后,粽子放入河中祭祀龙神。曾应枫同时鼓励孩子们多做田野走访,拿到第一手资料,充实自己的知识。

龙溪小学校长曾锐介绍,去年端午节期间,学校就组织孩子们根据资料编写了广州第一幅龙舟地图,今年计划有意再接再厉,组织孩子们到几条著名龙舟村实地走访,写出第一手的调查报告。据介绍,龙溪小学的龙舟课程正衍生出越来越多的“产品”,如旱地龙舟、龙舟说唱等。下一步,将收集特色龙舟办展览,进一步丰富课程内容。今年的荔枝湾“五月五”龙舟节,孩子们将会如约参加。

新闻故事有两个特点：一是容量小，它不要求多方面地反映事物的全貌和刻画完整的人物形象，只要求通过记叙事物的一个侧面或描述人物活动的一个片断生动活泼地反映丰富复杂的人情世态或是能够展现时代大潮的生活浪花，例如《人民政协报》2003 年 5 月 6 日的《妈妈，我在北京挺好的》；二是有故事性，有生动的故事情节。初学写作者应掌握这种文体的写法，因为它取材小，易写；篇幅短，报刊易用；同时，也能积累长篇通讯的写作材料和写作技巧。

三、通讯的内容与写法

（一）提炼主题

清代著名戏剧理论家李渔在其文《闲情偶记·词曲部》里谈到戏剧创作时说："古人作文一篇，定有一篇之主脑。主脑非他，即作者立言之本意也。"主题是一篇文章的灵魂，新闻作品也是如此。从某种意义上说，通讯比一般文章的影响力更大，它是一种典型的宣扬，一种精神导向的宣传，其主题的时代特色和时代精神的要求更强。因此，写好通讯的前提是提炼主题，做到有的放矢。通讯主题确立和提炼的方法主要有三个方面：

首先，"站到高处，作宏观分析。"善于开掘新闻事实的内在本质，要站到高处，抓住其所包含的时代精神和普遍意义，将事实放在历史、现实和时代的天幕上来观察、考察，做纵向和横向的宏观分析，显示其意义和价值。例如《前进论坛》2003 年 5 月 6 日由杨超元、卓小红采写的《直面非典亦从容》，这篇通讯是反映广东省卫生厅副厅长王智琼的事迹。作为一位主管业务的副厅长，忠于职守的表现是多方面的，但是作者站在时代的高度去立意：表现他在世界瞩目的中国抗非典斗争中，身先士卒、临危不乱、日夜拼搏、勇挑重担的高贵品质。其次，"走到低处，作微观分析"。通讯主题的提炼不仅要"站到高处，"发掘事实中蕴含的时代精神和内在本质，还要"走到低处"，作微观分析，将新闻事实和人物作具体细致的观察、考察和分析，于平凡中发现其特殊性、个性。例如《人民政协报》2003 年 1 月 13 日的通讯《一个教授的情怀》就是从一位年过七旬的古典文学教授芦获收养被人抛弃的小猫小狗的平凡生活中，提炼出"关爱生命"的主题。再次，"变换角度，作多面透视"。就是说在提炼主题时，宜多角度对事实进行比照，全面把握事实的本质特征，然后选择最佳角度来表现。

（二）安排结构

与消息相比，通讯没有相对固定的结构方式。无论是文章内容的组合形式，还是具体表述手法，通讯都有更大的灵活多样性。一般来说，通讯的结构方式有以下三种：

1. **纵式结构**　按照时间发展顺序、作者对所报道事件认识发展的顺序、采访过程的先后顺序等来安排层次。许多故事性比较强的事件通讯、人物通讯和一些风貌通讯都是采取这种结构方式。例如：

被"保障房"锁死的 5 年（节选）

【据中国青年报 2014 年 2 月 19 日】（记者　陈璇）2009 年 1 月 26 日，这个日子从钱建新嘴里脱口而出。这天，他正式成为北京市朝阳区"保障房"轮候者之一。被幸福感包裹的钱建新,坐了两个多小时的公交车,绕了半个北京城,到常营乡的一片保障房小区看了看。虽然,当时东五环外的常营,周边配套设施还不完善,但钱建新已经开始在心里勾勒家的蓝图。他指着其中一栋新楼房,对自己说:"将来的家就在这儿啦!"

在他眼里,希望就像一个打满了气的氢气球一样,不断地膨胀,飞到天上去了。随着希望攀升的,还有北京的房价。2009 年,北京大部分新售楼盘都是"日光"。房价几乎一天一个样,颇流行的段子是,"出去买了一个包子,回来时房价又涨了一千"。

拿到申购资格,钱建新就像一块"香饽饽",亲戚朋友恨不得"蹬破"他家门槛,给他张罗对象。婚恋市场里,房子几乎已成默认的"加分项"。钱建新是未来的有房一族,一片前景光明的样子。

但是,钱建新不敢接受人家的美意,因为一旦他找个媳妇,收入超过 1 200 元,他的申购条件就会"超标",无异于选择"自动淘汰"。

不光不能谈婚论嫁,多挣钱也不行,除非不想等保障房了。钱建新在一家社区文化公司工作,月薪 2 000 元左右。每到年底,领导喜气洋洋地要给他涨工资,钱建新就像避瘟神一样,躲得远远的。

"这真是一个悖论啊。"钱建新一直盼望有套属于自己的房子,脱离父母,成家立业。但是为了这套房子,他又和自己最初的梦想,背道而驰。

好在等房子的头两年,希望还是充盈的。那时,每到全国"两会"时,"保障房"就成热门议题。与此同时,在各大新闻网站诸如"今年'两会'你有何期待"的调查中,"调控房价"通常是柱状图里那个高出一大截儿的选项。

钱建新收集了一些报纸,上面印着"今年大概有 2 500 多套'经适房'房源进入配售阶段"之类的报道。这些官方的表态和醒目的数字,曾经让钱建新的希望变得更具体。就这样,左等一年,右等一年,钱建新搁在抽屉里的报纸,开始变脆、发黄。连同它们一起褪色的,还有他的希望。

2011 年,钱建新开始不淡定了。他起初给自己一个"两年"的期限,"觉得那时房子差不多能'到手'"。但他仍在"轮候中"。此时,北京的房价趋势也有些飘忽不定,实行买房"限购"政策。

那时,钱建新看过朝阳区东五环外的一个小区,"复式的小户型,特价卖 1 万多元一平方米"。这或许是出生在工人家庭的钱建新,考虑买商品房的一次好机会,虽然这个小区距离垃圾场不过 2 千米,楼面上空两三分钟就飞过一架飞机。可最终钱建新还是错过了买一套"哪怕是偏点儿破点儿"的商品房,他一直在等"经适房"。

终于,钱建新坐不住了,每个月去居委会和街道跑一趟,但每次只能听到"不知道""等着吧"。

而在北京,除了钱建新,纠结于"等着吧"的保障房轮候家庭,超过 10 万个。钱建新加入了一个超过 300 人的 QQ 群,群成员都是朝阳区经适房的轮候者。他们把自己的"昵称"统一写为"朝阳 0901"的样式,阿拉伯数字表示轮候的起始时间。也有不少人,在统一样式之前,加上"等不起""无奈""花儿都谢了""不知道"等前缀。

2. 横式结构　按空间变换或事物性质的不同方面来安排层次。许多工作通讯和人物通讯都适合用这种结构。例如2003年8月25日《人民政协报》的通讯《点化泥土催绿色，春枝也敬桑榆晚》。常见的有：

(1)空间并列式。例如新华社记者采写的《今夜是除夕》即属此类。文章开篇之后，分别写了五个地方的人们做着日常工作的情况——在中央电视台：不笑的人们；在长途电话大楼：传递信息和问候；在红十字急救站：救护车紧急出动；在清洁管理站："城市美容师"的话；在妇产医院：新的生命诞生了。

(2)性质并列式。即按新闻事实各个侧面之间的关系来安排材料。例如《人民日报》1995年4月19日头版头条《浦东，璀璨的"双桥"格局》就是如此。文中三个小标题，分别揭示"双桥"格局的三个侧面：

南浦、杨浦两座桥

——基础建设由小到大的跨越

金桥、外高桥两座桥

——城市经济功能由低到高的跨越

改革、开放两座桥

——城市开发机制由旧到新的跨越

(3)群相并列式。即按不同人物及其事迹组织材料。例如：

他们眼中的那个地球

【据新华网2009年11月15日电】（执笔记者　杨骏，参与记者　李学梅　刘芳　许林贵　尹南　李本忠　黄堃）

"地球是什么？"面对记者的提问，4岁半的刘耀蔚的回答很自信，"它就像我们的家，我们的楼，我们的国，不过它是圆的！"

"你爱它吗？""当然，大家都爱！"家住山东胶南市的这个小女孩对自己的"博学"很自豪。

"地球是什么？""你对地球环境有什么想法？""你希望未来地球环境什么样？"对记者提出的这些问题，孩子们的回答五花八门。（略）

3. 纵横结合式结构　把纵式和横式结合起来，把时间的变换和空间的变换交叉起来安排层次。此结构多用于事件复杂而时间跨度大、空间跨度广的通讯，比如一些重大事件的通讯。

从通讯的选材和结构形式来说，除了以事件进程或有关事物、问题间的逻辑联系为线索组织材料以外，还可能采用被采访者的"自述"或是一问一答的"访谈录"形式，给读者带来仿佛与作者或采访对象直接谈心的感受。也可以像电影中的长镜头，集中刻画一个具有一定时空跨度的场面，渲染出真切的"现场气氛"来；或是运用分镜头的组接方式，把一串各有特色的独立片段围绕某个中心意念有机地组合起来。

当然，客观事物丰富多彩，千变万化，与之相应的通讯结构也是灵活多样的。上述三种结构只是最基本的结构形态，实际运用中要据实出发，灵活运用，富于变化，不断创新，这样才能更好地为通讯写作的内容服务,使通讯成为作者表情达意的最佳形式,具有更强更大的生命力。

(三)开头、主体和结尾

通讯的开头一定要引人入胜,有如下四种方式:其一,可以以重要的事件情节开头,例如1978年3月14日《人民日报》的通讯《为了周总理的嘱托……》,开头就是以周总理嘱咐吴吉昌解决棉花落桃的重要情节。其二,以诗歌或是警句开头,例如1993年9月22日《人民日报》的通讯《种瓜人的追求》,就以陶行知"傻瓜种瓜,种出傻瓜;唯有傻瓜,救我中华"的诗句开头。其三,以比喻或是联想开头,例如2003年第7期的《前进论坛》的通讯《受命于"非典"时刻》的开头:"临湘出现了非典疑似病人! 这个消息犹如一颗炸弹,在岳阳市区的上空炸响。"用"炸弹"来比喻出现非典疫情的可怕,形象具体。

消息的主体也称"正文"或"新闻的展开部分""新闻躯干"等,指的是开头之后充分而具体地展示通讯内容、阐释通讯主题的部分。其作用主要是展开和补充事实,解释深化主题。因此,写作中一要注意变换角度,不要与开头简单重复;二要紧扣主题展开,切忌信马由缰、离题千里;三要内容充实、生动具体;四要波澜起伏,注意调动读者的阅读兴趣;五要手法灵活、层次分明,充分考虑读者的阅读心理。

通讯与其他新闻体裁一样,不但要有一个好的开头,而且也应有一个好的结尾。美联社特派记者马利根曾深有感触地说:"我长期以来一直信奉一篇新闻报道既要有好的导语,也要有一个有力的结尾。事实上,我常常在最后一段下的功夫比在第一段下的功夫大,因为我希望那真正动人的最后一行话将使编辑高抬贵手,不致砍杀我努力的整个成功。"好的结尾要么如奔马,似豹尾,飞扬有力;要么似撞钟,余音绕梁,清音有余。通讯的结尾形式灵活,写法多种多样,常见的方法有如下几种,下面分述之。

其一,开头和结尾相互呼应。例如2003年8月25日《人民政协报》的通讯《令人振奋的雪域脚步——中国西藏社会历史文物资料展》的结尾就是这样写的:"西藏一定会拥有更美好的明天!"就呼应了开头"雪域的脚步",使全文更加完整统一。

其二,再度强调主题,借以引起人们的注意。例如2003年1月8日《人民政协报》的通讯《琼州海峡天堑变通途》的结尾:"……粤海铁路的开通,无疑将对海南社会、经济、文化的发展起到举足轻重的作用。"

其三,再度点题,例如人民文学出版社出版的《八十年代通讯特写集》收录的通讯《觉醒了的大地》结尾就是这样写的:"当然我想的更多的是觉醒了的人民。因为无数事实告诉了我们一个真理:首先有了觉醒的人民,才会有觉醒的大地。"

【自测题】

一、填空(在下面每个命题的空白处填上准确的内容)

1. 在新闻事件发生之后,为使读者全方位了解新闻事件,记者常常采用________传送新闻,故得________之名。因此,通讯比________更详尽。

2. 新闻报道应该向________改进,而________最有可能实现这三者齐头并进的突破。

3. 通讯的特点包括________、形象性、________。

4. ________把具有新闻意义的典型人物的________作为自己的报道重点。

5. 工作通讯没有________和中心事件，只有________，因此在工作通讯的写作中一定要避免写得枯燥。

6. 专访通讯又称________，是记者对新闻人物或某人物或某单位、部门进行________或________的一种新闻体裁。

7. 风貌通讯既有侧重于写________的，更有侧重于写________的，但大量的则是把________和________结合在一起来写。

8. 新闻故事又称________，通过________的某一侧面或________的某一片段，反映社会生活中的新人新事或好人好事的一种新闻体裁。

9. 一般来说，通讯的结构方式有以下三种：________、横式结构、________。

10. 消息的主体也称________或________、________等，指的是开头之后充分而具体地展示________、阐释________的部分。

二、判断题（判断下面各命题的正误，对的打“√”，错的打“×”）

1. 通讯是以议论抒情为主，兼以叙述描写的表达方法，及时具体地报道现实生活中的典型人物、事件、工作经验、地方风貌。（ ）

2. 通讯按报道形式分，有人物通讯、事件通讯、工作通讯、风貌通讯。（ ）

3. 工作通讯是一种以报道人物的活动、言行、事迹及其思想为主的新闻体裁，在通讯中占有重要位置。（ ）

4. 风貌通讯是一种详细报道具有典型意义新闻事件的新闻体裁。（ ）

5. 专访通讯一般以问答的形式为主，间或穿插一些现场情景的摹写、背景材料的介绍。（ ）

6. 风貌通讯又称概貌通讯、旅途通讯或旅行通讯，它是我国最古老的通讯体裁之一。（ ）

7. 与消息相比，通讯有相对固定的结构方式。无论是文章内容的组合形式，还是具体表述手法，通讯都没有灵活性。（ ）

8. 消息主体的作用主要是展开和补充事实，解释深化主题。（ ）

三、简答题

1. 什么是通讯？它的特点是什么？

2. 通讯与消息有什么区别？

3. 通讯写作的基本要求是什么？

4. 以一位老师为采访对象，写一篇人物通讯。

5. 以学校发生的一件事（褒贬均可）为材料，写一篇事件通讯。

第四单元　广告文案

【案例导入】

思考:阅读下文,谈谈你对广告文案的认识与理解:

标题:美肌的哲学

正文:如果,你是一位追求魅力的女性,那么,肌肤之美,将成就你的梦想。名门闺秀美肌精,蕴涵神奇的大自然能量,银杏、珍珠、灵芝、红景天……精华凝聚,为肌肤注入鲜活能量源,每一滴,都蕴藏着肌肤的至爱。

肌肤细胞从此变得鲜活、充盈,富有青春生命力!让肌肤远离衰老、晦暗、细文、松弛等问题的困扰,在一天天的改变中,肌肤日臻完美。

你,越来越美!

广告语:名门闺秀,充满魅力的女人

【能力目标】

学会写作广告文案。

【知识点】

广告文案的含义及其特点;广告文案的分类;广告文案的基本写法。

一、广告文案的含义与特点

“广告文案”一词于20世纪90年代初期由我国港台地区传入我国内地以前,或者说“Advertising copy”一词1880年开始在美国被使用以前,这个词所指称的事物早已存在。广告文案是伴随着广告的产生而出现,并随着广告的发展而臻于成熟的。本节将阐明广告文案的含义、特点。

(一)广告文案的含义

“广告”这一词语,源于拉丁语 Adverhe,有“注意”“诱导”等意思。汉语的“广告”,“广”是阔、广大的意思,“告”是告知的意思,“广告”即“广而告之”。而“广告文案”一词译自英文“Advertising copy”,该英文词语曾被直译为“广告拷贝”。广告文案通常指广告作品的文字部分,有时也指广告创作的文字稿。在广告界,专门从事广告文案撰写的人叫广告文案人员、广告文员或广告文案撰稿人。在我国,广告公司的文案人员的职责是根据客户部和调研部提供的有关产品、消费者、竞争对手等方面的情况及创意策略进行广告的文字创作,其工作的性质是对广告信息概念进行创意表现。

我们这里所说的广告文案包括广义和狭义两种理解。广义地说,凡是在广告活动中为广告而撰写的文字资料都可以称为广告文案，其中包括广告策划书、广告媒体计划书、广告预算书、广告总结报告和广告调查报告等，还有在广告策划过程中产生的书面文本，同时还包括广告业务部门为开展广告活动而编制的广告订单等有关的文字资料。

狭义的广告文案又叫广告文或广告文稿，仅指广告作品中的语言、文字部分，如报纸、杂志等印刷广告中的标题、正文、附文和标语；广播广告中播音员的广告词和人物对话；电视广告中的人物语言、歌词、旁白和字幕等，它不包括图画和图称。本书所讲的广告文案，也是采用其狭义的概念。

（二）广告文案的特点

广告文案写作，顾名思义，首先是“广告”，然后才是“文案写作”，这使得广告文案写作不同于其他文体的写作，必须要体现出广告的特点。

1. **广告文案市场取向**　广告是一种营销手段，其本质是推销，既推销自己的产品，也在推销的同时塑造自己的品牌形象和企业形象，这就是广告文案的市场取向。

例如贝克啤酒的广告：

名称：禁酒令

查生啤之新鲜，乃我酒民头等大事，新上市之贝克生啤，为确保酒民利益，严禁各经销商销售超过七日之贝克生啤，违者严惩，重罚十万元人民币。

这则广告在推销自己的产品的同时，表达生产供应新鲜啤酒的决心，有力地塑造了自己的品牌形象和企业形象。

2. **广告文案的文化内涵**　广告文案与一个民族的文化积淀和文化发展有着密切的联系，它既受到既定民族文化的制约和影响，又和其他要素一起为传统民族文化注入了活力和生命。

例如法国有一则香水广告：

一滴是为了美，两滴是为了情人，三滴足以招致一场风流韵事。

这则广告在西方的话大家可能会觉得很正常，但是深受传统思想影响的中国人可能比较难接受，文案撰写者要充分考虑各个地区的风俗习惯和民族文化，避免不必要的麻烦和损失。

广告文案可以和多种元素结合在一起使用，例如广告文案可以和流行文化结合在一起推动文化的发展，台湾的麦斯威尔广告语是：“好东西要和好朋友分享”。它不仅促进了产品的销售，也促进了人际关系的改善。

3. **广告文案的审美效应**　广告文案的审美是多方面的，包括格调美、形象美、意境美等等，广告文案也必须有多方面的美才能够吸引人的眼球，促进产品的销售和形象的塑造，随着社会的发展和进步，人们会越来越用审美的眼光去看待商品和由此衍生出来的元素，而且广告文案的审美效应也不会因为它的市场取向而削弱。

二、广告文案的分类

我们可以根据不同的标准，从不同的角度对广告文案进行分类：

(一)根据广告文案发布的媒介不同分类

1. **印刷媒体广告文案** 通过印刷媒体传播的广告文案,主要包括报纸广告文案、杂志广告文案,且占的分量最多。其他的印刷媒体广告文案还包括直邮、招贴、产品介绍手册、产品样本等。

2. **电波媒体广告文案** 通过电波媒体传播的广告文案,在目前的情况下,电波媒体广告文案主要包括广播、电视广告文案写作。其中广播广告文案以声音作为研究对象,电视广告文案以声画合一、语言和文字作为双重的研究对象。

3. **户外广告文案** 这是通过户外广告媒体(包括霓虹灯、路牌等广告媒体)所传播的广告文案。

4. **展示广告文案** 这是通过展示媒体传播的广告文案,展示广告媒体主要指的是那些供展览会、交易会等场所使用的看板、展示板等。

5. **销售现场广告文案** 这是通过销售现场媒体传播的广告文案,销售现场广告媒体包括商店的装饰、现场展水橱窗、售货柜台等。

6. **网络广告文案** 在网络上发布的广告文案,多为旗帜广告、国标广告及简介体广告形式。

(二)根据广告文案的结构及其组织成分齐全与否分类

1. **完整型广告文案** 完整的广告文案通常由广告标题、广告正文、广告附文以及广告语四个部分组成。广告标题是整个广告作品的题目,是广告文案的一个重要的构成要素。也是整个广告文案乃至整个广告作品的总题目;而广告正文是指广告文案中处于主体地位的语言文字部分。其主要功能是展开解释或说明广告主题,将在广告标题中引出的广告信息进行较详细的介绍、对目标消费者展开细部诉求;广告附文是在广告正文之后向受众传达企业名称、地址、购买商品或接受服务的方法的附加性文字,在广告作品中的位置一般总是居于正文之后,因此,也称随文、尾文。例如:

标题:并非所有的人都能真正懂得它所代表的含义

正文:面对火箭升空,人们更多的是陶醉于它那扶摇直上的雄姿、雷霆万钧的气势,只有少数人从火箭每一米的上升高度,来测量人类创造力的无限,感受科技进步的美妙。24小时之内,作为中德科技多年合作的辉煌结晶的另一种创造力与进步的代表,它就要出现在你的面前了,也许你已经焦急地等待了好几天,那么现在你真的可以暂时放下手边的事,平心静气,拭目以待——一个振奋人心的时刻,它的到来已经进入倒数记时了。

广告语:卓然出众,彰显尊荣。

2. **缩略型广告文案** 在实际写作中,广告文案的结构具有很大的灵活多变性。除包括标题、正文、附文,甚至广告语的完整型结构外,还有很多时候是省略上述一个或几个成分的,这在广播、电视广告中尤为常见。

(1)标题省略式广告文案。这种广告文案有正文、附文,但是没有标题,由于正文简化为一条标语,因此也可以说是正文与标题合为一体,这种广告文案主要用在车身广告上,有时也见于报纸、杂志或电视广告。例如:“大大泡泡糖,越吹越大”(车身广告,“大大”为一种泡泡糖的商标,配图为一男孩吹了一个大大的泡泡,附文略);"一饼惊人甜、薄、脆"(车身广告,"甜薄脆"为一种饼干的名字,配图为一人品饼,附文略)。

(2)标题、附文省略式广告文案。这种广告文案没有标题、附文,或者没有像完整型广告那样相对独立的附文。如对其细分,又有一人介绍式、二人对话式、标语式和独词式。前三种多见于广播、电视广告。独词广告文案仅显示企业或品牌的名称,它们多用在高层建筑上。如武汉市龟山电视塔的塔身上就曾做过"中国电信"等独词广告。

(3)缩感型广播广告文案。广播广告诉诸受众的听觉,听众不能看到广告文案,而只能听到由播音员读出来的广告文稿,如果广播广告有标题和正文之分,就会给听众一种生硬和断裂的感觉,所以广播广告一般没有标题,而只有正文和附文,或者仅有正文。

3. **系列广告文案**　所谓系列广告文案,是指内容上相互联系、风格上保持一致的一组广告文案(两篇以上)。例如蓝旗衬衫广告文案。

之一:

衬托男人的骄傲

男人的磊落和气派只要有一件的的确确的好衬衫就足以表现了。蓝旗衬衫由流行面料制成,防皱透皮,手感柔软;领尖长度和斜度符合国际流行的款式;独特的无浆工艺制作,不霉变、不泛黄;精良的做工,针迹一致,缝线内高温定型,平挺不皱。

难得一件蓝旗衬衫,是真正能衬托男人骄傲的衬衫。

难得一件好衬衫

上海蓝旗置业有限公司

地址:上海市普安路177号4楼

电话:(021)××××××××　　传真:(021)××××××××

邮编:200021

北京办事处

地址:北京朝阳区关东店××号日豪华厦×座×层

电话:(010)××××××××　　传真:(010)××××××××

邮编:100020

之二:

衬托男人的自信

蓝旗衬衫的衣领采用国际流行优质粘合衬制作,拥有百洗不变形的信心。男人一抬头,总流露着满腔的自信。

蓝旗——衬出男人的自信。

(随文同上)

之三:

装满男人的智慧

蓝旗衬衫线脚平整的口袋,不仅仅是男人好衬衫的装饰,男人一成功,就会需要口袋。

蓝旗——装满男人沉甸甸的智慧。

难得一件好衬衫

(随文同上)

之四:

扣住男人无数颗心

男人的心有几颗?国家、父母、妻子、孩子……都需要他完整的爱心,爱克司交叉线型钉扣,不会给你脱落的烦恼。

蓝旗——扣住男人无数颗心

难得一件好衬衫

(随文同上)

之五:

助男人一臂之力

旗衬衫衣袖的科学弧度设计,让男人挥洒自如,步向成功。男人一挥手,总会有惊人的举动。

蓝旗——助男人一臂之力。

难得一件好衬衫

(随文同上)

三、广告文案的内容与写法

广告文案是由标题、正文、附文、广告口号组成的。它是广告内容的文字化表现。在广告设计中,文案与图案图形同等重要,图形具有前期的冲击力,广告文案具有较深的影响力。

(一)广告标题的写作

1.广告标题的概念 广告标题是放在广告文案最前面的、起引导作用的简短语句,旨在传达最重要的信息内容或激发读者阅读的兴趣,它是整个广告文案乃至整个广告作品的总题目。广告标题为整个广告提纲挈领,将广告中最重要的、最吸引人的信息进行富于创意性的表现,以吸引受众对广告的注意力;它昭示广告中信息的类型和最佳利益点,使他们继续关注正文。因此,广告文案人员在进行文案表现时,总是将标题的制作作为一个非常重要的甚至是首要的工作。

2.广告标题的类型 (1)广告标题按语言的结构可以划分出以下类型:

①独词标题:是由一个词构成的广告标题,如"黑人牙膏""天津灯具三厂"。

②词组标题:由一个或几个词组构成的广告标题,如"我的地盘(移动公司动感地带广告)"——偏正词组,"展示您心中的蓝图"(晒图机广告)——动宾词组,"柔软而洁净"(手纸广告)——联合词组,"分不开的两个人,分不开的肯德基"(肯德基广告)——两个偏正词组,"爱牙,健齿,强身"(药物牙膏广告)——三个动宾词组。

③单句标题:由一个单句构成的广告标题,如:"这不是可乐"(七喜汽水广告)——否定句,"世界高尔夫巨星云集中国"(洋酒广告)——主谓句,"千万别忘了上次大水灾"(水

灾保险局广告)——无主句。

④复句或多句标题:由两个或两个以上单句构成的广告标题,例如"只要你把身子靠在'埃克利斯上,休息就成了一件最自然的事"(埃克利斯床上用品公司广告),"世间多圣贤,酒中有乾坤"(贵州茅台广告),"生活可以移植,映象无法复制"(南京华通地产广告),"生活就是一次旅行,祝您旅途愉快"(NISSAN 汽车)。

还有一些多行标题也是多句标题,例如,"我们没有发明车轮,但我们发明了纯粹的驾驶乐趣"(BMW325i 广告),"少付了 97 万美元,却得到百万美元的享受,它比白宫的一顿早餐还便宜"(梅赛德斯——奔驰汽车广告)。

但要注意的是,并不是所有多行标题都是多句标题,例如,"不可放弃的追逐,无法停止的脚步——联想计算机",这个双行标题就只是由两个偏正词组和一个专用名词构成。

(2)广告标题按标题的行数可以划分出以下类型:

①单行标题:只占一行的广告标题,可以是词、词组、单句或复句。如:"厦门石购""一个行业的百年维新""人类到底能不能戒掉香烟""跟我混,上帝都能让你进入名利场的中心",这一组"厦门石狮烟草集团"的广告标题都是单行标题。

②多行标题:由引题与正题或正题与副题两部分,或由引题、正题、副题三部分构成。

引题,也称肩题、眉题或上副题,位置一般放在主题的上面,文字宜简短,以一行为宜。它对广告的主题起引入和补充作用。

主题,是广告标题中最核心、最受人注意的部分。主题可以由几个字组成,也可以是一个完整的句子。在广告标题中,主题字号最大,地位最突出。一般来说,字数不宜太多。

副题,也称子题、下副题。它排在主题之后,用以补充主题的不足。副题文字一般要长于引题和主题,内容较具体。如;

A. 引题:和我一样,贝尼觉得朋友越多越好

正题:没错,高尔夫,很生活

B. 正题:世界性商标 Sony

副题:一个您我都能拥有的"世界第一"

C. 引题:销售进入第二年

正题:松下电器变频式空调的受用者越来越多

副题:这么多的笑脸是舒适性和令人信赖的质量之证明

3. **广告标题的写作技巧**　有些广告标题用简明朴实的语言直接概括正文的内容,传递广告的核心信息,如商品品牌、商品功效,企业名称、企业特点等,这类标题可以叫作直接标题或非技巧性标题。而另一些广告标题则运用新闻形式、悬念设置、幽默语言、形象表现、数字说明、哲理意蕴、情感因素等艺术地创作出来,这类标题可以叫作间接标题或技巧标题。下面介绍几种常用的广告标题写作技巧。

(1)新闻报道法。它是指以报道商品或企业最新信息的方式来写作广告标题的方法,标题中的新信息通常是新产品上市、旧产品改造成功、发现旧产品的新用途、产品获奖、企业推出新举措等。运用新闻报道法写作广告标题的好处是:能以新鲜的事实引起广告受

众的注意和信任。例如:

金龙鱼食用调和油3.15亲情回报。(金龙鱼广告)

欧博康培肽登陆中国。(欧博生物公司广告)

华邦果酷新上市。(华邦公司广告)

18年不遇,夏利31 800起。(夏利汽车广告)

这种标题信息性较强,但是不足在于可读性不强,对受众的吸引力不大。

(2)悬念吸引法。它是指利用广告受众的好奇心,有意设下疑团,吸引他们为解开疑团而阅读正文的广告标题写作法。例如:

小孩子也能成为大厨师。(上菱牌微波炉广告)

酷儿的神秘身世。(可口可乐公司"酷儿"广告)

世界上只有两种历史。(水井坊广告)

东芝洗衣机可以救火。(东芝大容量洗衣机广告)

(3)幽默吸引法。它是指用有趣、可笑的语言与受众的幽默感产生共鸣,激发受众兴趣的广告标题写作方法。用此法写作的广告标题意味深长,吸引力强。例如:

我们宝贵的血液,为什么供臭虫果腹?(美国某杀虫药水广告)

如果"佩利纳"还没有使你的鸡下蛋,那它们一定是公鸡。(鸡饲料广告)

同时,我们也应认识到幽默吸引法是把双刃剑,用得不好的话很容易引起受众反感。

(4)利益承诺法。它是指在标题中明确地向消费者作出承诺,表明产品或企业能给消费者带来什么样的利益和好处的写作方法。例如:

只要10分钟,干燥晦暗细纹都不见了。(欧莱雅广告)

10天内,令你的秀发全面健康升级。(潘婷洗发水广告)

我们将珍重您的每一份托付。(中国银行广告)

(5)形象表现法。它是指运用比喻、比拟、借代、双关等辞格来写作广告标题以增强其形象性的方法。例如:

送给你另一个太阳。(取暖器广告)——借喻

这里边有一颗奇妙的心。(果仁巧克力广告)——双关

有自信,更有智慧。(起亚汽车广告)——拟人

(6)数字说明法。它是指用具体数字,如基数、序数、分数、百分比来说明商品的成分、产量、功效、使用情况等的广告标题写作法。例如:

66 000名专才遍布全球50个国家。(瑞士银行广告)——基数

华南第一综合门户网的——21CN。(网站广告)——序数

我们纺织品的缩水率绝对不会超过2%。(纺织品广告)——百分比

您生命的1/3是在床上度过的。(床广告)——分数

(7)哲理蕴合法。它是指运用具有哲理性的语言来写作广告标题的方法,例如:

有健康,才有将来。(安利纽崔莱广告)

生活要渴望未知。(苹果公司广告)

追随者永远只能看到领先者的背影。（Toyota 汽车的 Camry 新款车广告）

每一次科技进步，都能以更小的投入获得更大的回报。（IBM 广告）

（8）以情动人法。它是在广告标题选用上，突出情感交流与沟通，以对受众产生较大的影响的写作方法。例如：

CDMA 不只是为了我。（联通 CDMA 广告）

坚持就是胜利。（南孚电池广告）

将来，您的孙辈翻开相册时，您的结婚照依然鲜艳如初。（柯达胶卷广告）

（9）夸张强调法。它是指以现实生活为基础，借助想像，抓住描写对象的某种特点以夸大强调、突出地反映事物的特征，加强艺术效果的写作方法。例如：

有路就有丰田车。（TOYOTA 广告）

我家的猫自己煮了一条鱼。（SHARP 微波炉）

（10）效果感叹法。它是指用感叹句表达对产品使用效果的赞美，能产生很强的感染力，例如：

哇！小痘痘不见了！

（二）广告文案正文的写作

广告文案的主体部分是广告文案正文，它是承载广告信息的主体，虽然也有没有正文的广告，但那种情况极其少见。在大多数广告文案中，广告文案正文都是非常重要的组成部分。好的正文有利于更有效地传达广告信息。

1. **广告文案正文的结构顺序**　怎样写好广告文案正文并无固定的模式，写作的体裁也是多种多样的，但无论任何形式的广告文案正文，都应当涵盖以下这些基本信息要素：

是什么：产品名称、品牌；

会怎样：产品能符合消费者某种需要（Needs）；

怎么样：产品能满足消费者的欲求（Wants）；

为什么：产品具有的功能、性能等属性特征；

哪里来：产品的生产商（尤其是知名企业）。

广告文案正文应把握好上述情况，按照消费者的一般思维顺序，为他们解惑释疑，从而达到引导和敦促他们采取购买行动的目的。

2. **广告文案正文的结构类型**　广告文案正文内容多少不一，篇幅长短不同，我们根据段落的多少，将广告文案正文的结构分为一段式和多段式。

（1）一段式正文。采用一段式广告文案正文大致有两种情况：一是信息单一，无须分段；二是费用、版面有限，可以分段而不予分段。属于第一种情况的叫作单层独段式，属于第二种情况的叫作多层独段式。

“层”即“层次”，广告文案正文中一个方面的信息或者一个方面的内容就是一个层次。划分层次的依据是内在的逻辑，而不是外在的标志。划分段落则需要另起一行，开头空两格书写，所以段落是有明显标志的。层次与段落并不是一一对等的，有时一个段落就是一个层次，有时一个段落有好几个层次，有时一个层次可划分为几个段落。

①单层独段式:正文只有一个段落,而这个段落正好就是一个层次。

一鱼三吃

正文:手艺好,一条鱼可以变着戏法吃,但有何妙招能保证鱼的新鲜度时刻如你所需,恰到好处?TCL率先推出集“冷冻、微冻、冷藏”于一体的三制式多功能冰箱。家中有了它,你可以巧用三种形态的保鲜功能,加上你的好手艺,一鱼三吃非难事,无穷滋味在其中。

附文:TCL集团(略)

——TCL电冰箱

这则广告只传递“集冷冻、微冻、冷藏于一体的三制式多功能冰箱”这个单一的信息,文字简短,不需分段。

无论包裹多大,世界依然很小

正文:UPS明白,您的包裹是独一无二的。无论大小,我们都秉承一贯宗旨:为您准时而高效地送达,即使每天为世界各地多达790万的客户动用152 500辆专车,超过600架飞机,我们依然对您的包裹的行踪了如指掌。这一切,都源于UPS的技术设备优势和专业精神。因此,正如世界各地的UPS客户一样,无论包裹大小,您均可将重任交托我们。

这则广告也只是以短小的篇幅阐明UPS的服务宗旨:为您准时而高效地送达包裹。无需分段。

②多层独段式:正文只有一个段落,但这个段落包含几个层次。

放心——沃尔沃汽车已来到中国

正文:满载生机勃勃的荣誉,携带近70年的安全设计史,今天VOLVO汽车已来到中国,以其珍惜生命便是财富,热爱生活、勇于挑战的豪气,准备驶进您的生活。|这是一部令您放心的车,入乡随俗,特别针对中国道路行驶需要而制造。它不仅安全可靠、性能卓越,更巧妙地将安全性能与汽车动力完美结合,助您在人生路上,安心驰骋。VOLVO汽车的外观大方,车厢内部更是宽敞典雅,令人倍感安全舒适。无论在什么场合当中,它都备受瞩目。安稳轻松地为您增添风采。|每一部驶入中国大地的VOLVO汽车,都将享有瑞典VOLVO汽车公司所建立的完善维修网络为您提供原厂零配件与高质量的售后服务。现在,尽可以放心了!

这则广告的正文有三个层次。第一道竖线之前为第一层,内容是介绍瑞典VOLVO汽车已来到中国。第一、二道竖线之间为第二层,内容是说明沃尔沃汽车具有安全可靠、性能卓越、外观大方、内部宽敞典雅等优点。第二道竖线以后是第三层,内容是说明沃尔沃汽车所具备的完善维修网络和高质量的售后服务。

多层独段式广告正文虽然不分段落,一气呵成,但内在的层次一定要清楚,否则就会给人以内容零乱的感觉。

(2)多段式正文。信息较多或篇幅较长的广告正文一般采用多段式结构。多段式正文条理清楚,重点突出,但占用的版面也要多一些。段落是层次的外在表现,在多数情况下,一个层次或者一个方面的内容就是一个自然段。根据各自然段内容之间的关系,多段式正文还可以分成起承式、并列式、总分式等，这里介绍以下三种常见的类型。

①起承式。

“起”在这里指作为正文开始（或称“引子”）的段落，它一般用简洁概括的文字说到标题中点明或暗示的事物，其作用是把正文的主体与标题衔接起来。“承”在这里指承接“引子”，对“引子”所谈到的事物作具体的介绍，展示或证明，它是文案的核心，包含了广告的绝大部分信息。常见的内容有产品的原料、制法、性质、效用、销售情况、获奖情况、权威部门的鉴定、消费者的赞誉以及企业的历史、规模、技术、设备、成就、精神、宗旨等。“承”的部分根据内容的多寡，可以写成一段．也可写成数段。例文如下：

在地下，也有天堂

不用怀疑，在地下10公尺的恒温地窖，就是爱酒人的天堂。无数饱满多汁的葡萄，经过榨汁、去梗、提纯、过滤的多重工序后，才有资格在古朴而昂贵的橡木桶里，脱胎、换骨、发酵、酝酿。在这漫长的等待中，他们都坚信在地窖的入口镌刻的格言：没经过地窖，就上不了天堂。

20世纪80年代研制中国第一瓶干红、干白和香槟发气泡葡萄酒，到2002年产销量位居全国首位，长城葡萄酒一直是中国葡萄酒业的绝对骄傲。

长城葡萄酒，不但源自享誉世界的黄金产地，更出自有时间为证的酿造经验和独具一格的储藏工艺，让好酒之间没有距离，只有共同的酒香。

地道好酒，天赋灵犀！

——长城葡萄酒

这则广告共有四段，第一段先说明制造葡萄酒的条件和工艺，这是“引子”，第二段宣传长城葡萄酒厂在过去取得的成就，第三段介绍长城葡萄酒的优点。第二、三段承接第一段而来，是正文的主体部分。由主体部分的内容来看，这是一则企业与商品形象相结合的广告。

起承式广告正文也不一定都是企业与商品相结合的广告，有很多采用起承式结构的广告是单纯的商品广告或者单纯的企业广告。下文即是一例：

ARE YOU TYPE1　**你够胆试吗**

——Levi’s Type1 新派牛仔“酷”

正文：2008年春夏，又有什么更大胆，更创意的牛仔能让我们比明星更酷。经典牛仔品牌Levi’s一向具有不断创新的精神，这次隆重推出Type1系列，在欧美、日本、中国台湾、中国香港风靡一时。

Levi’s Type1系列走出传统牛仔裤的框框，搅搅新意思，放大了Levi’s特有的撞钉、红旗、皮印章、加粗双弧线，形象有够创新。如果够胆，够潮流，就来试一试吧。

第一段只用简短的两句话谈起“Levi’s Type1新派牛仔”，这是引子。第二段紧接着“新派牛仔”这个话题往下说，重点介绍了Levi’s Type1系列牛仔裤的创新之处，这是承接“引子”的主体部分，从内容上看，这是一则商品广告。

②并列式。

并列式正文各段的内容为并列关系，例文如下：

快亦非"快"

1. 快,不仅仅意味着极速、直线速度或0~100千米/小时加速。这是一个全新的"快"。它将所有你以为的快,全面颠覆。

2. 快,不仅有关马力,而是怎样强而有力;不是能跑多快,而是怎样才能跑得更快。快不是不成熟。而是优雅、自信和狂热。它让你感受汗毛直立的震慑,让你几乎忘记了眨眼,让你的嘴持续大张,让你的内心不断狂喊。"……哦!"

3. 快,亦有道。衡量它的不是秒。而是感觉。没有天窗,代之以碳纤维顶篷;最大转数不再在考虑范围之内;镁合金轮圈后的14英寸转子满负荷运转;身体随着V10发动机的咆哮而颤抖;为了减轻重量,制造了铝质发动机体,并配备7速顺序变速箱;让快,冲出蓝图,变成现实。为什么?因为这就是真正的我们。

4. 我们是M。

5. 我们是BMW。

——BMW M6系列汽车

这则广告的五个自然段从多方面分别介绍了"BMW M6系列汽车"所具有的"快"的独特性能,是并列关系。

③总分式。

"总"即总述,"分"即分述。广告正文采用总分式结构,就是第一段对商品或企业作概括性的简要介绍,然后在以下段落里分别对第一段提到的性能、特点等作具体的介绍。

质高价低　位居前列

现在,惠普Vectra位居最高处。因为不止在它的功能、价格以及其三年保修这些方面,事实上它在每一项上都获得了A+的分数。

当您打开箱子取出惠普Vectra VL2时,它几乎马上可运转起来,所有内部零件包括处理器均可在短时间内升级。

近年来惠普更是屡获嘉奖。今年的销量亦成倍增长,不仅荣获了PCMagazine的"marvellously powerful system",还被IDC评为全球销量增长第一的个人微机公司。

远不止于此,所有惠普微机均具有惠普极富声誉的品质、可靠性和技术支持,正是这些为我们从用户那里赢得了诸多嘉许。

还值得一提的是其低廉价格。质高价低原因何在?现在就去惠普代理商处寻求答案吧!

这则广告分为五个自然段,第一段是对产品的概括性说明,说明了惠普电脑每一个方面都做得无可挑剔。后面四个自然段逐项描述惠普电脑的优势。

(三)广告附文的写作

1. 广告附文的含义　广告附文又叫广告随文,它是写在正文之后传递随附信息的语言文字,用来传递产品和企业的附加信息,以方便消费者与企业的沟通与联系。附文的具体内容包括:品牌全称、企业的全称、地址、邮编、电话、传真、网址、联系人、服务承诺、维修服务电话等。附文写作的关键是确保每条信息的准确无误。

2. 广告附文的写作方法　(1)排列法：按照一定的顺序，把信息排列在文案的最下端，不添加任何多余的文字。例如：

邮电部××电话设备厂

厂址：××市××路××号

邮编：×××　　电话：×××

传真：×××　　联系人：×××

(2)附言法：用委婉礼貌的语言教说消费者注意哪些附加性的信息。例如：

你如果喜爱这篇文字而没有喝过"舒味思"，请以明信片通知，我们即作适当安排。

函寄：纽约市·东六十街三十号　舒珠思收。

(3)表格法：将文案中的附加性信息用表格的形式表现出来，直接、清晰、明了。例如大峡谷蒸馏水报纸广告文案随文，见表5.1。

表5.1

类　别	金额/元	套票数	赠送饮水机类型
A	499	18	送台式冷、热饮水机壹台
B	1 500	40	送台式冷、热饮水机壹台
C	2 240	80	送台式冰、热饮水机壹台
D	2 500	50	送豪华台冰、热饮水机壹台
E	2 800	100	送豪华立式冰冰、热饮水机壹台(电子制冷型)
F	4 200	150	送豪华立式冰冰、热饮水机壹台
大峡谷购水热线：87579380　87579775			

(四)广告口号的写作

在完整型广告文案中，除了标题、正文、附文以外，有些广告文案还有广告口号。

1. 广告口号的含义　广告口号也叫广告语、广告主题句、广告中心词、广告中心用语、广告标语等。它是企业和团体为了加强受众对企业、商品或服务等的一贯印象。在广告中长期反复使用的一两句简明扼要的、口号性的、表现商品特性或企业理念的句子。它是基于企业长远的销售利益，向消费者传达长期不变的观念的重要渠道。

2. 广告口号的类型　依据广告口号选取的题材内容，大致可以分为以下几种类型：

(1)反映商品的性能好，或服务水平高。

滴滴香浓，意犹未尽。(麦氏咖啡)

古有千里马，今有日产车。(尼桑汽车)

(2)用吉祥如意的言词，博取消费者的好感。

人头马一开，好运自然来。(人头马 XO)

维维豆奶，欢乐开怀。(维维豆奶)

(3)讲述企业的历史或规模。

创业 100 年，松屋元年。(松屋)

在世界126个国家深受信赖的GMnd

(4)提醒人们更新观念。

学琴的孩子不会变坏。(山叶钢琴)

成长,只有一次。(雀巢儿童奶粉)

(5)反映企业的文化理念。

长天五彩路,美联四海情。(美国联合航空公司)

科技以人为本。(诺基亚手机)

让我们做得更好。(飞利浦公司)

(6)提出企业的发展目标。

五十亿人的健康卫士。(505神功元气袋)

中国人的家庭医生。(周林频谱治疗仪)

(7)用鼓动性的话语,倡导人们行动。

吸美国云丝领,领略美国精神。(云丝顿香烟)

我愿步行一英里买个骆驼。(骆驼牌香烟)

(8)培养与消费者的感情。

慈母心,豆腐心。(中华豆腐)

更多美味,更多欢笑,就在麦当劳。(麦当劳)

3. 广告口号的写作技巧

(1)品牌名称+企业特点。例如:

万宝,万宝,现代家庭生活之宝。(万宝热水器)

(2)品牌名称+号召。例如:

喝贝克,听自己的!(贝克啤酒)

(3)商品特点。例如:

头屑去无踪,秀发更出众。(海飞丝洗发水)

(4)企业名称+商品特点。例如:

购物到友谊,周到又相宜。(友谊商店)

【自测题】

一、填空(在下面每个命题的空白处填上准确的内容)

1. 广告文案通常指__________的文字部分,有时也指__________的文字稿。在我国,广告公司的文案人员一般隶属于__________。

2. 广告是一种__________手段,其本质是__________。

3. 广告文案写作本质的特点就是要讲求________,是“带着锁链跳舞”,是________的创作。

4. 新闻站在客观公正的立场上,是__________的传播。广告则明显地站在广告主的立场上,是__________的传播。

5. 初级阶段广告的特点就是以__________为主要形式的。

6. 完整的广告工作的流程是这样的：广告主——__________——确定主题——__________——__________——推出——__________。

7. 根据广告文案的结构及其组织成分齐全与否为标推，可以将广告文案分为__________广告文案、__________广告文案和__________广告文案。

8. 在实际写作中，广告文案的结构具有很大灵活多变性、除包括________、________、__________，甚至__________外，还有很多时候是省略上述一个或几个成分的。

9. 系列广告文案，就是在__________媒体上，以系列的方式__________的同一企业或同一品牌的广告。

10. 广告文案是由__________、__________、附文、__________组成的。它是广告内容的__________表现。

二、判断题（判断下面各命题的正误，对的打“√”，错的打“×”）

1. 广义的广告文案又叫广告文或广告文稿，是指广告作品中的语言、文字部分。（　）

2. 广告文案不同于文学创作，广告文案讲究的是“言为心声”“直抒胸臆”，更注重作者本人的情感抒发。文学创作则必须考虑受众能否正确地理解和接受信息。（　）

3. 广告通过报道新近发生的事实，执行的是“告知”的功能。新闻要影响受众的心理，更多地执行“说服”功能。（　）

4. 展示媒体广告文案主要包括广播、电视广告文案写作。（　）

5. 完整的广告文案通常由广告标题、广告正文、广告附文以及广告语 4 个部分组成。（　）

6. 广告附文是指广告文案中处于主体地位的语言文字部分。其主要功能是展开解释或说明广告主题。（　）

7. 在广告设计中，文案与图案图形同等重要，图形具有前期的冲击力，广告文案具有较深的影响力。（　）

8. 标题既要表现消费者心目中的商品消费利益，又要表现商品能给予消费者的利益承诺。（　）

9. 有些广告标题用简明朴实的语言直接概括正文的内容，传递广告的核心信息，如商品品牌、商品功效、企业名称、企业特点等，这类标题可以叫做间接标题或技巧标题。（　）

10. 广告附文又叫广告随文，它是写在正文之后传递随附信息的语言文字。（　）

三、观看一组电视广告，挑出其中叫卖型的广告词，研究讨论其他广告词的形式。

四、分析一组广告的定位和诉求，并对它们的准确度进行评比。

五、根据本章的学习内容，写出广告文案制作的基本流程。

六、设计一条公益广告，用分栏式或表格式作出广告文案。

参考文献

[1] 王力. 中国现代语法[M]. 北京:商务印书馆,2011.
[2] 王力. 汉语语法史[M]. 北京:商务印书馆,1989.
[3] 朱德熙. 语法讲义[M]. 北京:商务印书馆,1982.
[4] 王希杰. 汉语修辞学[M]. 北京:商务印书馆,2004.
[5] 朱利萍. 应用写作实务[M]. 北京:机械工业出版社,2009.
[6] 李效珍. 秘书实用写作[M]. 北京:首都师范大学出版社,2008.
[7] 白战锋. 企业文书写作范本[M]. 北京:经济管理出版社,2005.
[8] 方有林. 实务应用文写作[M]. 上海:同济大学出版社,2007.
[9] 翁敏华,高晓梅. 实务应用文[M]. 大连:东北财经大学出版社,2003.
[10] 陈少夫,邱国新. 应用写作教程[M]. 广州:中山大学出版社,2008.
[11] 严爱慈. 新编应用文写作[M]. 广州:广东高等教育出版社,2007.
[12] 张浩. 最新办公室文秘必备全书[M]. 北京:蓝天出版社,2007.
[13] 陈纪宁. 现代应用文写作大全[M]. 北京:中华工商联合出版社,2006.
[14] 许燕. 商业文书写作大全[M]. 北京:企业管理出版社,2008.
[15] 赵一兵,裘文意. 现代办公文书写作[M]. 北京:中国商业出版社,2009.
[16] 陈子典. 当代应用文书写作[M]. 广州:暨南大学出版社,2003.
[17] 孙春旻. 公文写作[M]. 珠海:珠海出版社,2000.
[18] 郭冬. 秘书写作[M]. 北京:高等教育出版社,2007.
[19] 阳晴. 新编实用文体大全[M]. 北京:气象出版社,2008.
[20] 贾智德. 新编应用文写作全书[M]. 成都:天地出版社,2002.
[21] 邝云妙. 高级新闻写作[M]. 广州:广东高等教育出版社,1999.
[22] 薛国林. 当代新闻写作[M]. 广州:暨南大学出版社,2005.
[23] 阮卫. 现代广告文案写作[M]. 合肥:安徽人民出版社,1997.
[24] 杨先顺,陈韵博. 广告文案写作原理与技巧[M]. 广州:暨南大学出版社,2000.